다문화사회복지론

Multicultural Social Work

최명민 · 이기영 · 김정진 · 최현미 공저

학지사

저자 서문

인류 역사상 최근 몇십 년 동안 이루어진 전 세계적인 인구 이동은 그 규모나 거리 면에서 선례를 찾아보기 힘들 것이다. 노동과 결혼 등 생존을 위한 인구의 이동은 세계적 현상이며, 우리나라도 예외는 아니다. 불과 20~30년 전만 해도 한국 사회에서는 단일민족이라는 사실이 강조되었고, 거리에서 외국인을 만나거나 우리가 해외를 방문하는 것은 결코 흔한 일이 아니었다. 그러나 이제는 어느덧 우리의 일상에서 다문화적 측면을 접하는 일이 더 이상 낯설지 않게 되었다. 역동적이고 빠른 한국 사회의 특성이 다문화사회로 가는 길에서도 여실히 나타나는 것 같다. 따라서 이제는 다문화의 공존과 조화를 모색하는 것이 우리 사회의 전망을 구상하는 데 필수적인 요소로 인식되고 있다.

이러한 추세에 따라 최근 우리 사회의 각 학문 분야별로 다문화와 관련된 다양한 관점, 이론, 연구 및 조사 결과가 활발히 소개되고 있다. 또한 현장의 욕구에 따라 다문화 서비스의 장(場)이 생성되고, 사회복지사를 비롯한 실무자들의 활발한 활동이 수행되고 있다. 그러나 문화적 다양성은 전반적인 한국 사회복지의 학문, 실천, 교육 영역에서 여전히 다소 생소한 이슈로 다가오는 것이 사실이다. 이는 '다문화'라는 이슈 자체를 접하게 된 지가 오래되지 않은 시간적 측면도 작용하겠지만, 다문화사회복지 교육과정이 아직 체계화된 과정으로 자리매김하지 못하고 있는 현 상황과도 관련이 있을 것이다. 최근 현장의 요청에 따라 사회복지 인력 양성 과정에 다문화사회복지 교육이 포함되어야 한다는 요청이 높아지고 있는 것도 이 때문이라고 할 수 있겠다.

이 책의 저자들은 이러한 현실 인식에 기초하여 문화적 다양성에 대한 다양한 관점, 통합적 이론체계와 사회 정책 및 제도들을 포괄적으로 제시해 주는 교재가 필요하다는 데 공감하게 되었다. 특히 기존에 한국 사회복지계에 소개된 다문화 관련 서적들 대부분이 번역서이므로 한국 사회에서 나타나고 있는 다문화 현상의 특수성을 고려한 사회복지 교재의 필요성을 인식하게 되었다. 즉, 가족 단위의 이민자를 중심으로 한 서구의 다문화 접근과는 차이를 보이고 있는 한국 사회의 독특한 다문화 현상에 관한 실질적인 정보와 지식을 제공하는 것이 필요하다는 점에 주목하였다. 또한 저자들은 일반적인 타 학문 분야의 다문화 관련 서적들과 달리 현장에서 활동하는 실무자의 실천에 적용 가능한 보다 구체적인 지침과 접근 방법을 담아내는 것이 좋겠다는 방향성에 동의하였다.

이러한 취지에 따라서 이 책의 제1부 개요에 해당하는 제1장에서는 한국의 다문화 현황을 정리하고(이기영), 제2장에서는 문화적 다양성과 관련된 기존 개념 및 이론들을 논하였다(김정진, 이기영). 다문화정책을 다룬 제2부의 제3장에서는 우리 사회에서 시행하고 있는 다문화 관련 정책을 소개하였으며(이기영), 이어서 제4장에서는 우리보다 먼저 다문화적 이슈를 다루어 온 미국, 독일, 일본을 중심으로 선례들을 살펴보았다(김정진). 이주민 집단별 문화적 특성과 주요 이슈들을 아는 것이 다문화 서비스의 전제 조건이라는 인식에서 제3부에서는 제5장 결혼이민자(최현미), 제6장 이주노동자(김정진), 제7장 북한이탈주민(이기영)과 관련된 사항들을 제시하였다. 제4부에서는 다문화 사회복지실천을 집중적으로 다루었다. 구체적으로 제8장에서는 다문화 사회복지실천의 개요라고 할 수 있는 개념, 전개과정, 관점, 가치와 윤리 및 핵심 요소들을 살펴보았고(최명민), 제9장에서는 다문화 사회복지실천의 기반을 제공해 줄 수 있는 주요 이론들을 소개하였다(최명민). 제10장은 실천 단계에 따른 실천과정을 제시하고 개입 체계별로 개입 방법들을 제시하였다(최명민). 제11장에서는 다문화사회복지 실천인력의 핵심 역량이라고 할 수 있는 문화적 역량을 별도로 다루었으며(최현미), 제12장에서는 다양한 다문화 대상과 영역별로 구체적인 사회복지실천 방법을 논하였다(최명민). 마지막 제5부에 해당되는 제13장에서는 문화적 다양성과 사회복지의 향후 전망 및 과제를 정리하였다(이기영).

이 책은 문화적 다양성 및 다문화사회복지와 관련된 대학 및 대학원의 교육과정에서 활용될 수 있을 것이며, 관련된 실천 현장에서도 유용하게 쓰일 수 있을 것으로 기대한다. 저자들은 앞으로도 부족한 부분을 계속 보완해 가면서 다문화사회복지 발전에 조금이나마 실질적인 기여를 할 수 있는 책으로 발전해 가도록 노력하겠다는 약속을 드린다. 이를 위해 이 책에 대한 의견이나 질문을 통해 독자들과 지속적으로 소통할 것을 기대한다.

마지막으로 이 책이 나오기까지 오랜 시간 기다려 주시고 적극적인 지원을 아끼지 않으신 학지사와 편집을 맡아 수고해 주신 황미나 선생님께 감사의 마음을 전한다.

2015년 6월

저자 일동

차 례

제3부 문화적 소수자에 대한 이해

제4부 다문화 사회복지실천

제1부
다문화사회복지의 관점과 개념적 틀

제1장

다문화사회의 배경과 현황

한국 사회 내에 점차 증가하던 체류외국인 수는 2007년 8월 말에 100만 명을 돌파하였고, 2014년 8월 현재 171만 896명으로 집계되고 있다. 이는 2003년도의 체류외국인 수 67만 8천여 명에 비해 2.5배 증가한 것으로, 2014년 현재 장기체류(등록외국인) 61.8%, 단기체류 22.2%, 외국적 재외동포의 거소신고 16.0%로 나누어질 수 있다(법무부 출입국 · 외국인정책본부, 2014).

최근의 통계를 살펴보면 전체 체류외국인 가운데 단기체류자의 증가 비율(2013년 대비 2014년 규모는 3.96% 증가)보다 장기체류자의 증가 비율(같은 시기 9.6% 증가)이 높게 나타나고 있다. 2003년 대비 2014년 8월 현재 등록외국인(장기체류자)는 2배 반 가까이(241%) 증가하였고, 단기체류자는 174% 정도 증가하였다. 이러한 상황은 최근으로 올수록 한국 사회 내에 단기체류를 전제로 하던 외국인들의 거주 기간이 늘어나는 경향과 동시에 일부는 한국 사회에 정주(定住)를 목적으로 하는 외국인이 늘어나는 경향을 짐작하게 한다. 여기에는 결혼이민자의 존재가 지대한 영향을 미치고 있으며, 재외동포의 국내장기체류, 취업자격 입국 외국인 및 단기방문자의 불법체류의 증가, 외국인 기업 종사자 및 외국인 유학생의 증가 등도 주요 배경이 되고 있다.

2014년 행정자치부 지방자치단체 외국인 주민 현황(2014. 1. 1. 기준)에 의하면 우리나라 주민등록인구 5114만 명 중 약 3.1%인 157만여 명이 외국인 주민이며, 그 추세는 증가 일로에 있다. 여기서 외국인 주민이란 장기체류 외국인, 귀화자, 외국인 주민 자녀를 포함한다. 외국인 주민 157만여 명 중 한국 국적을 가진 사람은 14만 6000여 명(총 외국인 주민의 9.3%)이고, 이 중 혼인귀화자가 9만 439명으로서 가장 큰 비율을 차지하며, 나머지는 기타 사유 귀화자로서 5만 5639명이다. 한편 체류외국인 중 한국 국적을 취득하지 않은 상태인 사람은 122만여 명(총 외국인 주민의 77.7%)이 되는데, 여기에는 외국인 근로자(53만 8587명), 결혼이민자(법적인 '국민의 배우자' 14만 9764명), 유학생(8만여 명), 외국 국적 동포(23만 3265명), 기타 외국인(21만 7002명)으로 구성되어 있다. 전체 외국인 주민 가운데 귀화자와 비귀화자(장기체류자) 이외에 외국인 주민의 자녀가 존재하는데, 이들은 2014년 1월 현재 20만 4204명으로 총 외국인 주민의 약 13%를 차지하고 있다.

이러한 통계로 볼 때 한국에서의 외국인의 장기체류 및 정주 경향은 한국 국민과 문화적 접촉을 증가시키며 사회 구성원의 국민의식, 생활양식, 정체성에 영향을 미치고 있다고 할 수 있다. 한국은 바야흐로 본격적인 다민족 · 다문화 시대로 접어들고 있는 것이다.

이 장은 한국 사회의 다문화적 상황에 대한 서론적 논의를 전개하기 위하여 최근 한국 사회의 외국인 유입과 체류 현황과 역사적 추이를 살펴보면서, 다문화 논의의 현실적 기점으로서 외국인 근로자와 결혼이민자의 상황을 중점적으로 논의한다. 아울러 외국인 유입과 정착으로 인한 문제 상황과 이에 대한 우리 사회의 대응을 고찰함으로써 다문화사회로 진입하는 현실에서의 한국 사회 내부 정황을 탐지하고자 한다. 마지막으로 우리 사회에서의 다문화 담론에 대한 논의를 소개함으로써 한국 사회가 안고 있는 가치지향성의 문제와 한계를 환기시키고, 미래의 다문화 이데올로기 지향성에 대한 인식을 제고하고자 한다.

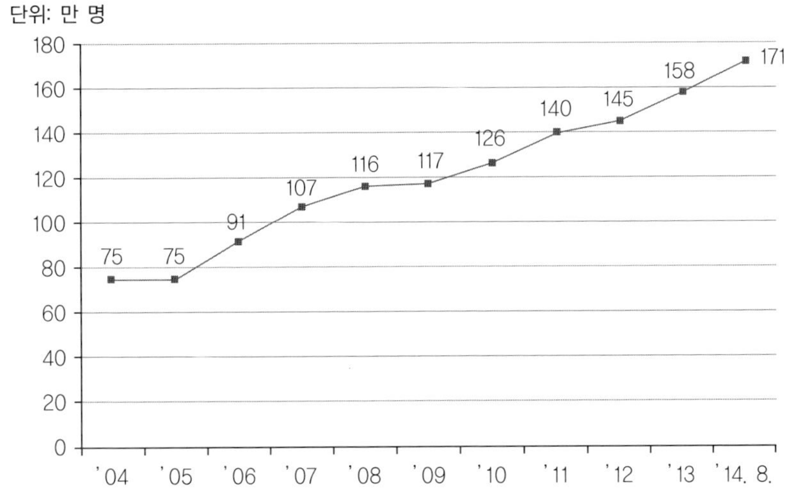

[그림 1-1] 한국의 체류외국인 증가 경향(2004~2014)

출처: 법무부 출입국 · 외국인정책본부(2014).

1. 한국 사회 내 외국인 유입 동향

최근 한국 사회로의 외국인 유입 동향의 특징을 몇 가지로 정리하면 다음과 같다.

- 다양한 집단으로 분화되고 있다. 백인, 서양인, 주한미군 등으로 대표되는 과거의 한국 사회 내 체류외국인은 최근 다양한 집단으로 급격히 분화되고 있다. 현재 한국 체류외국인은 크게 일곱 개의 집단으로 나눌 수 있는데, 한국에 체류하고 있는 교포(특히 중국 교포), 외국인 근로자, 국적 취득 전의 결혼이민자, 난민 인정자, 외국인 유학생, 외국인 투자자, 그리고 다양한 유형의 불법체류 외국인 등이 될 수 있다.

법적으로 외국인은 아니면서도 한국 사회 내에 하나의 이민자 집단으로 포함될 수 있는 북한이탈주민이 존재한다. 북한이탈주민은 1990년대 중반 이후 지속적으로 증가하여 2007년 초 국내 입국자 수는 1만 명을 넘어섰고, 2010년에는 그 수가 2만 명을 돌파(2만 50명)하였다. 2014년 6월까지 국내 입국한 북한이탈주민은 2만 6854명으로 집계되고 있다(통일부 홈페이지, 자료마당).

- 소위 '이주노동자'로 불리기도 하는 단순기능인력 취업 외국인의 경우, 과거 산업연수생제도가 시행된 1991년에 약 4만 5000명 정도 되었으나, 1995년에 약 12만 9000명, 2000년에는 28만 5000명, 2005년 말에는 34만 6000명으로 빠르게 증가하였다. 최근 2014년 8월 현재 법무부 통계를 살펴보면 취업자격 체류외국인 61만 2397명 중 56만 1996명이 단순기능인력으로 전체 91.7%를 차지하고 있는데, 이들은 주로 비전문취업(E-9), 선원취업(E-10), 방문취업(H-2)의 비자로 입국한다. 나머지 5만 401명은 전문인력비자로 입국하는데, 단기취업(C-4), 교수(E-1), 회화지도(E-2), 연구(E-3), 예술흥행(E-6), 특정활동(E-7) 등의 비자유형으로 취업하고 있다.
- 국제결혼의 경우, 1990년에 4,710건으로서 당해 총 결혼 건수의 1.2%를 차지하던 것이 1995년에 3.4%, 2003년에 8.4%, 그리고 2005년에는 13.6%로 그 비율이 급격히 증가하고 있다. 2014년 8월 현재 한국에 체류하고 있는 결혼이민자의 총수는 25만 321명으로서, 이는 국민의 배우자[1] 15만 1605명과 혼인귀화자 9만 8716명을 합친 숫자를 말한다. 결혼이민자의 과거 입국 상황을 보면 2006년 2만 2119명, 2007년 2만 766명, 2008년 2만 106명, 2009년 1만 9676명, 2010년 2만 6839명 등 매년 2만 명 안팎으로 집계되고 있다.

1) 비자유형으로서 2009년 이전에는 F-1-3, F-2-1, 2010년 이후에는 F-2-1, F-5-1, 2011년 12월 이후에는 F-2-1, F-5-2, F-6에 해당한다.

• 이와 함께 이전에 거의 존재하지 않았던 외국인 유학생도 국내 체류외국인의 일정 부분을 차지하고 있는데, 2000년대 초중반에 빠르게 증가하다가(매년 30~40%씩 증가), 2011년까지는 증가율이 조금 감소되었다. 그 이후에는 실제 유학생 수가 계속 감소하다가 2013년 이후 다시 약간 증가하여 국내 외국인 유학생은 2014년 8월 현재 8만 9143명으로 집계되고 있다.

• 과거에 단순체류 혹은 단기체류가 주를 이루던 것에 비해서 최근에 장기체류, 정주의 경향이 높아지고 있다. 처음부터 정주를 목적으로 하여 입국하는 결혼이민자의 경우는 물론이고, 외국인 근로자 가운데 체류 기간을 넘어 불법체류로서 장기적으로 생활하는 경우가 늘고 있다. 장기체류 및 정주의 증가 경향은 이 장의 서두에서 언급하였으므로 여기서는 생략하기로 한다.

• 법적으로 정해진 체류 기간[2]을 넘긴 불법체류자는 외국인 근로자의 입국이 시작된 후부터 고용허가제 시행 전까지 지속적으로 증가하여 1990년 1만 8402명, 1995년 8만 1866명, 2000년 18만 8995명, 그리고 고용허가제 시행 직전인 2003년 8월경 30만 6382명까지 증가하였다. 그러나 고용허가제 이후 이들 중의 많은 수가 귀국하거나 외국인 근로자로 양성화되어 불법체류 신분의 숫자가 조금씩 줄어들다가 최근 조금 증가하는 추세다(〈표 1-1〉 참조). 등록외국인과 단기체류 외국인을 합쳐서 이들 가운데 불법체류자들은 2004년부터 2008년까지 20만 명을 상회하는 수준으로 유지되다가 그 후 최근까지 17~19만 명 정도의 규모를 보이고 있다. 2014년 8월 기준으로 총 불법체류 외국인 규모는 18만 9126명으로 총 체류외국인 171만 896명의 11.0%를 차지하고 있다. 불법체류자들은 상대적으로 장기체류자(등록외국인)보다 단기체류자 가운데서 많이 발생하고 있는바, 전자의 경우는 최근 약 10% 내외이나 후자의 경우는 25~30%에 해당하고 있다(〈표 1-1〉 참조).

2) 외국인 근로자의 경우, 2014년 현재 최장 4년 10월까지의 단기체류를 허용하고 있다.

〈표 1-1〉 체류외국인 연도별 증감 추이(2003~2014.8.) (단위: 명)

연 도	총 계	등록외국인(장기)		단기체류		거소 신고
		합계	불법체류	합계	불법체류	
2003년	678,687	437,954	72,500	218,426	81,842	22,307
2004년	750,873	468,875	89,857	259,464	119,216	22,534
2005년	747,467	485,144	107,049	236,958	96,373	25,365
2006년	910,149	631,219	106,657	249,542	103,835	29,388
2007년	1,066,273	765,746	107,278	266,011	114,295	34,516
2008년	1,158,866	854,007	93,461	263,402	106,486	41,457
2009년	1,168,477	870,636	83,729	247,590	93,613	50,251
2010년	1,261,415	918,917	78,545	258,673	89,238	83,825
2011년	1,395,077	982,461	82,848	277,596	84,354	135,020
2012년	1,445,103	932,983	92,562	324,504	83,713	187,616
2013년 8월	1,546,325	964,644	95,785	365,936	84,907	215,745
2014년 8월	1,710,896	1,057,435	94,410	380,301	93,061	273,160
전년대비 증감률	10.6%	9.6%	-1.4%	3.9%	9.6%	26.2%

출처: 법무부 출입국 · 외국인정책본부(2014).

- 체류외국인의 비자유형별 체류자격을 살펴보면(〈표 1-2〉 참조), 취업자격 체류외국인의 경우 전문 인력(단기취업, 교수, 회화지도 등)과 단순기능인력(비전문취업, 선원취업, 방문취업)으로 나누어질 수 있는데, 전자의 경우는 5만여 명 가운데 5천여 명 정도가 불법체류이고, 후자의 경우는 약 56만 2천여 명 가운데 6만 4805명이 불법체류자다. 비율적으로는 큰 차이가 없으나 규모 면에서는 단순기능인력으로서의 불법체류자가 절대적으로 큰 것을 알 수 있다. 한편 취업자격비자가 아닌 다른 유형의 비자로 입국한 외국인 가운데서도 대표적으로 사증면제(B-1), 관광통과(B-2), 단기방문(C-3), 기술연수(D-3), 거주(F-2)의 비자입국자들 가운데 불법체류의 비율과 규모가 큼을 알 수 있다.

〈표 1-2〉 국내 체류외국인 비자유형별 체류자격 현황(2014. 08. 31. 현재) (단위: 명)

구 분	2014년 8월		
	총 체류자	합법체류자	불법체류자
총 계	1,710,896	1,521,770	189,126
사증면제(B-1)	73,171	45,185	27,986
관광통과(B-2)	80,360	64,809	15,551
단기방문(C-3)	126,680	81,639	45,041
단기취업(C-4)	590	441	149
유학(D-2)	68,657	66,451	2,206
기술연수(D-3)	3,554	1,465	2,089
일반연수(D-4)	22,439	17,540	4,899
종교(D-6)	1,831	1,772	59
상사주재(D-7)	1,625	1,600	25
기업투자(D-8)	6,067	5,527	540
무역경영(D-9)	8,667	8,619	48
교수(E-1)	2,774	2,763	11
회화지도(E-2)	19,121	19,050	71
연구(E-3)	3,109	3,099	10
기술지도(E-4)	195	193	2
전문직업(E-5)	653	631	22
예술흥행(E-6)	5,184	3,579	1,605
특정활동(E-7)	18,775	15,359	3,416
비전문취업(E-9)	264,570	211,116	53,454
선원취업(E-10)	13,790	8,923	4,867
방문동거(F-1)	67,512	63,323	4,189
거주(F-2)	38,256	29,797	8,459
동반(F-3)	21,264	20,777	487
재외동포(F-4)	276,260	274,563	1,697
영주(F-5)	108,376	108,376	0
결혼이민(F-6)	120,576	118,101	2,475
방문취업(H-2)	283,636	277,152	6,484
기 타	73,204	69,920	3,284

출처: 법무부 출입국 · 외국인정책본부(2014).

이들 중 일부는 점차 장기체류와 정주의 가능성을 보이고 있다. 외국인 근로자의 불법 장기체류와 정주에 관한 공식적인 통계는 구하기 어렵다. 간접적인 정보를 얻기 위하여 2002년 국가인권위원회에서 외국인 산업연수생과 불법체류 신분의 외국인 근로자를 설문조사한 결과를 보면, 응답자의 6.3%가 한국에 온 후 결혼하였고, 그중에 53%가 배우자와 함께 살고 있다고 하였다. 또한 결혼한 사람들의 20%가 1~3명의 아이들과 함께 살고 있다고 하였다. 미등록 외국인 근로자의 60%는 1~2명의 아이들과 한국에서 함께 살고 있으며, 이들 중 13%는 한국에서 출산하였다. 한편 한국에서 부모와 함께 살고 있는 외국인 근로자 자녀의 경우, 산업연수생 자녀의 35%, 미등록 외국인 근로자(교포 제외) 자녀의 6.5%가 학령기임에도 학교에 등록되어 있지 않았다. 또한 조사에 참여한 외국인 근로자들의 2/3가 본국에 있는 잔류 가족을 한국으로 초청하고 싶다고 하였고, 그들 중 반수 정도가 한국 시민권을 얻고 싶다고 하였다(국가인권위원회, 2002: 196-203). 외국인 근로자의 이러한 체류 기간 연장, 가족 및 자녀와의 재결합, 가족 초청 등의 의사가 높고 실제로 이러한 의사를 합법과 불법에 상관없이 현실화하고 있다는 것은 이들의 정주 경향이 증가할 수 있음을 대변하는 것이다.

2. 외국인 유입과 문화 접촉의 역사: 일제강점기 이후 1980년대 초반까지

근대 이후 우리나라의 이주 역사를 살펴보면 이주를 받아들이는 측면보다 주로 이주를 가는 측면이 강하였다. 타국으로의 대규모 이주는 1900년대 초기의 만주와 시베리아로의 이주가 시작이었고, 일제강점기에는 나라를 잃은 상황에서 새로운 삶을 찾기 위해 이러한 이주가 계속되었다. 더욱이 일제의 징용 및 징병, 일본군 위안부 등에 의해 한국 청년들이 일본과 만주, 그 밖의 제2차 세계대전 중 전쟁 지역으로 강제 이동되었고, 이들의 일부와 그 후손들은 아직도 그 지역에서 살고 있다. 일본은 만주 지역과 함께 대규모 이주가 일어난 지역으로, 현재의 재일교포 사회의 근간을 이루었다. 반대로 일본인의 한국 이주와 정주는 식민정책의 일환으로 진행되었다. 일제는 내선일체, 황국신민화 등 한국인의 일본 동화정책을 추구하였으나 성공하지 못하였고, 한국인의 반일감정과 외국 세력에 대한 부정적 생각과 배타성을 더욱 키웠다. 한편 1902년에 단기체류 목적으로 시작된 한인들의 하와이 이주를 기점으로 미국 이민은 광복 이후부터 최근까지 지속적으로 이루어지고 있다(조옥라 외, 2006).

일제강점기 이후 한국 사회에서 이루어진 조직적 대규모 체류는 미 군정하에 시작된 미군의 주둔이었고, 미군 주둔은 한국인의 서양 사회에 대한 시각을 간접적으로 형성하게 하는 계기가 되었다. 그러나 군사 주둔이라는 특수 환경 때문에 주둔 지역의 제한된 목적을 지닌 접촉이 이루어졌고, 그 이상은 이루어지지 않았다. 그러나 미군 주둔은 한국인에게 미국 중심의 서구관, 백인 중심의 인종관을 심어 주었고, 한국인은 이들의 인종차별을 답습하여 같은 유색인종이면서도 제3세계 민족에 대한 차별의식을 키우게 되었다. 현재 한국인이 지니고 있는 제3세계 유색인종에 대한 차별의식은 여기에서 비롯되었다고 보는 견해가 강하다(조옥라 외, 2006).

정부 수립 후 최근 외국인 근로자의 유입 현상이 두드러지기까지 우리나라는 외국 인력 유입 국가이기보다 인력 송출국이었다. 1960년대와 1970년대에 걸쳐서 독일로 간 한국인 광부와 간호사, 1970~1980년대의 중동 건설노동자가 대표적인 인력 송출의 사례가 될 수 있다(설동훈, 2006). 한편 한국 내에서는 주둔 미군과의 사이에서 태어난 혼혈아가 주로 사회적 차별을 경험하고 있었고, 외적으로는 베트남전쟁 당시 현지 베트남 여성과 한국군 사이에 태어난 '라이따이한'의 존재가 베트남과 한국 사회 양국 내에서 사회문제로 제기되기 시작하였다.

1980년대 중반 이후 한국은 지난 20여 년간 쌓아 온 경제발전의 초석을 기반으로 경제적 고성장을 유지하였다. 한편 구소련과 동구 공산진영 국가들이 몰락하고 냉전이 실질적으로 종식됨으로써 자본주의 시장경제는 더욱 확대되었고, 이에 따른 자본과 인력의 국가 간 이동은 한층 심화되었다. 30여 년이라는 단기간에 압축된 고도성장을 이룩한 한국은 1980년대 후반부에 이르러 국내 노동시장의 인력 불균형을 맞이하였고, 이에 대응하기 위한 수단으로 외국 노동력의 수입을 필요로 하면서 마침내 동남아시아 지역 국가 출신의 외국인 근로자가 유입되기 시작하였다.

3. 다문화 논의의 현실적 기점: 1980년 중후반 이후부터 최근까지

1) 외국인 근로자

앞서 언급하였듯이 한국은 1980년대 중반까지 주로 인력 송출국이었지만 1980년대 후반부터 상황이 바뀌기 시작하여 한국 사회로 들어오는 외국인 근로자들이 생겨났다. 1987년경 최초로 소수의 필리핀 근로자들을 시작으로 외국인이 한국의 노동시장에 편입되기 시작하였고, 1991년에 시작된 산업연수제도를 법적 기반으로 하여 외국인 근로자(업종단체추천과 해외투자기업추천 연수생)가 입국하기 시작하였다. 산업연수제도가 파생시키는 비인권적 요소와 문제점에 대한 비판이 거세지자 정부는 2000년에 산업연수제도를 수정한 취업연수제도를 시행하였고, 마침내 2003년에 고용허가제를 입법하고 시행하였다. 고용허가제도는 외국인 근로자의 법적 권리를 강화하고 이들에 대한 비인권적 처사를 종식시키는 것을 목적으로 하였다(Amnesty International, 2006: 2). 산업연수제도는 2007년부터 완전히 폐지되었고, 외국 인력의 수입은 고용허가제에 의해서만 이루어지게 되었다.

고용주에 의한 착취와 연수제도 자체에 대한 불합리성, 예를 들어 연수생에 대한 낮은 급여를 제공하는 노동, 노동자로 인정하지 않는 데서 오는 불이익, 연수제도 밖의 외국 노동 인력에 대한 높은 수요와 송출 비리로 인한 불법체류의 유혹 등이 산업연수제도의 폐지로 완화될 수 있으나, 현 고용허가제도하에서도 문제점은 여전히 지속되고 있다. 고용허가제는 근로자 신분을 보장함으로써 합법적인 노동의 자격을 인정하였다는 의의를 가진다. 그러나 이 제도는 계약된 사업장 밖의 임금과의 격차, 제한된 근로 기간 등의 현실로 인하여 이들을 불법체류자로 만들 가능성을 여전히 가지고 있다(국회민생정치연구회, 2006: 9-10).

법무부 통계에 따르면 2014년 8월 현재 우리나라에는 취업자격 체류외국인 61만 2397명(체류외국인 171만 896명의 약 35.8%)이 존재하는데, 이들은 크게 사증의 유형에 따라 전문직 근로자(E1~E7, 단기취업자인 C-4)와 단순기능인력(E-9, E-10, H-2)으로 나누어진다. 과거에 폐지된 산업연수제도하의 두 가지 형태의 연수생(D-3-1, D-3-2~6)은 대표적인 단순기능인력으로 포함되어 있었다. 2014년 8월 31일 현재 법무부 통계에 의하면, 전문직 근로자 5만 401명 중 불법체류자는 11.5%이고, 단순기능인력 56만 1996명 중 불법체류자는 5만 8321명으로 10.4%에 해당한다. 불법체류 중인 취업자격 입국 외국인 가운데에는 조선족을 포함하는 중국, 베트남, 필리핀, 태국, 몽골 등의 국적을 가진 사람들이 다수를 이루고 있다.

외국인 근로자의 문제는 최근 성격이 조금씩 변화하고 있다. 외국인 근로자 유입 초기부터 제기된 그들의 노동권과 인권에 대한 문제에 더하여, 이제 한국 사회에서의 정주 가능성이 증가함으로써 그들이 결혼을 하고 가족을 이루는 문제, 본국에 남아 있는 가족을 데려와 가족이 재결합하는 문제, 부모의 양육권 문제, 아동의 보육 및 교육권 문제 등이 새로운 문제로 제기되고 있다(Lee, 2007). 우리나라는 아직 일본과 함께 외국인 근로자에 대하여 이민과 정주의 가능성을 배제하고 있으나, 국내에서 이들에 대한 노동시장의 수요가 있는 한 이들을 단순한 대체인력이 아니라 한 사회의 구성원으로 보고, 이들의 권익을 보호 및 신장해야 한다는 목소리가 높아지고 있다. 이러한 사회적 관심은 법률 제정의 현실적 추진으로 나타나 2007년 5월에 「재한외국인 처우 기본법」이 제정되었다. 또한 2008년 3월에는 이주민이 포함되는 가족의 보호와 지원을 위하여 「다문화가족지원법」이 제정되어 동년 9월부터 시행되기에 이르렀다.

외국인 근로자에 대한 시각의 변화, 이들 삶의 상황의 변화, 사회적 · 제도적 관심의 제고는 외국인 근로자가 한국 사회 구성과는 전혀 상관없는 존재가 아니라 한국 사회 내에서 서로 접촉하고 교류하며 영향을 주고받는 존재로서의 의미가 증가하고 있음을 반영하는 것이다. 이민지위상 불법과 합법의 논란을 떠나, 외국인 근로자는 체류년수가 늘어남에 따라 비숙련 노동자에서 반숙련 혹은 숙련 노동자로 변화하면서 더욱 국내 정주 가능성이 높아질 수 있다. 장기체류 혹은 정주하는 외국인 근로자는 그들끼리 혹은 한국인과 결혼하게 되고 그 사이에서 자녀가 출생하는 일이 빈번해짐으로써 한국에 정착하는 외국인 근로자가 더욱 늘고 있는 것이다(설동훈, 2006). 그러므로 외국인 근로자는 결혼이민자 집단과 더불어 한국 사회 내에서 새로운 문화 접촉의 주요한 대상으로서 앞으로 점점 더 한국 사회 토착 구성원 가까이 거주하게 될 것이다.

2) 결혼이민자

결혼이민자, 특히 여성 결혼이민자의 존재와 이들이 구성한 가족, 그리고 그 자녀들이 현재 한국 사회의 다문화 현상의 중심으로 부각되고 있다. 여행자 혹은 군사, 사업 등 단순체류자로서 외국인이 아닌 우리가 사는 생활 영역을 함께 공유하는 외국인의 존재는 1990년대 초기에 본격적으로 외국인 근로자가 유입되면서부터라고 할 수 있고, 그 후의 중국 교포인 '조선족'이 유입되면서 점점 증가하기 시작하였다.

그 후 조선족 동포, 동남아 지역, 구소련 지역 독립국가들의 여성이 한국인과의 국제결혼을 전제로 이주하는 상황이 가시화되면서 한국 사회는 본격적으로 구성원의 문화적 다양성을 목격하게 되고, 또한 그것의 존재를 인정하는 상황으로 바뀌어 가고 있는 것이다. 더욱이 이들은 더 이상 우리와 일정한 거리를 가지는 이방인이 아니라 '우리 마누라' '누구 집 며느리' '우리 엄마'로서 존재한다.

최근 여성 결혼이민자의 존재는 한국 사회 내 국제결혼의 이미지와 유형을 단번에 바꿔 놓았다. 과거에는 주로 한국 여성이 외국 남성과 결합하는 국제결혼이 대다수였던 상황에서 1990년대 초반을 기점으로 어느덧 한국 남성과 외국 여성이 결혼하는 사례가 훨씬 더 많아지고 있다. 1995년부터 2004년까지 이루어진 17만여 건의 국제결혼 중 약 70%가 한국 남성과 동남아 국가를 비롯한 개발도상국 출신 여성이 결혼하는 사례였고(조옥라 외, 2006: 48), 2005년 한 해 동안의 통계로 볼 때에도 한국 남성과 개발도상국 출신 여성이 결합한 경우가 국제결혼의 72%를 차지하였다.

이러한 유형의 국제결혼은 첫째, 이들의 주 거주지가 한국 사회 내가 됨으로써 가족과 지역사회의 구성원이 된다는 점, 둘째, 이들의 자녀가 한국 사회에서 태어나서 이민 2세로서 성장한다는 점,[3] 셋째, 이러한 국제결혼의 규모가 한국 사회에 지대하고 빠르게 영향을 미친다는 점에서 과거 국제결혼의 영향력에 비할 바가 아닐 것으로 보인다.

1990년대 들어서 최근까지 국제결혼은 급격히 증가해 왔다. 통계청 자료에 따르면 1990년에 국제결혼이 차지하는 비율이 1.2%였던 것이 1995년에는 3.4%로 증가하였고, 2004년에는 11.4%로서 10%를 넘어섰다. 즉, 100쌍 중 1쌍이던 것이 15년 만에 10쌍 중 1쌍으로 국제결혼의 숫자가 증가한 것이다. 2005년은 최

3) 2014년 4월 현재 교육부 통계로 초·중·고 재학 중인 '다문화가정의 학생'은 6만 7806명으로 보고된다. 실제 교육부가 집계한 다문화가정 학생에는 국제결혼가정의 학생(국내출생+중도입국) 6만 3100명과 일반 외국인 가정의 학생 4706명이 함께 포함되어 있다. 한편 미취학 다문화가정 아동의 수를 감안해 볼 때 2014년 현재로부터 3년 이내에 다문화가정의 학생 수는 10만 명을 넘어설 것으로 추정된다(국민일보, 2014. 9. 22.).

근 통계상 국제결혼 건수가 최고에 달했던 해로, 당해 한국 사회 전체 결혼 건수의 13.48%에 해당하였다. 국제결혼의 비율은 2006년 이후로 점차 감소세로 돌아서고 있는데, 2010년까지는 여전히 10%를 상회하는 수준으로 유지되다가 그 후로 10% 미만으로 감소하고 있음을 알 수 있다(〈표 1-3〉 참조).

외국 출신 배우자의 성별로 볼 때는 외국인 아내를 맞이한 국제결혼가정이 외국인 남편을 맞이한 가정에 비하여 월등히 많은 것을 알 수 있는데, 국제결혼의 비율이 정점을 이루던 2005년에는 전자(9.77%)가 후자(3.70%)의 약 세 배 가까이 많음을 알 수 있다. 최근 2013년에도 전자(5.67%)는 후자(2.37%)의 두 배 이상이 되고 있음을 알 수 있다.

〈표 1-3〉 한국의 국제결혼 건수와 비율(2000~2013)

연도	총 결혼 건수(A)	총 국제결혼 건수(B)	B/A(%)	외국인 아내(C)	C/A(%)	외국인 남편(D)	D/A(%)
2000	332,090	11,605	3.49	6,945	2.09	4,660	1.40
2001	318,407	14,523	4.56	9,684	3.04	4,839	1.52
2002	304,877	15,202	4.99	10,698	3.51	4,504	1.48
2003	302,503	24,776	8.19	18,751	6.20	6,025	1.99
2004	308,598	34,640	11.22	25,105	8.14	9,535	3.09
2005	314,304	42,356	13.48	30,719	9.77	11,637	3.70
2006	330,634	38,759	11.72	29,665	8.97	9,094	2.75
2007	343,559	37,560	10.93	28,580	8.32	8,980	2.61
2008	327,715	36,204	11.05	28,163	8.59	8,041	2.45
2009	309,759	33,300	10.75	25,142	8.12	8,158	2.63
2010	326,104	34,235	10.50	26,274	8.06	7,961	2.44
2011	329,087	29,762	9.04	22,265	6.77	7,497	2.28
2012	327,073	28,325	8.66	20,637	6.31	7,688	2.35
2013	322,807	25,963	8.04	18,307	5.67	7,656	2.37

출처: 국가통계포털 KOSIS(http://kosis.kr).

2013년 현재 국제결혼가정의 배우자 출신국의 분포를 살펴보자. 남편의 출신 국적을 규모 순으로 열거하면 미국, 중국, 캐나다, 호주, 베트남, 영국, 프랑스, 독일, 대만 순이고, 아내의 국적별 규모는 중국, 베트남, 필리핀, 일본, 캄보디아, 미국의 순이다. 전자의 경우 다수를 차지하는 출신국이 주로 미주 및 유럽 국가이며, 후자의 경우 주로 아시아 지역 국가로, 서로 대조를 보임을 알 수 있다(〈표 1-4〉 참조).

국내로의 결혼이주가 1990년 중반 이전까지는 주로 농촌 노총각 장가 보내기 일환으로 시작되었으나, 1990년대 후반부터는 도시로의 결혼이주도 증가하고 있다(빈부격차차별시정위원회, 2006). 지역별로 보면 결혼이민자의 거주 지역은 3/4이 도시 지역이고 나머지 1/4이 농촌 지역으로 추정되고 있으나, 지역당 국제결혼의 비율은 농촌 지역이 높아서 2005년의 통계 결과 농촌 신랑들의 37.5%가 국제결혼을 한 것으로 나타난다(조옥라 외, 2006: 48). 그리고 경기 · 인천에 31.8%, 서울 25.1%가 분포하듯이 다수가 서울 수도권 지역에 거주하고 있다. 또한 출신 국가별로는 재중 동포는 주로 도시에 거주하고, 필리핀 · 태국 · 베트남 여성은 주로 농촌에 거주하고 있다(빈부격차차별시정위원회, 2006). 전국적으로 볼 때 2005년 통계로 국제결혼 비율이 30% 이상 되는 곳을 보면 대부분 군 단위의 농어촌 지역[4]임을 알 수 있다.

4) 2005년 당시, 구체적으로 전라남도 보성, 고흥, 해남, 진도, 함평, 전라북도 고창, 임실, 진안, 무주, 충청남도 청양, 부여, 충청북도 괴산, 보은, 옥천, 영동, 단양, 강원도 영월, 경상남도 산청, 경상북도 예천, 의성, 군위 등이다.

〈표 1-4〉 국제결혼가정의 배우자의 출신국 분포(2013)

남편의 출신국	명수	아내의 출신국	명수
미국(미합중국)	1,755	중국(중화인민공화국)	6,058
중국(중화인민공화국)	1,727	베트남	5,770
일본	1,366	필리핀	1,692
기타 및 미상	572	일본	1,218
캐나다	475	캄보디아	735
오스트레일리아(호주)	308	미국(미합중국)	637
베트남	279	기타 및 미상	328
영국	197	태국(타이)	291
프랑스	165	우즈베키스탄공화국	269
독일	157	대만(타이완)	248
대만(타이완)	152	몽골	193
뉴질랜드	104	네팔	186
파키스탄	99	캐나다	177
스리랑카	58	인도네시아	121
이탈리아(이태리)	53	오스트레일리아(호주)	97
필리핀	47	러시아	90
스위스	36	키르기스스탄	71
네덜란드	30	라오스	46
네팔	26	말레이시아	33
인도(인디아)	25	뉴질랜드	31
방글라데시	25	카자흐스탄	16
계	7,656	계	18,307

출처: 국가통계포털 KOSIS(http://kosis.kr).

3) 그 밖의 이주자 혹은 문화적 소수자 집단

외국인이 아니면서도 외국인과 비슷한 문화적 소수집단으로 취급될 수 있는 인구 집단이 북한을 탈출하여 중국, 동남아 등지의 제3국을 떠돌다 한국으로 입국하는 북한이탈주민이다. 1990년대 중반 이후 지속적으로 증가하여 2007년 초에 1만 명을 넘어섰고, 2010년에는 2만 명을 넘어섰다. 2014년 6월까지 국내 입국한 북한이탈주민은 2만 6854명으로 집계되고 있다.

또한 최근 한국 체류 재외 동포의 대다수는 중국 동포로서, 이들은 외국인 근로자, 결혼이민자 등으로서 한국에 들어와 있고, 이들 중 많은 경우가 불법체류자 신분으로 체류하고 있다. 그 밖의 단기 거주자로서 외국인 투자자, 유학생이 증가하고 있다. 특히 유학생의 경우, 학업 과정을 이탈하기도 하고 처음부터 취업을 겨냥하여 유학생 신분으로 입국하는 형태가 증가하고 있다. 유학생은 2001년도에 이미 1만 명을 넘어섰고, 2000년대를 거치면서 매년 증가율이 증가 혹은 감소하였는데 2014년 8월 현재 8만 9143명으로 집계되고 있다. 유학생은 중국, 일본 출신이 많은 수를 차지하고, 그 외 미국, 베트남, 몽골, 대만 등 다양한 국적을 가지고 있다.

이 외에도 국내에서 이주자가 아니면서 인종 혹은 문화적 소수자 비슷한 취급을 받고 있는 과거 성인 혼혈인의 존재를 언급할 수 있다. 공식적인 통계는 찾기 어렵지만 2003년 펄벅재단에서 발표한 3만 5천 명이 한국 사회 내 혼혈인의 규모로 추정되고 있다. 이 통계에 기반을 두면 한국 사회 내 혼혈인은 2006년 4월 기준 한국의 전체 인구의 0.73%에 해당한다(프레시안, 2006. 4. 4.). 그러나 실제로 이보다는 숫자가 훨씬 많을 것으로 보인다.

한국 사회 내 혼혈인은 속칭 '튀기' 혹은 성인이면서도 언제나 '혼혈아'로 불리면서 교육, 취업, 결혼 등의 중요한 사회적 행위에 대하여 심각한 차별과 배제의 대상이 되어 왔다. 그러나 한국 사회가 다문화사회로 접어들면서 혼혈인에 대한 새로운 차원이 부각되고 있는데, 하나는 실질적 차원의 '혼혈인'의 급격한 증가이고, 다른 하나는 이들에 대한 사회적 반응에서의 변화다. 전자는 최근 급격하게 증가하고 있는 국제결혼에서의 출생 아동을 의미하는 것으로서, 2013년 전체 출생아 43만 6455명 중 다문화가정의 출생아는 2만 1290명이고, 이는 전체의

4.9%를 차지하고 있다. 이러한 숫자는 과거에 비하여 점점 증가하는 비율을 보이고 있다. 이미 2006년도의 한 신문기사(조선일보, 2006. 4. 4.)에서는 국제결혼 부부 사이에서 태어난 아동이 2020년에는 약 167만 명에 이를 것이라는 보도가 실리기도 했다. 후자는 이들을 바라보는 사회적 시각과 반응에서의 변화다. 1990년대 이후 기지촌 여성이나 혼혈인에 대한 인식을 바로잡기 위한 움직임이 활발해지면서, '혼혈인'이라는 표현을 대체할 수 있는 다양한 표현이 사용되기 시작하였다. Hines Ward처럼 미국인과 한국인 사이에서 태어난 사람을 아메라시안(Amerasian), 다른 아시아 국가 출신과 한국인 사이에서 태어난 이를 코시안(Kosian)이라고 부르기도 한다. 과거 교육과정에서는 혼혈인 일반을 가리키는 말로 제안한 '온누리안'이라는 표현도 있었다. 또 혼혈아를 '국제아' '이중문화 가정의 자녀' '다문화가정의 자녀' 등으로 바꿔 부르기도 한다. 이런 대안적인 표현은 모두 인종학적인 혈통 개념이 아닌 문화적 차이에 주목하고 있는 것이다(프레시안, 2006. 4. 4.).

지금까지의 난민 인정자는 2013년 말 누계로 총 377명인데, 이는 우리나라가 난민 신청을 받기 시작한 1994년 이래로 총 6643명의 신청자 가운데서 난민으로 인정받는 숫자다. 이러한 통계는 우리나라가 난민 수속이 까다롭고 시일이 오래 걸리고 있는 사실을 반영하는 것이다. 우리나라는 1951년에 '난민협약'과 '난민의정서'에 가입하고, 1993년 12월 10일에 「출입국관리법」과 1994년 6월 30일에 「출입국관리 시행령」에 난민 인정 조항을 신설함으로써 난민인정제도를 도입하였다. 그러나 2000년까지 한 명의 난민도 인정하지 아니하였고, 2001년과 2002년에 각각 한 명의 난민을 인정하여 난민 인정에 지나치게 인색하다는 비판을 받아 왔다. 2013년 7월 1일부터 한국에서 「난민법」이 시행되면서 향후의 난민 신청자 및 인정자 규모의 변화 추세가 관심사이기는 하지만, 여전히 한국은 다른 난민 수용국에 비하여 난민 인정 판정률이 매우 낮은 것으로 알려져 있다. 이뿐만 아니라 어렵게 난민 인정을 받고 한국에 정착하는 사람에게도 사회복지서비스와 제도적 배려는 미흡한 수준이어서 이들의 정착 생활은 매우 어려운 것으로 알려지고 있다(한겨레신문, 2013. 10. 7.).

4. 외국인 유입과 정착으로 인한 문제 상황

국내 체류외국인이 경험하는 문제는 크게 국적 취득 및 인권 문제, 사회문화적 적응의 문제, 사회통합의 문제, 빈곤과 자녀교육의 문제 등으로 구분해 볼 수 있다.

1) 국적 취득 및 인권 문제

첫 번째 범주의 문제는 국적 취득과 인권에 관련된 문제로서 주로 외국인 근로자와 국적 취득 전의 결혼이민자에 관련된 문제로 보인다. 여성 결혼이민자의 경우 최근까지 결혼 후 한국 국적을 취득하는 데 오랜 시간이 걸리거나 국적 취득 과정에서의 비합리적 요소들(예를 들어, 남편의 동의가 반드시 필요한 조건 등)로 인하여 큰 어려움을 경험하였다. 최근 들어 이러한 불합리한 요소들이 시정되고 법적으로 향상된 조건이 부여되고 있으나 한국 남성과 결혼하는 외국 여성의 경우, 국적 취득 과정은 기본적 인권 문제로서 정책적 배려가 지속적으로 요구되는 사안이다. 또한 여성 결혼이민자의 경우 인신매매성 국제결혼 중매, 결혼 후 가정 폭력 및 학대의 문제가 자주 제기되고 있는데, 이는 중대한 기본권적 인권 침해로 지적될 수 있다.

외국인 근로자의 경우 오랜 기간 동안 기본권 배제와 인권 유린의 문제가 지적되어 왔다. 열악한 노동 조건, 임금 체불, 고용주의, 폭력 및 성폭력 문제 등이 이에 해당되는 문제인데, 불법체류 신분에 있는 외국인은 체류 신분의 불안정성과 불법성 때문에 더욱 심각한 인권 유린을 경험하고 있다. 산업연수제도가 가지고 있는 제도적 모순점을 해결하고 인권 문제를 감소시킬 목적으로 고용허가제가 시행되면서 외국 노동 인력에 대한 노동 권리를 보장하고, 적어도 구조적으로 인권 유린이 자행된다는 비판은 다소 면하게 되었다. 그러나 이들에 대한 정책은 외국인 근로자를 여전히 노동시장의 영역에서만 고려하는 차원으로서 제한되어 있고, 이들의 인간적 권리에 대한 배려는 매우 저조한 상황이다. 우리 정부의 외국인 노동정책은 여전히 단기순환정책(rotation policy)으로서 선진국들이 견지해 온 '차별배제적' 이주노동자 정책 모형을 지향하고 있고, 이들의 정주를 정책적 고려에 포함하고 있지 않다. 그러나 외국인 근로자의 불법체류 기간의 장기화는 점점 증가하고 있는 실정이며, 이들이 법적인 테두리 내에서 한국에 체류하는 동안에도 이들의 가족결합권(family reunification), 아동양육권, 여성모성보호권, 아동교육권 등 인간적인 차원의 권리가 보장되어야 한다는 주장이 높아지고 있다(국회민생정치연구회, 2006). 즉, 이들이 얼마를 한국에 머물더라도 한 사람의 인간이 누리는 보호적 환경을 조성한다는 차원에서 노동력 대책 차원을 넘어선 문화정책 차원의 지원과 프로그램을 개발하여야 한다는 주장이다(조옥라 외, 2006).

2) 사회문화적 적응의 문제

두 번째 문제 영역은 외국인이 한국 사회와 그 문화에 적응하는 과정에서 경험하는 어려움으로 다음과 같은 것들이 있다.

- 사회적 관계 형성의 어려움: 한국에 정착하는 외국인은 한국의 가부장제적 가족중심문화, 지역주의, 연고주의 등 폐쇄적 사회 연결망 구조 속에서 사회에 적응하거나 그 관계를 넓혀 가기 어려운 조건이 형성되어 있다고 할 수 있다(조옥라 외, 2006).
- 문화적 갈등 혹은 문화적 배경에서 오는 억압: 결혼이민자의 경우, 가부장적 권위의 남편과 시댁의 문화적 차이에서 오는 문화 갈등을 경험하고 있고, 민족우월주의에서 오는 여성 결혼이민자에 대한 차별적 시각을 경험하고

있다. 한편 이미 한국 여성에게서 포기된 '시부모 부양'의 전통에 대한 복종, 가사와 농사일의 이중 부담이 여성 결혼이민자에게 요구되고 있으며, 전통적 며느리 역할에 대한 기대를 지속함으로써 이들에게 가부장적 가족문화 강화의 부담을 지우려 한다는 지적이 제기된다(조옥라 외, 2006: 89). 동남아시아 출신 여성, 특히 베트남을 비롯한 같은 유교 전통을 지닌 국가에서 온 여성 결혼이민자의 경우, 부모 부양, 제사의식, 남편 공경 등과 같은 유교 전통을 지속하는 데 적합한 배우자로 호도하는 국내 결혼상담소의 상술과 이에 호응하는 한국의 결혼 상대자의 의식이 문제시될 수 있다. 이러한 문화적 배경 차이는 이미 부계가 아닌 양변적(bilateral) 가족 구조에서 성장한 남부 베트남, 태국, 필리핀 등의 국가 출신 여성에게 크게 나타나는 것으로 알려지고 있다. 이주하기 전 본국에서는 부부간의 문제, 가사, 자녀양육 등은 여성 자신 혹은 부부의 의견 조율에 의해서 결정되는 사항이었지만, 한국 이주 후 시어머니를 비롯한 시댁 식구가 관여하거나 강압적인 결정으로 일방적으로 따르기만을 요구하는 문화적 차이를 경험하고 있는 것이다(김이선, 김민정, 한건수, 2006).

- 지역사회의 문화적 대응력 미비: 현재 국제결혼가족이 다수 존재하는 지역사회의 내부 대응력 혹은 완충력이 확인되지 않고 있다. 즉, 지역주민의 부족한 의식, 문화적 접촉과 충격에 대한 공식적 · 제도적 대응정책이 부재한 상황에서 미래 지역사회 내의 다문화적 상황이 미지수로 남는다.

3) 사회통합의 문제

국내 외국인이 경험하는 세 번째 문제 영역은 보다 궁극적인 차원으로서, 사회통합의 문제로 볼 수 있다.

(1) 인종적 · 문화적 차별

한국 사회의 외국인과 외국 문화에 대한 시각은 이중적이거나 서열화되어 있어 외국인의 피부색과 출신 국가에 의해 결정되고 있다고 할 수 있다. 즉, 흑인이냐 백인이냐의 인종적 기준의 토대 위에 한국보다 잘사는 나라에서 왔느냐 혹은 못사는 나라에서 왔느냐 하는 사회 구조적 기준이 더해져 흑인이나 흑인에 가까운 피부색을 가지는 외국인과 후진국 및 개발도상국에서 온 외국인을 상대적으로 차별하는 경향이 있다. 또한 재외동포에 대한 태도도 외국인에 대한 세계관과 비슷하게 위계적이고 이중적이다. 예를 들어, 북한 사투리를 쓰는 중국 동포는 홀대하고 재미 동포는 우대하는 경향을 보인다.

한편 한국계 입양아에 대해서도 이들을 한국인으로 받아들이지 못하고 있다. 국내에서 태어난 혼혈인에 대한 차별은 여전히 한국의 혈통주의에 입각하여 심각하다. 특히 과거 한국이 경제적으로 낙후되어 있던 시절, 한국인 여성과 외국 남성 사이에 태어난 혼혈아에 대한 차별과 멸시가 심각하여 혼혈인은 학업, 취업, 결혼 등에서 심각한 차별을 경험하였으며, 이러한 경향은 우리 사회에서 쉽게 사라지지 않고 있다.

(2) 문화적 몰이해

한국 사회 구성원이 외국 문화에 대해 가진 제한되거나 왜곡된 이해는 역사적 경험에 기반을 두고 있다. 한 예로 한국 사회에서 미국인이 백인의 기준이 되어 왔는데, 이것은 오랫동안 정치적 · 사회적으로 미국의 영향 아래 있으면서 미국 중심의 획일적인 서구관과 문화관을 키워 왔기 때문이다. 그 결과 미국인이 아닌 다른 서구인과 그들의 문화권에 대한 몰이해를 가지거나, 인종에 관계없이 영어를 사용하는 외국인에 대하여 무조건적으로 우호적인 태도를 보이곤 한다. 또한 과거 정치적 · 군사적 · 경제적으로 압도적인 미국의 영향 아래에서 강력한 외세에 대한 배타성과 동경심을 동시에 경험한 한국 사회는 외부 문화에 대해 경제력을 기준으로 판단하는 왜곡이 축적되면서 상대적으로 문화적 · 도덕적 기준이 희박해진 상황이다. 그래서 실제로 다양한 국가, 직업 배경의 비서구권 외국인이 존재하지만 검은 피부색을 가지고 비영어권 국가에서 온 외국인을 대부분 외국인 근로자 수준에서 선입견을 가지고 바라본다든지, 아프리카에서 온 비즈니스맨, 태국 · 필리핀 등에서 온 관광객 등을 무시하는 사례가 빈번한 것으로 알려지고 있다.

외국 문화에 대한 몰이해와 함께 더 큰 문제점으로 지적되는 것은 출신 지역, 피부색, 출신 국가의 경제력을 막론하고 거주 외국인에 대한 제대로 된 제도적 지원을 찾기 힘들거나, 있어도 매우 소극적이고 영세하다는 점이다. 이러한 상황에서 동남아 권역 혹은 구소련 지역 출신의 결혼이민자에 대한 출신국 문화의 이해와 배려, 존중은 더욱 찾기 어려운 실정이다.

외국 문화에 대한 한국인의 이해가 부족한 것과 동시에 한국인과 한국 문화에 대한 외국인의 이해도 매우 부족하다. 이것은 지금까지 한국 정부와 사회가 한국 문화를 대외적으로 소개하는 노력이 매우 부족하고 부실하였음을 반영하는 것이다(조옥라 외, 2006). 한국 사회에서의 이주민 통합은 이주민의 일방적인 적응만으로 이루어지는 것이 아니고 쌍방향으로 수용과 적응이 필요하다고 볼 때, 한국 사회와 문화에 대한 외국인의 이해 또한 사회통합을 위해 매우 중요하다 할 것이다.

4) 빈곤과 자녀교육의 문제

서구 사회의 특정 인종 혹은 민족 집단이 도시 내 슬럼지역이나 기타 소외 지역에서 집단으로 거주하면서 소외계층으로서의 이미지를 구축하였듯이, 한국 내 외국인 근로자, 결혼이민자들은 도시 내 공단 인근 지역, 농촌 등에 거주하면서 배제된 집단으로서 집단적 분화 현상을 보일 수 있다. 또한 여성 결혼이민자의 배우자가 일반 저소득층 및 저소득 농어촌 지역의 남성인 것을 감안할 때, 여성 이민자의 취업 및 노동 문제, 자녀 양육의 부실 등 이들 인구 집단 내에서 빈곤의 재생산이 이루어질 가능성을 예상해 볼 수 있다(조옥라 외, 2006: 65).

실제로 한국 사회 내의 외국인 근로자, 결혼이민자, 북한이탈주민이 한국의 일반 시민과 비교하여 평균적으로 매우 낮은 노동시장 지위와 경제 수준에서 살고 있다. 대부분 단순노동직에 종사하는 외국인 근로자의 경제적 삶의 수준이 한국 사회의 평균에 비하여 열위에 놓이는 것은 주지의 사실이고, 이들의 장기체류와 정주에도 경제 수준은 변화하기 어려운 것으로 보인다. 한편, 여성 결혼이민자의 절대 다수가 한국 사회에서 경제적 우위를 가지지 못한 남성과 결혼하여 한국 이주 후 삶의 출발부터 경제적 어려움에 직면하는 상황이다. 북한이탈주민의 경우도 낮은 인적 자본의 수준, 자본주의 근로문화에 대한 낯섦 등으로 노동시장 활동의 결과가 쉽게 성공적으로 나타나지 못하고 있어 남한 사회 구성원과 비교할 때 여전히 문제시된다. 결과적으로 이주민들은 소득 창출의 높은 욕구에도 노동시장 진입 장애와 저임금, 불완전 고용, 노동시장에서의 차별을 경험하며, 수급자화, 빈곤의 대물림 가능성을 가지고 있다.

한국 내의 최근 이주민의 많은 경우가 자녀 양육과 교육에 어려움이 있는 것으로 보인다. 이주민 가정의 자녀에 대한 통계는 정확히 제시하기 어렵지만 이들은 많은 경우, 학교 부적응으로 인해 높은 미취학률을 보이는 것으로 보고되고 있다. 몇 년 전의 동아일보 자료(2011. 9. 10.)에 따르면, 결혼이민자 자녀들은 종종 한국말이 서툴러 학습부진과 따돌림을 경험하면서 교과과정을 따라가지 못하고, 친구와 어울리지도 못하며, 심지어 장애아동 취급을 받는 경우도 적지 않다고 한다.

2008년 국회 조사에 따르면, 당시 국제결혼가정의 학령기 아동 2만 4867명의 24.5%인 6,089명이 정규 교육권 밖에 있는 것으로 추정되었는데, 상급 학교로 가면서 학교생활의 어려움 등으로 미진학 및 중도 탈락 비율이 15.4%(초등학교) → 39.7%(중학교) → 69.6%(고등학교)로 2배 정도씩 증가하고 있는 것으로 나타났다.[5] 한국 사회의 일반 가정의 학령기 자녀의 '탈학교율'과 비교해 보면 초등학교의 경우 22배나 높으며, 중학교는 9.9배, 고등학교는 8배 높다.

5) 2008년 10월 당시 국회 보건복지가족위원회 원희목 의원실 조사결과다.

5. 다문화 관련 사회적 지원

과거 우리 사회에서 다문화에 대한 개념이 거의 전무하던 시기에는 외국인 출입국을 위한 정책이 존재하였을 뿐이지, 이들의 이주와 체류, 사회문화적 적응과 관련된 지원은 거의 존재하지 않았다고 볼 수 있다. 그러던 상황에서 최근 급격한 체류외국인의 증대와 결혼이민자를 포함한 외국인 정주민의 규모가 늘고 있으며, 증가 추세가 가파른 최근에 이르러서야 이들을 위한 사회적 지원을 마련하기 시작하였다.

다문화 개념이 한국 사회 내에서 회자되고 이에 관한 문제와 대책이 논의되면서 정부 또한 장기적 대책 마련의 구체적 노력을 기울이기 시작하였다. 일례로, 2006년 정부에서는 우리 사회의 외국인 및 다문화 현상과 관련한 대응으로 범부처적인 종합대책을 발표하였는데, 그해 4월의 '여성 결혼이민자 가족 및 혼혈인 · 이주자 사회 통합지원방안'이 그것이다. 중앙정부뿐 아니라 지방자치단체 차원에서도 사회적 지원방안을 모색하기 시작하였고, 시민사회는 이에 대하여 일찍이 옹호 차원의 사회운동을 펼치면서 직접적인 지원 프로그램도 함께 시행해 왔다. 이후 정부는 「다문화가족지원법」을 2008년에 제정하고 국무총리를 위원장으로 하는 '다문화가족정책위원회'를 구성 · 운영해 왔다. 2010년에서 2012년까지의 기간을 '제1차 다문화가족지원정책 기본계획' 수립 및 추진 기간으로 설정하고 결혼 및 가족생활의 주기에 조응하는 다양한 서비스 및 지원정책을 추진해 왔다. 또한 2011년 4월에는 「다문화가족지원법」을 개정하여 다문화가족지원을 위한 기본계획 및 연도별 시행계획의 수립 근거(제3조의2, 3, 4)를 마련하고, 실제로 2013~2017년 사이의 5년간의 '제2차 다문화가족정책 기본계획'을 수립하였다. 이 절에서는 한국의 다문화 현상과 관련한 사회적 지원의 추진내용을 크게 두 영역으로 나누어 개괄적으로 살펴보겠다.

1) 이주민의 지위 및 처우 관련 법적 지원

한국 정부의 외국인정책의 주무부처는 법무부다. 우리나라의 외국인정책을 영어로 표기할 때는 'Immigration Policy'라고 하면서 정작 이민정책이라는 우리말 표현은 사용하고 있지 않다. 이것은 간접적으로 한국 정부가 이민을 정책적으로 지향하고 있지 않음을 시사하는데, 이러한 정책 기조는 한국 사회에 거주하는 외국인, 특히 정주를 목적으로 하는 외국인에 대한 지위와 처우가 그리 양호하지 않음을 예상할 수 있게 한다.

그러나 한국 정부는 체류외국인의 지위와 처우를 점진적으로 향상시키고자 노력해 왔는데, 먼저 외국 인력의 편법 활용과 인권 침해로 비난받았던 산업연수생제도(1993. 11. 처음 시행)에서 고용허가제(2004. 8.)로 주요 제도적 기반을 변화시키고, 2007년 1월부터 산업연수제도를 아예 폐지하였다. 이후 외국인 근로자의 고용허가제를 시행하고 있다. 한국은 1990년대 이후 외국인 근로자 및 재외동포의 관리를 위한 정책을 시행하고 있지만, 이는 단순기능의 외국인 근로자를 한국 사회 구성원으로 받아들이기보다는 이들의 인력을 효율적으로 관리하고 기간 만료 후 본국으로의 귀국을 보장하기 위한 정책이라 할 수 있다(이종열, 정준호, 주동범, 주효진, 한승준, 2013: 105-106).

결혼이민자의 경우에는 이들의 안정적 체류지원을 강화하였다. 1998년 이후 「국적법」에 의하면 결혼이민자의 경우 결혼 후 2년이 지난 뒤 배우자의 동의가 있어야 국적을 취득할 수 있었으나, 국제결혼 외국인, 특히 외국인 여성에게 귀책사유가 없는 이혼 또는 별거로 체류자격 유지가 불가능한 사례가 발생(거주비자인 F2에서 방문동거비자인 F1으로 변경시킴)하여 불리한 입장에 처하였던 점을 개선하기 위하여 2005년 9월에 결혼이민자에 대한 영주권 취득 요건을 완화하였다. 즉, 2년 이상 거주한 경우 영주자격(F5)을 부여하고, 거주자격(F2)을 계속 유지할 경우 별도의 허가 절차 없이 자유 취업을 허용하였다. 또한 결혼 후 미성년 자녀를 양육할 경우 거주자격(F2)으로 체류를 허가하고 있다. 중국 동포의 경우는 2004년 4월의 「국적법」 개정으로 국적 취득이 가능해졌다.

2005년 8월 4일의 「공직선거법」 개정 이후 영주외국인에 한해서 지방의회 및 지방자치단체장 선거권을 부여하고 있고(피선거권은 제외), 2004년부터 주민투표권을, 그리고 2006년부터는 주민소환권을 부여하고 있다. 그러나 이러한 것들은 참정권적 권리라기보다는 주민자치권으로 이해할 수 있다(조옥라 외, 2006).

이주민의 법적 지위에 대한 개선과 배려에 더하여 최근에는 이들의 사회권과 가족생활을 지원하는 방향으로 법적 추진이 이루어지고 있다. 이주민의 생활에 관한 지원으로, 결혼이민자의 예를 들면, 2005년 8월 보건복지가족부(현 보건복지부)에서는 여성 결혼이민자 가족의 안정적인 생활을 지원하기 위해, 기초생활보장 수급 신청 시 선정 여부를 정할 때 여성 결혼이민자의 소득 및 재산을 제외하였다. 그리고 여성 결혼이민자 가족의 기초생활보장을 위해 「국민기초생활보장법」을 개정하고(2005. 12.), 「긴급복지지원법」의 지원 대상에 여성 결혼이민자를 포함시켰다. 또한 실제 소득이 최저생계비의 120% 미만이고 미성년 자녀를 양육하는 국적 미취득 이민자를 자활근로사업 대상에 포함시켰다.

2007년 5월에는 「재한외국인 처우 기본법」이 제정되었는데, 이 법은 다양한 외국인 혹은 이주민에 대한 매우 포괄적인 내용을 제시하고 있다. 이 법은 우리나라에 거주하는 외국인이 한국 사회에 빨리 적응하여 개인의 능력을 충분히 발휘할 수 있도록 하고, 한국 국민과 재한외국인이 서로를 이해하고 존중하는 사회 환경을 만들어 사회의 발전과 통합을 이루어 감을 목적으로 한다(「재한외국인 처우 기본법」 제1조). 이 법에서는 구체적으로 재한외국인과 그 자녀에 대한 불합리한 차별 방지 및 인권 옹호(동법 제10조), 재한외국인의 사회적응 지원(동법 제11조), 결혼이민자 및 그 자녀에 대한 지원으로서 국어 교육, 대한민국의 제도 · 문화에 대한 교육, 자녀에 대한 보육 및 교육 지원 등을 통하여 결혼이민자 및 그 자녀가 대한민국 사회에 빨리 적응하도록 지원하는 것(동법 제12조 1항), 대한민국 국민과 사실혼 관계에서 출생한 자녀를 양육하고 있는 재한외국인 및 그 자녀에 대하여 이를 준용하는 것(동법 제12조 2항) 등을 명시하고 있다.

2007년의 「재한외국인 처우 기본법」에 근거하여 2008년에는 '제1차 외국인정책 기본계획(2008~2012)'이 수립되었는데, 이는 각 부처에서 개별적으로 추진되어 온 외국인정책을 중장기적인 관점에서 종합적으로 추진하기 위한 것이었다. 2013년부터 추진된 '제2차 외국인정책 기본계획(2013~2017)'은 국경 및 출입국관리, 국적부여정책과 이민자사회통합정책을 포괄하는 개념으로 이민정책을 의미하는 것으로 규정하였다(이종열 외, 2013: 109). 그 자세한 내용은 [그림 1-2]에 제시되고 있다.

비전	세계인과 더불어 성장하는 활기찬 대한민국	
정책 목표 및 중점 과제	**정책목표**	**중점 과제**
	1. 개방 경제활성화 지원과 인재 유치	1. 내수 활성화 기여 외래관광객 유치 2. 국가와 기업이 필요한 해외 인적 자원 확보 3. 미래 성장동력 확충을 위한 유학생 유치 4. 지역 균형발전을 촉진하는 외국인 투자 유치
	2. 통합 대한민국의 공동가치가 존중되는 사회통합	1. 자립과 통합을 고려한 국적 및 영주제도 개선 2. 체계적인 이민자 사회통합 프로그램 운영 3. 국제 결혼 피해방지 및 결혼이민자 정착지원 4. 이민배경자녀의 건강한 성장환경 조성 5. 이민자 사회통합을 위한 인프라 구축
	3. 인권 차별 방지와 문화 다양성 존중	1. 이민자 인권 존중 및 차별방지 제도화 2. 다양한 문화에 대한 사회적 관용성 확대 3. 국민과 이민자가 소통하는 글로벌 환경 조성
	4. 안전 국민과 외국인이 안전한 사회 구현	1. 안전하고 신뢰받는 국경 관리 2. 질서 위반 외국인에 대한 실효적 체류 관리 3. 불법체류 단속의 패러다임 다변화 4. 외국인에 대한 종합적인 정보관리 역량 제고
	5. 협력 국제사회와의 공동발전	1. 이민자 출신국, 국제기구 등과의 국제협력 강화 2. 국가 위상에 부합하는 난민정책 추진 3. 동포 사회와의 교류, 협력 확산

[그림 1-2] 제2차 외국인정책 기본계획(2013~2017)의 정책 목표 및 중점 과제

[그림 1-2]에서 보는 바와 같이 개방, 통합, 인권, 안전, 협력 등 5개 분야의 정책 목표를 기반으로 총 147개의 세부 과제들이 주요 중점 과제 아래서 구성되어 추진되고 있다. 이러한 제2차 기본계획은 밖으로는 유럽 국가들이 '다문화주의의 실패'를 선언하는 분위기 가운데 국내적으로 경제활동 인구 감소로 인한 성장동력과 내수시장 축소에 대한 위기감의 확산, 외국인 범죄, 인종 · 문화적 갈등의 우려가 높아지는 사회 환경을 배경으로 하고 있다. 이에 질서와 안전, 이민자의 책임과 기여를 강조하는 국민적 인식을 반영하고 있다(이종열 외, 2013: 110).

한편 결혼이민자 부문에서는, 2008년에 출범한 이명박 정부는 「다문화가족지원법」을 2008년 3월에 제정하고 9월부터 시행하였는데, 이 법에서는 주로 결혼이민자와 귀화자 등이 한국인(출생 시부터 한국 국적을 취득한 자)과 다양한 이유로 가족이 되었을 경우, 그 당사자들과 가족의 자녀를 지원하는 내용을 주로 담고 있다. 당초 이 법률안의 추진 과정에서는 취업, 결혼 등의 이유로 국내에 체류하고 있는 외국인의 출입국과 고용 등의 1차적인 문제 외에 결혼, 출산, 육아, 자녀 교육 등의 가족적인 문제가 대두되고 있어, 이에 관한 종합적인 지원을 목적으로 하였다. 그러므로 가족, 모성, 아동에 대한 우선적인 지원을 목표로 하되, 결혼이민자, 외국인 근로자, 난민, 혼혈인, 재외 동포 등 국내의 다양한 이주 관련 집단의 처우에 대한 개선에 초점을 맞추려고 하였다(국회민생정치연구회, 2006). 그러나 실제로 법률로 제정된 내용에는 외국인 근로자와 기타 다양한 외국인 체류자 가족보다 결혼이민자와 국적 취득 외국인 가족에게만 한정되어 있는 지원을 명시하고 있다.

2010년에는 「다문화가족지원법」이 여성가족부 소관으로 이전되면서 법 개정이 이루어졌고, 2011년에 다시 법 개정이 이루어지면서 다문화가족지원정책에 대한 기본계획 및 시행계획 수립 내용이 포함되었다. 이로써 본격적인 다문화가족정책을 여성가족부가 총괄하게 된다(유의정, 2014: 224).

2) 이주민의 문화적 · 사회적 통합을 위한 지원

한국 사회에서 외국인에 대한 문화 및 사회통합정책은 아직은 소극적 차원에 머물러 있으나, 과거의 불법적 · 한시적 체류외국인에 대한 통제정책 중심에서 합법적 정주자에 대한 사회통합정책으로 점진적으로 선회하고 있다. 소극적이라는 표현은 이민자의 사회 적응 및 통합에서의 문제를 가능하면 최소화하고자 하는 사후 해결의 기조에 머무르거나 이들을 위한 지원 서비스의 상당 부분이 지방자치단체 혹은 시민사회단체에 의해 맡겨져 있는 상황을 반영하는 것이다.

일반적으로 이주민의 사회 적응과 통합을 위해서는 다음과 같은 영역의 정책과 서비스가 필요하다. 즉, 일상적 삶을 영위하기 위한 언어와 문화 습득, 자녀 보육과 양육 지원, 지역사회 통합지원, 본국과 출신이 같은 본국 이주민과의 연결망 구축지원 등이다. 이러한 영역에서 현실적으로 이루어지고 있는 정부 정책 및 프로그램을 살펴보면 다음과 같다.

우선 정부 각 부처의 정책은 2006년 4월 국정과제회의 후 발표된 '여성 결혼 이민자 및 혼혈인 · 이주자 사회통합 대책'(빈부격차차별시정위원회, 2006) 이후 활성화되기 시작하였는데, 이를 사업 내용별로 분류해 보면, 결혼이민자 가족지원 정책 관련(법무부, 여성가족부, 농림부), 국제결혼 당사자 보호 관련(법무부, 여성가족부), 가정폭력 문제 대응을 포함한 안정적인 체류지원 강화(법무부, 여성가족부), 이주민의 조기 적응 및 정착 지원(보건복지부, 교육인적자원부), 안정적 생활 환경 조성(보건복지부, 노동부, 여성가족부), 사회적 인식개선사업 및 한국문화 교육사업(여성가족부, 문화관광부), 정보교육 관련(정보통신부) 정책 등을 열거할 수 있다.[6)]

앞서 언급한 2007년 5월에 제정된 「재한외국인 처우 기본법」에서도 한국 사회 내 다문화에 대한 이해 증진을 목적으로 '국가 및 지방자치단체는 국민과 재

6) 이 부처명은 2006년 당시의 명칭으로 통일하여 서술하였다.

한외국인이 서로의 역사, 문화 및 제도를 이해하고 존중할 수 있도록 교육, 홍보, 불합리한 제도의 시정, 그 밖에 필요한 조치를 하기 위하여 노력하여야 한다.' (제18조)고 천명하였고, '국민과 재한외국인이 서로의 문화와 전통을 존중하면서 더불어 살아갈 수 있는 사회 환경을 조성하기 위하여 매년 5월 21일을 세계인의 날로 하고, 세계인의 날부터 1주간의 기간을 외국인 주간으로 지정하였다.' (제19조 1항)

한편 지방자치단체는 국제결혼부부에 대하여 결혼 비용, 보육비 일부 등을 지원함으로써 농어촌 지역의 공동화를 방지하고 정주화 가능성을 높이는 효과를 기대하였다. 또한 2006년 8월 25일의 행정자치부 보도자료에 의하면, 지방자치단체 업무 추진 지침을 하달하여, 지역 내 거주 외국인을 지역 주민의 일원으로 하여 업무를 수행할 것과 지방자치단체 조례 제정을 통하여 외국인에 대하여 국민에 준하는 지원 보장 및 사회 적응 지원을 추진할 것을 지시하였다. 또한 2007년부터 지방자치단체 보통 교부세 산정 기준에 외국인 수를 반영할 것도 아울러 지침으로 하달하였다.

2007년부터 농림부(현 농림축산식품부)에서는 농촌 여성 결혼이민자 가족 적응 지원사업을 추진하여 여성 결혼이민자를 여성 농민 지원 대상에 포함시켰고, 여성 결혼이민자의 모국 방문비를 지원하고, 이들에 대한 가정 방문과 상담 서비스를 시행하고 있다. 한편 교육인적자원부(현 교육부)에서는 다문화사회 교육을 강화하여 2007년부터 초 · 중등학교의 사회, 도덕 교과과정에 다문화 · 다민족 관련 요소를 반영하기 시작하였고, 각 대학 내 교과과정에 다문화사회의 이해, 이민학 등의 강의를 개설하기 시작하였다.

또한 결혼이민자를 위한 직접 서비스 전달체계의 일환으로 전국적인 결혼이민자 핫라인(1366)의 구축, 외국인 전용 쉼터 및 외국인 노동자 센터, 다문화가족지원센터(2008년 현재 82개소)가 설치되고 있다. 이와 더불어 전국적으로 수십 곳의 종합사회복지관, 주민자치센터(읍 · 면 · 동 단위), 구청, 일반 NGO, 여성직능단체 등이 이주민과 다문화가족을 위한 사회서비스를 제공하고 있다.

2009년에는 사회통합위원회가 발족되었고, 같은 해 국가브랜드 위원회에서도 5대 역점사업의 하나로 다문화의 포용과 외국인에 대한 배려를 기반으로 따듯한 다문화사회 만들기를 10대 추진과제 중 하나로 선정하기도 하였다(유의정, 2014: 223).

6. 한국 사회의 다문화 담론

한국 사회는 어느 틈엔가 다문화사회가 되어 가고 있다. 한국 사회를 구성하면서 터를 일구고 살아가는 구성원들이 출신 국가, 민족, 인종 면에서 다양해짐으로써 과거 단일한 문화권에서 점차 다문화사회로 진입하고 있다. 학계에서 다문화사회에 대한 논문이 만들어지고, 향후 이민정책에 대한 준비를 논의하는 글이 심심찮게 나오고 있으며, 매스컴에서도 한국에 정주하는 외국인의 이야기를 사례로 들어 한국 사회에서의 인종적 · 민족적 · 문화적 다양화를 예고하는 메시지를 전달하고 있다.

그러나 이 책을 읽는 독자들은 다음 장에서 이어지는 다양한 이론과 실제를 학습하기 전에 몇 가지 의문을 품을 것이다. 예를 들면, '한국 사회가 다문화사회로 진입하고 있다는 단서는 무엇인가?' '단순히 다양한 국가 출신의 외국인의 존재 혹은 그 비율만이 다문화사회의 충분조건이 되는가, 아니면 실제 외국인이 유입되면서 한국 사회 내 문화적 접촉, 경쟁, 충돌 등이 발생하여야 하는가?' '과연 한국 민족은 정말 단일한 민족으로 하나의 문화권에서 살아왔는가?' '다문화 담론이란 무엇이며, 이것은 다문화 현실과 어떻게 연관되어야 하는가?'와 같다. 이 외에도 수많은 질문이 제기될 수 있고, 또 제대로 된 논의를 위해서는 이러한 질문에 답해야 할 것이다. 그러나 이러한 질문은 매우 포괄적이고 심도 있는 논의를 요구하는 것이어서 간결한 대응이 쉽지 않다. 그러므로 이 책에서는 관련된 선행연구와 문헌을 통하여 부분적으로 다루어진 한국 사회의 다문화 현상과 담론의 현 수준에 대한 논의 내용을 전달함으로써 독자의 이해의 기초를 마련하고자 한다.

1) 한국 사회의 다문화사회 진입의 근거

한국 사회에서 다문화 개념이 본격적으로 논의되기 시작한 것은 오래되지 않은 것으로 보인다. 1990년대 이후 외국인 근로자가 유입된 지 약 20년이 되어 가지만 다문화 관련 개념이 본격적으로 논의된 것은 여성 결혼이민자의 유입 이후라고 할 수 있다. 서론에서 살펴보았듯이 한국은 이민을 공식적으로 수용하지 않지만 실제로 많은 이민자가 이미 거주하고 있다. 불법 혹은 합법을 막론하고 외국인 근로자는 한국 사회에 대량으로 유입되었고, 불법체류는 고용허가제가 시작된 이후에도 지속되고 있고, 체류 기간이 길어질수록 가족과 재결합하거나 새로이 가족을 형성하면서 한국 사회에서의 정주 가능성을 높여 가고 있다.

이러한 외국인 근로자는 이미 이민의 한 가지 유형으로 인식되고 있다. 과거의 국제 간 이주는 대량의 인구가 처음부터 이민을 목적으로 하여 공식적으로 이루어졌다면, 최근의 동향은 노동 공급을 목적으로 이주한 단기체류 노동자가 장기체류하면서 최종적으로 그곳에 정착하는 형태의 이민이 증가하고 있는 것이다(Seol & Skrentny, 2004). 최근 이민에 대한 국제연합의 정의 또한 '영구적인 국제인구 이동'과 함께 국경을 넘은 '1년 이상의 단기 취업을 위한 이주노동자' 역시 이민의 범주에 포함시키고 있다(설동훈, 2006). 이렇게 본다면 한국 사회가 수용하고 있는 합법적 외국인 근로자와 불법체류 근로자의 대량화 및 급격한 증가는 분명 한국 사회의 다문화 현상의 실체를 대변하고 있다고 볼 수 있다.

한국 사회의 다문화적 구성 상황을 더욱 선명하게 보여 주는 것은 다양한 국적의 외국인이 한국 사회 내에서 가족 및 공동체 구성원으로 자리 잡는 상황에 기반을 두는 것으로서, 즉 국제결혼을 위한 이주와 정착, 그리고 그 사이에서 태어나는 자녀들이 사회 구성원으로 살아가게 된다는 것이다. 이러한 사실은 최소한 과거에 비하여 한국 사회의 출신 국가별 · 민족별 · 인종별 분포가 다양해지고 이들이 가지고 들어온 문화적 배경이 사회적으로 밀접하게 접촉될 가능성이 높아지고 있으므로 다문화사회의 진입 근거로서 제시될 수 있다고 할 수 있다.

2) 다문화사회의 실체

그러나 한편으로 외국인의 유입과 존재가 문화 교류를 의미한다거나 혹은 그 이전의 문화적 접촉과 직접적으로 연결되는 것이 아닐 수 있음을 지적한다. 예를 들어, 외국인 근로자의 수가 급격히 증가하였지만 이들과 한국 사회 구성원과의 직접적인 접촉 기회는 그리 많지 않기 때문에 이들은 한국인에게 '상상적 관념으로 존재'(유명기, 2002)하거나 '관념적 타자'를 형성하고 있다(한건수, 2003)는 주장이 있다. 이러한 주장에 따르면 실제로 한국인과 외국인 근로자들과의 접촉 시간은 거의 없으며, 이들은 대부분의 시간을 일하고 자는 것으로 메우고 있다는 것이다. 그러므로 유입된 이주민의 한 유형으로서 외국인 근로자의 이미지와 문화적 관습은 접촉에 의해서라기보다 간접적 접촉이나 상상으로 만들어지고, 그 관념이 공고히 다져진다는 것이다. 결혼이민자의 경우 이보다는 좀 더 직접적인 관계 형성으로 문화적 접촉이 이루어진다고 보아야겠지만, 중요한 것은 다문화사회의 실체를 형성하는 것은 외국인의 사회 내 존재 자체나 비율이 아니라 그들이 가지고 들어온 문화적 배경이 한국 사회 구성원에 의해서 접촉되고 경험되는 관계의 빈번함과 밀접함이라는 것이다.

3) 다문화사회와 다문화주의

지금 이 시기가 다문화사회 진입기라고 인정한다면, 과거의 한국은 과연 단일한 문화와 단일한 민족으로 지속된 사회인가? 지금까지 한국인은 대체로 단일민족의 개념을 머릿속에 지니고 있다고 할 수 있다. 그러나 최근 다문화 현상을 접하는 시점에서 한국 또한 원래 단일한 민족국가가 아니었음을 주장하는 논지가 종종 표출되고 있다. 이러한 논지의 글에 따르면 세계적으로 단일한 민족 개념은 하나의 신화론으로 본다. 그만큼 단일민족, 단일문화의 사례는 드물다는 것이다. 그러나 한편으로 한국인이 단일민족이 아니라 원래 다민족이었다는 식의 변화된 논조는 매우 신중해야 한다는 비판도 제기된다(엄한진, 2006). 한국인의 단일민족 개념은 하나의 국민적 의식 수준의 것이었다기보다는 국내에 정주한 다른 민족을 가까이 접할 기회가 적었던 구체적인 경험과 객관적 현실에 바탕을 둔 것이라고 하였다. 불과 10년 전까지만 해도 한국 사회는 미국과 일본을 제외한 다른 외국과의 교류가 극히 미약하였던 것이 사실이다. 그러던 상황에서 성공한 혼혈인 이야기(예를 들어, Hines Ward 등)로 사회적 시각이 변화되고 다문화 경향에 대한 자극으로 중등교육 교과서에서 '단일민족' 부분에 수정이 가해졌다. 그리고 지금까지의 혼혈인을 지칭하는 '다문화인' '온누리안' 등의 대체 용어가 나타나기도 하였다(엄한진, 2006).

이러한 우리 사회의 '민첩하고 순응적인 다문화사회의 수용'은 제대로 한국 사회의 과거를 규정하고, 현 상황을 판단하며, 미래를 예상하고 준비해야 하는 관점에서 비판되고 있다. 최근 다문화 현상에 대한 선행연구에서도 한국 사회가 지금까지 문화적 다양성, 다문화적 사회 상황, 사회통합에 대한 경험이 일천하고 학문적 고민과 성찰이 부족한 상황에서 이런 것들을 어떻게 다룰 것인지에 대한 논의는 많지 않았다. 그만큼 다문화주의에 대한 입장을 고민 없이 너무 쉽게 처리한다는 지적이 있다(김혜순 외, 2006: 31-32; 조옥라 외, 2006: 90). 한편으로, 현재 한국 사회의 다문화 담론의 경우 현상은 존재하나 다문화주의 혹은 이와 관련된 이데올로기와 논쟁은 존재하지 않는 '불구의 담론'이기도 하다(엄한진, 2006). 즉, 한국 사회의 다문화적 현실과 국가의 정책, 이데올로기로서 판단되고 설정되어야 할 다문화주의 담론은 반드시 구분되어 이해되어야 함을 강조하고 있는 것이다. 다문화사회와 다문화주의를 별개의 문제라고 본다면 우리 사회에는 아직 다문화주의가 존재하지 않는 것일 수도 있다.

4) 다문화사회의 방향성

한국 사회의 다문화주의에 표징이 될 수 있는 것이 현재 이루어지고 있는 다문화에 관련한 정부의 법령 혹은 지원정책이다. 바꾸어 말해서 법령, 정책과 프로그램의 고찰은 한국 사회의 다문화 담론에 대한 성격과 지향점을 현실적으로 파악하는 데 매우 중요하다. 왜냐하면 이러한 실체는 한국 사회, 한국 정부, 한국 민간 조직, 지역사회가 이주민, 외국인 근로자, 국제결혼가족, 그리고 그들의 아동에 대하여 어떤 시각을 가지는가를 알려 주기 때문이다. 최근 정부(국가 및 지방정부)와 민간 부문(NGO 등)에 의해 수행되고 있는 결혼이민자 지원 프로그램의 목표는 다문화 지향과 사회통합이지만, 실제 이루어지는 내용은 대상에 대한 단순한 온정적 · 시혜적 성격이거나 일방적 동화를 강조하는 것이 많다(김혜순, 2006). 예를 들어, 이들을 대상으로 하는 프로그램은 한국의 언어, 요리, 예절 교육과 문화탐방 프로그램 혹은 가정폭력에 대한 법률지원, 저소득 및 빈곤 가족 지원 등인데, 이러한 일방적이고 시혜적인 프로그램의 한계가 지적되고 있다. 구체적인 예를 보면 '친정어머니 맺기' 프로그램은 사회적 자본이 부족한 여성 결혼이민자에게 사회적 관계망을 넓혀 주는 것을 목적으로 하였지만, 한국 여성에 비해 친정어머니 개념이 약하거나 이질적인 외국인 여성 이민자에게는 한국식 문화에 기반을 둔 일방적 시도일 수 있다. 또한 결혼이민자를 위한 멘토링에서 멘토와 멘티의 관계 설정을 통한 지원은 대상자들과 지역사회 구성원 모두에게 생소하고 이질적인 접근일 수 있다는 비판을 받고 있다(김혜순 외, 2006: 32).

그러므로 다문화 현상에 대한 섣부른 판단과 수용은 경계해야 하며, 정치 구호화된 다문화주의 혹은 현실에 대한 사려 깊은 성찰 없는 다문화주의 또한 혼란과 갈등만 초래할 가능성이 있음(엄한진, 2006)을 인식해야 한다. 더 나아가 사회 내 존재하는 문화의 다양성을 인정하는 것만이 문화적 다원주의의 완성이 아닐 것이다. 이민자와 정주자에 의한 한국 사회의 공동체 내적 구성과 변화를 수용해야 하고, 향후 이루어 갈 새로운 공동체 모습에 대한 정체성을 인식해야 한다. 외국인 근로자와 결혼이민자의 존재를 우리 사회와 우리의 개념 속에 포함시키는 것이 우리 사회의 정체성을 다원주의적으로 확장하는 현실적 기반이 되고, 이것이 사회통합의 중요한 기초가 될 수 있을 것이다(오경석, 정건화, 2006: 76; 조옥라 외, 2006: 68에서 재인용).

제2장

문화적 다양성에 관한 주요 개념과 이론

다문화시대에 활동하는 사회복지사들에게 있어서 문화적 다양성과 그 기반이 되는 국제이주에 대한 주요 개념과 이론적 설명을 이해하는 것은 매우 중요한 과제다. 현장에서 사회복지사들이 주민에게 어떤 서비스를 제공할 것인가를 생각하려면, 이들의 문제와 경험을 어떤 시각에서 분석하고 이해할 것인가를 먼저 생각하여야 하기 때문이다. 따라서 이들의 삶의 배경과 이주지에서의 경험 간 관계를 개념적으로 파악해야 하고, 이러한 개념적 분석을 위해 제시된 이론적 설명을 활용할 수 있어야 한다.

문화적 다양성을 고려하는 사회복지 실무를 위해서 공부해야 할 이론적 접근은 매우 방대하고 다양할 수 있다. 우선 문화적 다양성의 개념을 이해해야 하며, 이때 소수자의 권리에 대한 인식이 있어야 한다. 그리고 그 위에서 한 개인의 이주로 인한 문화적 충격, 자기정체성의 문제, 이주로 인한 정서적 측면에서의 결과 등과 같은 개인적 인성과 정서적 관점에서 이론을 공부하는 것이 필요하다. 또한 고유한 민족적 배경을 가진 이주민이 정착지에서 문화 변용(acculturation), 문화 갈등, 동화(assimilation) 등과 같은 집단적 경험을 하는 것을 이해해야 한다. 한편으로는 이주민이 거주하는 지역사회 혹은 전체 사회 내의 집단 동화 등과 관련된 보다 거시적이고 정치경제학적인 지식도 필요하다. 사회복지는 전통적으로 개인, 집단, 지역사회, 그리고 전체 사회에 대한 포괄적인 이해를 요구하고 있기 때문에 이주민 문제를 대상으로 하거나 문화적 다양성을 고려하는 사회복지 실무에서도 개인적 · 집단적 · 사회적 관점에서의 이론적 접근을 포괄적으로 섭렵할 필요가 있는 것이다.

한편 문화적 다양성에 대하여 유능하고 효과적으로 대처하기 위하여 사회복지 실무자는 자신이 개인적으로 가진 문화적 둔감성, 편견, 오해 등 개인적 차원의 문제를 해결할 수 있어야 하고, 사회복지 전문직(professional)이 견지하는 관점에서의 문제도 해결해야 한다. 예를 들어, 서구 사회와 문화에 치우친 문제 이해와 개입 방법, 그리고 윤리강령 등은 새로운 클라이언트 집단에 맞추어져서 수정되거나 유연하게 변화되어야 하는 것이다. 나아가서 사회복지 조직과 제도가 단일문화 집단에 초점이 맞추어져 있다면 새로운 이주민 집단 혹은 다양한 문화 집단에게는 불리하거나 억압적인 것이 될 수 있으므로, 사회복지실천 프로그램과 정책 등이 변화의 대상이 될 수 있는 것이다. 그리고 사회 전체가 내포하고 있는 가치관과 사회정책이 민족중심적 단일문화주의에 기반하고 있어서 문화적 배경을 달리하는 집단에게 억압적일 때 이들을 대변하는 것이 필요하다(Sue, 2006: 38).

이렇게 볼 때, 사회복지 실무자가 섭렵해야 할 이론적 관점은 앞서 언급한 많은 개념에서 출발할 수 있다. 그러나 이 책에서는 문화적 다양성 이슈를 접하면서 이와 관련하여 사회복지를 공부하는 데 기본적으로 필요한 몇 가지 이론을 간략하게 소개하고자 한다. 이주와 관련한 이론들은 사실상 이주라는 개념에 국한되지 않고 인종 및 민족 간 관계(race and ethnic relations)의 개념과 매우 밀접하게 연계되어 있다.

1. 문화적 다양성과 소수자의 개념

'문화적 다양성'의 사회복지적 정의는 광의의 관점에서 '한 국가 사회에 존재하는 다양한 소수자 세력이 표출하는 다양한 문화적 특성'으로 이해하는 포괄적 입장이 바람직하다. 백과사전에서 다문화주의(multiculturalism)는 '여성문화, 소수파문화, 비서양문화 등 여러 유형의 이질적인 문화의 주변문화를 제도권 안으로 수용하자는 입장을 이르는 말'로 규정되고 있다(두산백과사전 웹사이트).

이런 점에서 '다문화시대'는 보다 정확하게 말하면 '다문화주의 시대'로 표현할 수 있을 것이다. 그러므로 다양성과 다문화사회에 관한 담론이 타 민족 소수자를 포함하는 것은 물론이거니와 다양한 국내 소수자 집단의 정체성과 삶의 방식에 대한 수용과 관련된 논의로 이행되는 것이 옳을 것이다. 북한이탈주민 집단, 장애유형별 장애인 집단, 동성애자 집단, 노숙자 집단, AIDS 환자 집단, 일본군 위안부 피해자 집단 등과 같은 국내 소수자 집단은 조직력에서뿐만 아니라, 정체성(identity), 삶의 방식(way of life) 등의 측면에서 결혼이민자나 외국인 근로자 이상의 구별되는 수준의 문화적 정체성을 보이고 있기 때문이다(전영평, 2007).

문화적 다양성에 기반한 사회복지 개입은 개방적이며 다원적인 사회로 이행하면서 다양한 소수자 집단의 사회복지 요구에 대하여 그 독특한 하위문화에 대한 이해와 수용을 기반으로 실천하는 것으로 정의할 수 있다. 이에 소수자에 대한 관점 이슈에 대하여 개괄하면 다음과 같다(김정진, 2010).

1) 소수자의 정의와 유형

소수자(minority)의 개념 정의는 다양하게 제시되고 있다. 소수자는 '큰 사회 안에서 문화적 · 민족적 · 인종적으로 구별되는 특수집단'을 일컫고 '한 사회 안에서 지배집단에 종속되어 있는 소수집단'을 의미한다. Deleuze와 Guattari는 "소수자란 수적으로 적은 사람들이 아니라 힘의 관계에서 약자인 사람들"이라고 정의하고 있다. 그러므로 소수자는 구별성, 종속성, 차별성을 개념 정의의 조건으로 지니고 있다는 공통점을 지닌다. 장미경의 경우 소수자를 "표준적인 인간과는 거리가 먼 주변인"으로 정의하며, 종속화, 차이화, 외부화의 대상이 되는 존재로 인식한다(윤수종, 2005). 특히 사회학자 Louis Wirth(1945)는 일찍이 "소수자는 신체적 · 문화적 특징 때문에 그 사회에서 차별적이고 불평등한 대우를 받고, 스스로 집단적인 차별의 대상으로 본다는 점에서 다른 사람과 구별되는 집단"이라고 정의하였다. 이 정의에는 국적과 인종에 의한 소수뿐 아니라 불평등한 취급이나 차별을 받는 약자와 스스로를 소수자로 인식하는 주관성도 포함되어 있어 미국의 소수자 우대정책의 핵심 기반이 되고 있다(박은미 역, 2012).

그러므로 소수자의 개념 정의는 수적인 많고 적음에서 비롯되는 것은 아니다. 지배적이지 못한 종속적인 것을 뜻하며 열등한 지위를 지닌 집단을 뜻한다. 다수자에 의해 정해진 표준에서 이탈되어 있는 집단을 뜻하며, 그렇기 때문에 통제되고 변화되어야만 하는 집단이 된다. 결국 소수자에 대한 정의는 한 사회에 있어서 척도의 문제가 된다. 한 사회를 지배하는 척도가 무엇이며 그 척도의 안과 밖에 있는 집단이 누구냐에 따라 다수와 소수가 나누어지는 것이다. 그리고 한 사회를 지배하는 척도는 권력에 의해 만들어지며, 척도의 지배는 권력의 지배를 의미한다. 그것은 왜곡, 배제, 차별, 억압의 속성으로 드러난다.

'소수자가 구체적으로 누구를 지칭하는가'에 대한 논의를 살펴보면, 윤수종(2005)은 성매매여성, 장애인, 동성애자, 외국인 근로자, 죄수, 양심적 병역거부자, 넝마주이, 탈북자, 북파공작원, 어린이, 불안정노동자, 청년 실업자, 부랑자, 중독자, 환자, 정신병원수용자, 노숙자, 혼혈아, 수양부모운동, 다른 과학운동, 성폭력반대운동 참여자 등으로, 전영평(2008)은 장애인, 성매매여성, 외국인 근로자, 일본군 위안부, 동성애자, 비정규직 노동자, 양심적 병역거부자, 결혼이주여성, 혼혈인, 미혼모, 난치병 환자, 노숙자 등으로, 최협 등(2004)은 화교, 해외

교포까지 포함하여 구분한다. 한편 국가기관인 국가인권위원회는 장애인, 외국인(이주노동자, 난민), 여성, 아동, 청소년, 노인, 병력자, 군인/전의경, 시설생활인(보호시설), 성적소수자(동성애자), 새터민(탈북자) 등을 소수자 영역에 포함시키고 있다. 이러한 다양한 견해를 종합해 보면, 소수자의 범위는 줄어드는 것이 아니라 향후 계속 늘어날 것이며, 소수자와 약자의 구분이 모호해지고 있다는 것을 느낄 수 있다. 그러나 이 책에서는 북한이탈주민, 여성 결혼이민자, 외국인 근로자에 국한하여 그들의 문화적 다양성을 이해하고 이를 기반으로 한 사회복지 실천 방법에 대하여 다루고자 한다.

2) 사회적 소수자는 사회적 약자인가

전통적으로 사회복지의 대상이 사회적 약자이기 때문에 소수자와 사회적 약자 간 경계 구분 문제는 심각하게 생각해 볼 문제다(윤찬영, 2005). 이런 점에서 소수자에 대한 개념적 정의에 대한 약간의 논의가 필요하다. 백과사전은 minority를 '소수자 집단(少數者集團)'으로 번역하면서, '육체적 · 문화적 특질 때문에 다른 사람들과 구별되고 불평등한 차별대우를 받아서 집단적 차별의 대상이 되는 사람들'로 규정하고 있다. 즉, 소수자 문제의 핵심은 강자와 주류 기득권세력에 의해서 차별받는 사회적 약자라는 필요조건을 갖추어야 함을 의미한다. 이에 따라 소수자와 약자를 대상으로 구분하기는 어려움을 알 수 있다. 사실 대부분의 소수자는 현실에서 약자에 속하고, 약자라는 개념은 강자를 전제로 하면서 도움의 대상으로 보는 경향을 만들어 낸다. 또한 주변인 개념도 중심에서 배제되거나 밀려난 사람을 의미한다.

하지만 전통적인 약자인 여성, 장애인 등은 스스로 운동에 참여하면서 자신을 변형시켜 가고 있다. 즉, 약자로서의 자신을 인식하고 자신과 주위를 바꾸려는 능동적인 주체가 되어 가고 있는 것이다. 이러한 집단동류의식과 공동의 문제해결이라는 자조성은 약자 혹은 소수자에서 능동적인 소수자 운동으로 발전하는 원동력이 있음을 주목할 필요가 있다. 영국의 장애인 및 정신장애 생존자의 사회운동은 전통적인 사회적 약자에서 사회변혁을 이끌어 내는 새로운 힘의 집단으로 거듭나고 있는 것이다. 그럼에도 불구하고 사회복지에서는 소수자를 약자, 취약계층으로만 인식하고, 실천 영역에서는 전문가모델에 의해 소수자들을 지나치게 병리화하고 전문가에게 의존시키는 경향이 있어, 이를 경계해야 한다는 비판이 있다(Sue, 2006; 최명민 역, 2007; 홍석준, 성정현, 2003; 성정숙, 2012; 김연희, 2007).

2. 이주의 개념 및 정의

이주(migration)를 개인 혹은 집단이 지리적으로 이동하여 체류 또는 정주하는 것으로 간략히 정의할 수 있다면, 인류 역사적으로 이주의 흔적은 매우 오래되었다. 민족과 국가의 개념이 존재하지 않았던 시대에는 인류가 수렵과 채취를 위해 자연스럽게 이동하면서 살았고, 유목민의 이동 또한 생존과 삶의 방식으로 인류의 사회생활과 역사를 함께하였다고 볼 수 있다. 또한 국가와 민족의 개념이 탄생한 후로는 인간의 상업 행위와 국가 간의 무역을 위하여 이주하였고, 제국주의 식민지 개척은 식민지와 지배국가 인구 집단 상호 간의 대규모 이주를 부추겼다(Cashmore, 1996: 238-242).

국가의 경계를 기반으로 하였을 때 이주는 크게 국내적 이주(domestic migration)과 국제적 이주(international migration)로 나눌 수 있는데, 전자는 한 국가 내 도시와 농촌 간의 인구 이동을 대표적인 사례로 들 수 있고, 후자는 다양한 이민자, 정치적 망명자, 난민 등의 이주, 적 · 불법을 막론하고 외국인 근로자의 체류 및 정주 등을 대표적으로 꼽을 수 있다. 또한 이주는 이주 당사자의 의사의 자발성을 기반으로 자발적(voluntary) 이주와 비자발적(involuntary) 이주로 나눌 수 있다. 전자는 당사자가 이주의 특정한 목적과 계획을 가지고 새로운 지역(국내 혹은

〈표 2-1〉 이주의 자발성에 기반을 둔 이주민과 토착민의 구분

			이주의 자발성 여부	
			자발적 이주	비자발적 이주
인구 집단 구분	토착민		다양한 인종/민족집단 (ethnocultural groups)	원주민 (indigenous people)
	이주민	영구적	이민자	난민
		임시적	체류자	정치적 망명자

출처: Berry & Sam(1997: 295).

외국)으로 이주하는 경우를 말하는 것으로서 직업, 생활, 교육 등을 목적으로 하는 도시와 농촌 간의 이주자, 그리고 국제적인 경우 대부분의 이민자와 이주노동자가 여기에 속한다. 후자는 본인의 의사와 관계없이 불가피한 조건과 환경에 의해 국내의 다른 지역으로 이주하는 경우(예를 들어, 재개발 지역, 수몰 지역 거주민의 타 지역으로의 이주)와 난민이나 정치적 망명자처럼 본국에서의 정치적 박해, 전쟁 상황 등으로 타국으로 이주할 수밖에 없는 경우를 말한다.

아울러 이주의 기간이 영구적(permanent)이냐 임시적(temporary)이냐에 따라 이주민 집단을 구분할 수 있다. Berry와 Sam(1997: 295)은 이러한 이주로 말미암아 일어나는 문화 접촉과 문화 변용을 경험하는 집단을 자발성과 집단 속성으로 분류하여 제시하고 있는데, 〈표 2-1〉은 자발성 기준과 이주 기간에 따른 이주자 분류의 이해를 도울 수 있을 것이다.

3. 이주의 이유: 이주 결정 요인

앞에서 역사적으로 다양한 이주의 유형을 열거하였듯이 이주의 이유는 이주자의 상황과 목적에 따라 다양할 수 있다. 그러나 이주 시 이주민의 본국과 이주 목적 국가의 환경을 배경으로 배출 요인(push factors)과 흡인 요인(pull factors)을

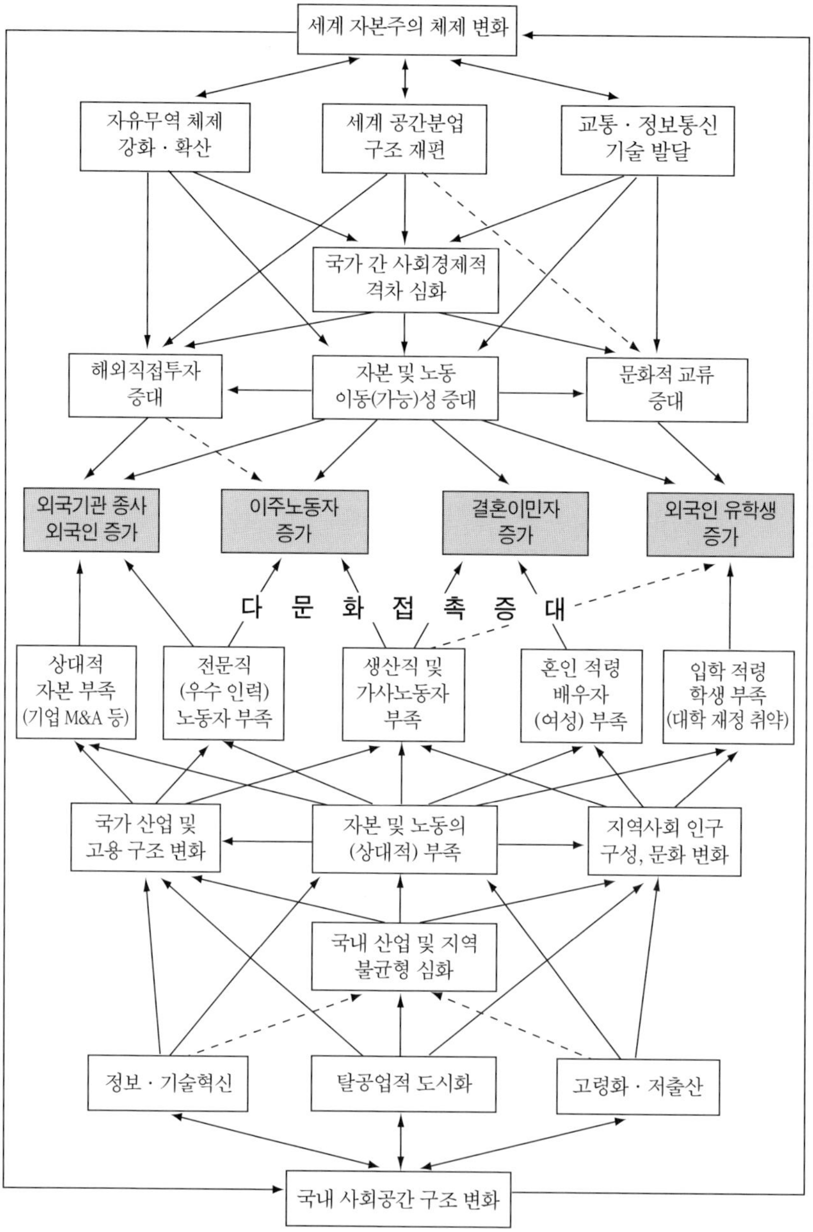

[그림 2-1] 다문화 접촉 증대의 국내 및 세계적 배경

출처: 조옥라 외(2006: 34).

나누어 언급할 수 있다(Hansen, 2005). 자발적 이주자로서 이민자, 유학생, 외국인 근로자 등의 경우에는 자국에서의 생활의 어려움 혹은 빈곤, 본인 및 자녀 교육의 구조적 문제, 외국의 삶에 대한 동경 등이 배출 요인이 될 수 있으며, 목적 국가의 임금 수준, 노동시장의 참여 기회, 개인의 경제적 발전 가능성, 사회보장제도 및 교육제도의 양호함 등이 흡인 요인이 될 수 있다. 한편 난민과 탈북자 같은 비자발적 이주자의 경우 자국의 전쟁 상황에서의 피해 가능성, 정치적 박해, 식량난으로 인한 생명의 위협 등이 배출 요인으로 작용할 수 있고, 흡인 요인은 인접한 국가로의 탈출 가능성, 영구적 혹은 임시적 수용국의 정치적 성향 및 우호적 태도 여부, 난민 판정 절차 및 과정의 변화, 국제 사회의 비자발적 이주자에 대한 여론 등이 될 수 있다.

이러한 이주의 원인 혹은 배경과 관련하여, 최근 이루어지고 있는 국제적 이주의 경향은 그것과 비교하여 차이가 있음이 지적되고 있다(엄한진, 2006). 즉, 특정 국가, 민족, 집단별로 국지적 · 개별적이었던 이주가 현재는 '전 지구적 경향'을 띨 만큼 지역, 민족, 국가를 막론하고 보편화되었고, 그만큼 규모가 훨씬 더 커졌고 일상화되었다는 것이다. 이러한 변화에는 최근 구소련 및 동구 국가의 몰락으로 대표되는 국제사회의 정치적 구도 변화, 그 후의 자본주의 경제권의 확대와 재편, 신자유주의 이데올로기에 기반을 둔 새로운 경제 질서의 공고화 등이 주요한 배경으로 제시되고 있다. 국제적 이주와 그에 따른 문화 접촉의 다양한 유형에 관한 조직적인 도식화를 제시한 조옥라와 동료들의 연구(2006: 34)는 하나의 예시로서 우리의 이해를 도울 수 있다([그림 2-1] 참조).

4. 문화 접촉, 변용 및 적응

1) 문화 접촉

서로 다른 문화적 배경을 가진 인구 집단과 집단이 만나게 되는 상황을 문화 접촉(cultural encounter)이라고 할 때, 이러한 접촉은 직접 접촉과 간접 접촉으로 나눌 수 있다. 직접 접촉은 지리적 이주에 의한 문화의 접촉 혹은 신체의 물리적 이동이나 대면적 만남 등을 의미한다. 예를 들어, 외국인 근로자, 결혼이민자, 외국인 기관 종사 외국인과 그 가족, 외국 유학생 등이 한국으로 이주 및 정주하는 경우를 포함한다. 간접 접촉은 직접적인 지리 이동 없이 외국 문헌의 전달, 생활용품의 교류, TV, 라디오, 영화 등 문화적 매체의 교류, 전화, 휴대전화, 인터넷 등 통신수단의 발달에 의한 의사소통 매체를 통한 교류 등으로 이루어지는 것을 포함한다.

한편 문화 접촉은 내향적(inward) 접촉과 외향적(outward) 접촉으로 나눌 수 있는데(조옥라 외, 2006: 41-42), 이는 문화 접촉의 주체와 대상 간의 관계에서 누가, 어떻게 이동하여 접촉하는가에 따라 구분된다. 외향적 접촉은 주체가 자신의 거주 혹은 생활 공간에서 이동하여 다른 곳에서 새로운 문화권의 대상을 접촉하는 것이며, 내향적 접촉은 주체의 생활 공간 속으로 타 문화권의 대상이 유입됨으로써 새로운 문화를 접촉하게 되는 것이다. 이러한 구분은 한국 사회의 내향적 국제화 개념으로 이어져 논의될 수 있다. 즉, 최근 한국 사회가 국제화, 지구촌화 등의 개념으로 사회 변화를 추구해 왔지만, 이러한 변화는 주로 한국인의 해외 방문, 외국 시찰, 통상 교류의 확대 등으로 이루어진 외향적 국제화였지, 결코 '외국인 친화적인 지역사회 만들기' '다문화 공존을 지향하는 외국인 대책' 그리고 한국 사회 구성원의 의식에서의 근본적인 변화를 추구하는 내향적 국제화는 아니었다는 것이다(조옥라 외, 2006: 42). 향후 다문화사회에서의 과제와 사회복지의 역할을 논의할 때 내향적 접촉, 내향적 국제화의 개념이 보다 중요한 기반이 될 것이다.

2) 문화 변용

문화 변용의 개념과 이론은 이주, 식민지화 혹은 다른 형태의 문화적 교류의 결과로서, 한 가지 문화적 맥락에 익숙해진 개인이 어떻게 새로운 문화적 맥락에 적응하는가를 설명해 주는 것이다. 문화 변용은 이러한 경험에서 대개 집합적이거나 집단 차원에서의 문화적 변화를 의미하는 데 비해 심리적 문화 변용(psychological acculturation)과 적응(adaptation)은 문화 변용의 경험으로 말미암아 일어나는 심리적 변화와 궁극적 결과를 설명하기 위한 개념이다(Berry, 1980; Graves, 1967). 문화 변용의 고전적 정의(Redfield, Linton, & Herskovits, 1936: 149: Berry & Sam, 1997: 293-294에서 재인용)에 따르면 '변용'은 이주민과 토착민 중 어느 한쪽만의 사안일 수도 있고 양쪽 모두에 관련될 것일 수도 있다. 즉, 문화적 변화는 양쪽 모두에서 일어날 수 있는 것이다. 그러나 실제로 문화 변용은 어느 한 집단에 더 많은 변화를 유도하는 경향이 있다(Berry, 1990).

문화 변용의 과정은 문화적 다원성을 전제한다(Berry & Sam, 1997). 즉, 여러 다양한 문화적 배경을 가진 사람들이 한 사회로 들어와서 함께 살고 있는 다문화 사회에 기반을 둔다. 이러한 다원적 사회에서는 집단 간에 사회적 힘(power)의 차이가 존재하고, 이러한 힘의 차이에 의거하여 주류(mainstream) 집단과 소수자(minorities) 집단 혹은 우세(dominant) 집단과 비우세(non-dominant) 집단으로 나뉜다. 예를 들어, 이민 국가인 미국에서 주류 집단은 백인 코커스 인종의 유럽 이민자들이 될 것이며, 소수자 집단은 그 외의 인종 혹은 민족 집단이 될 것이다. 다문화사회로의 진입 초기에 있는 것으로 보이는 한국에서는 한국인 외의 대규모 민족 · 인종 집단은 존재하지 않지만 동남아시아권의 외국인 근로자 집단 혹은 결혼이민자 집단 등이 문화적 소수자 혹은 비우세 집단이 될 수 있다.

문화 변용의 논의를 개인 차원으로 전개할 때 학계에 익히 알려져 있는 문화 변용 전략(acculturation strategies)은 John W. Berry(1980, 1997)에 의하여 잘 구조화되어 있다. Berry는 두 가지 차원, 즉 고유한 문화 정체성의 유지와 주류 사회 문화 수용 여부에 기반을 둔 이주민의 문화 적응의 상황을 네 가지 범주로 구분하여 설명하고 있다.

먼저 자신의 모국에서 가지고 온 문화적 특성과 자신의 문화 정체성을 유지하면서 주류 사회의 문화를 수용하여 소화시키면 통합의 범주에 속하고, 두 가지 차원에서 모두 그렇지 않으면 주변화 범주에 속한다. 한편 자신의 문화적 정체성을 유지하지 못하고 주류 사회의 문제에 함몰되면 동화된다고 하며, 주류 사회의 문화를 수용하지 않고 자신이 문화적 정체성만을 고집하면 분리의 범주에 속하게 된다고 한다. Berry는 자국의 문화적 정체성을 보존(cultural maintenance)하려는 노력과 주류 사회에 접촉하고 참여(contact and participation)하려는 노력은 단절적인 것이 아니라 연속적인 것이라고 보았으므로 네 가지 범주가 분절적인 것은 아니다. 그리고 이러한 네 가지 범주와 관련된 태도와 그것을 실제로 표출하는 행동이 함께 합쳐져 개인적인 문화 적응 전략을 구성하게 된다(Berry, Kim, Power, Young, & Bujaki, 1989).

〈표 2-2〉 문화 적응 전략의 범주화

차원 2 \ 차원 1		문화적 정체성과 특성의 유지	
		그렇다	그렇지 않다
주류 사회 문화 수용	그렇다	통합(Integration)	동화(Assimilation)
	그렇지 않다	분리(Segregation)	주변화(Marginalization)

출처: Berry(1980, 1997).

이러한 네 가지 범주는 이주민의 상황과 이주 시기, 그리고 이주한 지역의 환경에 따라서 결정되겠지만, 주로 이민자들은 통합의 범주를 가장 선호하는 것으로 보인다(Krishan & Berry, 1992; Sam, 1995: 조정아 외, 2006에서 재인용). 문화 변용의 과정은 개인에게 발전적이고 긍정적인 측면을 가져오기도 하지만, 개인의 정체성, 통합성, 대처 능력의 상실 등 부정적인 측면을 불러오기도 한다(조정아 외, 2006: 9).

3) 문화 변용의 심리적 차원

개인의 문화 변용 과정에서의 심리적 차원의 이슈와 개념은 다양한 용어로 표현된다. 즉, 행동의 변화(behavioral shifts), 문화 학습(cultural learning), 사회 기술의 습득, 문화적 탈피 혹은 허물 벗기(cultural shedding) 등은 새롭게 접하는 문화적 맥락에 적합한 새로운 행동 유형을 찾거나 배워 가려는 개인적 시도와 노력에 관한 개념들이며, 이 과정에서 경험되는 문화 갈등은 자신의 행동 유형의 변화를 쉽사리 이루지 못하게 되는 경우를 의미하는 용어다. 문화 갈등은 더 세부적으로 문화 충격(culture shock) 혹은 문화 변용 스트레스(acculturation stress)로 경험된다. 문화 충격의 개념은 문화 변용 스트레스보다 좀 더 오래되고 일반화된 개념이지만, 심리학 진영에서는 문화 변용 스트레스 개념이 선호되고 있다. 이는 환경적 스트레스 요소에 반응하는 심리학적 모형을 구축하는 데 더욱 밀접하다고 보기 때문이다(Berry & Sam, 1997: 297-298).

심리적 문화 적응 과정에서 대부분의 경우, 심각하지 않은 어려움은 문제 사정이나 대응 전략과 같은 심리적 과정으로 극복될 수 있으나 아주 어려운 상황, 예를 들어 정신병리증상(psychopathology)이나 정신질환(mental disease)의 시각에서 보아야 하는 문제가 발생하기도 한다. 이 경우는 문화적 맥락에서의 변화 정도가 너무 크거나 빨라서 이에 대한 대응이 개인의 능력을 초과하는 경우라 볼 수 있는데, 이런 경우 임상적인 우울증이나 무능불안(incapacitating anxiety) 등의 심리적인 문제로 발전한다(Berry & Sam, 1997: 298).

4) 적 응

적응(adaptation)은 문화 변용을 경험하는 사람이 일정 시간이 지난 후 새로운 문화에 어느 정도 익숙하게 되는 것을 의미하는데, 심리적 적응과 사회문화적 적응으로 구분하기도 한다. 심리적 적응은 일련의 내적 심리적 결과를 말하는 것으로서 인성적·문화적 정체성의 명확한 감각을 갖추게 되는 것, 건전한 정신건강 상태를 유지하는 것, 새로운 문화에 개인적 만족을 얻게 되는 것 등을 포함한다. 사회문화적 적응은 외적 심리적 결과로서 일상적 문제, 특히 가족생활, 직장, 학교 등에서의 문제를 처리할 능력을 갖게 되는 것을 말한다(Berry & Sam, 1997: 299). 그리고 심리적 적응은 스트레스와 정신병리적 접근에서 가장 잘 분석되는 반면, 사회문화적 적응은 사회기술의 관점(social skills framework)과 더 가깝게 연관되어 있다(Ward & Kennedy, 1993: Berry & Sam, 1997: 299에서 재인용).

문화 변용의 과정에 대하여 이론적 틀(framework)을 구축한 Berry와 Sam에 의하면 그 내용은 [그림 2-2]와 같이 도식화할 수 있다. 즉, 한 개인의 이주 후 적응

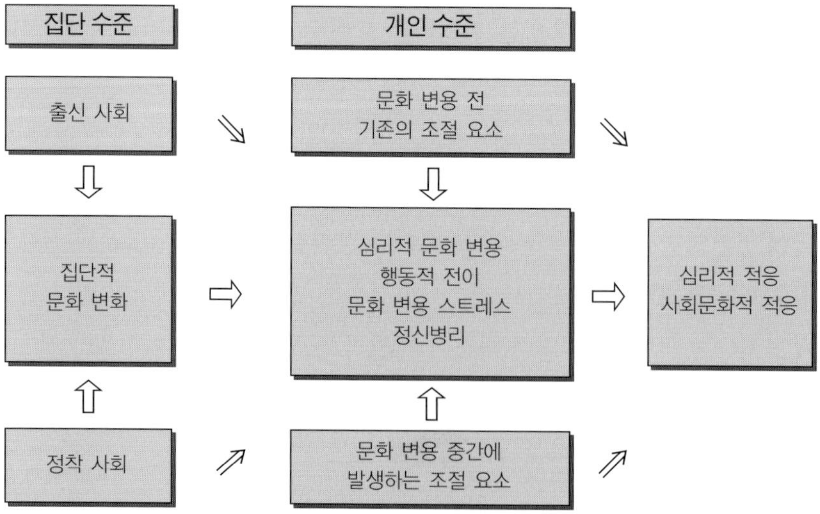

[그림 2-2] 문화 변용 과정의 틀

출처: Berry & Sam(1997: 300).

(adaptation)에는 출신 사회의 요소와 정착 사회의 요소가 영향을 미친다. 또한 집합적 차원의 변화(정치적 · 경제적 · 사회적 구조)가 발생하고, 이러한 변화는 개인 수준의 문화 변용 경험에 영향을 미친다. 개인 수준의 변화는 행동적 전이, 문화 변용 스트레스, 정신병리적 현상으로 일어날 수 있다. 그리고 이러한 심리적 문화 변용은 개인을 최종적인 적응으로 이끌고 간다. 적응에는 심리적 적응과 사회문화적 적응이 있다.

[그림 2-2]의 도식에서 문화 변용과 적응의 과정에 영향을 미치는 구체적 요소를 꼽아 보면 〈표 2-3〉과 같이 열거할 수 있다.

〈표 2-3〉 문화 변용과 적응 과정에 영향을 미치는 주요 요소

변 수	세부 요소
출신 사회 관련 변수	민족지학적 특성(언어, 종교, 가치관 등) 정치적 상황(갈등, 내전, 정치적 억압) 경제적 상황(빈곤, 분리, 기아 등) 인구학적 요소(인구밀집에 의한 복잡함, 인구폭발)
정착 사회 관련 변수	이민역사(오랜 역사 vs. 최근 이민 수용) 이민정책(의도적 vs. 우연적) 이민에 대한 태도(우호적 vs. 비우호적) 특정 집단에 대한 태도(우호적 vs. 비우호적) 사회적 지지(가용성, 유용성)
집단적 문화 변용	문화 변용 경험집단의 변화 - 물리적 변화(예, 시골에서 도시로) - 생물학적 변화(예, 영양 상태, 질병) - 경제적 변화(예, 지위의 상실) - 사회적 변화(예, 소외) - 문화적 변화(예, 의생활, 식생활, 언어)
문화 변용 이전 조절 요소	인구학적 요소(연령, 성별, 교육 정도 등) 문화적 요소(언어, 종교, 거리감) 경제적 요소(지위 등) 개인적 요소(건강, 사전지식 정도) 이주 동기(흡인 요인 vs. 배출 요인) 기대감(과도함 vs. 현실적)

문화 변용 과정의 조절 요소	문화 변용 전략(동화, 통합, 분리, 주변화) 접촉/참여 문화적 유지 사회적 지지(확인과 활용) 대응 전략과 자원 편견과 차별

출처: Berry & Sam(1997: 301).

5. 다문화사회에 관한 거시이론

1) 다문화/다민족 사회

최근 한국 사회의 외국인 유입과 정주가 과거에 비해 급증하면서, 오랫동안 단일문화로 '인식'[1)]되어 오던 우리 사회가 문화적으로 다양한 인구 집단의 상존을 현실적으로 인정하고 있다. 이러한 다양한 문화 집단의 존재는 향후 한국 사회의 다문화사회 혹은 다민족 국가로의 가능성을 고려하게 한다. 역사적으로 볼 때 여러 문화 집단 혹은 민족이 모여 사는 다문화/다민족 사회에 관해서는 정치적 단위의 민족국가가 성립된 근대 이후에 진지한 논의가 이루어졌다. 즉, 다민족 사회에 관한 논의는 하나의 민족은 하나의 국가 안에서 결속되어야 한다는 민족국가주의의 정치적 개념 틀 안에서 더욱 뚜렷해질 수 있었다. 민족국가 개념은 역사, 언어, 종교를 공유하는 민족 집단을 옹호하기 위한 것이었지만 사실상 제대로 이론적 틀에 맞는 민족국가는 거의 없었고 대부분 다민족, 다인종이 혼합된 다민족 국가였다(엄한진, 2006: 50).

다민족/다문화 사회에서의 가장 중요한 고민은 이러한 집단을 어떻게 통합해 가는가 하는 것이었다. 이러한 통합의 문제는 크게 다원주의 대 동화주의의 이분

1) Martinello(2002, 윤인 역)는 단일문화 사회와 다문화사회의 구분은 단지 신화에 불과하며, 모든 인간 사회는 방식이 다를 뿐 모두 다문화사회라는 주장을 한다.

적 논리로 이루어져 왔다(조옥라 외, 2006: 61). 여기서 다원주의는 다문화주의 혹은 문화다원주의를 의미하는 것으로 이민 사회, 다문화사회의 현실적 기반 위에서 이미 구축되었거나 향후 추구해야 할 하나의 이데올로기를 뜻한다.

2) 다원주의

다원주의(pluralism)는 많은 영역에서 서로 다른 집단이 공통의 문화와 사회 조직을 공유하고 있는 사회에서의 사회적 관계 유형을 의미한다. 모든 집단은 자신들의 특유한 문화를 지속시킴으로써 민족적 고유성을 유지한다. 즉, 종교기관, 사업체, 클럽, 미디어 등의 형태로 하위문화를 형성하고 있는 것이다. 그러나 하위집단들은 사회의 특정 영역에서 집합적으로 참여하고, 그럼으로써 집합적으로 다원적 사회(plural society)를 형성한다(Cashmore, 1996: 275).

다원주의에는 두 가지 기본적인 유형이 존재하는데, 하나는 문화적 차원의 다원주의이고, 다른 하나는 구조적 차원의 다원주의다. 문화적 다원주의는 민족집단이 자신의 종교, 신념, 관습, 태도 및 생활 습관 등을 유지하면서도 다른 집단의 것을 공통적으로 지니고 있는 상황을 말하는 것이고, 구조적 다원주의는 자신들의 사회 구조와 제도를 가지고 있으면서 다른 집단과 서로의 것을 공유하는 것을 말한다. 예를 들어, 다양한 민족 집단이 단일정부를 지지하고 동일한 법제도, 동일한 화폐제도를 인정하지만 집단별로 종교의식에 참여하고, 집단 내부적으로 자기의 언어를 사용하며, 집단 내에서 직장을 알선하거나 결혼을 하는 경우는 문화적 다원주의가 될 것이다.

다원주의는 인종 및 민족 집단 간의 차별 및 갈등이 없는 평등한 상태의 존재를 존중하는 매우 이상적인 유형의 상황을 의미하는 경우가 많다. 그러므로 다원주의 혹은 다문화주의를 하나의 이상적인 이데올로기(ideal ideology)로 수용하는 차원을 넘어 다문화주의를 주창하고 정책에 반영하고자 하는 담론이 형성되기도 한다(조옥라 외, 2006: 62).

또한 분석 도구로서 다원주의는 서로 다른 배경과 이해관계를 가진 많은 문화 집단이 갈등의 씨앗이 될 수 있는 다양성을 극복하면서 어떻게 조화롭게 잘 살아가는지를 설명하는 개념으로 쓰였다. 특히 권력이 매우 균등하게 분배되어 있는 경우에는 그러한 조화를 더 잘 이룰 수 있게 된다. 그러나 한 문화 집단이 권력을 통제할 수 있게 되면 갈등의 가능성은 높아진다. 다원적 사회는 문화적 · 사회적 이질성(heterogeneity)에 기반하고 있지만, 반드시 집단 사이의 높은 장벽과 심각한 갈등을 일으키지는 않는다. 각 집단은 자신의 고유한 특성을 지키고 정체성을 발전시키면서, 사회적으로 배제되거나 낮은 신분으로 추락함 없이 사회의 풍부함에 일조하기도 한다(Cashmore, 1996: 275-276).

3) 다문화주의의 정치적 성격, 사회 정의와의 관계

다원주의 혹은 다문화주의는 문화적 다양성의 인정이라는 차원에서는 인류학적 · 사회학적 주제지만, 정치적 권리의 인정이라는 차원에서는 정치학적 주제이기도 하다. 또한 이러한 다문화주의는 새로운 차원의 사회적 정의를 개념화하는데, 다문화주의 사회에서의 정의(正義)의 논리는 '모든 개인에게 인정된 보편적인 권리의 개념을 넘어 어떤 소수집단에 대한 특수한 권리와 위상을 포함' 하는 것이 됨으로써 결국 '다문화적 민권은 차별적인 개념'을 내포하게 되는 것이다(윤진 역, 2002: 조옥라 외, 2006에서 재인용). 즉, '사회 구성원 전원에게 평등한 권리'와 '소수자 집단의 성원을 위한 특수한 권리' 모두를 동시에 요구하는 것이 된다. 그러므로 다문화사회에서의 사회정의는 기존의 사회복지가 지향하는 정의관의 부분적인 수정을 요구하는 것인지도 모른다.

또한 다문화사회에서의 사회정의는 세 가지 차원에서 논의된다(Taylor, 1994: 조옥라 외, 2006: 63-64에서 재인용). 그것은 경제적 부의 분배적 정의, 인권 혹은 민권적 정의, 정체성과 타자에 대한 인정 관련 정의(justice of recognition)다. 경제적 부의 분배 측면에서는 이주민과 외국인 근로자들이 부의 창출과 소득의 상대적 이점을 위하여 이주를 하지만, 이민 사회 내에서 이들의 노동시장 임금과 소득은 불평등한 조건 속에서 상대적으로 낮기 때문에 이들을 위한 부의 분배 정의가 실현되어야 한다는 의미다. 민권적 정의란 이주민 집단에 대하여 동등한 인권을 보장받도록 하여 이들이 국적이나 인종 등의 배경 때문에 비인권적 처우를 당하거나 최소한의 인간적인 생활 조건(생존권)에서 배제되는 것을 방지하는 노력을 의미한다. 예를 들어, 외국인 근로자에 대한 폭력, 성폭력, 이유 없는 임금 체불, 업무 중 사고에 대한 방임, 최소한의 의료 서비스 배제, 이주민 자녀의 교육 기회 배제 등이 인권 혹은 민권적 정의의 개념하에서 근절되거나 수정되어야 할 문제들이다. 마지막으로 인정적 정의는 외국인 혹은 이주민과 내국인 혹은 토착민 사이의 관계 차원의 정의를 말하며, 상호 간의 존재와 그 정체성을 인정하는 것을 의미한다. 즉, 상호 간의 배려, 존경, 신뢰의 정서적 교감을 확장하고 향상시키는 것으로서, 앞서 언급한 경제적 차원의 정의와 정치적 차원의 정의에 더하여 '인식의 재구성' 혹은 문화적 차원의 정의라고 할 수 있다.

4) 다문화주의 논의의 범위

다문화주의(multiculturalism)는 오로지 인종적(혹은 민족적)인 차원에만 국한된 것인가, 아니면 성별, 성적 취향(sexual orientation), 장애 여부 등 집단적 분류 차원으로 확대하여 논의되어야 할 것인가? 일부 학자는 다음과 같은 이유로 다문화주의 논의를 인종/민족 논의에 국한하기를 주장한다.

- 소수민족의 입장에서는 문화적 다양성에 관한 논의가 다른 차원을 포괄하는 논의로 확대될 경우(예를 들어, 성별, 성적 취향, 장애 여부, 노령 여부 등), 인종차별과 같은 민감한 주제가 소홀히 다루어질 우려가 있기 때문이다.
- 극단의 경우, 모든 인간의 상호작용을 다문화적인 것이라고 말한다면 다문화 논의는 궁극적으로 무의미한 것이 된다. 왜냐하면 이런 식으로 가면 결

국 모든 차이는 집단 간의 문화 차이가 아니라 개인 차이로 이해되어야 하기 때문이다.

- 성별, 성적 취향 등의 기준이 총체적인 문화로 구분될 수 있는가에 대해 전문가들 사이에서 이견이 크다(Sue, 2006).

분명히 다문화주의(multiculturalism)가 민족과 인종을 기준으로 하는 집단들의 존재와 상호작용에 국한하는 것은 아니지만, 이 책에서는 한국 사회의 다민족, 다문화 현상에 초점을 맞추고자 논의의 범위를 국적, 민족, 인종 차원에 국한하고자 한다.

5) 동화주의

동화주의(Assimilation)는 다원주의의 대립논리라고 할 수 있다. 사전적 의미로 동화란 '비슷하게 되어 가는 과정'(Cashmore, 1996: 43)을 의미한다. 이주와 관련해서는 이주민 집단이 주류 사회에 순응적으로 편입되어 주류 문화를 받아들이고 문화적으로 동질성을 가지게 되는 과정을 말한다. 이러한 동화의 개념은 20세기 초 미국의 이민 사회 상황을 예로 들어 설명할 수 있는데, 당시 미국은 서유럽에서 온 이민자에 비하여 경제적 자원이 적고 동화 가능성이 떨어지는 동유럽 및 지중해 연안 국가들의 이민자에 대해 우려하고 있었다. 이러한 사회적 압박은 미국 사회로 하여금 더욱 강력한 이민자 통합 이념을 필요로 하게 하였고, 그 결과는 동화주의, 즉 미국인화(Americanization)로 나타나게 되었다. 그 당시 동화 이념의 구체적인 내용은 두 가지로 세분화될 수 있는데, 하나는 이민자의 '앵글로색슨 문화로의 순응(Anglo-conformity)'이고, 다른 하나는 '용광로(melting pot)'로서 모든 이민 집단의 특성을 융화시켜 하나의 새로운 '아말감(amalgam, 혼합물)'을 만들어 내는 것이었다(Gorden, 1964: Cashmore, 1996: 43-44에서 재인용).

동화는 다민족사회에서 문화에서의 동질화를 전반적으로 이룰 수 있는 반면, 문화의 특정한 부분에서만 이루어질 수도 있다. 예를 들어, 특정 민족 집단이 자신의 고유한 의상문화를 버리지는 않으나 자신의 언어를 포기하고 주류 사회의 언어를 사용하게 되는 것이다. 또한 동화는 속도와 방향에서 다양한 모습을 띨 수도 있고 지역에 따라 다르게 나타나기도 한다. 예를 들어, 전국적으로는 특정 민족 집단이 소수지만 한 지역 내에서는 다수를 차지하는 경우, 문화의 동화가 민족 사이에서 서로 방향성이 다를 수 있는 것이다(Cashmore, 1996: 44).

이러한 동화주의 이념은 이주와 관련된 동화주의이론에 기반을 두고 있다. 동화이론은 1920년대와 1930년대 미국의 시카고학파 사회학자들에 의해 개척되었고, 그 이후 30년간 세부적으로 가다듬어져 1960년대 말까지 이민사회의 동화를 설명하는 주요한 사회학적 패러다임으로 자리 잡았다. 그러나 동화이론이 제시하는 이주에 의한 사람과 문화의 혼합과 갈등, 정체성 혼란 등이 동화에 의해 최종적으로 해결될 수 있다는 시각(Park, 1928: Heisler, 2008: 83에서 재인용)은 1960년대까지도 결코 소멸되지 못하였던 인종 간 불평등, 갈등, 그리고 민족 개념의 부활을 설명하기 힘들었다.

1970년대부터 1990년대 초까지 강하게 비판받았던 동화이론이 재활의 목소리를 내기 시작한 것은 1990년대 중반이다. 1990년대 말경에 동화이론의 지지자들은 이 이론적 관점이 과거처럼 여전히 유효하다고 주장하였다. 그러나 그들은 동화이론이 기반을 두고 있던 앵글로색슨족 문화중심주의, 그리고 '용광로(melting pot)'의 맹목적이고 순진한 이미지, 보편적이고 불가피하며 단일한 과정으로 귀결되는 개념으로서의 동화주의를 포기하고 동화에 대한 새롭고 다양한 관점을 열어 가고 있다.

6) 민족중심적 단일문화주의

다문화주의에 대응하는 또 다른 개념은 민족중심적 단일문화주의(Ethnocentric

Monoculturalism)가 될 수 있다. 민족중심주의(ethnocentrism)는 인종과 민족을 기준으로 하는 편견의 일반적이면서도 복합적인 유형이라 할 수 있다. 이것은 자기 민족 혹은 인종 집단이 세계의 기준이며 다른 모든 집단을 열등하거나 이상한 집단으로 간주하는 경향을 말한다(Cashmore, 1996: 289). 즉, 자기 집단의 사고방식과 행동 방식이 가장 정상적(normal)이고 자연스러운 것이라고 믿는 것이다. 이러한 집단 차원의 편견적 태도는 개인의 인성과 관계있는 것으로 설명되는데, 전통적 가치관을 지닌 인성, 나약함에 대한 비관용적 태도, 신념과 시각의 경직성, 타인을 용서하지 못하거나 의심하는 인성, 권위적인 것에 대하여 과도하게 복종하는 유형 등의 인성 등을 말한다(Adorno et al., 1950).

이러한 민족중심주의적 경향은 학문 집단의 성격을 반영하기도 하는데, 예를 들어 미국 심리학은 민족중심적이고 단일문화적이며, 인종적 소수자, 여성, 동성애자, 그리고 기타 다양한 문화 집단을 편향되게 취급한다는 비판을 심각하게 받아 왔다.[2)] 이러한 민족중심적 단일문화주의는 인종주의(racism)뿐만 아니라 성차별주의(sexism), 연령차별주의(ageism), 이성애주의(heterosexism), 그리고 다른 형태의 억압 및 차별과 연관된다. 다문화사회복지의 전문 학자인 Sue (2006: 50-53)에 따르면 단일문화주의는 다음의 다섯 가지 요소를 내포하고 있다.

- 민족중심적 단일문화주의는 자기 집단의 문화적 유산에 대한 우월함의 신념(belief in superiority)을 내포한다.
- 자기 집단의 우월성에 기반을 둔 상대적 시각으로 타 집단의 문화는 열등하다고 믿는다.
- 우위에 있는 집단은 열위 집단에게 자신의 기준과 신념을 주입시키는 힘을 견지한다.

2) 이러한 비난에 대한 구체적인 근거는 Carter(1995), Nystrom(2005), Ridley(1995), Stone(2005) 등을 참고하라(Sue, 2006: 49에서 재인용).

- 자기민족중심적 가치관과 신념은 그 사회의 여러 가지 제도적 차원, 예를 들어 사회정책 및 프로그램, 그러한 정책을 실현시키는 실무 영역, 사회 구조 등에서 잘 표출된다.
- 인간은 문화적 조건화(cultural conditioning)의 산물이기 때문에 인간이 가진 가치관과 세계관은 인간의 의식적 자각 수준의 외부를 운용하는, 하나의 '보이지 않는 베일(an invisible veil)'이라고 말할 수 있다(Sue, 2004).

단일문화주의에 기반을 둔 인종차별주의, 성차별주의, 그리고 동성애혐오증 등은 의식적인 것(혹은 의도적인 것)이면서도 동시에 무의식적인 것(혹은 비의도적인 것)이 될 수 있다. 신나치주의, 스킨헤드(skinhead), 그리고 KKK 등은 분명히 전자에 해당하는 것으로 보인다. 의식적이고 의도적인 인종차별은 다른 문화적 배경을 가진 사람에게 분명 지대한 해를 끼칠 수 있지만, 후자의 경우처럼 무의식적으로 일어나는 잠재된 형태의 인종차별 같은 것은 사회적으로 더욱 위험할 수 있다. 자신이 도덕적이고 적절하며 공평하다고 느끼는 '법 없이도 살 수 있는 사람'은 오히려 자신의 신념체계와 행동이 얼마나 비뚤어지거나 차별적인지를 이해하는 것에 있어서 가장 어려운 경우다. 이 세상의 어느 누구도 태어날 때부터 인종주의자, 성차별주의자 혹은 동성애혐오자는 아니기 때문이다.

7) 인종/민족 기반 차별이론

인종주의는 한 인종이 다른 인종보다 우월하여 다른 열등한 혹은 하위의 인종을 압도한다는 인식이다. 그 우월성은 유전자 구조, 지능, 피부색, 성격, 다른 관련 이유를 기반으로 한다. 인종주의는 개인, 가족, 집단, 사회에서 학습되고, 편견과 같은 부정적인 정서와 개인적 · 제도적 · 문화적 차별의 행위적 작용 및 반작용(behavioral action/reaction)으로 심화되는 하나의 편향성(bias)이다(Lum, 2003: 46). 그러므로 인종주의는 인종에 대한 편견이나 민족중심주의의 다른 모습이라고 할 수 있는데, 이는 열등하다고 낙인찍힌 인종 집단에 대하여 개인적으로 혹은 사회제도적으로 의도적이든 비의도적이든 전체 사회의 지지를 업고 억압적인 힘을 행사하는 것이다(Carter & Jones, 1996: 2: Lum, 2003: 46에서 재인용).

인종주의(racism)는 제노포비아(xenophobia)와 인종차별이란 관점에서 비슷하게 인식될 수 있으나 엄격히 이 두 가지는 구분된다. 외국인 혐오증 혹은 제노포비아는 단어의 어원대로 이방인에 대한 두려움이란 뜻을 의미한다. 그리스어로 xenos는 낯섦을 뜻하며, phobia는 두려움 혹은 혐오감을 뜻한다. 그러므로 제노포비아는 '다른 민족과의 접촉 경험의 부족에서 오는 원초적인 차원의 거부감 내지 두려움'을 나타내는 용어이며, 인종주의는 다른 민족과의 공존 경험이 충분히 긴 상황에서 이들에 대한 구조적이고 체계적인 거부감을 말한다. 과거 한국의 역사적 경험은 제노포비아에 가까운 것이며, 최근의 다문화 현상 경험은 향후 인종주의의 기반이 될 것이라는 주장이 있다(엄한진, 2006: 50).

8) 소수자 집단

소수자(minorities)란 일반적으로 성(性), 연령, 인종 및 민족, 종교, 사상, 경제력, 성적 취향, 출신 지역 등을 근거로 사회 내 지배적 기준과 가치와는 상이한 입장에 있어 차별과 편견의 대상이 되는 사람들을 가리키는 말로서, Dworkin과 Dworkin(1999: 17-24: 윤인진, 2003에서 재인용)에 따르면, 이러한 소수자를 세부적으로 정의하는 데는 다음의 네 가지 조건이 필요하다.

- 개인의 신체적 · 문화적 특성에 의해 다른 집단과 구별되는 '식별 가능성(identifiability)'
- 경제력, 사회적 지위, 정치 권력, 자원 동원력에서 능력의 차이를 말하는 '권력의 열세'
- 소수자 집단의 성원이라는 이유만으로 사회적으로 '차별 대우'를 받는 것

• 차별적 관행의 반복을 통해 전체적인 연대의식으로 확대되는 '집단의식'

소수자 집단을 인종 및 민족 관계에서 살펴보면 특정 사회에서 수적으로 적은 인종 혹은 민족 집단이나 그 속에 포함된 개인을 지칭하는 것이 된다. 예를 들면, 미국 사회 내의 흑인, 아메리카 인디언, 히스패닉, 아시안 등을 표현하는 단어가 그러한 것이다. 중요한 것은 이렇게 수적으로 소수인 집단이 실제 사회적으로 불이익을 받는(disadvantaged) 집단이라는 것이다. 그러나 소수자 집단의 표현은 종종 현실을 호도하거나 가림으로써 정치적 이익을 대변한다는 비판이 제기되기도 한다.

• 수적 소수가 불이익이 되는 대의제 정치제도에서 소수자의 지위가 어디서 시작되고, 어디서 끝나는지 명확하지 않다. 예를 들어, 미국 사회 내의 유대인과 일본계 미국인을 과거 차별의 역사와 현 수적 규모에 기반을 두어 소수 집단으로 포함시켜야 한다고 하는 주장이 있는가 하면, 그들의 교육 수준과 경제적 수준에서 평균 이상의 성공을 근거로 소수자 집단에 포함시키지 말아야 한다는 주장도 있다. 미국 내의 차별수정정책(affirmative action)과 같은 소수자 배려정책에서처럼 소수자 집단으로서의 지위가 사회 내 자원에 대한 우선적 배분을 허락하는 것이라고 한다면, 소수자라는 용어상의 혼란은 정치경제적 이익을 위해 교묘하게 이용될 수 있는 것이다.
• 실제로 사회가 소수의 권력 엘리트(계급적으로 상위에 있는 소수 지배자)에 의해 경제적으로나 정치적으로 지배되고 있는 것을 인종적 · 민족적인 차원에서의 '소수자' 개념으로 은폐한다. 예를 들어, 미국 사회는 백인의 앵글로색슨 개신교도들(White Anglo Saxon Protestants)이 주류 사회를 이루며 다수자(majority)로서 미국을 지배하는 것으로 인식하게 하지만, 이는 실제로 다른 소수 권력 엘리트가 지배한다는 사실(fact)을 흐리게 한다는 주장이다(Cashmore, 1996: 243-244).

9) 문화다원주의와 다문화주의의 차이

현실적으로 완벽한 다원화 사회, 완벽히 동화된 사회는 존재하지 않는다. 다원화 사회에서도 동화의 모습이 나타나고, 동화의 정도가 깊은 사회에서도 다원적 문화의 모습은 존재한다(윤진 역, 2002). 다원주의 혹은 동화주의 등은 이민자들이 존재하는 사회의 정책적 기조가 되고 있다. 예를 들어, 미국 사회에서의 이민자에 대한 정책에서 동화주의정책과 다문화주의정책이 공존하는가 하면, 과거 프랑스의 이민정책은 동화주의에 근거하고 있다.

문화다원주의는 문화의 다원성 혹은 다양성을 인정하면서도 주류 사회에 주류 문화가 존재함을 전제로 하지만, 주류 문화, 소수집단의 사회문화 혹은 이민자 집단의 문화를 모두 동등하게 중요시한다(조옥라 외, 2006: 95). 다양성을 표방하고 있는 이민국가 내에서도 미국의 경우는 문화적 다원주의에 해당하고 캐나다와 호주의 경우는 후자인 다문화주의에 가깝다.

다문화주의는 캐나다를 시작으로 1970년대부터 영미권 사회의 이민자 및 소수 집단의 사회통합 원리로 자리 잡았다. 이후 유럽 대륙으로 번져 가서 1980년대에는 전통적으로 이민국가임을 거부하며 국민국가의 틀을 중시하던 프랑스, 독일 등에서도 다문화주의를 공식적으로 강조하기 시작하였다(엄한진, 2006).

1970년대 이후 국제적으로 다문화 모형이 수용되고 다문화사회로의 주창이 일어나기 전까지 사회통합의 목적은 국가별로 상이한 모델로 존재하였는데, 이미 잘 알려져 있듯이 미국의 용광로 모형(melting pot model), 영국의 다문화주의 모형, 프랑스 및 유럽 대륙 국가의 공화주의에 입각한 국민국가 모형, 호주의 백호주의 등이 존재하였다(엄한진, 2006). 미국 사회의 최근 샐러드 볼 모형(salad bowl model)은 다문화주의에 입각하여 수정된 사회통합 모형이라고 볼 수 있다.

6. 이주와 다민족 정책 관련 이론

다양한 민족이 이주해서 살고 있는 세계 각국의 이민정책의 변천과 역사는 다음의 몇 가지 이론적 맥락에서 설명할 수 있다(Meyers, 2004: 5-7).

1) 경제적 경쟁론

첫 번째 이론적 맥락은 토착민과 이주민 사이의 경제적 경쟁에 초점을 두고 이주 혹은 이민 정책을 분석하는 것이다. 이러한 맥락에 의거하면, 인종주의는 노동시장 내의 일자리, 주거 공간 및 시설, 사적 혹은 공적인 사회복지 혜택을 두고 벌이는 민족 간 경쟁으로 설명할 수 있다(Husbands, 1988). 비슷한 이론적 관점으로서 경제적 이익론(theory of economic interest)은 이민정책을 그 사회 내 존재하는 경제 주체가 선호하는 바가 귀결된 현상으로 간주한다. 또한 마르크스주의자들에 의하면 경제적 요소와 계급에 기반을 둔 정치 과정이 한 나라의 이민정책을 형성한다고 한다. 이들은 자본가들이 저임금을 유지하여 이윤을 확대하며 노동계급을 분할하기 위하여 이주노동자들을 수입한다고 주장한다. 자본주의자들의 노동계급 분할 방법은 사회 내 존재하는 민족 집단 사이에서 인종주의를 부추긴다는 것이다.

2) 문화기반이론

이민정책을 설명하는 두 번째 이론적 맥락은 문화로서, 토착민과 이주민 사이의 문화적 갈등이 주요 요소가 된다. 문화기반이론에서는 특정 국가의 이민정책의 변화를 이민자 규모, 그리고 이민자-토착민 사이의 문화 차이에 대한 반응으로 설명한다. 또한 국가의 역사적 배경, 시민권과 국적에 관한 가치관, 국가 정체성에 대한 논란과 심지어 특정한 사회 갈등이 그 국가의 이민정책을 형성한다고 한다. 그러므로 이 문화기반이론에서는 이민과 시민권정책에서의 국가 간 차이는 국가의 여러 특징에 의해서 발생하는 것이다. 예를 들어, 일반적으로 대규모 이민을 허용하는 정주민 사회(settler societies)와 대체로 이러한 대규모 이민을 반대하는 민족국가(ethnic states) 사이에는 이민정책의 차이점이 있을 것이고, 동질적(homogeneous) 사회와 민족이나 문화적으로 다양성을 내포하는(heterogeneous) 국가 간에도 차이가 있을 것이다. 그리고 국적과 시민권 부여를 혈통주의에 기반을 두는 국가와 출생지주의에 기반을 두는 국가 사이에 차이가 있을 것이다.

결론적으로 문화기반이론에 입각한 다양한 이론은 이민정책의 결정적 요소로서 국가 외부적 상황 요인을 중요하게 보지 않으며, 그 대신 국가 정체성에 대한 사회 갈등과 논쟁에 기반을 두고 정책이 이루어지며, 또한 그 정책의 변화 시기가 결정된다고 보는 것이다.

3) 국제 관계론

각국의 이민정책을 결정하는 데 중요한 요소로서 국제 관계를 중시하는 일련의 이론들이 있다. 이 이론적 맥락에서는 국제 관계와 다면적 동의가 이민통제정책에 미치는 영향에 초점을 맞춘다. 이러한 관점은 현실주의적 접근(realist approach)으로 불리는데, 국가 간의 실제적이고 잠재적인 갈등—심지어 군사적인 갈등까지 포함하여—은 이민정책에 영향을 미친다고 본다. 다른 측면에서는 국제 조직 및 제도 혹은 국제연합적 레짐(regime)이 이민조절정책에 대하여 국가 간의 협력을 촉진하다고 주장한다.

앞의 세 가지 관점에서의 이론적 맥락은 장단점이 있으나 간단히 서술하면, 경제적 경쟁론은 경기순환과 이민정책 사이의 단기적 관계 예측에 주효하였다. 특히 외국인 근로자, 그리고 불법이민자 일부에 대한 정책 설정에 큰 영향을 미쳤다. 문화기반이론은 이민자와 유입국 토착민 사이의 문화적 차이의 중요성을 부각시키는 데 주효하였으며, 국제 관계와 다면적 제도론은 유럽연합(EU) 내의 이민정책과 난민정책을 이해하는 데 지대한 공헌을 하였다.

4) 이민정책의 유형화

세계 각국의 이민정책의 유형화로 널리 알려진 Castles과 Miller(1998)에 따르면 이주민 유입국이 이주민을 수용하고 정착을 지원하는 유형은 이주민 수용의 방법, 국적 부여의 원칙, 이민자에 대한 사회적 분위기 등을 토대로 크게 네 가지로 생각할 수 있다.

- 다문화주의 유형(multicultural model)의 국가에는 캐나다, 뉴질랜드, 호주, 스웨덴이 속한다. 이 정책 모형은 이주민 집단의 문화와 관습을 인정하고 이를 유지하도록 하는 것을 장려 · 지원하고, 다양한 민족의 문화를 유입, 국내에 공존하게 함으로써 갈등을 예방하거나 사회통합을 유지해 나가려는 정책을 말한다. 이 모형은 샐러드 볼(Salad bowl) 혹은 민족 모자이크(ethnic mosaic)에 비유한다.
- 미국은 공식적으로는 다문화주의를 표방하지 않지만 실제로 사회 상황은 다문화주의 유형에 가까운 것으로 따로 분류하여 유형화하였다. 여기에는 이민 사회 내 문화의 다원성이나 다양성을 인정하면서도 주류 사회에 주류 문화가 존재함을 전제로 하는 경우가 있는가 하면, 조금 다르게 구분하여 주류 문화, 소수집단의 사회문화 혹은 이민자 집단의 문화를 모두 동등하게 중요시하는 경우도 있다. 앞에서도 언급하였듯이 이민국가 내에서도 미국의 경우는 문화다원주의에 해당하고 캐나다는 다문화주의로 인식된다. 이것은 소수민족과 이주민 집단의 문화 보호 및 장려에서 국가의 개입 정도에 의한 구분과 일치하는데, 미국의 경우 국가의 역할이 거의 없는 방임적 형

태지만 캐나다와 호주의 경우는 그들의 고유문화를 유지, 발전시키는 데 적극적으로 개입하는 형태로 볼 수 있다(조옥라 외, 2006: 95).

• 동화주의 유형(assimilationist model)의 국가에는 영국, 아일랜드, 프랑스, 네덜란드, 이탈리아 등의 나라가 포함된다. 이민자 입장에서는 자신의 고유한 문화적 정체성을 버리고 이주한 지역의 주류 문화에 합류되는 것을 의미한다. 즉, 유입국 사회의 입장에서는 이민자를 일방적으로 자국의 문화에 통합시키는 것이다. 이러한 동화를 기반으로 국적 취득을 허용하거나 국민의 자격을 얻게 하는 정책 유형이다. 동화의 유형은 과거 제국주의 식민지 시대의 식민지 주민을 대상으로 하는 착취적이고 악명 높은 동화정책(예를 들어, 과거 프랑스의 정책)에서 시작하여 최근의 변화된 모습의 동화정책 유형까지 다양하게 존재한다. 미국이 1960년대까지 표방하였던 용광로(melting pot) 모형, 프랑스가 최근까지 유지해 오는 '공화주의 정책 모형' 등이 이에 해당한다고 볼 수 있다.

• 차별 배제 유형(differential exclusionary model)의 국가에는 독일, 벨기에, 중동 등이 포함된다. 이 정책 유형에서는 일반적인 형태의 이민을 허용하지 않고 외국인을 노동시장의 일부 영역(예를 들어, 3D 업종)에만 개방하는 정책으로서, 임시 체류외국인에게는 국적 획득 불허, 참정권 불허, 복지 혜택 배제 등과 같이 사회정치 영역에는 참여하지 못하게 하는 정책 유형을 의미한다. 한국, 일본, 대만 등의 정책 또한 여기에 해당한다고 볼 수 있다. 특정한 제도와 그 제도가 시행된 시기에 근거해 보면, 1960년대 독일의 임시 이주노동자제도, 2006년까지 유지되었던 한국의 산업연수생제도, 그리고 현재의 외국인 고용허가제도, 일본의 산업연수생 및 인턴제도 등이 해당한다.

차별 배제 유형의 정책하에서는 사회 내 모든 영역과 제도가 일관적인 정책 기조를 유지하지 못하는 경우가 많다. 예를 들어, 앞에서 언급된 국가들의 차별 배제적 제도들이 시행된 시기에 외국인 근로자를 교체순환원칙(rotation principle)으로 고용하고 있었지만 한쪽에서는 정주가 가능한 전문기술자의 이민이 이루어지고, 영구 정착과 시민권을 목적으로 한 결혼이민자의 입국이 진행되기도 하였다. 또한 미국, 프랑스, 캐나다 등 다른 유형의 이민정책으로 분류되는 국가에서도 이주하는 일부 집단(특히, 단순 노동이주자 등)에는 차별 배제 유형을 적용하고 있다.

앞에서 각국의 이민정책에 관한 유형을 분류한 학자들과 이를 설명한 선행연구를 살펴보았지만, 사실상 특정 국가의 이민정책을 획일적으로 판정하기란 쉽지 않다. 한 국가의 이민정책은 다양한 정책 모형이 혼재하고 있기도 하고 시대에 따라서 조금씩 변화하기도 하기 때문이다. 그러므로 국가적 이민정책은 개별 국가 상황을 세부적으로 탐색해야만 한다.

지금까지 언급한 이론적 논의는 이민 현상과 이주민, 그리고 이주한 지역에서의 토착민을 포함한 사회적 · 심리적 · 환경적 차원에서의 개념에 관련된 것이었다. 이러한 분야에서의 지식을 토대로 사회복지 실무자들은 실천 현장에서 외국인, 이주민, 이민자 집단을 대상으로 효과적인 문제 분석과 실천 개입의 방안을 적절히 실행해야 한다. 이러한 이주민 집단 사회 서비스 실천의 핵심 개념은 문화적 역량(cultural competence)이다. 이 개념에 대해서는 이 책의 후반부에서 보다 심도 있게 소개, 논의할 것이다.

제2부
다문화정책의 이해

제3장

한국의 다문화 관련 정책

1. 다문화가족정책

1) 다문화가족정책의 법적 근거 및 정책 추진 경과

한국에서 다문화가족에 대한 사회적 · 국가적 관심이 증대되기 시작한 것은 국내에서 결혼상대를 구하지 못한 한국 남성(주로 농촌 총각)이 경제적으로 빈곤한 국가의 여성과 결혼하는 예가 급증하면서부터였다. 한국 정부가 이에 대한 대응책으로 이주외국인에 대한 지원 문제까지 포괄적으로 논의하기 시작한 것은 2004년부터였다. 즉, 2003년에 「외국인근로자의 고용 등에 관한 법률」이 제정됨으로써 외국인 근로자를 포함한 이주외국인에 대한 정책 시행이 본격화되면서부터였다. 단기 외국인 근로자와 결혼이민자의 유입 증가 현상에 대응하기 위한 논의가 2006년부터 정부 주도하에 본격적으로 시작되어, 2007년에 「재한외국인 처우 기본법」을 제정하고, 2008년에는 「다문화가족지원법」을 제정하기에 이르렀다. 「국적법」도 이러한 변화에 맞추어 일부 개정되었다.

〈표 3-1〉 다문화가족 관련 정책 추진 경과(2006~2013)

연도	주요 사항
2006년	• '여성 결혼이민자 가족 및 혼혈인 · 이주자 사회통합 지원방안' 발표(2006. 4.; 12개 부처-2개 위원회 공동) • 결혼이민자가족 지원센터(현재 다문화가족지원센터) 설치 • '다문화가정 자녀 교육지원 대책 발표' (2006. 5.; 교육부) • 지자체의 외국인 지원 업무 관련 「업무추진지침」 시행(2008. 8.; 행정자치부)
2007년	• 「재한외국인 처우 기본법」 제정 및 시행(2007. 5. 17. 제정, 2007. 7. 18. 시행)
2008년	• 「다문화가족지원법」 제정 및 시행(2008. 3. 21. 제정, 2008. 9. 22. 시행) • '다문화가족 생애주기별 맞춤형 지원 강화대책' 발표(2008. 11.; 보건복지부) • '제1차 외국인정책 기본계획(2008~2012)' 발표(외국인정책위원회)
2009년	• '다문화가족지원개선 종합대책(안)' 발표(국무총리실 · 관계부처 합동)
2010년	• 제1차 다문화가족지원정책 기본계획(2010~2012) 수립(국무총리실 · 관계부처 합동)
2011년	• 다문화가족지원법 일부개정(2011. 4. 4. 일부 개정, 2011. 10. 5. 시행)
2013년	• 제2차 다문화가족지원정책 기본계획(2013~2017) 수립(국무총리실 · 관계부처 합동)

출처: 여성가족부(2011) 재구성.

2) 다문화가족정책 대상과 범위

현재 다문화가족정책과 외국인정책 간 관계 미정립으로 외국인정책과 다문화가족정책에서 다루는 영역이 명확하게 구분되지 않고 있다. 관련 법에서 규정한 바를 중심으로 보면, 언어 · 문화적 차이로 인한 적응상의 문제해결지원은 다문화가족정책과 외국인정책 모두의 공통 영역인 데 비해, 직업교육 · 훈련, 평등한 가족관계 유지, 가정폭력피해자 보호 · 지원, 산전 · 산후 건강관리 지원, 자녀 양육 · 교육 지원 등은 일반 외국인에게는 해당되지 않는 다문화가족만을 대상으로 한 정책 영역이므로 다문화가족정책의 고유 영역으로 분류해 볼 수 있다(김이선 외, 2010).

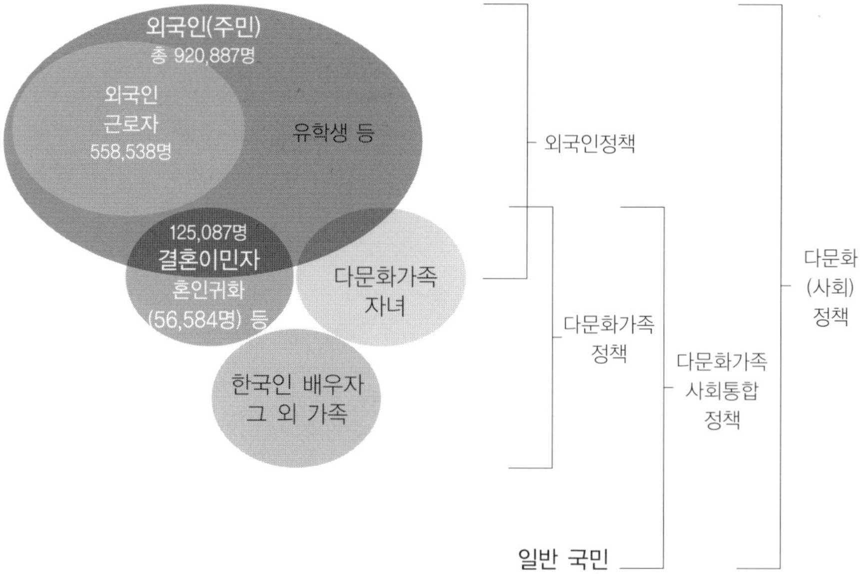

[그림 3-1] 다문화가족 정책 대상과 관련 정책의 범위

출처: 김이선 외(2010).

3) 다문화가족정책 추진체계

[그림 3-2]의 다문화가족정책 추진체계에서 볼 수 있듯이 중앙정부, 광역자치단체, 그리고 기초자체단체 차원에서 다양하게 조직되어 있다. 중앙정부 차원에서는 다문화가족정책위원회를 기반으로 행정자치부, 법무부, 여성가족부, 교육부, 문화체육관광부, 농림축산식품부, 고용노동부 등의 부처들이 정책을 추진하고 있다. 여성가족부는 다문화가족지원센터, 교육부는 교육자치단체, 문화체육관광부는 국립국어원이나 도서관, 박물관, 고용노동부는 지방노동청과 고용지원센터 등의 산하기관을 동원하고 있다. 그러나 현재 다문화가족정책은 부처 간 사업 중복으로 통합적인 정책 추진에서의 비효과성과 비효율성 및 추진 인프라 빈약 등의 문제를 보이고 있다. 아울러 물리적 차원에서는 전국적으로 서비스 추진

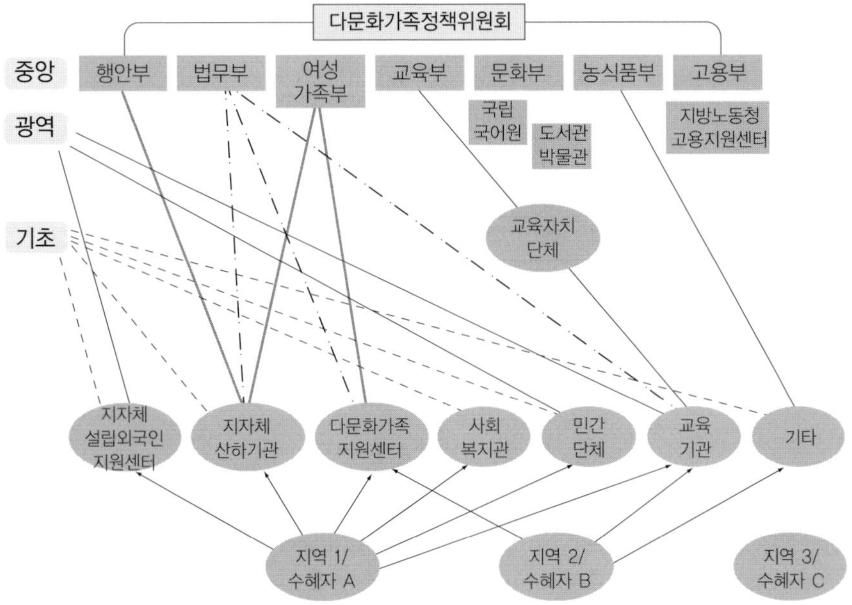

[그림 3-2] 다문화가족정책 추진체계

출처: 김이선 외(2010).

체계가 확립되어 있음에도 다문화가족원의 개인적 특성 및 지역의 환경적 특성에 따라 서비스 이용률은 현격한 차이를 보이고 있다.

4) 다문화가족 정착단계 및 사업 영역별 정책 현황

다문화가족정책 현황은 결혼이민자를 위한 정착단계 및 생애주기별 지원정책으로 나누어 살펴볼 수 있고, 또한 사업영역별로 나누어 볼 수 있다. 먼저 정착단계 및 생애주기별 지원정책에서는 입국 전 결혼준비기(1단계), 입국 초 가족관계 형성기(2단계), 자녀 양육 및 정착기(3단계), 역량 강화기(4단계)로 나누어 각 단계마다 지원 목표 및 내용을 구축하여 놓고 있다(〈표 3-2〉 참조).

〈표 3-2〉 다문화가족 정착단계별 주요 지원 내용

단계	입국 전 결혼준비기 (1단계)	입국 초 가족관계 형성기 (2단계)	자녀 양육 및 정착기 (3단계)	역량 강화기 (4단계)
지원 목표	국제결혼 과정의 인권 보호와 교육 프로그램	결혼이민자의 조기 적응 및 안정적 생활 지원	다문화가족 자녀의 양육 · 교육 지원	다문화가족의 경제 · 사회적 자립 지원
주요 지원 내용	• 「결혼중개업의 관리에 관한 법률」 제 · 개정 시행, 국제결혼중개업 등록제 시행('08)—결혼중개업 표준약관 제정, 중개업자의 신상정보 사전제공 의무화 추진('10) • 결혼중개업자 전문지식 및 윤리의식 향상교육 실시 • 결혼이민(예정)자 현지사전교육 운영의 내실화	• 결혼이민자의 조기 적응 및 안정적 생활지원 • 다양한 매체를 통한 한국어교육 • 위기개입 및 가족통합교육 실시	• 취학 전 자녀양육 지원 사업 • 이중언어지원 • 학교생활 지원 및 학부모 상담 실시 • 사회적응 실시	• 다문화가족 취업연계 및 취업기초소양교육 실시 • 통번역 요원 및 다문화강사 등 결혼이민자 적합 직종 개발 • 국가별 결혼이민자 자조모임 지원
전(全) 단계	문화적 역량 강화 1. 대국민 인식개선 및 홍보 2. 다문화가족 실태조사 실시(「다문화가족지원법」 제4조)			

출처: 여성가족부(2013).

한편 사업영역별로는 결혼이민자 정착지원사업, 취학 전 자녀 양육 지원사업, 아동 · 청소년 자녀교육 지원사업, 국제결혼 피해예방사업, 다문화가족지원센터 지원 등 다양한데, 이를 통해 결혼이민자의 한국 사회 조기적응 및 다문화가족의 안정적인 가족생활을 지원하고 있다.

(1) 결혼이민자 정착지원

결혼이민자 정착지원사업은 다문화 강사 양성 사업을 제외하고 대부분 결혼이민자를 직접 수혜 대상으로 하는 특화서비스 프로그램으로 다른 어떤 유형의 사업군보다 다양하고 많은 사업이 시행되고 있다. 이 사업에는 법무부, 여성가족부, 보건복지부, 고용노동부, 농림축산식품부 등 6개 부처가 관련되어 있다.

〈표 3-3〉 결혼이민자 정착지원 현황 및 소관부처

구분	사업명	사업내용	소관부처	비고
다문화 강사 양성	다문화교육 강사 확충	• 관계 부처 통합 다문화 강사 양성 및 보수교육	법무부	
	다문화강사 양성과정 확대	• 다문화사회 전문 강사 양성	보건복지부	전국다문화가족 사업지원단 (2009년까지)
의사소통 지원 및 생활정보 제공	한국어 · 한국문화 교육	• 결혼이민자 대상 한국어 교육 실시 및 전문 강사 양성 • 한국 문화 이해교육 프로그램 개발 • 방문교육 한국어지도사 양성과정 운영	여성가족부	다문화가족지원 센터
	결혼이민자 통 · 번역 서비스	• 결혼이민자 통 · 번역 전문 인력 활용 • 의사소통이 어려운 결혼이민자에 대한 통 · 번역 서비스 제공		
	다문화가족 생활 정보 제공 등	• 다국어판 정보 매거진(Rainbow+) 발간 · 배포 • 부처 합동 외국인 · 다문화가족을 위한 한국생활가이드북 제작 · 발간		
	다문화가족 한국 문화 이해	• 우리 문화에 대한 이해와 소통을 위한 교육(국립민속박물관)	문화체육 관광부	
상담 서비스	결혼이민자와 가족 상담	• 전국 출입국관리사무소별로 담당 직원을 지정하여 결혼이민자 고충 상담	법무부	출입국관리 사무소
	결혼이민자와 가족 상담	• 시 · 군 · 구 정신보건센터에서 정신건강검진 · 정신건강 전화상담 및 대면 상담 서비스	보건복지부	정신보건센터

결혼이민자 네트워크 형성	자조모임 지원 및 정책모니터단 운영 등	• 다문화가족 정책모니터단 운영 • 결혼이민자 국적별, 배우자, 시부모 등 자조모임 구성, 운영	여성가족부	다문화가족지원센터
	여성 결혼이민자 지도자 양성 교육	• 지역사회에 성공적으로 정착한 여성 결혼이민자를 지도자로 양성, 출신국 새내기 이주자의 정착 도우미로 활용	행정자치부	
	결혼이민자 네트워크 지원	• 국적별 · 지역별 결혼이민자 대표자를 선정, 결혼이민자 네트워크 구성—국내 정착에 성공한 결혼이민자를 명예출입국관리공무원으로 위촉, 결혼이민자 정착 지원 활동 수행	법무부	
취업 지원	결혼이민자 취업지원	• 결혼이민자 취업 및 창업 적합모델 개발—결혼이민자 직업교육 · 훈련 실시 및 지역사회 취업연계(다문화강사, 통 · 번역사, 상담원 등)	여성가족부	다문화가족지원센터
		• 결혼이민자에 적합한 취업직종 개발 및 취업지원 서비스	고용노동부	고용지원센터
	다문화가족 영농기술교육	• 농촌 지역 거주 결혼이민자 및 가족 대상 농업일반, 기초영농교육, 농기계 사용법, 현장체험 등 교육	보건복지부	2008년까지 2009년부터 농림축산식품부(당시 농림수산식품부)로 이관
	이민여성농업인 1:1 맞춤형 영농교육	• 농업 종사를 희망하는 농촌 결혼이민자에게 전문여성농업인(후견인)을 연계하여 1:1 맞춤형 영농교육 실시	농림축산식품부	
	여성결혼이민자 기초농업교육	• 영농 희망과 정착 의지가 강한 자를 대상으로 기초 농업교육(농업일반, 지역 농업, 농기계 사용법, 현장체험, 소양교육 등) 실시		
		• 기초생활보장 • 한국 국적의 미성년 자녀를 양육		

경제적 지원	기초생활보장 및 긴급 지원	하고 있는 국적 미취득 결혼이민자에게 수급권 부여 • 긴급복지 지원 • 국내에 체류하는 외국인 중 대한민국 국민과 혼인하여 대한민국 국적의 미성년 자녀를 양육하고 있는 자, 임신 중에 있는 자 등에 대해 긴급 지원	보건복지부	

출처: 마경희, 정해숙, 이순미, 김효선(2011).

(2) 취학 전 자녀 양육 지원

취학 전 자녀 양육 지원사업은 결혼이민자 정착지원사업과 달리 사업 수는 적지만 예산 규모가 매우 크며 전액 특화서비스 사업이다. 그리고 여성가족부와 교육부가 소관하는 사업들이다. 결혼이민자의 임신 · 출산과 아동 양육 전반의 교육 및 상담 서비스를 제공하는 여성가족부의 아동양육지원 서비스는 다문화사회정책 총 예산 중 1/5 이상을 차지하는 비중 높은 사업이다.

〈표 3-4〉 취학 전 자녀 양육 지원사업 현황 및 소관부처

구분	사업명	사업내용	소관부처	비고
취학 전 자녀 양육 지원 사업	아동양육지원 서비스	• 임신 · 출산 및 아동양육지원 서비스 • 12세 미만의 아동을 양육하는 결혼이민자에게 아동 양육 전반의 교육 및 상담 • 아동의 생애주기(신생아, 유아기, 아동기)별 양육정보 제공	여성가족부	
	언어 및 교육 지원	• 다문화가족지원센터에 다문화 언어지도사 배치 • 센터 자체 프로그램 또는 보육시설 파견을 통해 취학 전 및 초등 저학년 언어발달 진단 및 교육		
	기본학습 및 유치원 생활 적응지원	• 희망유아교육사를 통한 유치원 발달지연 유아 및 기관 미이용 유아 맞춤 교육	교육부	

출처: 마경희 외(2011).

(3) 아동 · 청소년 자녀 교육 지원

다문화가정 내의 초등학생 이상 아동 · 청소년 자녀 교육 지원은 한국어와 모국어의 이중언어 교육 지원, 학교생활 지원, 학부모 상담, 사회적응 지원, 전문 인력 양성 등의 사업이 제공되고 있다. 여기에는 교육부, 여성가족부, 보건복지부가 관련되어 있다.

〈표 3-5〉 아동 · 청소년 자녀 교육 지원사업 현황 및 소관부처

구분	사업명	사업내용	소관부처	비고
이중언어 교육	이중언어 교육 환경 조성	• 다문화가정 자녀를 위한 이중언어 교수요원 양성과정 개발 및 운영 • 결혼이민자 등을 대상으로 이중언어 강사 양성 • 방과 후 교육, 다문화 이해교실 등으로 보조강사 배치	교육부	
	언어별 교육강사 양성 및 파견	• 다문화가족지원센터 이중언어교실 운영 • 언어별 교육강사를 양성하여 보육시설, 지역아동센터 등 아동 · 청소년 이용기관에 파견	여성가족부	다문화가족 지원센터
	아동복지교사 운영지원	• 다문화가정의 학부모를 아동복지교사로 채용하여 방과 후 서비스 제공기관에 파견 • 방과 후 서비스 제공기관에 이중언어 프로그램 적극 지원	보건복지부	지역아동 센터
학교생활 지원	중앙다문화교육센터 운영	• 다문화가정 자녀를 위한 교재 개발, 정책연구, 다문화가정 학생 지도교사 연수 등	교육부	
	기초 학력 미달 학생맞춤형 지도	• 기초 학력이 부족한 다문화가정 학생을 위한 기초 학력 책임지도제 실시 및 교재 지원 (다문화교육 거점학교 한국어반 운영 지원) • 교대생 등 예비교사와 한국어 교육전공생을 활용한 다문화가정 학생 멘토링 지원 (근로장학금)		
학부모 상담	다문화가정 학부모 '자녀행복교실' 운영	• 다문화가정 학부모를 위한 자녀 학습지도능력 함양 프로그램(다문화가정 학부모 교실) 운영		

학부모 상담		• 다문화가정 학부모를 위한 학교생활 안내 책자 발간 · 보급		
	다문화가정 학부모 상담 주간	• 각급 학교별로 상담 주간(요일) 등을 지정 · 운영 • 다문화가정 학부모를 위한 상담 및 연수 • 다문화가정 학부모를 대상으로 자녀 학교생활 · 교육 안내		
사회적응 지원	학교부적응 학생 교육기회 확대	• 학업 중단 다문화가정 자녀 대안교육시설 지원	교육부	
	외국에서 출생 또는 성장한 다문화 청소년 초기 적응 프로그램 개발	• 다문화 아동 · 청소년 실태조사 및 한국사회 초기 적응 지원을 위한 디딤돌과정 개발, 시범 실시	여성가족부	무지개 청소년센터
	지역사회 다문화 청소년 종합 지원	• 지역사회 통합과 정착 지원을 위한 학교-가족-시민사회단체-관계 기관 등 네트워크 구축사업 지원		
	다문화 청소년 종합정보 제공	• 다문화(이주) 청소년 e-소식 발행, 온라인 · 오프라인 자료 제공		
전문 인력 양성	다문화 청소년 전문가 양성	• 다문화 아동 청소년 관련 실무자 교육 연수 • 북한이탈, 다문화전문가 양성 교육	여성가족부	

출처: 마경희 외(2011).

(4) 국제결혼 피해예방 사업

다문화가정 형성의 기반이 되는 국제결혼과정의 문제점과 피해를 근원적으로 예방하기 위하여 국제결혼 피해예방 사업은 중개업자, 남성 배우자, 여성 결혼이민자 등 세 집단을 대상으로 한 교육과 국제결혼과정에서의 불법행위 방지를 위한 관리 · 감독 사업으로 구분된다. 여기에는 여성가족부, 법무부, 보건복지부 등의 부처 프로그램이 시행되고 있다.

〈표 3-6〉 국제결혼 피해예방 사업 현황 및 소관부처

구분	사업명	사업내용	소관부처	비고
중개업자 교육	국제결혼중개업체 관리 및 국제결혼중개업자 교육	• 결혼중개업체 관리 및 결혼중개업자 교육	여성가족부	
남성 배우자 교육	국제결혼 행복 프로그램	• 국제결혼 희망 남성 소양교육 • 국제결혼 희망자 사전 교육 프로그램 개발 및 전문 강사 양성	여성가족부	
	국제결혼 전후 한국인 배우자 결혼준비교육 실시	• 국제결혼 전후 한국인 배우자 결혼준비 교육 • 국제결혼 한국 남성 예비배우자 교육 프로그램 개발 · 보급 • 국제결혼 한국 남성 예비배우자 교육 전문 강사 양성 • 다문화가족지원센터에서 예비배우자 교육 실시	보건복지부	다문화가족 지원센터 (2009년까지)
	국제결혼 안내 프로그램	• 국제결혼에 관심이 있거나 향후 국제결혼을 하려는 남성 대상 프로그램 (전국 14개 출입국관리사무소) • 국제결혼 안내 프로그램 이수증 제출 의무화 규정 마련	법무부	출입국관리 사무소 (2010년부터)
결혼 이민자 교육	예비 결혼이민자 입국 전 사전 정보 프로그램	• 결혼 후 한국 비자발급 대기 중인 여성 대상 한국생활 관련 정보 제공 및 상담	여성가족부	
	행복드림 Happy Start 프로그램	• 국제결혼을 통해 이주해 오는 새내기 결혼이민자를 대상으로 외국인등록 시 한국생활 적응에 필요한 기초정보 제공	법무부	출입국관리 사무소
혼인의 진정성 검증 강화	결혼사증 발급 심사 강화	• 혼인의 진정성이 의심되는 경우, 국제결혼을 반복적으로 하는 등 정상적인 혼인생활을 유지할 수 없는 것으로 보이는 경우 비자 발급 제한	법무부	외국인 배우자 초청 자격 및 사증 발급 제한 규정 법제화 추진

	결혼이민 비자 체계 개편 검토	• 혼인의 진정성 검증 강화를 위한 새로운 비자체계 개편 검토		
위장결혼 적발 및 인권침해 방지	결혼이민자 입국 후 생활실태 모니터링 강화	• 혼인실태 파악을 위해 국민과 혼인한 거주자격(F-2) 소지자에 대해 정기적인 실태조사 실시	법무부	
	위장결혼 예방 및 단속강화	• 위장결혼 의심사례에 대한 기획수사 강화		
	인권침해사례에 대한 실태조사 및 제도 개선	• 외국인 인권침해 피해 사례 조사 · 분석 및 피해방지 방안 홍보		

출처: 마경희 외(2011).

5) 다문화가족정책 향후 과제

결혼이민자와 이들이 형성하는 한국 사회 내의 다문화가족에 대한 향후의 지원정책 과제는 다음과 같이 제시하고자 한다.

첫째, 중앙정부 수준에서의 다문화 정책 총괄 · 조정의 기능을 강화하여야 할 것이다. 다문화가족정책이 부처별로 진행되고 있어서 산발적인 사업 추진, 사업 중복, 예산 낭비 등의 문제가 지속적으로 제기되어 왔고 다문화가족정책에 대한 비효율성으로 비춰지면서 이에 대한 개선 요구가 꾸준히 제기되고 있다. 2009년 9월 17일 다문화가족정책위원회 규정에 의거하여 '다문화가족정책위원회'를 창설하였으나(여성가족부, 2010), 다문화가족정책을 통합 · 조정 · 관리하는 '컨트롤 타워' 기능이 미흡한 실정이다(김준식, 안광현, 2012). 그러므로 향후 정책 이행의 점검을 통하여 정책과정 관리와 성과 관리를 강화함으로써 단기간 각 부처별로 분리되어 양적으로 급속 확대된 다문화가족정책의 질적 제고를 이루고, 아울러 이들 정책의 통합적 수렴을 이루어야 할 것이다.

둘째, 중앙정부 및 지자체의 다문화정책 추진을 위한 역할 분담 및 협력체계 구축이 필요하다. 기본적으로 제공되어야 할 전국 단위의 공통정책을 수립함과 동시에 지자체의 특성, 도시의 규모 및 산업형태, 다문화가정 밀집도 등에 따라 특화된 다문화가족 서비스 개발이 필요할 것이다.

셋째, 추진체계의 질적 수준 제고를 위한 다문화 서비스의 인프라를 확장하고 전달체계를 효율적으로 촘촘히 할 필요가 있는데, 이에 관건이 되는 사항은 필요한 전문 인력을 충분히 양성해 내는 것이라고 할 수 있다.

넷째, 다문화 서비스에도 수요자 중심의 서비스 제공 기능을 강화하여야 한다. 사회복지관에서 제공해 왔던 '찾아가는 서비스'의 도입을 통해 다문화 서비스의 접근성 및 효과성 제고와 다각도의 서비스 사각지대 대응방안 모색이 필요하다고 할 수 있다.

마지막으로, 서비스인력의 다문화가족 및 다문화사회에 대한 감수성, 이해도, 서비스 제공을 위한 문화적 역량(cultural competence) 강화를 통한 서비스의 질적 수준을 확보하여야 할 것이다.

2. 외국인 근로자[1] 정책[2]

1) 외국인 근로자 차원의 정책

(1) 법적 근거: 「외국인근로자의 고용 등에 관한 법률」

2014년 현재 우리나라의 외국인 근로자 도입 및 운용에 대한 정책은 2004년

1) 이 절에서는 한국 내의 외국인력에 대한 명칭을 「외국인근로자의 고용 등에 관한 법률」에 근거하여 '외국인 근로자'로 통일하고자 한다. 해당 법에 근거한 외국인 근로자는 주로 단순기능 외국인 근로자에게 부여하는 비전문취업(E-9) 체류자격을 가진 자와 방문취업(H-2)자를 지칭하는 용어임을 밝힌다.

2) 이 절은 전북발전연구원(박신규, 조아영, 2014)의 '전라북도 외국인 근로자 실태조사 및 지원방안연구(연구보고서)'의 제2장 '외국인 근로자 취업 현황 및 지원정책'에서 정리된 우리나라의 외국인 근로자 정책현황의 내용을 인용하여 서술하였음을 밝힌다.

부터 시행된 「외국인근로자의 고용 등에 관한 법률」(이하 「외국인고용법」)이 그 근간을 이루고 있다(박신규, 조아영, 2014). 이 법률은 '외국인 근로자를 체계적으로 도입 · 관리함으로써 원활한 인력 수급 및 국민경제의 균형 있는 발전을 도모함을 목적' (제1장 제1조)으로 하고 있다. 「외국인근로자의 고용 등에 관한 법률」은 총칙, 외국인 근로자 고용 절차, 외국인 근로자의 고용 관리, 외국인 근로자의 보호, 보칙, 벌칙의 6장으로 나누어진 전문 32조와 부칙으로 구성되어 있다.

「외국인고용법」 제2조에 의하면 '외국인 근로자란 대한민국의 국적을 가지지 않은 자로서 대한민국에 소재하고 있는 사업 또는 사업장에서 임금을 목적으로 근로를 제공하고 있거나 제공하려는 자'를 말한다. 이때 「출입국관리법」 제18조 제1항에 따라 취업활동을 할 수 있는 체류자격을 부여받은 외국인 중 취업 분야 또는 체류 기간 등을 고려하여 대통령령으로 정하는 사람은 제외된다. 따라서 외국인 근로자는 단순기능 외국인 근로자에게 부여하는 비전문취업(E-9) 체류자격을 가진 자와 방문취업(H-2)자에 한정된다고 볼 수 있다.

외국인 근로자라는 용어를 사용하기 전에 한국 사회에서는 이주노동자, 외국인 노동자 등의 용어가 사용되었는데, 원래 노동을 목적으로 국경을 넘어 이동하는 인구 집단에 대하여 지칭하는 개념은 한국에서뿐 아니라 국제적으로 다양하게 존재하고 있다. 즉, 국제적으로 통용되는 용어들은 외국인 노동자, 이주노동자, 이민노동자, 초청노동자, 단기노동자, 계약노동자, 이방인 노동자 등으로 다양하다. 국제노동기구와 UN 및 유럽연합 등의 법률에서는 '이주노동자(migrant workers)'를 주로 사용하고 있다(박신규, 조아영, 2014).

국내에서는 앞서 서술했듯이 이주노동자와 외국인 노동자가 혼용되어 왔으나, 최근 정부문서와 법률에서는 '외국인력' 또는 '외국인 근로자' 라는 말을 주로 사용한다. 정부 정책을 위한 추진체계 및 기구의 명칭이나 통계에도 '외국인력'이라는 말이 사용되고 있는데, 여기서 '외국인력'의 범주는 「외국인고용법」에서와는 달리 취업 목적의 체류자격 비자를 소지하는 모든 외국인과 외국인 주민(이민자)까지 포함되고 있다(유길상 외, 2012).

그러므로 가장 넓은 의미의 '외국인력'은 취업을 목적으로 하는 외국인 근로자(전문기술직 외국인력+저숙련/비전문 외국인력)와 '외국인 투자자'를 포괄한다. 그다음 단계로서 외국인 근로자는 전문 · 비전문 이주노동인력을 모두 포함하며, H-2 비자를 받은 방문취업자까지 포함하는 것을 의미한다. 한편 미등록체류자의 경우 취업비자로 입국하였으나 사업장 이탈이나 체류 기간을 넘겨 불법체류자가 된 경우와 비취업비자로 입국하여 취업하고 있는 경우가 해당되며, 이들 대부분은 취업을 목적으로 체류하고 있는 것으로 추정함에 따라 넓은 의미의 외국인력 범주에 포함된다(박신규, 조아영, 2014). 이 절에서 다루는 외국인 근로자 지원정책은 「외국인고용법」에 기반하여 고용허가제와 방문취업제를 통하여 한국에 입국하여 취업하고 있는 인력에 관한 것임을 밝혀 둔다.

〈표 3-7〉 고용허가제와 방문취업제 비교

구분	일반고용허가제(E-9)	방문취업제(H-2, 특례고용허가제)
체류(취업) 기간	• 3년 - 1년 10개월 범위 내 1회 연장 가능 - 비전문취업비자(E-9)로 입국 후 입국일로부터 최장 3년간 취업 (사업주 요청 시 재고용 가능)	• 3년 - 방문취업비자(H-2)로 입국 후 3년간 취업 - (사업주 요청 시 재고용 가능)
대상요건	• 한국어시험 및 건강검진 등 절차를 거쳐 구직등록한 자	• 국내 친족 · 호적이 있는 동포 (국민 1인당 3인 이내 초청) • 국내 연고 없는 동포(쿼터 제한)
취업허용업종	• 제조업, 건설업, 서비스업, 농축산업, 어업으로서 외국인력정책위원회에서 정하는 업종	• 일반고용허가제 허용업종에 일부 서비스업종 추가
취업 절차	• 한국어능력시험 실시 → 외국인 구직자명부 작성 및 송부 → 표준근로계약 체결 → 사전취업교육 → 입국 및 취업교육 실시 → 외국인 근로자사업장 배치 ※ 사업장 변동 제한	• 방문취업(H-2)입국 → 취업교육 수료 → 구직신청 및 알선 → 표준근로계약 체결 → 근로개시 신고 ※ 사업장 변동 무제한

사용자의 고용절차	• 내국인 구인 노력 → 외국인고용허가서 신청 → 고용허가서 발급 → 근로계약 체결 → 사증 발급, 인정서 발급 → 외국인 근로자 입국 및 취업교육 → 사업장 배치, 고용 및 체류 지원 ※ 근로개시 신고의무 미부과	• 내국인 구인 노력 → 고용지원센터에 특례고용가능확인서 발급 → 근로계약 후 고용 ※ 근로개시 신고의무 부과
사업장별 고용허용인원	• 사업장 규모별로 외국인 근로자 고용허용 상한 설정	• 일반 외국인 근로자 고용허용인원만큼 외국 국적 동포 추가 고용 가능(건설업, 서비스업 제외)

출처: 박신규, 조아영(2014).

일반고용허가제로 입국한 외국인 근로자는 단순기능 업무에 종사할 수 있는 비전문취업사증(E-9)을 부여받으며 상시근로자 300명 미만 또는 자본금 80억 원 이하인 일반제조업 기업의 사업장, 건설업, 서비스업(건설폐기물처리업, 재생용 재료수집 및 판매업, 냉장 · 냉동 창고업, 서적/잡지 및 기타 인쇄물 출판업, 음악 및 기타 오디오물 출판업), 어업(연근해어업, 양식어업, 소금채취업), 농축산업(작물재배업, 축산업, 작물 재배 및 축산 관련 서비스업)에 취업이 가능하다.

특례 외국인 고용허가제 또는 방문취업제도는 국내 출입국 및 취업 등 혜택에서 그동안 상대적으로 소외받아 온 외국 국적 동포에 대해 자유로운 왕래 및 취업 기회를 확대하기 위한 동포포용정책으로 외국 국적 동포에게만 적용하는 제도다. 이 제도는 2007년 3월부터 시행된 것으로, 재외동포 중 국내에 친인척이 초대해야만 취업이 가능했던 것과 달리 현재는 국내에 연고가 없는 동포에 대해서도 비자쿼터(visa quota)를 설정하여 취업이 가능하도록 한 제도다.

〈표 3-8〉 고용허가제 외국인력 연도별 도입규모(2004~2014)

(단위: 명)

구분 \ 연도	2004	2005	2006	2007	2008	2009	2010	2011	2012	2013	2014
전체	41,000	18,000	72,800	109,600	132,000	34,000	34,000	48,000	57,000	62,000	53,000
일반고용 허가제(E-9)	25,000	14,300	34,750	49,600	72,000	17,000	34,000	48,000	57,000	62,000	53,000
방문취업제 (H-2)	16,000	3,700	38,050	60,000	60,000	17,000					

출처: 박신규, 조아영(2014).

〈표 3-8〉에서 2004년 이후 매년 수만 명의 단순노무직 외국인 근로자(E-9, H-2)들이 한국에 입국하여 취업활동을 하고 있음을 알 수 있으며, 이러한 규모의 인력은 주로 제조업, 농축산업을 중심으로 한 산업 분야에 배정되고 있다. 방문취업제(H-2)로 입국하는 인력은 2010년부터 사증발급총량제(30만 3000명)로 관리되면서, 체류 기한 만기로 출국하거나 재외동포(F-4)자격으로 전환하는 사례 등 감소 인원만큼만 신규 입국을 허용하고 있다.

(2) 외국인 근로자 정책 추진 경과[3)]

1991년 우리나라 해외진출기업의 현지 고용인력의 기능향상을 위한 산업연수제도를 시행한 데서 공식적인 외국인 근로자 정책이 시작되었다고 볼 수 있다. 1993년 11월에 산업연수생제도가 시행되어 외국인력이 합법적으로 도입되기 시작하였고, 1994년 4월에는 '연수취업제'가 시행되어 연수 후 근로자 신분으로서 취업할 수 있도록 허용하였다. 2002년 11월에는 '취업관리제' 가 도입되었고 (외국 국적 동포 대상으로 3년간 취업활동 허용), 2004년 8월에는 외국인 고용허가제도가 시행됨으로써 합법적인 단순기능 인력으로서 외국인력이 도입되기 시작하였다. 그리고 이때부터 취업관리제는 고용허가제하의 특례제도로 흡수 · 통합

3) 2007년까지의 제도 변화 및 정책추진 경과는 제6장의 〈표 6-2〉 '외국인력 제도의 변화' 참조.

되었다. 마침내 2007년 1월부터 산업연수생제도는 고용허가제로 통합되었고, 같은 해 3월에는 국내에 연고가 있는 외국 국적 동포에 적용되던 특례고용허가제가 방문취업제로 전환되면서 국내 연고가 없는 경우에도 3년간 취업을 허용하게 되었다. 2009년의 경우에는 외국인 근로자 중 사용자의 요청으로 1회 한정하여 2년 미만의 기간 동안 취업활동을 연장할 수 있게 하였으며, 2010년 이후에 지금까지 근로계약 기간의 조정, 취업교육시간의 조정, 출국만기보험 가입 대상 사용자의 확대 등 세부적인 사항이 변화되어 왔다.

(3) 외국인 근로자 활용정책의 기조

우리나라의 외국인력 정책의 주요 정책기조(원칙)는 외국 인력의 선정, 도입, 체류지원의 투명성 원칙과 내국인의 일자리 잠식 방지 원칙, 외국인 근로자의 정주화 방지 원칙, 내·외국인 간 차별 금지 및 균등대우 원칙, 산업구조 조정 저해 방지 원칙이라는 틀 내에서 외국인력을 유입하고 있다(박신규, 조아영, 2014).

- 외국 인력의 선정, 도입, 체류지원의 투명성 원칙
- 내국인의 일자리 잠식 방지 원칙
- 외국인 근로자의 정주화 방지 원칙
- 내·외국인 간 차별 금지 및 균등대우 원칙
- 산업구조 조정 저해 방지 원칙

(4) 외국인 근로자 선정 및 도입 절차

① 일반 외국인 근로자(E-9) 선정 및 도입 절차

외국인 근로자(E-9) 선정·도입 절차는 [그림 3-3]에 세부적으로 내용이 도식화되어 있다. 여기에서는 선정 및 도입의 절차를 이해하는 데 필요한 참고사항을 다음과 같이 서술한다.

- 외국인력정책위원회는 외국인 근로자의 고용 관리 및 보호를 위하여 2003년에 설치된 국무총리실 소속의 심의 · 의결위원회로서 기획재정부 · 외교통상부 · 법무부 · 안전행정부 · 지식경제부 · 고용노동부의 차관, 중소기업청장 및 대통령이 정하는 관계중앙행정기관의 차관 등 당연직과 위촉직 20명 내외로 구성되어 있다.
- 국가 간 양해각서(MOU)에는 외국인 구직자 선발조건, 방법, 기관, 상호 간 권리 의무사항 등을 규정하고, 송출국 정부(공공기관)는 한국어 시험 성적, 경력 등 객관적 기준을 통해 외국인 구직자 명부를 작성하여 송부한다.
- 고용노동부에서 고용허가서를 발급하여 외국인 근로자의 고용을 허용하면, 사업주와 외국인 근로자의 근로계약이 체결된다.
- 외국인 근로자 고용사업장에 대한 근로감독 등 고용관리는 고용노동부에서 수행하고, 출입국관리 행정 강화 등 법무부와 고용노동부 간 업무 연계체제 구축을 통해 엄정하게 체류 관리를 실시한다.

고용허가제에서 외국인 근로자가 취업할 수 있는 기간은 최장 3년이며, 동 기간 중 가족동반을 허용하지 않는다. 정주화 방지를 위해 입국한 날로부터 1년 단위의 재계약을 통해 최장 3년간의 취업을 허용하므로, 외국인 근로자는 3년 취업 후에는 반드시 송출국으로 귀국하여야 한다. 3년의 취업 기간 범위 내에서 사용자와 근로자 간의 합의에 따라 근로계약 체결 및 갱신이 가능하다. 단, 외국인고용법에 의하여 취업한 후 3년이 만료되는 외국인 근로자 중 출국 전에 사용자가 재고용 허가를 요청한 근로자에 대해서는 1회에 한하여 2년 미만의 범위에서 취업활동 기간을 연장받을 수 있다. 사업체의 휴 · 폐업, 사업자의 정당한 근로계약 해지 등 불가피한 사유가 있을 경우에는 다른 사업장으로의 변경이 허용되며, 고용지원센터의 제공업체 구직신청 3년간 최대 3회의 직장 이동이 허용된다.

외국인 근로자(E-9)

1. 도입 규모 및 송출국가 선정 등 주요 정책 결정
2. 인력송출 양해각서 체결 (우리나라 정부 ↔ 송출국 정부)
3. 취업희망 외국인 근로자 구직자 명부 작성 (송출국 정부 ↔ 우리나라 정부)
4. 외국인 근로자 선정 및 고용허가서 발급 (사용자 ↔ 고용노동부)
5. 근로계약 체결 (사용자 ↔ 외국인근로자)
6. 사증발급인정서 발급 (사용자 ↔ 법무부)
7. 외국인 근로자의 도입 (사용자 ↔ 외국인 근로자)
8. 외국인 근로자 고용관리(고용노동부) 외국인 근로자 체류관리(법무부)

특례 외국인 근로자(H-2)

1. 도입 업종 · 규모 등 주요 정책 결정
2. 방문취업(H-2) 사증 발급, 입국 (재외공관 외국 국적 동포 등)
3. 취업교육 이수 (외국 국적 동포 교육기관)
4. 구직신청 (외국 국적 동포 등-고용노동부)
5. 특례고용가능확인서 발급(사용자-고용노동부)
6. 외국 국적 동포 선정 및 근로계약 체결(사용자-고용노동부 · 외국 국적 동포)
7. 근로개시 신고(사용자-고용노동부) 취업개시 신고(동포-법무부)

[그림 3-3] 일반 외국인 근로자(E-9) 및 특례 외국인 근로자(H-2) 선정 및 도입 절차

② 특례 외국인 근로자(H-2) 선정 및 도입 절차

방문취업제도에 의하면 요건을 갖춘 외국 국적 동포가 재외공관에서 방문취업(H-2) 사증을 발급받아 입국하거나 국내에 친척방문(F-1-4)으로 체류 중인 외국 국적 동포(만 25세 이상)가 출입국사무소에서 방문취업(H-2)으로 체류자격을 변경할 수 있다. 방문취업(H-2) 사증은 만 25세 이상의 중국 및 CIS 지역 등 거주 동포들에 대해 5년간 유효한 체류 기간 1년의 복수 사증을 발급하며, 단 고용주의 재고용 요청이 있는 경우에는 입국일로부터 4년 10개월 범위 내에서 체류허가를 발급한다.

[그림 3-3]에서 특례 외국인 근로자(H-2) 선정 및 도입 절차를 보면, 방문취업(H-2) 사증으로 입국한 동포는 서비스업 등 허용 업종에 해당하는 사업 또는 사업장에 취업하고자 하는 경우 구직신청 이전에 외국인 취업교육기관에서 국내 활동에 필요한 취업교육을 이수하고 구직신청서를 제출해야 한다. 특례 외국인 근로자는 고용지원센터의 취업 알선을 받거나 특례고용가능확인서를 발급받은 사업체에 자율적으로 취업할 수 있으며, 자유롭게 사업장을 변경할 수 있고 그 사실을 정부에 신고하기만 하면 된다. 일시 출국 시 별도 재입국허가 없이 자유로운 출입국이 가능한 사증으로, 취업 허용 업종도 제조업, 건설업, 어업, 농축산업 등 일반 고용허가제와 같으며, 서비스업에서는 일반 고용허가제보다 허용 업종 폭이 넓은 편이다.

(5) 고용허가제 주요 내용의 변천

우리나라의 고용허가제는 제도가 성립된 2004년 이후 지금까지 변화되어 왔는데, 송출국가의 수, 인력도입 업종, 취업 허용 기간에서 많은 변화를 보여 왔다(〈표 3-9〉 참조). 먼저 고용허가제를 통한 인력 송출국가는 2004년에 필리핀, 몽골, 스리랑카, 베트남, 태국, 인도네시아 등의 6개국에서 2006년에 3개국, 2007년에 5개국, 2008년에 1개국이 추가되어 현재 15개 국가로 확대되었다.

또한 외국인력 도입 허용 업종도 변화하였다. 일반고용허가제 외국인력은

2004년 제조업, 건설업, 농축산업으로 시작하여 2014년 현재 어업(연근해어업, 양식어업, 소금채취업)과 일부 서비스업(건설폐기물처리업, 재생용 재료수집 및 판매업, 냉장-냉동 창고업 등)으로 확대되었다. 방문취업제의 경우 2004년에 건설업과 일부 서비스업으로 시작하여 2014년 현재 제조업, 농축산업, 어업 및 다수 서비스업(음식, 숙박, 간병 등 25개 업종)으로 확대되었다.

취업 허용 기간에서는 2004년 고용허가제 시행 당시 3년이었는데, 2009년부터 사용자가 재고용 허가를 요청한 경우 1회에 한해서 1년 10개월 취업 기간을 연장받을 수 있게 되었다.

〈표 3-9〉 고용허가제 주요 내용의 변천

<table>
<tr><th rowspan="3">인력 송출 국가 확대</th><th>2004년 송출국가</th><th>2006년 추가된 국가</th><th>2007년 추가된 국가</th><th>2008년 추가된 국가</th></tr>
<tr><td>6개국</td><td>3개국 추가</td><td>5개국 추가</td><td>1개국 추가</td></tr>
<tr><td>필리핀, 몽골, 스리랑카, 베트남, 태국, 인도네시아</td><td>우즈베키스탄, 파키스탄, 캄보디아</td><td>중국, 방글라데시, 네팔, 키르기스스탄, 미얀마</td><td>동티모르</td></tr>
<tr><th rowspan="3">도입 허용 업종 확대</th><th colspan="2">2005년</th><th colspan="2">2014년</th></tr>
<tr><td>일반고용허가제(E-9)</td><td>제조업, 건설업, 농축산업</td><td colspan="2">제조업, 건설업, 농축산업, 어업, 일부 서비스업(5개)</td></tr>
<tr><td>방문취업제(H-2)</td><td>건설업, 일부 서비스업(6개)</td><td colspan="2">제조업, 건설업, 농축산업, 어업, 다수 서비스업(25개)</td></tr>
<tr><th rowspan="2">취업 허용 기간의 변화</th><th>2004년 8월</th><th>2005년 5월</th><th>2009년 12월</th><th>2012년 7월</th></tr>
<tr><td>3년</td><td>3년+3년
(중간에 1개월 출국)</td><td>4년 10개월
(3년+1년 10개월)</td><td>4년 10개월+요건 충족 시 4년 10개월 추가(중간에 3개월 출국)
요건: 사업장 변경 없이 농축산업, 어업, 50인 이하 제조업 종사</td></tr>
<tr><th>변경 사유</th><td></td><td>재고용을 통한 숙련 인력 활용 지원</td><td>출국부담 완화 및 인력공백 해소</td><td>숙련인력 활용 지원
불법체류 및 사업장 변경 감소에 기여</td></tr>
</table>

(6) 외국인 근로자에 대한 노동권 및 사회보장[4)]

고용허가제를 통해 고용된 외국인 근로자에 대해서는 「근로기준법」 등 노동관계법상 근로자에 해당되므로 취업 기간 동안 「근로기준법」 「최저임금법」 「산업안전보건법」 등 노동관계법령과 사회보장법이 내국인과 동일하게 적용된다. 산재보험, 최저임금, 노동3권 등 기본적인 권익 또한 보장받을 수 있다. 다만 국민연금은 상호주의 원칙에 따라 외국인의 본국법이 대한민국 국민에게 국민연금 등을 적용하지 않는 경우 적용이 제외되며, 고용보험은 임의 가입이다. 한편 외국인 근로자의 고용 관련 전용보험은 출국만기 보험 · 신탁, 귀국비용 보험 · 신탁, 임금체불 보증보험, 상해보험 등이 있다.

2) 외국인정책 차원의 지원

(1) 외국인정책 기본계획

외국인 근로자 지원정책은 중앙정부의 외국인정책 차원에서도 검토되어야 한다. 우리나라의 외국인정책 기본계획이 핵심이라 할 수 있으므로 이를 살펴보아야 한다. '제1차 외국인정책 기본계획'은 2008년에서 2012년으로 이미 마무리되었고, 2013년에서 2017년을 아우르는 '제2차 외국인정책 기본계획'이 수립되어 추진 중이다.

제1차 기본계획은 외국으로부터 우수인재의 유치, 이민자의 사회적응 지원 등 인권, 다문화, 민원편의 제공 등의 가치를 강조하였다면, 제2차 기본계획은 외국인정책에 대한 국민의 다양하고 상반된 의견을 최대한 반영하여 다문화사회에서의 질서와 안전, 이민자의 책임과 기여를 강조하는 균형 잡힌 정책을 추진하는 것을 목표로 하고 있다.

4) 외국인 근로자를 위한 사회보장은 제6장에서 사회보험과 사회서비스정책을 기술하고 있으므로 이 절에서는 간략히 제시하기로 한다.

(2) 제2차 외국인정책 기본계획의 주요 내용

제2차 외국인정책 기본계획의 주요 구성부분은 '비전-정책목표-중점과제'로 이루어져 있다. 기본계획의 비전은 '세계인과 더불어 성장하는 활기찬 대한민국'으로서 한국 내 체류외국인의 증가가 사회갈등 요인이 아닌 우리나라 발전의 원동력으로 함께 성장하도록 하고자 한다. 5대 정책목표는 개방, 통합, 인권, 안전, 협력 등 다섯 가지 핵심 가치에 기반을 두고 있다. 즉, 개방의 가치에 기초하여 '경제활성화 지원과 인재 유치', 통합의 가치에 기초하여 '대한민국의 공동가치가 존중되는 사회통합', 인권의 가치에 기초하여 '차별방지와 문화다양성 존중', 안전의 가치에 기초하여 '국민과 외국인이 안전한 사회구현', 협력의 가치에 기초하여 '국제사회와의 공동발전'의 정책목표를 설정하였다. 5대 영역의 정책목표는 19개 중점과제로 추진되고, 다시 하위 146개의 세부 추진과제를 이행하는 것으로 구조화되어 있다. 이러한 과제들은 범정부적으로 17개 부처에서 분담하여 추진하는 것을 기본 틀로 삼는다.[5] 그리고 제2차 기본계획의 구체적 과제들을 달성하기 위해 19개의 중앙행정기관과 17개의 광역자치단체에서는 지난 2013년부터 5년간 매해 외국인정책 시행계획을 수립해 오고 있다.

우리나라 외국인정책 기본계획의 대상은 약 150만 명에 이르는 체류외국인, 외국인 중 귀화 및 국적회복 등의 절차에 의해 한국 국적을 취득한 국민, 결혼이민자의 자녀 등 이민자 2세, 그리고 일반국민이 해당된다. 이 절에서 중심적으로 다루고 있는 외국인 근로자도 당연히 외국인정책의 기본계획에 대상이 된다. 제2차 기본계획을 기반으로 중앙행정기관에서 시행되는 사업 중에서 외국인 근로자와 관련된 주요 부처의 2013년도 현재 사업들은 다음과 같이 열거할 수 있다.

- 법무부: 외국인 정책 수립의 주무부서로서 법무부는 비전문 인력을 숙련기

5) 구체적으로 2013년도 중앙행정기관의 사업 규모 및 예산 현황을 살펴보면 전체 과제 수가 194개로, 4983억 4300만 원이 소요되는 것으로 계획되었다. 여기에는 17개의 중앙행정부처의 세부 사업들이 포함되어 있다.

능인력으로 발전시키는 사업, 사회통합 프로그램 운영기관 확대 및 기능 강화, 지자체 중심의 세계인의 날 운영 및 중장기적 활성화 방안, 외국인 근로자 불법 직업 소개 근절, 고용허가제와 방문취업제로 들어온 외국인 근로자와 외국 국적 동포의 체류 실태 조사 등을 추진하고 있다.

- 문화체육관광부: 문화다양성 교육 프로그램 확충을 위하여 도서관 다문화 서비스 확대 사업을 조성하여 다문화자료실 조성과 프로그램 운영을 추진하고 있다. 이는 다문화가족과 외국인 근로자를 위한 사업이다.
- 보건복지부: 인도적 외국인 의료 서비스 제공 사업으로 복권 기금을 통해 외국인 근로자 및 소외계층 무료 진료사업을 지원해 주고 있다. 여기에 소요되는 예산은 국비와 광역자치단체의 예산이 함께 책정되고 있다.
- 고용노동부: 고용노동부의 외국인 근로자를 대상으로 하는 지원정책은 몇 가지 영역으로 나누어 볼 수 있다. 첫째, 비전문 인력의 숙련기능인력으로의 발전을 지원하기 위하여 비전문 외국인 근로자를 대상으로 직업능력 개발 훈련에 5000명을 투입하는 사업을 추진하고 있다. 여기에는 고용보험의 기금을 활용하는 것으로 계획되어 있다. 또한 외국인력 분류체계 개편안도 추진 중이다. 둘째, 외국인 근로자의 인권 보호를 위한 사업으로 고용 사업장 지도 점검 실시, 외국인력지원센터 및 외국인력상담센터 운영, 외국인 근로자 권익보호 협의회 운영, 인권 보호를 위한 교육, 홍보, 산업안전 보건에 대한 순회교육 및 사업주 교육 확대, 외국인 근로자용 안전 보건 미디어 지속 개발 등을 추진하고 있다. 셋째, 고용허가제 근로자에 대한 한국 사회의 기초질서 교육과 홍보사업을 추진하고 있다. 이를 위하여 산업인력공단, 입국 전후 취업교육기관을 통해 교육을 실시하면서 외국인 고용 사업장 및 외국인 집중 거주지에 기초 법질서, 불법 체류 방지 등 홍보를 추진하고 있다. 넷째, 취업 기간이 만료된 외국인 근로자의 자진 귀국 유도 사업으로 성실근로자 재입국 취업특례제도[6)]의 확대를 추진하고, 특별 한국어 시험 실시 국가 확대, 귀국예정자를 대상으로 귀국 설명회 개최, 귀국 후 현지 정착지원

을 위한 현지 맞춤 훈련을 강화하는 방향으로 추진하고 있다.

- 해양수산부: 외국인 근로자의 인권 보호를 위하여 연근해 어선 외국인 선원의 근로개선 대책사업을 기본계획에 포함하고 있다.
- 해양경찰청: 외국인 근로자의 인권 보호를 위하여 일반 어선, 원양어선 등 외국인 근로자와 고용 사업장에 대하여 정밀실태 파악 및 자료 구축으로 실태조사사업을 추진사업에 포함하고 있다.

3. 북한이탈주민 정책

2014년 6월 현재 북한이탈주민의 국내 입국자 수는 2만 7000여 명에 이르고 있으며, 이들의 남한 사회 정착 문제는 다양하고 복잡한 양상으로 나타난다. 이들은 국내에 정착하면서 입국과정에서 발생한 브로커 비용 문제, 탈북과정에서 겪게 되는 사건들의 후유증으로 인한 심리사회적 문제, 가족 갈등 · 해체 등 가정문제를 비롯한 의료, 직업, 빈곤 등 많은 문제를 겪고 있다.

이 외에도 여러 양상으로 나타나는 이들의 문제에 대응하면서 정부의 북한이탈주민 지원정책도 꾸준히 진화되어 왔다. 특히 2005년부터는 과거 '보호 중심'에서 '자립 · 자활 중심'으로 방향을 대폭 전환하였으며, 다양한 유형의 정착요구에 근거하여 맞춤형 지원체계를 마련해 오고 있다. 그리고 중앙정부 중심의 지원체계에서 지방자치단체 중심의 지원체계의 필요성이 적극 논의되면서 실제 북한이탈주민이 거주하고 있는 지역사회를 기반으로 지방자치단체, 북한이탈주민지역협의회와 지역적응센터가 북한이탈주민의 특성과 지역 설정에 맞는 서비스 지원 및 전달체계를 확산하는 데 주력해 왔다.

6) 일정 규모 이하의 영세 제조업이나 농축산 · 어업 등 힘든 근무환경 속에서 사업장 변경 없이 성실히 근무한 외국인 근로자가 취업 기간이 만료되었으나 재취업하기를 원할 경우, 출국 후 3개월이 지나면 바로 재입국하여 다시 근무할 수 있게 하는 제도다.

1) 북한이탈주민 지원정책의 법, 정책 변천과정

우리 정부는 1962년에 이르러 북한이탈주민에 대한 법적 · 제도적 차원의 보상과 보호 조치를 시작하였다. 지난 정부의 북한이탈주민에 대한 정착지원을 위한 법, 정책의 변천과정을 다음과 같이 4기의 시대 구분(정영화, 1995)에 의하여 검토해 보고자 한다.

(1) 제1기(1962~1978년)

군사 쿠데타 세력의 박정희 정부가 반공정책을 국시로 주창하였던 1962년 제3공화국의 수립 이후다. 당시 담당자들은 북한과의 체제 경쟁을 개시하면서 당시 '귀순자'로 불리던 북한주민의 이탈을 촉진하고 정치적 이념을 강화하기 위해서 이들에 대한 지원정책을 처음으로 실시하였다. 즉, 1962년 4월 16일에 「국가유공자 및 월남귀순자 특별원호법」을 제정하고 월남귀순자에게 국가유공자와 동등한 지위를 부여하여 특별한 원호 대상자로서 보호함으로써 귀순자들의 정신적 위로에 중점을 두게 되었다.

(2) 제2기(1979년 1월 1일~1993년 6월 10일)

국제정세에서 긴장 완화와 베트남의 공산화 통일은 남북한 간의 체제경쟁을 더욱 가열시켰다. 이러한 상황에 맞추어 국회는 「국가유공자 및 월남귀순자 특별원호법」을 1979년 1월 1일에 「월남 귀순용사 특별보상법」으로 전면 개정하였다. 개정법은 정착금을 최고 5천만 원부터 8백만 원까지 5등급으로 구분하여 현저히 인상하였다. 그리고 보호와 보상을 강화하여 이들의 사회정착을 돕고 북한동포의 '귀순항거'를 촉진하고자 지원 내용과 수준을 크게 강화하였다.

(3) 제3기(1993년 6월 11일~1997년 6월 30일)

1980년대 말부터 공산권의 붕괴와 북한의 개방 및 남북 교류의 재개와 더불어 체제 경쟁의 결말과 함께 북한 주민이 한국으로 탈출하는 현상이 현저하게 증가하기 시작하였다. 또한 한국의 국력 신장과 국제적 위상의 강화는 해외에서 활동하는 북한의 외교관이나 군인, 관료들과 러시아 벌목공의 대량 탈출로 이어졌다. 이러한 시점에서 발생한 북한 내의 식량난 악화는 가족 단위 탈출의 확산으로 나타났다.

이러한 상황에서 국회는 「귀순북한동포 보호법」을 제정하고(1993. 6. 11.) 주무부처도 보건복지부로 변경하면서 귀순자를 국가 차원의 보상이 필요한 용사가 아니라 사회정착을 위해 국가적 배려가 필요한 특수계층으로 파악하여, 북한이탈주민의 처우기준을 국내 생활보호대상자의 생활보호 수준보다 다소 높은 정도로 규정하였다.

(4) 제4기(1997년 7월 1일 이후)

북한이탈주민이 급증함에 따라 이들에 대한 종합적 보호 및 사회정착을 지원할 수 있는 법적 · 제도적 기반 마련이 필요하였다.

주요 북한이탈주민의 초기 사회정착을 위한 정착금 등 직접지원과 자립능력 향상을 위한 직업훈련, 취업 알선 등 간접지원을 병행하며, 정착지원시설 건립 및 운영, 직접지원 수준의 하향 조정을 통해 탈북에 대비하고 있다.

이러한 상황에서 북한이탈주민에 대한 보호 및 정착지원을 위해서 종전의 「귀순북한동포 보호법」을 대체한 「북한이탈주민의 보호 및 정착지원에 관한 법률」이 1997년 7월 1일에 제정되었다.

북한이탈주민의 입국은 1998년 이후 꾸준한 증가 추세를 보였으나, 2012년과 2013년에는 탈북 여건 악화 등의 원인으로 감소하여 2013년 12월 말까지 총 2만 6124명의 북한이탈주민이 국내에 입국하였다.

2004년 말 북한이탈주민의 입국자 수가 6000명을 넘어서면서 기본적인 정부의 지원체계는 '보호'가 중심이었던 기존의 정책에서 '자활 기반 마련 강화'로 변화를 겪는다. 또한 중앙정부가 전담하다시피 해 온 정착지원을 지방자치단체와 민

기간	내용
1997~1999년	기존의 '귀순'의 개념을 '북한이탈'로 대체, 자립 · 자활능력 배양에 중점
1999~2004년	교육지원 연령 범위 확대 등 북한이탈주민의 생활 안정 및 정착지원 강화
2004~2006년	정착금의 인센티브제, 임대주택 제공 확대, 정착도우미 제도 도입 등
2006~2008년	이혼특례 조항 신청, 자격인증제도 개선, 취업보호 기간 확대
2009년 이후	해외 장기체류자 보호 범위 확대, 지역적응교육, 청소년 · 학교 등 지원 근거 마련
2010년 이후	북한이탈주민지원재단 · 북한이탈주민 예비학교 설립, 취업 지원 강화방안 마련
2013~2014년	북한이탈주민 자산 형성 지원, 취업 · 교육 등 실태조사 근거 마련

[그림 3-4] 「북한이탈주민의 보호 및 정착지원에 관한 법률」 제정 이후 정책 경과

출처: 통일부 홈페이지(http://www.unikorea.go.kr).

간단체가 나누어 맡는 것을 주요 내용으로 하는 제도개선 방안을 실시하였다.

국내에 입국한 북한이탈주민은 북한이탈주민정착지원사무소(이하 '하나원') 에서 우리 사회의 구성원이 되기 위한 기본적인 사회적응교육을 받는다. 하나원은 1999년 7월에 경기도 안성시에 개원한 하나원 본원과 2012년 12월에 강원도 화천군에서 개원한 하나원 분소가 있다. 2009년 3월 이후 하나원 교육 기간을 8주에서 12주로 확대하였고, 전일제 교육을 위한 청소년반 '하나둘학교'를 운영하였다. 또한 북한이탈주민지원재단을 2010년 9월 27일에 설립하여 민간 차원에서 북한이탈주민이 하나원 수료 후에 필요한 다양한 정착지원 서비스를 체계적으로 집행하고 있다. 그리고 2009년에 6개소를 지정하여 시범 운영하였던 '북한이탈주민 지역적응센터(하나센터)'를 2014년 현재 전국 30곳으로 확대하여 운영하고 있다. 지역적응센터에서는 지역밀착형 정착지원 서비스를 제공하기 위해 2013년에 초기집중교육 기간을 기존 3주에서 4주로 확대하고, 1년간의 사후지원 제한을 폐지하여 지역 내 서비스를 강화하고 있다.

2) 북한이탈주민 정착지원 추진체계

(1) 중앙정부 추진체계

중앙정부의 19개 부처가 참여하여 북한이탈주민에 관한 정책을 협의 · 조정하고 보호자의 보호 및 정착지원에 관한 사항을 심의하는 기구로 북한이탈주민대

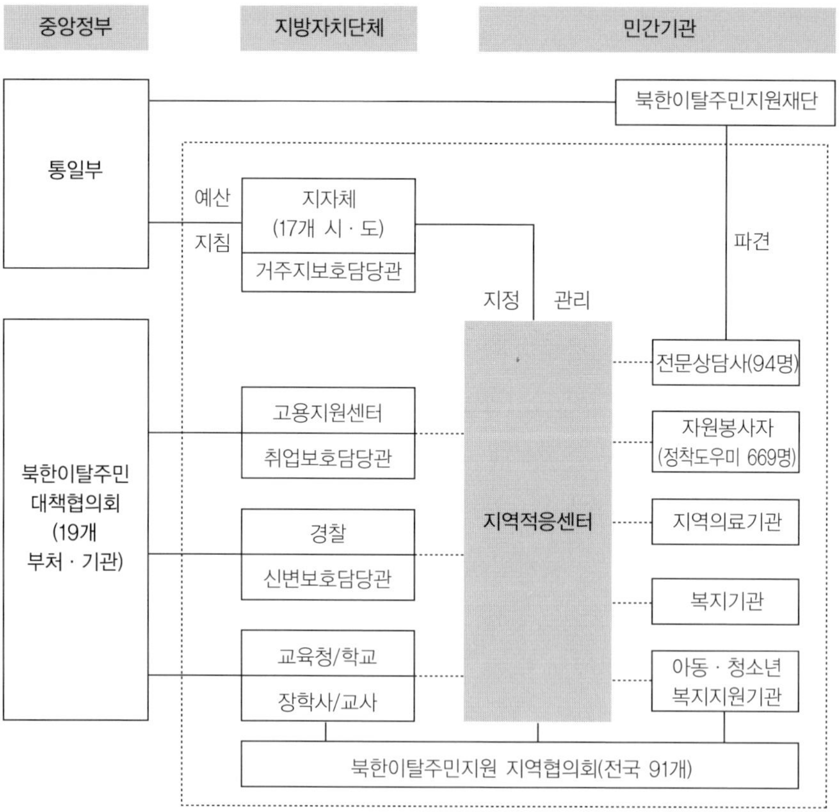

[그림 3-5] 북한이탈주민 정착지원체계

출처: 통일부(2014).

책협의회를 운영하고 있으며, 통일부가 관련 정책 전반을 총괄 · 조정하는 주무부처로서 북한이탈주민 정착지원 정책 기획 및 수립, 정책 집행과정에서 필요한 사안에 대해서 협의회를 통해 관련 부처의 협력을 유도하고 있다. 협의회는 통일부 차관이 위원장을 맡아 관련 부처와 협력하여 정책을 추진하고 있으며, 실무자간 대책협의회 운영을 통해 정책 협력을 원활히 하고 있다.

(2) 지역 추진체계

정부와 지역 내 민간단체들과의 효과적인 연계를 구축하고 지방으로 분산 정착하는 북한이탈주민의 정착지원을 강화하기 위하여 북한이탈주민지원 지역협의회를 구축 · 운영하고 있다.

지역협의회의 목적은, 첫째, 중앙정부 부처의 지방 위임에 대한 지역사회의 협력 네트워크 구축, 둘째, 지역 정착을 위한 정부와 민간의 효율적인 지원체계 구축, 셋째, 북한이탈주민의 정착지원을 위한 지역별 특화 프로그램 운영 강구다.

각 지역협의회는 지역사회 특성과 실정에 따라 다양하게 운영되고 있으나 아직 본래 취지인 중앙정부의 정책 수립 내용을 충분히 집행할 수 있는 역량에는 못 미치고 있다. 무엇보다도 현 시점에서는 다양한 단체가 지역사회에서 활동하면서 지역협의회와 민간단체 사이의 역할이 모호한 측면이 있으므로 북한이탈주민의 정착과 관련하여 지역사회에서 최고 의사결정기구로서 지역협의회 역할을 보다 분명하게 규정할 필요가 있다.

(3) 민관협력체계와 민간 프로그램

민간단체는 중앙정부에서 할 수 없는 세세한 부분에서 북한이탈주민과 밀착해 발로 뛰면서 이들의 욕구를 파악한 것에 근거하여 프로그램을 개발하고 진행하기 때문에 북한이탈주민에게 심리적 · 사회적으로 긍정적인 영향을 미치고 있다. 또한 지역적응센터 협의회 구성 외에도 지역 내 복지기관, 의료, 상담 기관과의 연계를 통해 통합적 지원을 하고자 노력하고 있다.

3) 북한이탈주민 정착지원 단계와 사업 영역별 정책 현황

(1) 북한이탈주민 정착지원 단계

북한이탈주민 정착지원 단계는 〈표 3-10〉과 같이 '보호요청 및 국내이동'에서부터 '민간참여'에 이르기까지 몇 가지 단계로 나누어진다.

우선 보호 요청 및 국내 이송 단계에서, 입국한 북한이탈주민은 먼저 군 보안시설에서 합동신문조사를 거친 후 북한이탈주민대책협의회 심의를 거쳐 보호 여부가 결정되면, 통일부 소속 하나원에서 사회적응교육을 받게 된다. 이후 북한이탈주민은 지역사회에 거주지를 배정받고 정착하게 되는데, 이때 정착지원은 정착금 등 재정적 지원, 주택 알선, 자매결연 지원 등이고, 학력 검토와 학력

〈표 3-10〉 북한이탈주민 정착지원 단계

보호 요청 및 국내 이송	• 보호 요청 시 관계 부처에 상황 보고 및 전파 • 해외공관 또는 주재국 임시보호시설 수용 • 신원 확인 후 주재국과 입국교섭 및 국내입국 지원
합동신문	• 입국 후 국정원 등 관계기관 합동신문 • 조사 종료 후 사회적응교육시설인 하나원으로 신병 이관
보호 결정	• 북한이탈주민대책협의회 심의를 거쳐 보호 여부 결정
하나원	• 심리안정, 우리사회 이해 증진, 기초직업훈련 등의 사회적응교육 (12주, 392시간) • 가족관계 등록, 주거 알선 후 거주지 전입
거주지 보호(5년)	• 취업지원: 직업훈련, 취업장려금, 고용지원금 등 • 교육지원: 특례 신・편입학 및 등록금 지원 • 기초생활보장제도의 특례적용(사회보장) • 보호담당관제: 거주지(지자체)・취업(고용센터)・신변보호(경찰) • 민관협력체인 북한이탈주민지원 지역협의회 운영 • 북한이탈주민지원재단을 통한 종합서비스 제공
민간참여	• 지역적응센터 지정・운영 • 민간 자원봉사자로 구성된 정착도우미 운영 • 지역적응 센터 내 북한이탈주민 전문상담사 배치

출처: 통일부 홈페이지(http://www.unikorea.go.kr).

인정, 그리고 학업 욕구에 따라 편입학 지원이 제공된다. 이때 통일부 등 중앙정부, 지방자치단체, 민간단체에 의해 편입이 지원된다.

거주지 보호 기간은 5년으로, 이 수준에서는 북한이탈주민의 자활과 자립을 위한 정책지원에 집중된다. 이 단계에서는 특별생계 보조금, 직업훈련, 교육 지원, 의료 보호, 생활 보호, 생업지원의 다양한 지원이 제공되는데, 주로 북한이탈주민의 경제적 자립을 위한 훈련과 교육, 직업 알선, 취업지원 등에서의 노동장려 정책이 핵심 내용이 되고 있다. 지원 주체별 서비스를 열거해 보면, 거주 · 신변 보호, 통일부의 각종 정착금 지원과 하나원 교육, 고용노동부의 취업 지원, 보건복지부의 국민기초생활보장 지원, 교육부의 특례 편입학 지원 등이다. 이 외에 북한이탈주민지원재단에서 북한이탈주민을 위한 종합적인 서비스를 제공한다. 거주지에 전입한 후부터 실질적인 정착지원 교육 및 서비스가 민간 차원에서 제공된다. 민간 참여 단계에서는 지역적응센터 및 다양한 민간기관 등을 통한 상담, 취업 연계, 교육, 경제적 · 정서적 지원 등이 이루어지고 있다.

(2) 정부 차원과 민간협력 차원의 지원 내용

북한이탈주민의 남한 사회 정착을 위해 정부가 지원하고 있는 내용을 요약하면 〈표 3-11〉과 같다.

〈표 3-11〉 북한이탈주민 정부지원제도

구 분	종 류	내 용	주관 기관
총괄	북한이탈주민 대책협의회	통일부 차관을 위원장으로 19개 부처가 참여하는 심의기구	통일부
정착금	기본금	1인 세대 기준 700만 원 지급	하나원
	장려금	직업훈련, 자격증 취득, 취업장려금 등 최대 2440만 원	
	가산금	노령, 장애, 장기치료 등 최대 1540만 원	
주거	주택 알선	임대 아파트 알선	하나원
	주거지원금	1인 세대 기준 1300만 원	

<table>
<tr><td rowspan="4">취업</td><td>직업훈련</td><td>훈련 기간 중 훈련수당 월 최소 30만 원 지급(고용노동부)</td><td rowspan="4">하나원/
고용노동부</td></tr>
<tr><td>고용지원금
(채용기업에 지급)</td><td>급여의 1/2(70만 원 한도)을 최대 4년간 지원</td></tr>
<tr><td>취업보호담당관</td><td>전국 56개 고용지원센터에 지정, 취업상담</td></tr>
<tr><td>기타</td><td>취업보호(우선구매), 영농정착지원, 특별임용 등</td></tr>
<tr><td rowspan="4">사회
복지</td><td>생계급여</td><td>국민기초생활보장수급권자(1인 세대 월 약 42만 원)</td><td rowspan="4">보건복지부</td></tr>
<tr><td>의료 보호</td><td>의료급여 1종 수급권자로서 본인 부담 없이 의료 혜택</td></tr>
<tr><td>연금 특례</td><td>입국 당시 50세 이상 60세 미만은 국민연금 가입 특례</td></tr>
<tr><td>대학 특례 입학</td><td>대학진학 희망자의 경우 특례로 대학 입학</td></tr>
<tr><td rowspan="2">교육</td><td>교육</td><td>북한이탈주민 예비학교 설립</td><td rowspan="2">통일부</td></tr>
<tr><td>등록금 지원</td><td>중 · 고 및 국립대 등록금 면제, 사립대 50% 보조</td></tr>
<tr><td rowspan="3">보호</td><td rowspan="3">보호담당관</td><td>거주지보호담당관(230여 명)</td><td>지방자치단체</td></tr>
<tr><td>취업보호담당관(56명)</td><td>고용노동부
고용센터</td></tr>
<tr><td>신변보호담당관(800여 명)</td><td>거주지 관할
경찰서보안과</td></tr>
<tr><td>행정</td><td>탈북자
정착지원시스템</td><td>새터민거주지 정착지원서비스망(3S-Net)</td><td>지방자치단체</td></tr>
</table>

출처: 통일부 홈페이지(http://www.unikorea.go.kr).

정부가 주도하고 있는 북한이탈주민 정착지원사업에는 다양한 민간 영역의 주체들이 협력하여 서비스를 제공하고 있다. 사업 영역별로 복지, 의료, 경제자립을 위한 창업 및 노동시장 활동지원, 법률지원, 종합상담 등으로 다양한 목적을 위하여 지원재단, 의료원연합회, 기업, 금융기관, 변호사협회, 민간상담사(통일부 선발) 등의 주체들이 민관협력체계(거버넌스)를 이루고 있다. 〈표 3-12〉는 이러한 민관 협력 지원제도를 요약한 것이다.

〈표 3-12〉 북한이탈주민 민관 협력 지원제도

구분	종 류	내 용	주관 기관
사회 복지	정착도우미	1세대당 1~2명의 정착도우미를 지정, 초기 정착지원	북한이탈주민 지원재단 (통일부 위탁)
		1년 지원 이후 정주도우미 제도 지원	
	지역적응 센터	지역적응교육 및 사후지원을 위한 민간단체 2009년 6개 지역 시범 실시, 2014년 기준 전국 17개 지자체, 31개 센터로 확대 실시	
의료	의료비 감면	2009년 진료지원협약서를 체결, 북한이탈주민이 전국 34개 지방의료원에서 진료를 받을 경우 입원비, 수술비 등을 감면받을 수 있도록 함	전국지방의료원연합회
창업	업무 협약 / 대출 등	북한이탈주민 창업지원을 위한 업무협약 체결 통일부는 자격심사를 통해 창업지원적격자를 재단에 추천하며, 재단은 신용, 재정심사 등을 통해 대상자를 선정 재단은 북한이탈주민 창업지원 전용상품(H-하나론)을 만들고, 선발된 대상자에 대해 창업교육, 대출, 사후관리 등을 실시	통일부, 현대차 미소금융재단
법률 지원	법률 상담 및 구조	2010년 북한이탈주민 법률 지원을 위한 업무협약 체결 통일부와 대한변호사협회는 북한이탈주민을 위한 법률상담 법률교육, 법률 구조 등 다양한 법률 서비스 지원사업을 본격적으로 추진 △ 하나원 교육생 대상 법률교육 및 법률상담 △ 북한이탈주민지원재단 상담실에 담당 변호사 지원 △ 전국 30개 하나센터에 담당 변호사 지정 운영	대한변호사 협회
종합 상담	전문 상담사 제도	북한이탈주민의 심층적 이해를 바탕으로 종합적 상담 서비스를 제공하는 북한이탈주민 전문 상담사 육성, 배치	통일부
	북한이탈 주민 지원재단	북한이탈주민 후원회가 확대 개편되어 2010년 9월 27일 북한이탈주민 지원재단으로 출범, 하나원 이후 민간 차원의 정착지원 서비스를 총괄 △ 북한이탈주민 생활안정 및 사회적응 지원사업 △ 민간 차원의 취업지원사업 △ 직업훈련에 필요한 사업 △ 장학사업 △ 전문상담사업 △ 민간단체협력사업 △ 정책개발지원 및 조사연구사업 △ 실태조사 및 통계구축사업 등 다양한 정착지원사업 실시	

출처: 통일부 홈페이지(http://www.unikorea.go.kr).

(3) 유관부처 및 기관별 정착지원 현황

한편 북한이탈주민 정착지원사업은 중앙정부의 유관부처 혹은 지원기관별로 살펴보면 〈표 3-13〉과 같이 정리된다.

〈표 3-13〉 유관부처 및 기관별 정착지원 현황

부처명	추진정책 현황
통일부	북한이탈주민 관련 총괄 · 조정, 북한이탈주민대책협의회 운영, 보호결정, 하나원 · 하나센터 · 정착지원서비스망 운영 지원, 정착지원금 제도 운영, 북한이탈주민재단 지원 등
기획재정부	각 부처 예산 배정
교육부	정규학교 과정 지원, 학력 인정, 한겨레중고등학교 시설 · 인건비 지원, 탈북청소년 교육 · 보호시설 지원, 대안학교 설립 인가
외교통상부	해외체류 탈북자 관련 총괄
법무부	해외체류 자녀 입국 시 출입국 문제
국방부	재북 시 군인에 대한 특별임용
행정자치부	이북5도위원회(이북도민과 가족 연결, 통일학교 지원) 관리, 지자체(거주지보호담당관 200여 명 활동) 관리, 북한이탈주민 IT 전문교육, 재북 시 공무원이었던 자에 대한 특별임용, 주민등록번호의 정정 특례 적용
문화체육관광부	문화산업에의 취업 알선
농림축산식품부	영농정착지원
산업통상자원부	경제단체와 연계, 채용수요 발굴, 기술 관련 자격 인정
보건복지부	생계 · 의료급여 지급 특례 적용, 연금특례 적용, 북한이탈주민 건강관리사업, 보건복지 분야 자격인정
고용노동부	취업 알선, 직업훈련, 직업지도(진로지도) 훈련수당 지급, 취업신청서 접수, 취업보호담당관 55명 지정, 운영
여성가족부	북한이탈주민 여성 정착지원사업, 탈북 아동 · 청소년 지원사업
국토해양부	임대아파트 알선
국가정보원	해외공관 보호 시 초기신문 수행, 합동신문센터 운영
대통령실, 국무총리실	업무 협조

경찰청	신변보호담당관 800여 명 지정, 운영, 보안협력위원회 운영, '한가족 결연'을 통한 멘토 지정
국군기무사령부	합동신문센터 참여, 신문 실시
중소기업청	취업박람회 실시, 인력채용패키지 운영
법원	가족관계등록 창설, 이혼의 특례 적용
국·공립대학	학비 면제
지방자치단체	거주지보호담당관 200여 명 지정·운영, 지역협의회 운영, 거주지보호대장 작성·관리, 주민등록번호 부여 등 지역사회 편입 지원, 지역사회 내 사회복지서비스 기관과의 연계

출처: 보건사회연구원(2010).

제4장

외국의 다문화 관련 정책

서구 사회에서 다문화주의가 등장한 배경에는 ① 선진국의 저출산과 고령화로 인한 이주노동자의 유입, ② 1960년대의 인권운동으로 인한 내국인과 소수인종집단의 권리의식의 고양, ③ 민주주의의 확립, ④ 냉전의 종식에 따른 지정학적 안전의 확보와 그로 인한 소수인종집단을 억압하거나 통제할 필요성의 감소, ⑤ 자유민주주의에 대한 광범위한 합의와 지지 등이 있다. 결국 비서구 출신 신규 이민자의 급증으로 인한 인구학적 변화와 이들에 대한 다수집단의 인종 편견 및 차별로 인한 소수인종집단의 사회부적응, 다수인종집단과 소수인종집단 간의 사회 갈등 및 분열의 문제를 다문화주의라는 이념과 정책을 통해 해결하고자 하는 것과 관련이 있다(이혜경, 2007: 259).

이제 '다문화'와 '통합'은 전 세계적인 추세다. 유네스코는 '문화 다양성 협약'을 채택하여 다민족 · 다인종 사회가 보편화되는 추세를 반영하고 있다(한겨레신문, 2005. 10. 21.). 다문화주의(Multiculturalism)는 이러한 다민족 사회에서 문화적인 다양성을 관리하는 정책이다. 공식적으로는 상호 존중과 문화적 차이에 대한 톨레랑스(tolerance)를 중시한다. 정책적으로는 상이한 문화의 특징을 국민 내부로 받아들이고 서로 관계를 맺고 통합하는 점을 강조한다(한국어 위키백과). 이런 세계적인 추세와 더불어 1970년대 캐나다가 공식적으로 다문화주의 통합정책을 시행한 이후 '다문화주의'라는 용어는 1980~1990년대에 북아메리카, 남아메리카, 유럽과 오스트레일리아 등으로 퍼져 나갔다. 2000년대에 들어서 이 용어가 동아시아의 주요 노동유입국에서도 받아들여져 2002년에는 대만, 2006년에는 일본과 한국 정부가 공식적으로 '다문화' 사회를 지향한다는 언급을 하기에 이르렀다(타무라 타로, 2007).

우리나라는 재한외국인의 급격한 증가에 따라(2007년 90만 명 이상) 보건복지부, 법무부 등을 중심으로 다문화를 지향하는 정책을 내놓고 있다. 이에 따라 우리 사회가 어느 정도의 다양성(다원화)을 수용하고 이를 법과 제도에 의해 공적으로 어떻게 지원할 것인가 하는 통합의 내용과 범위 및 정도에 대해 사회학계, 사회복지학계, 여성계 등에서 활발하게 그 담론이 이루어지기 시작하였다. 물론 전 세계적인 추세가 '다문화'와 '통합'이기는 하지만, 각 국가가 처한 상황에 따라 구체적인 내용은 매우 다양하다. 비교적 최근에 이민을 받아들이기 시작하였고, 지구상에 유일한 분단국가라는 특수성을 가지고 있으며, 개혁과 보수의 시각이 이분되는 경향이 있는 우리 사회에서는 특히 다문화정책에 대한 국민적 합의를 위해 활발한 논의가 요구된다. 현재 한국은 이주민 통합과 관련하여 다문화정책의 일환으로 시행되는 '사회통합이수제 프로그램'과 결혼이민자에 초점을 둔 시혜적 지원사업이 있으나, 장기적인 통합정책의 내용과 지향점에 대한 논의가 부재한 상황이다(신지원, 2011).

다문화사회의 도래와 이에 따른 사회문제의 파악과 예측, 이를 예방하고 포괄하기 위한 지원정책의 필요성을 비교적 먼저 제기한 전문가 집단은 바로 사회복지 영역의 전문가들이다. 이에 외국의 외국인 이민자 정책, 사회복지 지원정책 등을 살펴보는 것은 의미 있는 일일 것이다. 여러 국가 중 미국은 사회복지의 방법론 면에서 사회복지 전문 영역에 끼친 영향이 크다는 점과 특히 소수자 우대정책이 잘되어 있다는 점, 독일은 이주노동자의 유입이 매우 일찍 시작되었고 유럽통합과 함께 이주노동자에 대한 지원정책을 실시한 경험이 많다는 점, 일본은 우리와 유사하게 여성 결혼이민자가 많고 이에 대한 지원정책의 개발 경험이 앞서 있는 점을 들 수 있다. 이러한 점에서 세 국가를 중심으로 살펴보고자 한다.

1. 미국의 다문화주의와 소수자정책

1) 미국의 다문화주의 역사

미국 사회에서 다문화주의라는 용어가 사용된 것은 비교적 최근의 일이다. 캐나다에서 1971년에 다문화주의 정책을 수용한 것에 비해, 미국에서 1990년대까지는 다문화주의가 생소한 주제였으며, 1991년 이후에야 다문화주의라는 용어 사용의 빈도가 많아지기 시작하였다. 미국의 다문화주의의 기원은 학교교육에서 다양성이 부각되기 시작한 1950년대, 흑인인권운동이 시작된 1960년대에서 찾지만, 이는 인종차별의 철폐 또는 통합이 주된 목표였고, 다문화주의는 아니었다. 1980년대 교과과정과 관련된 인종적 · 종족적 다양성에 대한 관심을 다문화주의로 볼 수도 있지만, 1988년에 미국학회가 성(sex), 인종(race), 종족(ethnicity) 그리고 계급(class)의 문화라는 주제를 학술대회에서 채택하면서 본격적으로 다문화주의가 등장한 것으로 본다(Glazer, 1997: 6-7).

이처럼 미국이 종족적 다양성에 반응하는 방식으로 뒤늦게 다문화주의가 도래한 것은 국가 형성의 독특성 때문이다. 자유를 찾아 이주해 온 이민사회로 출발하여 자유와 평등을 신념으로 하는 미국에서는 모든 인종, 종족, 계급의 차이가 용해될 수 있다는 가정을 기초로 국정을 운영하였다. 즉, 대규모 이주로 형성된 인구학적 이질성을 극복하고 하나의 국가로 통합하기 위해 인종적 · 종족적 차이를 무시하는 중립적 정부시책을 지향해 온 것이다. 그러나 다문화주의는 유럽 대륙에서 이주해 온 사람뿐 아니라 다양한 인종이 미국 사회에 융합되지 않은 채 존속되고 있으며, 명시적 · 묵시적으로 차별과 무시를 당해 왔다는 사실을 부각시키는 것이다. 또한 인구학적 이질성은 관습이나 예절뿐 아니라 가치와 신념까지 포함하는 문화적 차이로 일관되게 나타난다는 것을 인정하는 것이다. 더구나 미국이라는 국가를 건설하는 과정에서 주류 문화가 어떻게 강요되었는지를 드러내어 미국적 신조를 근본적으로 흔들어 놓기 때문에 다문화주의는 미국적 신조에 대한 일종의 도전이었던 것이다(곽준혁, 2007: 126-143).

한편 미국에서 다문화주의가 활발히 논의되게 된 배경은 1990년대의 정치사회적 변화 때문이다. 1990년 이전에는 다문화주의가 주로 소수자 보호를 위한 교육과정 영역이나 특수한 학문적 영역에서 논의되었다면, 그 이후에는 대부분의 영역에서 찬반토론이 활성화되었다. 이는 이주민의 증가로 미국 내 노동시장이 불안정해진 것이다. 미국은 1930년대에 이민자의 수가 급속도로 증가하여 해마다 100만 명씩 늘었으며, 1990년대에는 매해 10만 명 정도의 난민, 70만 명 정도의 합법적 이주민, 그리고 20만 명 정도의 불법이주민의 증가를 보였다. 이로 인해 1970년대에는 전체 인구의 5% 정도였던 이주민이, 1990년대에는 12%, 2002년에는 20%에 육박하였다. 더구나 1960년대 이후의 이주민은 기술과 교육면에서 수준이 현저히 낮아 미국 내 하위소득 20%에 속하는 사람들을 이루어 고용불안정을 초래하였다. 또한 1992년 Rodney King이 촉발한 LA 사태는 인종갈등이 축적되고 심화되었음을 인지하는 계기가 되었다(박은정, 2007).

2) 지원제도와 정책

(1) 소수자 우대정책

미국의 40년이 넘는 역사를 가진 소수자 우대정책 또는 적극적 차별수정정책(Affirmative Action)은 불평등한 인종차별에 대한 대안으로 등장한 정책이다. 이는 주로 고용 및 교육 영역에서 전 세계적으로 시행되는 사회통합형 공공정책 모델이다. 대개 다양한 인종과 민족이 뒤섞여 있는 국가의 경우에는 '적극적 차별수정정책'을 시행하고 있는데, 대표적으로 미국, 중국, 러시아를 비롯하여 호주,

나이지리아, 말레이시아 등의 국가에서 적극적 차별수정정책을 시행하면서 구성원 간의 차별 철폐와 국가 통합을 도모하고 있다(Sowell, 2004).

(2) 이민정책

불법 외국인 근로자의 증가는 미국 고용관계에 또 다른 변화를 가져오고 있다. 어느 나라나 그렇듯 미국도 국내 노동시장의 상황에 따라 불법 취업자에 대한 단속을 강화하기도 하고 약화하기도 한다. 법적 보호를 받지 못하는 상태에서 불법 외국인 근로자들이 고용시장에 상존하고 있다는 사실은 기업가들이 국내 근로자에게조차 법적 규제 이하의 고용관계를 강요할 수 있는 조건을 마련해 주는 것이다.

이에 2006년 「이민법(comprehensive immigration act)」이 개정되었다. 이 법은 미국과 멕시코의 국경의 보안을 강화하고, 오랜 시간 불법이민자였던 사람에게 제한적으로 시민권을 부여하는 것을 중점으로 하고 있다(국회사무처, 2013). 이 법안에 대한 논란이 없지는 않지만 이번 법안의 통과는 현실적으로 미국이 이민노동력 없이 생산활동을 유지하기 어려운 것과 관련이 있다. 기업이 필요로 하는 인력이 미국 내에서 충원되지 않으며, 이민자의 파업으로 LA 시가 마비된 경험도 있다. 특히 베이비붐 세대의 은퇴는 이를 더욱 가속화하고 있다. 사회가 부양해야 할 인구는 늘고, 일할 인구는 적기 때문에 더 많은 노동력이 필요할 수밖에 없다. 따라서 여전히 미국은 이민노동력을 필요로 하는 것이다. 일례로 Bill Gates가 현재 미국 경제성장을 가로막는 걸림돌은 이민정책이라면서 고급인력에 대한 비자철폐를 주장하고 나설 정도로, 기업은 이민노동력이 필요하다고 주장한다. 하지만 펜실베이니아 주의회 의원들은 불법 이민으로 인한 주의 재정 위기를 모면하기 위해 이들을 규제하는 법안을 제안했다. 불법이민자를 채용한 고용주의 면허증 폐지, 불법이민자 대상 교육, 복지 등 공공혜택 배제(긴급의료는 제외), 주 경찰의 이민법안 집행을 추진하자고 한다(박은정, 2007).

미국은 이처럼 반이민정서와 친이민법 사이에 갈등하고 있으며, 이는 모두 국익을 위한 선별적이며 동화주의적인 입장의 이민정책이라고 하겠다. 이러한 요구를 절충해 보려는 Bush 정부의 '초청노동자 프로그램'은 이러한 의도를 잘 드러내고 있다. 그 내용은 지금까지의 이민자에 대해서는 사면하고, 지금부터는 이민자에 대해서 엄격하게 관리하고, 영주권이나 시민권을 받기 어렵게 하고, 다시 돌아가게 하자는 것이다. 해마다 이주노동자를 임시직으로만 40만 명을 받아들여 이들이 일할 수 있는 기한은 6년으로 제한하고, 6년 후에 영주권을 신청할 수 있게 하며, 그 후 5년이 경과한 후 그동안 납세, 직업, 영어능력 등을 감안하여 시민권을 부여하는 것이다. Obama는 대통령 선거 공약으로 포괄적 이민개혁안으로 1100만 명에 이르는 불법이민자가 잘못을 인정하고, 벌금과 밀린 세금을 내면 신원조회 후 시민권을 획득할 길을 열어 주고자 하였으나 좌절되었다. 이는 오히려 불법이민자 40여만 명을 추방하는 결과를 낳았다(국회사무처, 2012).

3) 사회복지 지원

미국의 소수자에 대한 사회복지지원은 소수자 우대정책을 기초로 하므로, 소수자에 대한 적극적 차별수정정책을 구체적으로 살펴보는 것이 도움이 될 것이다. 소수자 차별수정정책의 시행과정은 맹아기, 성장기, 전성기, 수정기의 4단계로 나누어 볼 수 있다(염철현, 2006). 이러한 과정에서 소수자에 대한 사회적 지원이 이루어진 배경과 기존 사회의 대응과 정책결정과정을 살펴보면 우리 사회에서의 외국인 차별 철폐와 처우에 대한 정책 방향을 모색하는 데 함의를 찾을 수 있을 것이다.

(1) 맹아기(萌芽期)

미국에서 적극적 차별수정정책은 군대에서부터 시작되었다. 제2차 세계대전과 한국전쟁의 발발로 군인의 증원이 필요했던 Franklin D. Roosevelt 대통령과 Harry Truman 대통령 시기에 연방정부는 흑인의 군입대를 권장했다. 그러나 전

투를 치를 때에도 흑인과 백인이 격리될 정도로 부대에 배치된 흑인 군인에 대한 차별은 심각하였다. 상하 위계질서가 생명인 군대에서조차 군 최고통수권자인 대통령의 흑백 통합 명령이 실현되는 데 오랜 시간이 걸렸다. 군대 밖에서 흑인이 받은 억압과 그들의 생활상은 상상을 초월할 정도로 처참했다. 하지만 민주당은 비교적 흑인을 비롯한 유색인종의 민권(civil rights)에 보다 적극적인 관심을 가졌으며, 이에 호응하여 유색인종은 민주당 후보에게 몰표를 주는 경향이 있었다. 적극적 차별수정정책을 최초로 제안한 Kennedy 대통령은 민주당 소속이었기 때문에 개혁이 가능한 것이었다. 1961년에 Kennedy 대통령은 행정명령(Executive Order) 제10925호를 공포하고 Johnson 부통령을 위원장으로 하는 '대통령직속고용기회평등위원회(President's Commission on Equal Employment Opportunity)'를 설치하여, 연방정부가 발주한 계약에 의해 고용이 이루어지는 분야에서부터 차별을 철폐하였다.

(2) 성장기(成長期)

Kennedy 대통령은 행정부의 고용기회평등위원회를 영구기구로 설치하여 직장, 특히 사기업에서 고용차별을 종식시키고자 하였다. 뒤를 이은 Johnson 대통령은 행정명령 제11246호를 통해 연방정부에서 차별을 종식시키기 위한 집행기관으로 노동부 산하에 연방계약준수국(Office of Federal Contract Compliance: OFCC)을 신설하였다.

이렇게 미국은 민주당 소속의 Kennedy와 Johnson 대통령으로 이어져 오면서 사회적 약자인 소수인종에 대한 차별 철폐를 위한 법적 · 제도적 장치의 마련을 통해 공 · 사기업에서의 고용과 교육 영역에서 적극적 차별수정정책을 위한 국가적인 단초를 마련하였다. 이러한 소수자 우대정책은 미국 전역에서 활발하게 진행되기 시작한 페미니스트 운동(Feminist Movement)과 맞물려서 적극적 차별수정정책을 가속화하는 계기가 되었다. Johnson 대통령은 1968년에 전미기업인연맹(National Alliance of Businessmen: NAB)을 설립하여 기업체에서 흑인의 고용을 위해 특별히 배려하도록 요청했다. 이는 연방정부가 발주하는 계약을 체결하려는 계약자는 소수민족을 얼마나 고용할 것인지에 대한 계획서를 입찰의뢰서에 첨부하여 제출하도록 요구하는 필라델피아 계획으로 구체화되었다. 하지만 이러한 특별배려는 소수민족의 우대와 할당제로 발전하여 특정 인종에 대한 우대조치를 금지한 「민권법(Civil Rights Act)」의 기본적인 취지와 상충되는 결과를 초래하였다. 즉, 「민권법」 제7편에서는 고용주가 지원자의 인종, 피부색, 신념, 성별, 국적에 상관없이 고용하도록 요구하고, 특정 미국인을 고용하도록 요구하지 않는다는 점에서 우대와 할당제로 운영되는 적극적 차별수정정책은 위헌 소지가 있을 수 있다. 그렇지만 Kennedy 대통령에 의해 시작된 적극적 차별수정정책은 Johnson 대통령 시대에 구체적으로 반영되어, Nixon 행정부에서는 적극적 차별수정정책은 할당제의 의미로 강화되었다. 행정부는 '결과 중심의 절차(results-oriented procedures)'를 중시하여 행정명령을 통해 특정 직업 분류에서 소수민족이나 여성의 고용을 위한 '고용목표' 혹은 '할당(quota)'에 도달하도록 이끌었다 (Sowell, 2004: 4-5).

(3) 쇠퇴기(衰退期)

Nixon 행정부의 중반기까지 전성기를 구가하던 적극적 차별수정정책은 Nixon 정권의 후반기, 즉 1972년의 대통령 선거를 앞두고 존폐 위기에 놓였다. 재선을 원한 공화당인 Nixon은 기존에 시행해 오던 적극적 차별수정정책을 전면 부정하였는데, 이것은 공화당의 입장과 관련이 있다. 그는 경쟁후보인 민주당 후보를 '할당제 후보(quota candidate)'라 부르며, 연방발주계약에 소수민족을 고용하는 할당제 사용을 금지하는 명령서에 서명했다. 이런 Nixon 행정부의 갑작스런 태도 변화로 적극적 차별수정정책에 대해 근본적인 의문이 제기되었다. 하지만 워터게이트로 Nixon이 중도하차하고 민주당의 Carter가 집권하면서 행정부는 1977년에 「공공사업법(Public Works Administration: PWA)」을 제정하여 공공사업에 투자되는 연방보조금의 10%를 지방의 소수민족계 기업에 할당하는 조치를 함으로써 소수민족계의 경제를 지원하였다.

그러나 1978년에 캘리포니아대 의과대학(UC, Davis)에 지원한 백인 Allan Bakke가 대학의 할당정책에 항의하며 대학을 상대로 소송을 제기한 사건이 일어났다. 연방대법원의 Bakke 판결은 대학이 인종에 기초해 인종할당 입학제(racial quotas)를 도입하여 특정 인종을 위한 자리를 만들어 인종에 기초한 입학정책(race-basedadmission policy)을 시행하는 것은 위헌이지만, 입학정책에서 인종을 고려하지 못하게 하는 것도 위헌이라는 것이었다. 대법원은 일종의 타협안을 제시하여 대학이 입학정책에서 인종을 잠재적인 플러스 요인(a plus factor)으로 고려할 수 있는데, 인종할당제를 적용하여 해당 주(州)에 이익을 가져와야 한다는 점을 강조했다(염철현, 2006: 137-138). 이러한 판결은 특히 납세자의 세금으로 운영되는 주립 및 공립 대학에서 시행해 온 적극적 차별수정정책의 관행을 재고하는 계기가 되었으며 소수민족에겐 불리한 결과가 되었다. Bakke 사건으로 미국 사회에서는 그동안 쌓였던 백인에 대한 역차별(逆差別, reverse discrimination) 논쟁이 제기되었다. 더구나 공화당의 집권으로 Reagan 대통령과 Bush 대통령은 백인의 역차별 문제제기와 반격(white backlash)을 적극 수용하였다. 그들은 특정 개인이나 집단을 우대하는 것은 위헌이라고 믿었고, 능력주의 사회 대(對) 할당제(meritocracy society vs. quota system)라는 논쟁 구도를 주도하면서 적극적 차별수정정책을 폐지하려고 하였으며, 버스통합(busing) 정책에도 반대했다.

적극적 차별수정정책의 종말은 미국에서 가장 다양화된 인종으로 구성된 캘리포니아 주에서 시작되었고, 결국 캘리포니아는 1996년에 주민투표에 의해 적극적 차별수정정책을 폐지하였다. 주민투표 결과를 근거로 캘리포니아 대학 시스템(UC System) 이사회에서도 적극적 차별수정정책을 폐지하기로 결정했으며, 이를 계기로 텍사스, 플로리다, 워싱턴 주에서도 적극적 차별수정정책을 전면적이든 부분적이든 폐지 또는 수정하였다.

이처럼 적극적 차별수정정책은 정당정책의 극명한 차이에 의해 어느 당이 정권을 잡는가에 따라 변화를 맞이하였고 뜨거운 논쟁이 있었다. Clinton 대통령은 집권 이후 이 정책에 대해 "고쳐 쓰되 버리지는 말자(Mend it, don't end it)!"라는 주장을 하였고, 대부분의 시민은 이를 설득력 있게 받아들였다. 오늘날에도 적극적 차별수정정책은 역사적 배경과 철학이 단단한 하나의 공공정책으로 자리 잡고 있으며, 계속 수정 · 적용되고 있다(염철현, 2006).

이상과 같이 미국의 다문화주의와 관련 정책을 살펴본 결과 미국은 보편적인 관점에서의 다문화주의적 사회통합정책을 도입하고 있지는 않으므로 다문화주의적 이민정책이라고 하기는 어렵다. 또한 미국이라는 나라의 설립과정의 독특성으로 동화주의적 이민정책을 중심으로 선별적인 소수자 보호를 통해 사회통합을 꾀하였으나, 역차별 논란이 야기되는 등 여전히 인종 갈등이 야기되고 있다. 더구나 신자유주의적 경제사조 아래 자국의 이익을 최대화하기 위하여 외국 노동력의 이주에 대해 선별주의적 · 억제적 입장의 정책을 수립하고 있다.

그러나 고용과 교육 정책에서 적극적인 차별적 우대를 통해 결과적으로 소수자에게 혜택을 제공하였고, 사회복지서비스 면에서 NGO와 사회복지사의 옹호활동으로 이주민의 생활 적응과 사회통합을 위한 조기교육, 보건 및 안전 지원, 가족 지원 활동이 문화적 차이의 배려 속에서 이루어지고 있다. 집권당의 정책기조에 의해 소수자에 대한 우대 혹은 할당 정책이 변화되고, 노동법이나 이민법 개정에 대한 논의가 지금도 이루어지고 있다. 하지만 결과적 평등을 고려하여 다양한 문화적 배경을 가진 소수자에게 고용과 교육기회를 오랫동안 제공해 온 정책은 미국을 더욱 강하게 만들었을 것이다. 다문화의 융합에서 나오는 창의적인 결과는 문화산업을 통해 미국이 세계를 선도해 가는 데 기여했다고 볼 수 있기 때문이다. 한편 미국은 시민사회의 성숙으로 이주민의 문제를 지원하고 해결하려는 자원이 많다는 것이 강점이라고 사료된다. 특히 이주민을 위한 사회복지계의 옹호활동과 다문화적 이해와 효과적 지원을 위한 내부적 역량 강화 노력은 이제 다문화에 대한 관심을 갖기 시작한 한국의 사회복지계에 시사하는 바가 크다.

2. 독일의 다문화주의와 이주노동자 정책

1) 독일의 다문화 역사

현재 독일에는 다섯 명 중 한 명이 망명, 귀환, 노동이민, 결혼이민, 유학 등 여러 이유로 말미암아 삶의 근거지를 독일로 옮긴 이주민이다. 그리하여 이주민이라는 개념 자체가 이주배경을 가진 사람(Persnen mit Migrations hintergrund)이라는 개념으로 새롭게 주목받고 있다. 외국인을 국적별로 살펴보면 2005년 12월 31일 기준으로 터키 출신 외국인이 26.1%로 가장 높고, 이탈리아 8.0%, 세르비아와 구 유고슬라비아 7.3%, 폴란드 4.8%, 그리스 4.6%, 크로아티아 3.4%의 순이다(이정언, 2007: 11).

독일은 오스트리아, 스위스와 같이 배타적 · 종족적 · 혈통주의적 모델이 발달한 나라여서 철저하게 규제된 이주노동자 프로그램을 통해 이주민을 유입하였다. 이주민은 초청노동자의 법적 지위는 인정되었지만 자국 시민보다 낮은 지위에 놓여 있었고, 이주민의 귀화나 시민권 취득이 매우 제한되었다. 1990년대까지도 혈통주의적 국적법을 고수하여 구소련과 동유럽에서 오는 독일 혈통의 이주자를 선호하였다. 그러나 이주민의 대량 유입으로 이민정책을 변화시켜 2000년 1월부터 속지주의를 핵심으로 하는 국적법을 채택하였고, 2005년에는 새로운 체류법을 제정하였다(구춘권, 2012). 독일은 제2차 세계대전에서 패함으로써 자국의 많은 노동인력이 동유럽 및 소련으로 강제 이주되거나 피난하였기 때문에, 부족한 노동력을 충원하기 위하여 이주노동자들을 유입하기 시작하였다. 특히 1961년에 베를린 장벽으로 인하여 동독으로부터의 노동인력이 차단됨으로써 터키, 모로코 등의 이주노동자가 유입되기 시작하였다. 당시에는 단기 취업 위주였으나 이주노동자를 고용할 때마다 모집 비용과 훈련 비용을 기업이 부담해야 했기 때문에 효율성의 문제가 논의되다가 외국인 근로자의 고용허가제가 도입되었다. 독일은 이처럼 경제 상황, 노동시장 동향, 사회 상황 등을 고려하여 외국인 근로자 정책을 도입하고 있으며, 2005년에는 새로운 체류법 제정을 통하여 외국인정책에 대한 입법을 개정하였다. 독일의 외국인 비율은 1960년대 이전까지만 해도 전체 인구의 1% 수준이었으나, 1960년대 중반 이후 노동수요의 급증에 따라 외국인 근로자의 유입이 가속화되어 1980년대 7%, 2005년 말 8.8%로 증가하였다. 더욱이 최근에는 유럽연합 가입회원국이 늘어나면서 유럽 지역의 노동이동과 체류가 과거에 비해 용이해져 외국인 근로자의 수는 지속적으로 증가하고 있다. 또한 초청노동자제도, 외국인파견근로자제도, 일부 동유럽 국가 및 터키와 맺은 사업장 계약근로자협약 등의 주요한 제도적인 장치로 독일 내 외국인 근로자 유입이 더욱 증가할 전망이다(백종인, 설재영, 2007: 837-878). 2010년 12월 기준 독일의 외국인등록부에 등록된 외국인 수는 약 719만 명으로 전체 인구의 8.7%다. 출신 국가별로는 터키, 이탈리아, 폴란드, 그리스, 크로아티아 순으로 큰 비중을 차지하고 있다(고상두, 하명신, 2012).

독일의 외국인 근로자 유입이 가속화된 배경에는 1989년의 베를린 장벽 붕괴, 1991년의 구 소비에트 연방체계 와해에 따라 중동부 유럽에서 유럽연합(European Union: EU)으로 대량 이민사태가 발생한 것과 관련이 있다. 이들은 주로 경제적 이유 때문에 타국으로 이주한 경제적 이주자(economic migrant)다. 이들의 유럽으로의 유입은 많은 사회문제를 야기하여 유럽연합 차원에서 외국인 근로자에 대한 적극적 조치가 마련되는 계기가 되었다. 유럽연합의 회원국 국민의 경우 노동자의 자유이동권을 존중하며 EC조약에 의해 설립된 공동시장의 개념으로 회원국 간의 자유로운 이동과 거주의 권리를 보장하는 노동허가제가 도입되었다(채형복, 2007). 고용허가제가 사용자의 고용권리에 초점을 둔 것이라면, 노동자의 사업장 이동의 자유를 허가하는 것이 노동허가제다. 그러므로 유럽연합의 회원국 간에는 노동허가제가, 비회원국에는 고용허가제가 정책적으로 운용되고 있다. 독일의 이주노동자 정책도 이러한 틀에서 이해해야 한다(박선희, 2007).

2) 지원제도와 정책

독일은 1970년대 후반부터는 이주노동자를 독일에 통합시키는 정책과 귀국촉진정책을 동시에 실시하였다. 이러한 통합정책은 8년 넘게 계속해서 고용되어 있는 경우 특별노동허가를 부여하는 것으로 독일에 장기체류 이주노동자에게 독일인과 동등한 대우를 해 준다는 정책을 의미한다. 이주노동자가 독일에서 취업하기 위해서는 '체류허가'와 '노동허가'를 받아야 하는데, 노동허가를 받기 위해서는 체류허가를 취득해야 한다. 노동허가는 「고용촉진법」에 근거하며, 체류허가는 '외국인 취업을 위한 체류허가에 관한 규정'에 근거하고 있다(노동정책연구소, 1995: 18-20).

독일의 노동허가제의 특징은 이것이 일반 노동허가와 특별 노동허가로 나뉘어 있다는 것이다. 일반 노동허가는 이주노동자 본인이 신청하면 해당 지역의 직업안정소가 노동시장을 고려하여 허가하며, 유효기간은 최고 2년이고, 이 기간 동안 계속해서 고용된 경우에는 3년까지 연장할 수 있다(박진희, 1995: 1). 특별노동허가는 이미 동독에 고용되어 있던 외국인에게 노동시장 상황과 관계없이 본인의 신청에 의해 허가하는 것이다. 지역이나 직종에 제한을 받지 않고 관할 노동청에 신고한다.

이처럼 독일 정부의 이주노동자에 대한 정책은 독일의 인력 부족 산업에 기여하는 이주노동자를 사회적 · 문화적 · 경제적으로 통합하려는 정책을 실시하면서도 노동력 유입을 억제하려는 정책도 병행하는 특징을 보여 주고 있다. 독일이 이러한 정책을 사용하는 이유는 이주노동자들이 독일 사회에 정착하고 나면 현실적으로 귀국시키기가 어렵고, 이들이 통합되지 않는 한 더 큰 사회문제를 야기하기 때문이다. 결론적으로 독일의 정책은 이주노동자 유입제한, 귀국촉진 및 통합에 중심을 둔 종합정책이라고 할 수 있다(김진수, 2007).

(1) 독일의 이주노동자 정책

독일 이주노동자 정책을 시기별로 정리하면 〈표 4-1〉과 같다(강수돌, 2007).

〈표 4-1〉 독일 이주노동자 정책의 변화

시기	내용
1950~1960년 독일의 초기 이주노동자 정책 도입	민간 브로커의 개입을 최소화하기 위해 연방 노동청의 관할 아래 정부 간 공식 협약에 의거한 노동자 유입정책을 도입함. 독일 노동시장 상황에 따라 노동허가의 양을 조절함. 독일 노동자와 동일한 노동법의 적용을 받도록 함. 고용은 단기순환 원칙으로 운용하여 1년 단위로 갱신하도록 하였으며, 노동관청의 지속적인 관리가 이루어짐
1970년대 신규모집 억제 및 기존 장기 거주 노동자를 위한 수용 통합 정책 병행	이주노동자의 '정주화' 심화 및 오일 쇼크로 모집 금지와 귀국 강화 정책 도입. 장기 거주 이주노동자와 가족을 위한 수용/통합(Integration) 정책도 동시에 추진함
1991년 새 외국인법 입법	체류 허가 기준 강화, 귀화 및 이중 국적 관리 문제 대두, 독일 재통일과 더불어 유럽 통합, 소련과 동구의 체제 변화로 망명신청자나 난민 문제 부상, 신나치주의자(neo-Nazi)의 '외국인 증오감' 표출 극대화, 높은 실업률과 함께 사회적 불안정 등으로 새 외국인법 입법
2005년 「이민법」 입법	정보기술 관련 전문 인력 유입을 위해 그린카드제도 도입. 해외의 고급 인력에 대한 문호 개방과 개방적 사회분위기 조성 필요에 의해 이민법 개정. 노동허가와 체류허가 절차 통합. 하지만 범죄 혐의가 없어도 향후 테러나 종교적 극단주의를 유포할 가능성이 있는 정황 증거만 있으면 외국인 추방이 가능하도록 규정함

출처: 강수돌(2007)을 재구성.

(2) 독일의 이주노동자 고용 프로그램

독일의 이주노동자 고용 프로그램의 유형은 다음과 같다(이정언, 2007).

① 사업장 계약근로자

사업장 계약근로자협약은 1988년 말에 독일과 동유럽 국가(보스니아, 불가리아, 크로아티아, 라트비아, 마케도니아, 폴란드, 루마니아, 세르비아, 몬테네그로, 슬로바키아, 슬로베니아, 체코, 헝가리) 및 터키와 맺은 인력파견협정이다. 독일과 협정을 맺은 해당 국가는 독일 내 건설 부문에 일정 기간 동안 자국의 인력을 파견하는 것이 허용된다. 2004년 이후 가입한 유럽연합 회원국의 근로자는 사업장 계약근로자협약의 경과규정을 적용받아 건설 산업 부문과 청소용역과 관련된 부문의 노동허가를 얻어야만 근로활동이 허용된다. 사업장 계약근로자의 노동허가 범위는 독일 노동시장의 흐름에 따라 가변적이다. 특히 불법적인 외국인 근로를 방지하기 위해 다음과 같은 사항을 고려하여 결정한다.

- 독일 노동시장의 상황
  - 평균 이상의 실업률을 나타내는 지역(6개월간 독일 전체 실업률의 30%를 초과하는 지역, 특히 동독 지역)에서는 신규사업장 계약근로자의 유입 불허
  - 기업의 경쟁력 왜곡 방지를 위해 중 · 소규모 건설부문 사업장 계약근로자 수를 일정 수준으로 제한
  - 근로자 파견 제도의 악용을 막기 위해 지속적인 감시활동 수행

② 초청노동자

초청노동자의 파견은 2004년 5월에 신규 가입한 유럽연합국 가운데 사이프러스와 몰타를 제외한 동유럽 8개국과 불가리아, 루마니아, 알바니아, 크로아티아, 러시아 등 13개국을 대상으로 이루어진다. 해당 국가의 근로자는 직업 및 언어 연수의 목적으로 최대 18개월까지 파견될 수 있다. 파견조건은 독일 노동시장의 상황과 연계되지 않으며, 연간 허용되는 초청노동자는 1만 1050명으로 총원이 제한된다.

③ 계절근로자 및 공연보조자 / 병원 및 양로원 근무자

2002년 독일 내 외국인 계절근로자 및 공연보조자의 수는 1994년(13만 7819명)과 비교하여 두 배 이상 증가하였다. 특히 해당 인력에 대한 지속적인 수요 증가에 힘입어 2002년에 처음으로 연평균 파견근로자의 수가 30만 명을 넘어섰다. 2002년 말 해당 부문 외국인 근로자의 수는 30만 7182명으로 전년도에 비해서도 7.1%나 증가하였다. 전체 해당 근로자 가운데 약 90%는 농업 및 임업 부문, 약 7%는 호텔 및 요식업, 약 3%는 공연보조 부문에 고용되었다. 이와 더불어, 병원과 양로원의 보조업무에 필요한 외국인 인력 파견은 해당 부문에 공식적인 협약을 맺은 크로아티아와 슬로베니아 두 나라에 한정되어 적용된다. 이 부문의 근로자 파견 수요 역시 지속적으로 높아지고 있으나, 2002년 기준으로 총 358명이 해당 국가에서 파견되어 절대적인 규모는 크지 않다.

(3) 이주노동자 체류에 관한 사항

독일의 이주노동자에 대한 체류와 비자에 관한 사항은 「이민법」「사회보장법」「취업촉진법」「노동허가시행령」 등의 법률을 통하여 규정하고 있다. 유럽연합 확대를 계기로 이런 법률들을 통합하여 「체류법」을 제정하게 된 것이다. 기존의 법률과 다른 주요 내용은 다음과 같다(이정언, 2007).

- 체류허가와 정주허가로 나누어 간소화하였다.
- 영주권제도를 폐지하고 정주허가제를 신설하였다. 정주허가를 위해 독일어 능력을 증명하여야 한다.
- 외국인청에 체류내용에 노동허가를 부여하였으며, 노동허가를 받은 후 노동장소를 변경하거나 기간이 종료하였을 경우에도 외국인청에서 재발급받을 수 있다.
- 외국시민의 통합과정으로서 정주허가를 받고 새로 입국한 외국인이 독일어를 할 수 없는 경우 통합과정의 단계로 독일어와 독일 문화를 배울 수 있게

하였다.

- 정보통신 부분의 고급인력 부족에 대처하기 위해 2000년 8월에 그린카드제도[1])를 도입하였다. 이 제도에 따라 2004년 4월까지 총 1만 6442명의 외국인 인력이 노동허가를 취득하여 독일 기업에 고용되었다. 해당 기간 동안 그린카드를 획득한 외국인의 출신 국가는 인도, 러시아, 벨로루시, 우크라이나, 발트 해 국가, 루마니아, 체코, 슬로바키아의 순이다. 외국인 근로자가 그린카드를 취득하기 위해서는 대학 및 전문대학의 정보통신기술 부문 학과를 졸업하여야 하고, 연 보수의 총액이 최소 5만 1000유로 이상인 근로계약이 전제되어야 한다. 또한 해당 근로자는 시스템 · 인터넷 · 네트워크 전문가, 소프트웨어 · 멀티미디어 개발자, 프로그래머, 정보시스템 개발자, 정보통신 컨설팅 전문가로 일해야 한다. 이와 더불어 해당 노동허가는 해외 거주 외국인뿐만 아니라 독일 대학에서 관련 분야를 공부하고 졸업한 외국인에게도 동일하게 적용된다. 노동허가는 최대 5년이 주어지며, 연장할 수 있다.

3) 사회복지 지원

독일은 이주민과 외국인이 독일의 기존 사회에 통합되지 않는 것은 그들의 능력과 잠재력 및 가능성을 잃게 되어 독일로서도 엄청난 손실이고, 다른 한편으로 통합과 화해라는 측면에서 독일 국가와 사회에 대항할 위협이 숨어 있는 것으로 이해한다. 이에 이주민을 위한 지원은 주로 그들이 독일 사회에 적응할 수 있도록 언어적인 지원을 우선적으로 하고 있다. 이주민을 위한 사회적응 프로그램은 독일어로 630시간 진행된다. 이 프로그램은 사회적응 오리엔테이션과정과 기초 및 재교육 언어과정으로 구성된다. 언어과정은 모두 600시간으로, 참석자 수준별 초 · 중 · 고급 단계로 나누어 언어 수업이 진행되며, 언어과정이 끝나면 이어

1) 정식 명칭은 '정보통신기술 외국인 고급인력을 위한 노동허가 규정'이다.

사회적응 오리엔테이션과정(30시간)을 가진다. 경제적 · 문화적 · 사회적으로 독일 사회에 적응하는 것을 돕는 이 프로그램은 충분히 언어지식을 획득하는 데 주 목적이 있다. 독일 정부에서 주관하는 이 프로그램의 참가신청자격은 장기체류 외국인과 2005년 1월 새 이민법 통과 후 독일에 온 외국인으로, 체류허가를 최소 1년 이상 소지한 자와 종전 후 동부지역에서 이주해 온 독일계 후손 및 그 가족으로 제한되어 있다. 다음은 이주경로에 따라 구분하여 이루어지는 지원 상황을 요약한 것이다(윤선영, 2008).

(1) 귀환이주민 지원 상황

귀환이주민은 거주 지역으로부터 오는 경비를 일괄적으로 받는다. 구소련지역 이주자 102유로, 루마니아 이주자 51유로, 폴란드 이주자 25유로 등이다. 이주민이 수용기관에 도착하면 일일생필품 구입비로 11유로를 받는다. 그 후 귀환이주민을 지원하는 단체에서 물품 지원을 받는다. 종래에는 6개월간의 정착지원금을 지원받았으나 2005년 법 개정으로 없어졌다. 대신 새 이민법에 따라 6개월간 언어교육을 무상으로 받는다. 또한 대졸의 고학력 이주자 중 30~50세는 직업교육과 언어교육으로 이루어진 아카데미 프로그램을, 30세 미만은 독일에서 대학교육을 받고자 하면 추가지원을 받는다. 연방정부에서 지원하는 언어교육 외에 대학입시준비를 위한 어학과정 세미나에 참여할 수 있고, 저소득층 자녀학자금융자를 받을 수 있다. 독일계 귀환이주민 본인은 연금을 받을 수 있다. 귀환이주민은 다른 외국인들처럼 주택보조금을 신청할 수 있지만 무상주택을 공급받지는 않는다. 이러한 귀환이주민 프로그램은 제2차 세계대전 이후 구소련 지역이나 중유럽, 동유럽에 거주하는 독일계 후손들이 불이익(나치 관련)에서 벗어나도록 돕기 위한 것이다.

(2) 통독 전 동독 이주민 지원정책

서독으로 이주해 온 동독 이주민의 수용절차는 일반적으로 연방수용소(입국

후 2~3일)에서 수속절차를 거쳐 임시거주지에 있으면서 거주할 주택과 일자리를 알아본다. 친척과 친지가 있으면 그 지역으로 옮기거나 정부의 분산정책에 의해 연방정부로 분산된다. 정착지원금은 약 120만 원이며 개인주택에 필요한 물품 등을 지원받는다. 의사, 엔지니어와 같은 고급인력과 농업 · 수공업 종사자는 바로 일자리를 구하여 서독 사회에 적응하지만, 실업자였거나 서독에 친지가 없는 사람은 적응이 어려웠다.

(3) 이주민 자녀를 위한 적응지원 프로그램

이주민 자녀를 위한 적응지원 프로그램에서는 독일어 교육을 강조한다. 학교교육을 마쳐야 취업을 할 수 있기 때문에 학교 교육을 마칠 수 있도록 학교중도탈락 방지를 위한 지원을 하며, 이주청소년네트워크, 방과후교실, 자원봉사자, 부모교육 등을 연계하여 지원한다. 이주민과 자녀의 사회적응을 돕기 위해 어려서부터 다양한 문화를 수용하도록 지원하고, 학교에서부터 타 종교와 다문화를 소개하여 이해를 돕는 시간을 갖게 하며, 연방정부의 지원으로 이주청소년담당센터가 있어서 그들의 정체성을 찾고 새로운 사회에 적응하고 자신의 인생을 장기적으로 계획하도록 개별상담과 후원 등을 지원한다.

(4) 공존을 위한 사회계몽 및 교육 프로그램

다양한 대중매체를 활용하여 "당신도 다른 곳에 가면 외국인이다." "우리는 모두 같다." "우리의 미래는 이렇게 다양한 아이들에게 달려 있다." 등과 같은 홍보문을 통해 외국인들이 사회의 구성원으로서 공존할 수 있는 사회여건을 조성하기 위한 대중적 계몽이 이루어지고 있다.

학교의 프로젝트로 수업 시간을 활용하여 다른 나라의 언어, 풍습, 노래, 종교를 배우고 다름을 수용하도록 한다. 이주청소년의 생활에 대한 연극, 영화 등을 보여 준다. 또한 국제문화주간을 설정하여 문화에 대한 우월의식이나 열등의식을 배제한다. 다종교연합예배를 통하여 다른 예배양식을 이해하고 존중하도록 한다. 방학 때 여행을 못 가는 청소년을 대상으로 국제적 사고와 매너를 학습하는 1주일 캠프를 실시한다. 노동자복지협의회, 종교단체 등에서 다양한 민간 차원의 지원 프로그램을 운영하며, 민간 차원의 상호 네트워크에서 자원 연계가 되도록 연방정부가 예산을 지원한다.

(5) 지역복지 중심의 가족 지원

연방정부 차원에서 시도하는 외국인 가족의 문제해결을 위한 프로그램이 지향하는 기본 방향은 동등한 참여 권리, 기회 평등, 법적 평등이라고 볼 수 있다. 이러한 정책 목적의 실현을 위하여 중요한 역할을 하는 것이 연방 여성, 가족, 노인 청소년부(Bundesministerium für Familie, Senioren, Frauen und Jugend: BMFSFJ)가 2000년에 조직한 '연방포럼 가족(Das Bundesforum Familie)'이다. '연방포럼 가족'은 2005년 현재 독일 전국에 걸쳐 약 100개의 가족 관련 조직으로 구성되어 있는 연합체이며, 가족친화적 사회 구조를 만들기 위한 다양한 정책을 제안하고 있다.

이는 외국인 가족이 지역사회에 존재하는 사회적 인프라에 대한 정보를 알고 활용하여 다른 사회 구성원과 함께 어울려 살아갈 수 있도록 네트워크를 구축하는 것이다. 연방정부는 모델 프로젝트로서 뮌헨 시와 협력하여 이러한 지역사회 네트워크 구축을 위해 행정 구조를 개편하였다. 뮌헨 시는 지역을 16개의 사회적 공간(Sozialraum)으로 재편하고, 각 지역마다 외국인 가족이 활용할 수 있는 자원을 연결시켜 주는 전문가를 배치하였다. 전문가는 사회적 공간의 인구 · 사회 구조를 분석하여 사회적 약자를 파악하고, 지역사회가 '사회적 약자 친화 사회'로 재구성될 수 있도록 돕는다. 외국인 가족이 '사회적 약자' 집단이 되면 사회복지사가 사례관리를 맡는다.

이상과 같이 독일의 다문화주의와 이주노동자정책을 살펴본 결과 독일의 정책은 이주노동자 유입제한, 귀국촉진 및 통합에 중심을 둔 종합정책이다. 이주노동자에 대한 정책은 우리나라의 외국인고용허가제의 도입에 적지 않은 영향을 끼쳤다는 점에서 독일 정책의 변천과정을 주목하여 우리 정책에 반영하는 것이 중요하겠다. 독일이 유럽연합이라는 다른 지역 환경에 있기는 하지만, 동북아시아 및 동남아시아로 블럭화되는 경제구역의 특성으로 볼 때, 고령화와 저출산의 사회 구조에서 우리나라 산업이 필요로 하는 노동력을 내부적으로 충족하지 못하는 현실이 더욱 심화되어 노동인구의 유입과 이주는 순환적으로 가속화될 것이라는 전망을 볼 때 아주 다른 지역 환경이라고 볼 수 없다. 일부 학자는 유럽연합 안에서 이루어지는 이주민의 국제적 · 국내적 지위 부여가 세계적으로 보편화될 것으로 예측하기도 한다(윤진기, 2007; 채형복, 2007; 박화서, 2005).

한편 사회통합을 위한 독일의 정책의 사회복지적 함의는 지역사회조직과 기반 구축, 노동조합과의 연대적 노력, 다양한 부처와 자원조직 간의 연합을 통한 가족포럼 구성 등을 통해 서비스 인프라를 확충하는 것이 독일의 강점이라는 것이다. 현재 우리나라의 외국인 근로자 지원체계와 결혼이민자 지원체계, 종교기관과 자생적 이주민 공동체의 활동이 서로 연대가 부족하며, 노동부와 보건복지부, 여성가족부, 행정자치부 등 각기 다른 입법과 지원 전달체계를 가지는 것을 볼 때, 통합적인 지원체계 구축을 위한 독일식 연대모델의 도입이 자원을 효율적으로 분배하고 서비스 효과를 최대화할 수 있는 방안이라 사료된다.

3. 일본의 다문화주의와 결혼이민자 정책[2)]

1) 일본의 다문화 역사

일본은 서구와 달리 전후 엄격한 출입국 관리와 체류자격에 따른 취로 제한으로 단순취로와 거주를 목적으로 하는 외국인의 이주는 원칙적으로 받아들여지지 않아 대량의 국제이주를 경험하지 않은 국가다. 그러나 1980년대 이후 아시아 역내 이주가 증가하기 시작하여 1990년대에 접어들면서 증가폭이 확대되어 일본은 아시아에서 최대의 이주 유입국이다. 2008년 현재 외국인등록자 수는 약 222만 명으로 전체 인구 중 외국인의 비율은 1.74%다. 2005년부터 2008년까지 인구 추이를 보면 자국 인구는 감소 추세를 보이는 반면 외국인 증가율은 47.7%에 달한다. 전체 외국인 등록자 중 29.6%가 중국이고, 그다음이 한국, 북한, 브라질, 필리핀, 페루, 미국 순이다. 특히 이주의 여성화가 두드러져서 전체 외국인등록자의 53.5%가 여성이다. 저출산 · 고령화로 생산연령인구뿐 아니라 인구 자체가 감소하는 상황에서 여성 이민자의 증가는 일본 사회 구성원의 변화, 다문화가정의 증가에 따른 이주자의 인권 문제, 사회보장 문제, 교육 문제 등 사회의 주요 이슈를 불러일으키고 있다. 이에 일본은 강력한 동화정책을 기조로 이주자를 치안 유지를 위한 관리대상, 노동력으로만 파악하던 것에서 사회통합 차원에서 다양한 문화적 배경을 가진 생활자로 인식하는 다문화공생정책을 모색하고 있다(이지영, 2012).

(1) 다문화공생

일본의 다문화정책은 사회통합의 정책수단으로 일본인과 외국인이 지역사회에서 더불어 사는 다문화공생에 초점을 두고 있다. 일본의 다문화공생 담론은 이주노동자나 결혼이민자가 집중된 지방을 중심으로, 즉 지방에서 시작되어 중앙의 참여를 요구하는 것으로 시작되었다. 1999년에 일본 가와사키 시와 가나가와 현 지역의 외국인들이 공적 영역에서의 자신의 필요와 기여할 수 있는 것을 표현하는 운동이 있었다. 이때 '시민'이라는 개념보다는 '주민'이라는 개념이, '시민운동'보다는 '사회봉사활동'이라는 표현이 사용되었다. 이 과정에서 외국인과 일본 국적 시민 간의 차이를 인정하고 '합법적인 다양성'으로 변화시켜 외국인

2) 일본의 결혼이민자 지원정책은 주로 임경택, 김윤태, 설동훈(2005)의 「국제결혼이주여성 실태조사 및 보건복지지원 정책방향 발표회 자료집」을 참고하여 작성하였음을 밝혀 둔다.

이 행정 서비스를 받을 권리뿐 아니라 그들의 의견을 표명할 기회까지 얻을 수 있는 근거가 되었다(타무라 타로, 2007: 23-66; 한승미, 2003: 119-147). 이처럼 지자체 주도로 다문화공생정책이 파급되면서 2005년에는 총무성에 '다문화공생 추진에 관한 연구회'를 설치하고, 이 보고서를 근거로 2006년에 '지역의 다문화 공생추진플랜'을 작성하여 추진하였다. 다문화공생사회는 정보의 다언어화, 일본어 · 일본사회에 대한 학습을 근간으로 하는 커뮤니케이션 지원, 거주 · 교육 · 노동환경 · 의료 · 복지 · 방재 등의 생활 지원, 그리고 지역사회의 의식 개선과 외국인 주민의 자립 · 사회 참여를 내용으로 하는 다문화공생 지역 만들기를 통해 구축된다. 추진체계로는 지자체에 다문화정책 담당 기구를 설치하여 지역의 국제교류협회, 기업, NGO와 연계 · 협동한다는 방안을 모색하는 등 지자체가 중심축이 되고 있다(이지영, 2012).

(2) 다문화가정 출현의 증가 배경과 현황

일본 법무성 출입국관리국의 통계에 의하면 외국인입국자 수가 1968년 100만 명, 1984년 200만 명, 2003년 거의 600만 명으로 빠르게 증가하고 있다. 외국인의 증가는 유형도 매우 다양화하고 있다. 과거에는 미국, 유럽 등 구미계가 외국인을 대표하였지만 현재 일본에 체류하고 있는 대다수 외국인은 아시아계다. 이들은 주로 브라질이나 페루 등 남미 지역에서 온 일본계 교포(닛케이진), 필리핀, 태국 등 동남아시아에서 건너 온 이주노동자, 중국, 한국에서 온 유학생 등이다.

특히 아시아 여성들 중에는 일본인과 국제결혼을 하여 일본에 정주하는 사람이 늘어나고 있으며, 이들은 주로 농촌 남성과 국제결혼을 하고 있다. 후생노동성의 인구동태통계에 의하면, 1965년의 국제결혼 건수는 4156건으로서 일본의 총 결혼 수 95만 4852건의 0.4%에 지나지 않았다. 그러나 그 후 국제결혼은 계속해서 증가하여 2000년에는 3만 6263건으로서 35년 사이에 거의 9배 가까이 증가하였으며, 총 결혼 수 79만 8138건 중 4.5%를 차지하였고, 2003년에는 4.9%에 이르렀다. 이는 약 24쌍 중 1쌍이 국제결혼을 하고 있다는 것을 의미한다.

특히 아이치 현의 나고야 시는 토요타자동차 본사가 있고, 자동차 관련 산업이 중심이 된 경제적으로 가장 호황인 지역으로 동경, 오사카에 이어 3번째로 외국인등록자가 많다. 외국인등록자들은 브라질인(일본계 브라질인), 중국인, 한국인, 조선인, 필리핀인의 순으로 많다. 일본인과 외국인의 국제결혼, 외국인 간 국제결혼 등으로 다문화가족이 증가하고 있다(고토우 미키, 2008).

(3) 다문화가정의 증가와 사회문제

① 국제이혼 증가

국제결혼이 증가하는 만큼 국제이혼도 증가하고 있다. 후생노동성의 인구동태통계에 의하면 2000년의 국제이혼 건수는 1만 2367건에 달하고 있다. 부인이 일본인인 경우는 2760건인 데 비해 남편이 일본인인 경우는 9607건이다. 국제이혼은 일본인 남편의 불륜이나 폭력이 주요인인 경우가 증가하고 있다.

현재 일본의 법률에서는 협의이혼, 조정이혼, 재판이혼 등의 세 가지의 이혼 방법을 제시하고 있다. 국제이혼의 경우에도 주소지가 일본에 있고 배우자 중 한 사람이라도 일본인이라면 일본의 법률을 적용받아 이혼이 가능하여, 수속이 간단한 협의이혼이 가능하다. 그러나 남편이 이혼에 동의하지 않거나, 남편의 폭력을 피해 집을 나와 숨어 지내고 있거나, 자식의 친권에 대한 합의가 이루어지지 않거나, 외국 국적을 보유하고 있는 경우에는 모국의 법률도 관계되기 때문에 매우 복잡해진다.

특히 일본에 거주하고 있는 외국인 여성은 일본의 법과 제도에 관한 무지, 이혼 후의 체류자격 문제, 재판과정에서의 언어 문제 및 이에 대한 지원체계의 부족 등으로 취약한 입지에 놓여 종종 인권 문제가 수반된다.

② 자녀 문제

국제결혼을 통해 태어난 아이는 혼혈아 혹은 하프 등으로 불리어 왔는데, 최근에는 '더블'이라는 말로 불리기도 한다. 더블은 양쪽 부모로부터 두 가지 문화를 계승한다는 면에서 사용되는 것으로, 반(半) 일본이라는 하프나 순혈주의에서 나온 혼혈보다 다문화에 초점을 둔 긍정적인 의미를 가지고 있다.

그동안 혼혈아는 일본인과 백인과의 사이에 태어난 아이를 주로 통칭하여 왔으나, 최근에는 일본인과 그 외의 아시아인의 사이에 태어난 혼혈아의 존재가 증가하고 있다. 이들은 외견상 일본인과 크게 다르지 않아서 백인계 혼혈아만큼 드러나지는 않는다. 하지만 외국인인 어머니가 일본에 비해 가난한 나라 출신이거나, 접객업에 종사하였던 외국인 여성과 일본인 남성과의 사이에 태어난 아이라는 고정관념으로 편견과 차별의 대상이 되기 쉽다. 또한 결혼과 함께 일본에 정주하는 외국인 여성의 경우 언어 문제로 자녀 양육에 어려움을 겪고 있다.

③ 무국적아동

국제결혼을 통해 형성된 가족은 어른과 아이를 불문하고 타 문화 적응의 스트레스를 받을 뿐만 아니라, 「국적법」이나 「이민법」에 따른 제약이라는 문제에 직면한다. 그중 가장 심각한 문제가 무국적아동일 것이다. 1990년대 이후 아시아 지역에서 들어온 불법체류 외국인 여성의 증가와 더불어 그 여성들이 일본에서 출산한 국적 없는 아이들의 문제가 언론에 등장하게 되었다. 아이가 무국적이 되는 경우는 크게 두 가지로 나눌 수 있다.

첫째, 접객업에 종사하는 불법체류 외국인 여성과 일본인 남성 사이에 태어난 혼외자(婚外子)의 경우다. 주로 일본인 아버지가 부인하거나, 임신을 알면서 행방불명이 되거나, 어머니가 성적 교섭을 한 일본인 남성이 복수이거나 하는 등의 이유로 아버지를 확정할 수 없을 경우 일본 국적을 취득하는 것은 불가능하다. 어머니 나라의 국적을 취득하는 것은 가능하지만, 불법체류 여성의 대부분은 강제송환을 두려워하므로 대사관에 출두하여 국적 취득 수속을 행하는 것을 주저하는 것이 일반적이다. 필리핀이나 태국 등은 어머니가 스스로 대사관에 출두하여 출생수속을 하지 않는 한 원칙적으로 어머니 나라의 국적을 취득할 수 없다.

둘째, 불법체류 외국인들 사이에서 태어난 아이의 경우다. 이 경우에도 부모가 불법체류가 발각되는 것을 염려하여 국적 취득을 위한 수속을 행하지 않게 되므로 아이는 무국적 상태로 남게 되는 것이다. 법무성 입국관리국의 통계에 의하면 1990년에 74명에 불과하던 무국적 아동이 2000년에는 720명으로 증가하였다. 이러한 아동은 무엇보다도 행정적인 서비스를 전혀 받지 못한다. 또한 취학통지를 받지 못해 교육 면에서도 불이익을 당하며, 건강보험에도 가입할 수 없어 고액의 치료비 부담 때문에 의료의 사각지대에 있을 위험이 높다.

2) 지원제도와 정책

(1) 국제결혼 이민자의 체류자격과 국적 취득 절차

일본의 국적법에서는 일본인이 외국인과 결혼하더라도 일본인 자신의 국적은 그대로 남는다. 일본인과 결혼한 외국인이 신분 혹은 지위에 기초하여 취득하게 되는 체류자격에는 '일본인의 배우자' '영주자의 배우자' '정주자(定住者)'가 있다.

(2) 자녀의 국적

과거에는 부계혈통주의로 인해 외국인과 결혼한 일본인 여성은 일본 국적을 상실하였으나, 1984년에 국적법이 개정되어 '출생 시에 부 혹은 모가 일본 국민인 경우'에는 아이가 일본 국적을 취득한다는 부모양계혈통주의가 채택되었다.

(3) 사별 · 이혼과 체류자격

국제결혼의 경우 사별이나 이혼은 외국인에게 체류 문제가 제기되기 쉽다. 결혼생활을 지속하여 영주자 혹은 정주자의 체류자격을 보유하고 있으면 문제가 되지 않는다. 정주자와 영주자가 다른 점은 '정주자'에게는 체류 기간이 정해져 있는데 그 기간은 6개월, 1년, 3년이고, 그 이상 일본에서 생활하기 위해서는 체류 기간을 갱신해야 한다는 점이다. 그 외에는 영주자와 거의 동일하며, 어떤 일을 하여도 문제가 없다.

일본인의 배우자로서 일본에서 생활하고 있는 외국인은 체류 기간이 3년이 되면 영주(永住)허가를 신청할 수 있다. 그러나 취업 관련 체류자격으로 체류하는 외국인의 경우에는 20년 이상 거주하지 않으면 영주허가를 얻기가 매우 어렵다.

3) 사회복지지원

(1) 제도적 지원

국제결혼 이민자에 대한 사회복지정책은 수혜 대상이 한정되어 있다. 수혜자격의 우선순위는 첫째, 귀화 등의 과정을 통해 일본 국적을 취득한 사람, 둘째, 재일한국인과 닛케이진(일본계 브라질인) 등과 같은 영주자 및 정주자, 출입국관리법에 근거한 정규 입국자 순이다. 비정규입국자 혹은 불법체류자는 수혜대상에서 제외되고 있다. 일본 국적을 취득한 사람이나 영주자 및 정주자, 정규입국자가 받을 수 있는 복지 내용은 크게 사회보험, 생활보호 등으로 나누어진다.

사회보험으로는 「건강보험법」 혹은 「국민건강보험법」 「후생연금보험법」 「국민연금법」 「고용보험법」 「산재보험법」 「개호보험법」의 적용을 받게 된다. 사회수당으로 「아동부양수당법」 「특별아동부양수당 등의 지급에 관한 법률」 등의 적용을 받는다. 그 외에도 일본 국내의 「사회복지법」 「주택보장법」 등의 적용도 받게 된다.

생활보호 혹은 공공부조에 관한 「생활보호법」은 외국인을 적용 대상에서 제외시켰으나, 이들을 무보호 상태로 방치하는 것은 인도적으로 허용이 되지 않는다는 이유로 행정조치를 통해 이 법을 외국인에게도 준용하여 사실상 보호하고 있다. 공공부조의 종류는 생활부조, 교육부조, 주택부조, 의료부조, 개호부조, 출산부조, 생업부조, 장제부조 등이 있다. 그 외에 지방자치단체가 독자적으로 취할 수 있는 조치가 있는데, 이는 국가 혹은 정부가 곤궁한 외국인 구제의 제1차적 책임을 지방공공단체에 부과하고 있음을 보여 주는 것이다. 그러나 이러한 외국인에 대한 급부는 난민조약과의 관계에서 정책적으로 급부를 보장한 것이거나 혹은 단순히 시혜적인 차원으로 마련한 것이다.

한편 다문화공생을 위해 외국인에게 행해지는 사회복지는 일본 사회 자체의 변화 추구, 다언어 · 다문화 서비스 시스템의 충실화, 일본어 교육 프로그램의 확충, 서비스기관이나 조직에 의한 외국인 지원, 보건 · 의료 · 복지 전문가의 연수, 시민 대상 타 문화 이해 강좌 등이 있다.

(2) 사회복지서비스

행정차원에서 외국인 지원을 적극적으로 수행하고자 하는 곳으로 유명한 것이 가나가와 현의 가와사키(川崎) 시다. 가와사키 시는 외국인도 시민이라는 전제로, 인권 우선 시책의 하나로 외국인시책을 운영하고 있다. 이 배경에는 오래전부터 재일한국인과 조선인이 많이 거주하고 있고, 이들이 지역에서 당사자활동을 축적해 온 것과도 관계가 있다. 이 지역에서 외국인을 고려하는 정책에는 외국인 당사자의 목소리를 직접 시책에 반영하기 위한 '외국인시민대표자회의' 시 직원에 대한 민족차별 시정에 대한 연수, 일반 시민에 대한 '다문화공생 이해강좌', 행정이나 의료 · 보건 서비스에 관한 폭넓은 '다언어 팸플릿'의 작성과 배포 등이 있다(가와사키 시 홈페이지, http://www.city.kawasaki.jp/index3.html). 구체적으로 외국인을 위한 사회복지서비스를 살펴보면 다음과 같다.

① 일본 사회와 지역의 변화 추구

일본의 경우는 미국에 비해 소수민족(ethnic minority)의 외국인 수가 현저히 적다고는 하지만, 일본 사회에는 외국인을 지역주민의 한 사람으로 받아들이고자 하는 사회 환경이 갖춰져 있지 않다고 하는 편이 옳을지도 모른다. 외국인이 지역의 서비스를 알고자 하여도 방법이나 경로를 찾지 못하는 경우도 많다. 이러한 상황에서 가장 강하게 주장되고 있는 것이 일본 측의 변화다. 즉, 외국인이 살기 좋은 사회이기 위해서는 외국인에게만 일본 사회에 적응할 것을 요구하지 말고 일본인 스스로가 변화해야 한다는 것이다.

② 다언어 · 다문화 서비스 시스템 구축으로 다문화공생

외국인이 자국어로 그리고 자신의 문화가 이해되는 환경에서 서비스를 받는다는 것은 매우 의미가 크다. 일본에서도 외국인의 수가 증가함에 따라 외국어로 외국인의 생활 상담을 행하는 시청이나 구청이 미미하기는 하지만 증가하고 있다. 그리고 외국인끼리 지원 그룹, 자원자 그룹, NGO 등에서 법률이나 의료, 체류자격 등의 문제에 대해 다언어로 대응하는 곳이 늘어나고 있다. 특히 문제는 외국인이 받을 수 있는 서비스의 내용과 소재를 모르는 경우가 많아, 당사자들이 이들 정보를 쉽게 받아 볼 수 있도록 팸플릿을 공공기관뿐만 아니라 교회나 일본어 교실, 자원자그룹의 사무실 등 외국인이 잘 모이는 곳에 두고자 하는 배려도 나타나고 있다.

외국인의 상담창구나 상담기관에서는 이중언어 구사가 가능한 직원(bilingual staff)을 채용하여 외국인에 대응하고자 하고 있다. 예를 들면, 야마가타(山形) 현에서 그 지역의 외국인 며느리를 지원하는 활동으로 외국인 여성에게 통역인 양성 강좌를 개설하여 통역뿐만 아니라 사회복지 업무를 실천할 수 있는 다문화사회복지사(social worker)를 양성하고 있다. 이는 전문직보다는 비상근이나 파견의 형태로 당사자들을 적극적으로 불러들여 스스로 서비스의 제공자가 되게 하는 것을 중요시하고 있다.

한편 상담창구는 크게 두 가지 유형의 서비스를 제공하고 있다. 첫째, JVC (Japanese Volunteer Center)에서는 생활상담, 법률문제, 체류자격, 취업 알선 등 구체적인 정보제공 기능을 지닌 서비스를 제공한다. 둘째, 부부간의 의사소통 격차(communication gap), 시부모와 확대가족과의 관계, 이혼, 가정 내 폭력, 육아, 아동학대 등 가족문제에 대한 상담 서비스를 제공한다.

③ 일본어 교육 프로그램의 확충

일본어가 부자유스러운 외국인은 생활상 여러 불편을 겪게 되는데, 일본인과 결혼한 외국인 여성은 가족과의 의사소통이나 자녀 양육, 지역사회와의 관계에서 특히 일본어 능력의 부족을 절감하게 된다. 외국인 가족의 경우에는 자국인들에게 둘러싸여 일하고 있는 부모와 일본의 학교에 다니는 자녀 사이에 일본어 능력의 차가 생겨나고, 이로 인해 가족 간의 의사소통이 단절된다. 일본어가 충분히 구사되지 않는 까닭에 부당한 노동조건도 참을 수밖에 없는 정주외국인이나 장기체류 노동자 수가 예상외로 많다고 한다.

외국인이 정신적으로나 사회적으로나 자립할 수 있는 힘을 지니기 위해서는 일본어 능력의 획득은 결코 빼놓을 수 없는 요소다. 무료로 혹은 외국인이 부담없이 지불할 수 있는 정도의 학비로, 그들의 노동 시간이나 생활 시간을 고려한 일본어 프로그램의 확대가 요구되고 있으며, 많은 지자체에서 실제로 이를 가장 많이 배려하고 있다. 또한 일본어뿐만 아니라 일본문화, 관습, 사회 구조, 법·제도나 의료 등 구체적인 지식과 정보를 제공하는 강좌도 일본에 적응을 촉진하는 데 많은 도움을 줄 것이라는 전제하에 개설하고 있으며, 이러한 교실은 타 문화 적응을 직접 경험하고 있는 사람들끼리 각자의 경험을 공유하는 장의 제공이라는 또 다른 의미도 추구하고 있다.

④ 서비스기관 · 조직에 의한 외국인지원

일본에서는 최근 외국인지원 시스템을 구축하는 데 있어서 사회복지사 개인의 수준이 아니라 조직 수준에서 연계할 필요성이 주장되고 있다. 예를 들면, 개인적으로 외국인을 열심히 지원하는 아동상담소의 사회복지사가 일본어 교실이나 자원자 그룹 등의 자원과 연계하여 외국인을 지원하다가 업무 배치가 바뀌면, 그 아동상담소의 외국인지원 기능이 저하되는 현상이 일어난다. 그러므로 이와 같은 현상을 방지하기 위해서는 개인이 없어지더라도 조직에서 동등한 지원을 계속할 수 있는 장치를 만들어야 한다.

구체적으로는 외국인지원에 책임을 갖는 사회복지사가 전부 책임지는 것이 아니라, 조직이 대응할 필요가 있다는 의식을 높이기 위해 직장 동료들을 끌어들인다든지, 조직의 매뉴얼을 만든다든지 하여 조직의 대응체계를 강화하는 것이다. 행정 부문에서도 전담 부서를 중심으로 하되, 다른 부서와의 협력과 정보 교환을 통해 타 부서의 이해와 의식을 고양해야 한다.

⑤ 보건 · 의료 · 복지 전문가의 연수

외국인 원조에 관계된 활동가를 비롯하여 보건 · 의료 · 복지 전문가의 의식과 생각을 바꿔 나가야 하는 필요성이 대두되고 있으며, 이는 일본 사회의 변화와 직결되는 문제로 파악되고 있다. 외국인의 문화나 사회 구조에 관한 지식을 배움과 동시에, 활동가들의 문화적 가치관이나 타 문화에 대한 태도에 관한 연수를 행하여 문화적 역량을 강화시킬 필요성이 강조되고 있다.

⑥ 시민 대상 타 문화 이해 강좌의 개최

최근에 지역의 시민관(市民館) · 공민관(公民館) 등 공적 기관에서 다문화공생에 관한 여러 기획이 이루어지고 있는데, 특히 시민의식의 고양에 초점을 두고 있다. 일본인과 결혼한 여성은 일본적인 가치관이나 자녀 양육관을 가질 것을 기대받으며, 그로 인해 일본인 가족과 갈등을 일으키고 고민하는 경우가 많이 나타나므로, 일반 시민에 대한 강좌와 함께 타 문화의 아내나 며느리를 맞이한 가족의 이해를 돕는 강좌나 교류회가 늘어나고 있다.

일방적으로 일본에 동화하는 것을 촉구하는 강좌가 되지 않도록 외국인 당사자도 참가 · 기획하여 강좌를 개최하도록 하고 있다. 또한 강좌는 문화뿐만 아니라 일본의 의료 · 법률 · 행정 서비스 등 일본의 사회체계를 이해하고 외국인의 지역사회 생활을 도와줄 수 있는 구체적인 정보를 제공하는 것도 매우 중요한 일로 여기고 있다.

⑦ 실태조사를 통한 지원 프로그램 개발

최근 일본에서는 전체적으로 외국인의 일상생활 문제나 요구에 관한 실태조사 수가 늘어나고 있다. 종래에는 조사를 위한 조사가 대부분으로, 실제로 지원 프로그램과 연결되는 경우가 적었다. 이를 해결하기 위하여 당사자의 눈높이에 맞춘 조사가 절실해졌고, 조사도 실제로 현장에서 실천하고 있는 직원이 참가하거나 무엇보다도 당사자의 참가를 적극적으로 추진하고 있다. 가와사키 시에서는 시내의 '외국적 시민의식 실태 조사'를 '외국인 시민 시책 가이드라인' 책정과 연결시켰고, 유럽의 외국인시민대표자회의의 사례를 시찰한 후 가와사키 시 외국인 시민대표자회의와 결부시켰다.

⑧ 통역의 양성

특히 의료 분야에서의 통역 부족이 심각한 문제로 대두되었다. 통역으로서 비밀엄수 의무와 중립의 입장을 지켜야 할 필요성까지 포함한 통역을 양성하는 훈련과 병원, 보건소, 시/구청 등 다양한 사회자원에 통역이 활용될 수 있는 시스템을 구축하고 있다. 이에 통역인 양성 강좌를 통해 적극적인 육성과 파견을 행하는 NGO도 증가하고 있다.

⑨ 사회서비스 기관과 비공식적 네트워크 연계

재일외국인은 일본 사회에 익숙하지 않거나 일본인 직원의 부정적 대응 혹은 불법체류 등의 이유로 인해 공식적인 일본의 사회서비스 기관을 활용하는 것을 경원시하는 경향이 나타난다. 이에 대처하기 위하여 주류 사회서비스 기관 외의 조직을 이용하는 경우도 있다. 그중 하나는 공식적 사회서비스 기관이 외국인의 자조집단(self-help group)이나 교회 등의 비공식적인 네트워크 혹은 NGO와의 연계를 도모하는 방법으로, 현재 대도시를 중심으로 전개되고 있다.

⑩ 옹호활동(advocacy)

사회서비스에 종사하는 직원이 외국인이 자신의 자원을 활용할 수 있도록 다른 기관에 대해 대변하는 활동과 현재 일본의 사회서비스에 관한 법적 틀이 일본국민을 대상으로 한 것이기 때문에 외국인은 종종 그 서비스의 대상에서 제외되고 있다는 사실을 인식하고 이를 개선하는 활동을 하고 있다.

⑪ 다문화사회복지사 양성 및 서비스

아이치 현의 경우 '외국인 모두가 아이치 현민으로서 안심하고 살아갈 수 있는 다문화공생사회의 실현'을 지향하여 2006년 4월 현청에 '다문화공생실'을 설치하고 2007년 1월부터 '다문화사회복지사 양성 강좌'를 시작하였다. 배출된 다문화사회복지사에 대해 '아이치 현 국제교류협회'가 관리와 운영을 위탁하고 있으며, 산하 '다문화공생센터'에 2명의 다문화사회복지사가 근무하고 있다. 다문화사회복지사는 두 가지 유형이 있는데, 한 유형은 외국인 당사자로서 일본 언어와 문화에 능통한 사회복지사, 다른 유형은 일본인이지만 문화적 배경이 다양한 외국인 상담에 대응할 수 있는 일본인 사회복지사다. 다문화사회복지사는 주로 행정 관련 기관이나 NGO들과 연계하여 서비스를 제공하고 있다. 그러나 아직 다문화사회복지사에 대한 법률적인 근거가 없어 지역 재량으로 이루어지고 있어 제도화 및 다문화사회복지 서비스를 위한 인프라 구축의 과제가 남아 있다(고토우 미키, 2008).

이상과 같이 일본의 다문화주의와 관련된 정책을 살펴본 결과, 외국인을 위한 사회보장제도의 측면에서 일본은 「생활보호법」을 제외한 모든 「사회보장법」은 현재 원칙적으로는 외국인에게도 적용되고 있다. 이는 외국인에게 생존권인 사회보장권으로서 급부를 보장하는 것이 아니라, 난민조약과의 관계에서 정책적으로 급부를 보장한 것 혹은 단순히 은혜적으로 부여한 것이라 예외규정이 많으며, 결국 영주외국인 외에는 제한 사항이 많다. 외국인에 대한 「사회보장법」의

적용은 자국민보다 뒤떨어져 있고, 외국인에 대한 적용 순서도 대가성을 지닌 사회보험, 사회수당, 공공부조의 순이 되고 있는 것은 세계적인 동향이다. 하지만 사회보험이라 하더라도 그것은 뚜렷이 공공부조화하고 있고, 사회수당도 공공부조와 차이가 미묘해지고 있다. 또한 그 이상으로 기본 인권이라는 보편성의 관점이 중시되어야 하는 단계에 이르고 있다. 일본의 경우에는 노(산)재보험을 비정규외국인에게도 적용하고 있는 것이 선도적 사례라고 할 수 있을 것이다.

사회복지서비스 지원 면에서는 가나가와 현, 아이치 현과 같이 지역의 특성에 따라 지역이 중심이 되어 다문화공생을 위해 노력하고 있는 것이 인상적이다. 이러한 지자체의 노력이 중앙정부의 정책에 반영되어 국가가 주도한 우리나라에 비해 지역에서의 실질적인 지원 프로그램의 내용이 풍부한 것이 강점이다.

제3부
문화적 소수자에 대한 이해

제5장 결혼이민자의 특성 및 주요 이슈

1. 결혼이민자의 개괄

1) 결혼이민자의 정의와 법적 지위

한국 사회에 거주하고 있는 다문화가족 가운데 사회적 관심이 집중되는 집단은 결혼이민자다. '결혼이민자'라 함은 국제결혼을 목적으로 이주해 온 외국인을 의미하며, 국내에 정착할 집단으로 간주된다. 주로 결혼 중개를 통해 중국, 일본 외에도 동남아시아 국가, 러시아 등에서 이주한 여성에 대한 호칭이다. 이민자로 총칭하는 외국에서는 몇몇 나라를 제외하고는 결혼이민자를 별도로 분류하는 예를 찾아보기 어렵다.

원래 '다문화가족'이라 함은 외국인 근로자, 여성 결혼이민자, 북한이탈주민 등 우리 사회에 새롭게 이주한 가족을 사회적으로 수용하고 편견과 차별 없이 대하고자 하는 의미로 사용되었으나, 2008년 3월에 제정된 「다문화가족지원법」에서는 다문화가족을 주로 결혼이민자 가족으로 한정하고 있다. 2011년 4월의 「다문화가족지원법」 개정에서도 다문화가족에 결혼이민자 외에 혼인귀화자를 포함하게 된 것을 제외하고는 그 대상의 범위는 크게 변화하지 않았다. 「다문화가족지원법」에 나타난 결혼이민자의 정의는 〈표 5-1〉과 같다.

〈표 5-1〉 「다문화가족지원법」에 나타난 결혼이민자의 정의

제2조(정의) 〈개정 2011. 4. 4.〉
1. "다문화가족"이란 다음 각 목의 어느 하나에 해당하는 가족을 말한다. 가. 「재한외국인 처우 기본법」 제2조 제3호의 결혼이민자와 「국적법」 제2조부터 제4조까지의 규정에 따라 대한민국 국적을 취득한 자로 이루어진 가족 나. 「국적법」 제3조 및 제4조에 따라 대한민국 국적을 취득한 자와 같은 법 제2조부터 제4조까지의 규정에 따라 대한민국 국적을 취득한 자로 이루어진 가족 2. "결혼이민자등"이란 다문화가족의 구성원으로서 다음 각 목의 어느 하나에 해당하는 자를 말한다. 가. 「재한외국인 처우 기본법」 제2조 제3호의 결혼이민자 나. 「국적법」 제4조에 따라 귀화허가를 받은 자

결혼이민자에 대한 정부의 지원책은 국내 남성과 결혼한 외국 여성, 그중에서도 자녀를 출산하거나 한국 국적을 취득한 여성 결혼이민자에 주 초점이 맞추어져 있다. 그러나 여성 결혼이민자 중에는 자국의 국적을 그대로 유지하려 하거나 국적 취득 절차가 까다로워서 한국 국적 취득이 늦어지는 경우도 늘고 있다. 따라서 자녀가 없이 이혼 등 가정 해체를 경험하는 여성 결혼이민자의 경우 사회적 지원의 사각지대에 놓이게 되는 결과를 낳고 있다.

2) 결혼이민자 관련 법과 제도

결혼이민자의 법적 지위와 관련하여 여성가족부와 법무부에서 제정·개정한 관련 법과 제도는 〈표 5-2〉와 같다.

이러한 현행법은 다문화가족의 형성 단계에 따른 제도적 장치로, 모두 다문화

〈표 5-2〉 다문화가족 관련 법률 및 규정

관련 법제	소관 부처	제정일 (최근 개정일)	목 적
「국적법」	법무부/ 국적난민과	1948. 12. 20. (2010. 5. 4.)	대한민국의 국민이 되는 요건을 정함
「출입국관리법」	법무부/ 외국인 정책과	1963. 3. 5. (2012. 2. 10.)	대한민국에 입국하거나 대한민국에서 출국하는 모든 국민 및 외국인의 출입국 관리를 통한 안전한 국경 관리와 대한민국에 체류하는 외국인의 체류 관리 및 난민의 인정절차 등에 관한 사항을 규정
「재외동포의 출입국과 법적 지위에 관한 법률」	법무부/ 외국인 정책과	1999. 9. 2. (2011. 4. 5.)	재외동포의 대한민국에의 출입국과 대한민국 안에서의 법적 지위를 보장
「재한외국인 처우 기본법」	법무부/ 외국인 정책과	2007. 5. 17. (2012. 2. 10.)	재한외국인이 대한민국 사회에 적응하여 개인의 능력을 충분히 발휘할 수 있도록 하고, 대한민국 국민과 재한외국인이 서로를 이해하고 존중하는 사회 환경을 만들어 대한민국의 발전과 사회통합에 이바지함
「결혼중개업의 관리에 관한 법률」	여성가족부/ 다문화가족 지원과	2007. 12. 14. (2012. 6. 1.)	결혼중개업의 건전한 지도, 육성과 이용자 보호를 통한 건전한 결혼문화 형성
「다문화가족 지원법」	여성가족부/ 다문화가족 정책과	2008. 3. 21. (2012. 2. 1.)	다문화가족 구성원이 안정적인 가족생활을 영위할 수 있도록 함으로써 이들의 삶의 질 향상과 사회통합에 이바지함
이민자 사회통합 프로그램 및 그 운영 등에 관한 규정	법무부/ 사회통합과	2008. 11. 7. (2012. 3. 27.)	「재한외국인 처우 기본법」의 목적을 구현하기 위하여 재한외국인 및 귀화자와 그 자녀, 대한민국 국민 등에 대한 사회통합 프로그램을 표준화하여 시행하고 그 운영기관을 지정 · 관리하기 위한 기본적인 사항을 정함

출처: 박지영(2008: 23-25).

가족의 사회통합을 목적으로 하고 있다. 「출입국관리법」과 「국적법」은 결혼이민자의 출입국 및 대한민국 국적을 취득하는 과정과 자격에 관한 기준을 제시하고 있고, 「재한외국인 처우 기본법」 「다문화가족지원법」 「결혼중개업의 관리에 관한 법률」 등은 실제로 결혼이민자가 대한민국 국민으로서 사회로부터 어떠한 보호를 받을 수 있는지, 지역사회는 이들을 어떻게 지원해야 하는지에 대한 방향을 제시하고 있다.

또한 최근 기대가 모아지고 있는 「결혼중개업의 관리에 관한 법률」은 결혼이민자가 결혼 성사 과정에서 겪을 수 있는 상업성과 인신매매의 폐해를 방지하고자 중개업 등록 의무와 처벌 규정을 마련하고, 결혼이민자의 인권 보장에 대한 사회적 합의를 제시하기 위한 법률이다.

결혼이민자는 입국 시 「출입국관리법」에 따라 다른 외국인과 마찬가지로 해당 지역의 출입국관리사무소에서 '외국인' 등록을 하게 되며 일정 기간 국내에 체류, 혼인 생활을 유지하는 경우 한국 국적 취득이 가능하다. 「국적법」에 따르면, 결혼이민자는 귀화에 의한 국적 취득(동법 제4조) 중 간이 귀화 요건에 해당되며, '배우자가 대한민국 국민인 외국인으로서, 첫째, 혼인한 상태로 2년 이상 계속하여 주소가 있는 자, 둘째, 혼인한 후 3년이 경과하고 혼인한 상태로 대한민국에 1년 이상 계속하여 주소가 있는 자, 셋째, 배우자의 사망 등 자신의 귀책사유 없이 혼인 생활을 할 수 없었던 자, 넷째, 한국 국적의 미성년 자녀를 양육 또는 양육 예정인 자'의 경우 귀화 허가를 받을 수 있도록 명시되어 있다.

이는 2004년 1월 개정된 내용으로 이전보다는 좀 더 결혼이민자의 혼인상의 사유를 반영하여 국내 체류와 귀화 허가를 인정한 것이다. 2007년 7월에 제정된 「재한외국인 처우 기본법」에서는 결혼이민자의 경우 국적 취득 여부와 상관없이 거주지역 내에서 '외국인'으로 취급되어 지원 대상이 되고 있다. 결혼이민자의 출신 국가가 중국이나 러시아 등인 경우는 「재외동포의 출입국과 법적 지위에 관한 법률」에 적용되며, 「가정폭력방지 및 피해자보호 등에 관한 법률」의 보호를 받고 있다(박지영, 2008: 23-25).

최근 개정된 내용을 살펴보면, 2007년과 2008년에 제 · 개정된 법령과 제도는 지난 4~5년 동안 큰 변화가 없는 것으로 보인다. 「다문화가족지원법」에 근거한 다문화가족지원정책의 주 대상자는 결혼이민자, 결혼이민자의 자녀, 한국인 배우자, 그 외의 가족원이다. 이 중 한국 국적을 취득하지 않은 일부 결혼이민자는 「재한외국인 처우 기본법」에 따른 정책 대상이 되는 점은 개선되지 않았다.

외국인 근로자의 경우도 그렇듯이 다문화가족 내 아동과 청소년의 초국가적 이주가 점차 증가함에 따라 이주자의 '가족 재결합' 권리는 보장되도록 관련 법과 제도가 개정되어야 할 것이다. 결혼이민자 전혼 자녀의 경우 만 15세 이하인 경우만 입양이 가능한데, 최소한 국내 「입양특례법」에 따라 18세까지의 아동은 입양이 가능하여야 하며, 국외의 친자녀가 부모와 함께 동거하기를 원하는 경우 연령에 제한 없이 국내에 체류할 수 있는 방안을 마련해야 할 것이다. 이에 따라 서울시의 '중도입국 다문화자녀 종합지원책'이 시사하듯이 가족 재결합을 위해 국내에 이주한 청소년 자녀의 한국 사회 적응을 지원하기 위한 대책이 요청된다.

공공부조제도와 관련해서도 2005년 12월 법 개정으로 2007년부터 여성 결혼이민자를 포함시키는 특례 조항이 생겼으나 수급권자가 될 수 있는 외국인은 「출입국관리법」 제31조에 따라 외국인 등록을 한 자로서 대한민국 국민과 혼인 중인 자로서 대한민국 국적의 미성년 자녀를 양육하고 있는 자, 대한민국 국민인 배우자와 이혼하거나 그 배우자가 사망한 자로서 대한민국 국적의 미성년 자녀를 양육하는 자로 한정하고 있다. 「사회보험법」 외에 「공공부조법」 「사회보상법」 「사회복지서비스법」에는 국적 취득이 예정된 여성 결혼이민자와 그 자녀를 제외하고는 외국인에 대한 적용 규정이 없다(정기선 외, 2011).

3) 결혼이민자의 규모와 유입 배경

국내 결혼이민자의 규모는 2013년 현재 약 15만 명으로 집계되며, 혼인귀화자와 기타 국적취득자를 포함한 다문화가족의 수는 약 28만 명으로 보고되고 있다. 출신 국가는 중국(한국계), 중국, 베트남, 필리핀, 일본 순이다(여성가족부, 2013년 7월 보도자료). 국제결혼은 2005년 전체 결혼의 13.6%, 2008년 11%를 차지하였다가 약간 감소하고 있으나, 국내외 동향과 외교 관계, 세계적인 이주화의 영향으로 지난 몇 년 사이에 결혼이민자 가족의 규모는 꾸준히 증가하고 있다(김유경 외, 2012). 결혼이민자 가족의 증가는 자녀, 혼인귀화자, 국제결혼 이민자 순으로 증가하고 있으며, 2007~2012년에 자녀가 230%(10만 1813명) 증가하였고, 혼인귀화자와 이들 자녀가 각각 96%(3만 7482명)와 64%(5만 6250명) 증가하였다(박재규, 2012).

1980년대 이후 세계화에 의해 국가 간 장벽은 무너지고 자본, 노동, 인구 이동 등 모든 영역에 걸쳐 국가 간 이동이 이전과 비교할 수 없을 정도로 빈번해지고 있다. 세계화는 국제결혼도 이전보다 훨씬 쉽게 할 수 있는 환경을 제공한다. 세계화는 순혈주의와 같은 타국인에 대한 기존의 배타적인 태도를 약화시킬 뿐만 아니라 인구의 국제 이동을 촉진하여 국제결혼을 증가시키는 요인으로 작용한다. 또한 1992년 중국과의 수교와 국제결혼중개업체의 성행으로 아시아 국가 여성과의 국제결혼이 증가하였다.

사회적 측면에서도 우리 사회의 인구 구조의 변화로 출산력의 저하, 출생 성비의 불균형이 큰 요인이 되고 있다. 출산력의 저하는 연도별 출생 코호트(cohort)의 규모를 축소시켜 혼인 적령기에 있는 남자 인구와 여자 인구 간 불균형을 초래하게 된다. 이는 우리 사회에서 남자의 혼인 연령이 여자의 혼인 연령보다 3~4세 높은 것이 전통적인 관행이라는 점을 고려하면, 출생률의 저하에 따라 혼인 적령기에 있는 여성 인구의 규모가 남성 인구의 규모보다 적어지기 때문이다. 이러한 성, 연령 간 인구 구조의 변화는 한국 남성이 한국 여성과 결혼할 수 있는 기회의 불균형을 초래한다. 결혼 적령기에 있는 남성 인구와 여성 인구 간 규모 불균형으로 인해 우리 사회 여성의 결혼 선호도가 낮게 나타나는 남성 집단일수록 한국 여성과의 결혼이 어려워지고, 따라서 이들 집단에서 외국 여성과의 결혼 비율은 더욱 증가할 것이다. 이러한 대표적인 집단에는 농촌 총각, 경제 수준이 낮은 도시 근로자, 그리고 재혼 남성이 해당한다(손병돈, 2007).

국내 결혼이민자의 한국 사회 적응상의 어려움으로 특정 국가에서는 한국 남성과의 국제결혼에 대한 허가를 일시 중지한 경우도 있었지만, 앞에서 언급한 세계화 추세와 국내 결혼 불균형의 문제 등 동남아시아 국가에서의 송출 요인과 한국으로의 유입 요인이 당분간은 결혼이민자의 이주현상을 지속시킬 것으로 추정된다.

4) 결혼이민자 지원정책

정부는 1990년대 중반 이후부터 급격히 늘어난 한국 남성의 국제결혼에 대해 처음에는 국제결혼이 초래할 사회 현상에 대한 고려 없이 단순하게 농어촌 지역의 결혼 문제를 해결하는 수단으로 이해하였다. 따라서 1990년대에 국제결혼을 통해 이주한 결혼이민자는 정부나 지방자치단체의 지원을 거의 받지 못하였고, 지역사회에서도 스스로의 삶을 개척하고 적응할 수밖에 없었다.

그 후 시민단체나 언론을 통해 이들의 상황이 알려진 후 정부 및 지방자치단체는 결혼이민자를 지원하기 위한 정책을 마련하기 시작하였다. 결혼이민자에 대한 차별 해소와 다문화사회를 위한 정책이 시급한 과제로 떠오르면서 정부는 2004년 후반부터 전국적인 실태 파악에 나섰고, 여기에 2005년 5월 대통령 지시과제로 관리되면서(대통령자문 빈부격차차별시정위원회, 2006) 결혼이민자 정책은 활기를 띠게 되었다. 정부는 결혼이민자 유입이 던져 준 이러한 과제를 해결하기 위해 2005년 8월 16일과 11월 25일, 2006년 4월 26일 세 차례에 걸쳐 지원 대책을 마련하였다. 특히 제3차 대책은 결혼이민자의 사회통합 지원에 맞춰 '결혼이민자에 대한 차별과 복지 사각지대 해소를 통한 사회통합과 열린 다문화사회 실현'에 주안점을 두었다.

결혼이민자 가족 관련 제 부처들이 공통으로 마련한 '여성 결혼이민자 가족의 사회통합 지원 대책'의 주요 내용을 살펴보면, 탈법적인 결혼 중개 방지 및 국제결혼 당사자 보호, 한국 사회 조기 적응 및 정착 지원, 자녀의 학교생활 적응지원, 여성 결혼이민자 가족의 안정적인 생활환경 조성, 다문화에 대한 사회 인식 개선 및 업무 책임자 교육 등이다(손병돈, 2007). 이러한 결혼이민자 지원책은 최근에 점차 증가하는 자녀들에 대한 지원에 초점이 좀 더 맞추어진 것 외에는 지원방향이 크게 변화하지 않았다. 〈표 5-3〉은 정부 부처별로 유사하게 나타나고 있는 여성 결혼이민자 지원정책을 제시한 것이다.

〈표 5-3〉 정부 부처별 결혼이민자 정책 및 서비스

구분	정책 및 서비스 내용	주관부처
건전한 국제결혼 정착지원	현지 결혼이민자 대상의 사전 정보 제공, 국제결혼중개업 등록제, 결혼중개업자 전문 지식 및 윤리의식 향상 교육, 입국 전 사전교육 프로그램 시행 및 콜센터 설치, 한국인 예비 배우자 결혼준비 교육	여성가족부
	위장결혼 예방 및 단속 강화, 국제결혼예정자에 대한 사전 소양 교육	법무부
여성 결혼이민자 초기 적응 및 정착 지원	한국어교육, 다문화가족지원센터 운영, 상담 및 가족통합 교육, 다문화 매거진 및 가이드북 발간, 다문화가족 포털사이트 운영, 결혼이민자 통·번역 서비스, 국가별 자조모임 지원	여성가족부
	결혼이민자 등에 대한 거주 및 영주를 포함한 사증·체류 관리, 사회통합 프로그램 이수제 운영, 결혼이민자와 가족에 대한 고충 상담 활성화, 초기정착 결혼이민자 및 가족 교육, 자조모임 지원	법무부
	이주민 문화 적응 및 교류지원, 다문화사회의 한국어교육진흥	문화체육관광부
	가정방문 및 문화탐방	행정안전부
	한국어·한국문화교육과정 개설, EBS 한국어 교육방송 프로그램 제작	교육과학기술부
	농업인교육훈련, 양육지도사 및 한국어 교사 파견, 교육도우미를 통한 교육 및 상담, 출산농가 도우미 파견	농림수산식품부
가정폭력피해자 보호·예방	가정폭력 피해 여성 이민자 긴급전화 및 쉼터 운영	여성가족부
여성 결혼이민자 자녀교육	이중언어 교육 환경조성, 다문화가족 자녀 보육·교육비 전액 지원, 다문화가족자녀 언어발달 지원 및 이중언어 개발교육	여성가족부
	결혼이민자 등에 대한 거주 및 영주를 포함한 사증·체류 관리 및 정책	법무부

	다문화가정을 위한 독서진흥 콘텐츠 개발, 다문화가정 자녀 대상 한국어방문학습교재 개발, 한국어교재 개발, 요리 · 육아 관련 생활정보 제공	문화체육관광부
	다문화가정 자녀 교육지원, 다문화가정 자녀 상담교사 지정, 불법체류 자녀 교육권 보장, 다문화가정 근로장학금 지원, 다문화가정 방과 후 프로그램	교육과학기술부

출처: 2012년 2월 기준 부처별 홈페이지의 내용 재구성.

이처럼 정부의 각 부처마다 정책의 내용은 차이가 있으나 정책별로 목적은 유사하다. 그 목적은 크게 '건전한 국제결혼 정착지원' '여성 결혼이민자 초기 적응 및 정착 지원' '가정폭력피해자 보호 · 예방' '여성 결혼이민자 건강지원' '여성 결혼이민자 자녀교육' '여성 결혼이민자 역량 강화' '일반인 · 업무담당자 대상 인식 개선 및 홍보' '추진체계 및 네트워크 마련'으로 나눌 수 있다. 결혼이민자의 증가에 따라 시급한 문제해결을 위한 단기대책과 사업 및 담당인력이 보충되었지만, 부처와 지자체별 역할 분담이 아직 명확하지 않고 다문화사회가 갖추어야 할 문화적 역량은 크게 증진되지 않았다. 성숙한 다문화사회를 위한 중장기적 지원대책이 부재하고 일반인의 다문화 인식 개선을 위한 정책 수립이 미흡한 것으로 자체 평가되고 있다(여성가족부 · 관계부처합동, 2012). 그동안 정부 부처 간 역할이 조정되지 않아 연계성 부족과 서비스 이용상의 어려움, 중복 서비스와 예산 낭비에 대해 많은 지적이 있어 왔다. 이를 해결하는 것이 최우선 과제가 되어야 할 것이다.

2. 출신 국가별 문화적 특성

결혼이민자의 수를 출신 국가별로 살펴보면, 2013년 7월 기준으로 중국(한국계), 중국, 베트남, 필리핀, 일본, 캄보디아 순으로 나타났다. 국제결혼 초기부터 주류를 이루었던 중국 여성과 종교단체의 축복결혼으로 증가하였던 필리핀 여성이 점차 감소하는 반면, 베트남과 캄보디아 출신 결혼이민자가 증가하는 추세다. 특히 지역별로 보면, 농어촌의 결혼 2~3건 중 1건은 여성 결혼이민자와의 결혼으로 점차 국제결혼이 일반화되고 있으며, 농어촌의 새로운 가족 유형으로 자리 잡고 있다.

결혼이민자는 언어와 문화의 차이로 인해 의사소통과 사회 적응의 어려움을 겪고 있으며, 결혼 후 곧 임신과 출산을 경험하는 경우가 대부분이어서 아직 한국 생활과 언어, 문화에 익숙하지 않고 친가의 도움이 부족한 상태로 자녀 양육에 큰 어려움을 겪고 있다. 결혼이민자에게 효과적인 사회복지실천을 제공하기 위해서는 무엇보다도 이들의 언어로 서비스를 제공받을 수 있도록 이중언어(bilingual) 서비스 체계를 갖추는 것이 중요하며, 출신 국가별 문화를 이해하는 것이 클라이언트와 함께 일하는 데 도움이 될 것이다(Lee & Mock, 2005).

이 절에서는 결혼이민자의 특성을 파악하기 위해 이들 출신 국가 중 가장 높은 비율을 차지하는 중국(조선족), 베트남, 필리핀, 구소련 독립국가 중심으로 살펴보고자 한다. 각 국가의 상이점과 공통점을 이해하기 위하여 인구사회학적 배경과 경제 및 직업 활동, 교육제도, 자녀 양육 방식 등 가족 문화에 대해 살펴본다.

1) 중국-조선족

한국과 조선족의 인적 교류는 1980년대 초반부터 시작되었다. 중국 정부가 대외 개방화 정책의 일환으로 조선족이 홍콩을 경유하여 한국을 방문하는 것을 허용하였다. 그러나 조선족의 이주가 본격화된 것은 1990년대에 들어서였다. 한국 정부는 1992년 8월에 정식으로 중국과 수교함으로써 조선족의 입국을 허가하고, 사실상 취업 문호를 개방하였다. 이러한 한국 정부의 조치는 한 · 중 간의 엄청난 임금 격차, 조선족 사회의 유휴 노동력의 존재 등과 맞물려 이른바 '한국바람'을 촉발하는 계기가 되었다. 또한 결혼을 목적으로 입국한 조선족 여성도

1990년대 이후 그 수가 급증하였다.

한국을 찾는 조선족의 수는 1990년대에 들어서도 계속 증가하여, 조선족 가운데 한국에 다녀왔거나 체류 중인 비율은 10~15% 이상으로 파악된다. 예컨대, 1990년대 말경에 경상도 출신이 다수인 흑룡강성 조선족은 남한에 친척이 많아 '해림 시의 성인 중 89%는 적어도 한 번씩은 한국에 갔다 온 경험'이 있을 정도였다(김광억, 1998).

인구　중국에 거주하는 조선족의 인구는 200만 명이 넘는 수준으로 중국 총인구의 약 0.2%, 중국의 소수민족 총인구의 2%를 조금 넘게 차지한다. 조선족은 중국 56개 민족 중 다수 순위에서는 14위에 이른다. 중국의 동북부 요령성, 길림성, 흑룡강성 등 3개 성에 거주하고 있는 조선족 인구는 중국 조선족 총인구의 97%를 차지하며, 이 3개 지역에 집중되어 있다(김강일, 허명철 편, 2001).

언어　중국 조선어와 조선 문자는 중국 조선 사람들이 창제한 것이 아니라 조선 반도에 연원을 두고 있다. 중국 조선어는 한국어의 여러 개 방언으로 구성되어 있는데, 이들 방언은 각자의 고유한 방언적 특성을 보존하고 있으면서 서로 간에 영향을 끼치고 있다.

연변 조선족 자치주의 공식 언어는 한 · 중 2개 국어이며, 관청의 간판도 2개 국어로 병기되어 있다. 연변지구 조선족의 상용 언어는 대부분 조선어지만, 도시와 농촌 사이에 차이를 보인다. 농촌에서는 거의가 조선어를 상용하며, 도시에서는 14%가 한어를 사용하고, 12%가 두 나라 말을 병용하고 있다. 도시에 사는 조선족 어린이 중에는 우리말을 모르는 경우가 많고, 연변대학에서도 과거와는 달리 이제는 주로 한어로 교육하고 있다.

종교　하나의 대표적인 종교는 없고, 토속신앙과 조상숭배사상에서 유교, 도교, 불교로 변해 왔고, 현재는 기독교와 천주교의 신도가 가장 많다.

기후 대표적으로 연변의 기후는 중온 대습윤 및 반습윤 대륙성 계절풍 기후에 속한다. 계절풍이 뚜렷하고 서부에서 동부로 가면서 대륙성 기후에서 해양성 기후에 가까워지며, 기후 유형이 다양하고 기후의 수직대성이 뚜렷한 것이 기본 특징이다.

가족 문화 중국 조선족은 비교적 우리 민족의 풍습을 그대로 계승해 오고 있다. 그 실례로 우리 민족의 전통대로 음력설, 정월 대보름, 추석 등 명절을 지내며 환갑 · 진갑 잔치, 혼례, 제사 등도 지켜 오고 있다(임채완 외, 2001). 또한 출판사 6개, 신문사 4개가 운영 중이고, 조선 문자로 출판되는 잡지도 10여 종 있으며, 일부 도시에는 조선민족 도서관, 문화관, 예술단체, 가무단 등이 설치 · 운영되어 독자성을 유지하고 있다(김성희, 2002).

조선족 가정의 생활은 한국 가정의 생활과 유사하여 식생활의 경우 김치, 찰떡, 고추장, 된장, 쌈장, 시루떡, 청국장 등 한민족의 전통음식을 비교적 그대로 유지해 왔고, 대다수가 이를 즐겨 왔다. 전통적으로 가부장 의식을 가지고 있던 조선족은 여성 해방과 남녀평등이라는 중국 전역에 걸친 변화의 물결에서도 꿋꿋이 전통적 가족관계를 유지해 왔으며, 조선족 여성은 사회에서의 일과 가정 내 가사노동을 모두 수행해야 한다는 이중부담을 전적으로 받아들인 채 가정생활을 유지해 왔다(강순화, 2005).

중국의 개혁개방은 조선족 가정생활에 커다란 변화를 일으키게 되었다. 일례로 개혁개방 이후 조선족 여성의 가치관은 빠른 속도로 변화하고 있는데, 이로 인해 조선족 가정의 안정성은 상당히 위협받고 있다. 조선족 사회의 이혼율은 해마다 증가하고 있고, 국제결혼도 증가하였다. 최근에는 한국에 노무 송출을 갔다 귀국한 사람이 증가하면서 현지에 남아 있던 사람과의 가치관 차이로 인해 이혼하는 비율이 더욱 급증하고 있다. 또한 부모의 출국이나 도시 진출, 이혼 등의 이유로 부모와 자녀가 떨어져 생활하는 가정이 늘고 있는데, 부모와 떨어져 있는 기간이 장기화될수록 아이들의 교육은 방치되고 있고, 아이들의 심리적 측면의 부족감은 사회적 비행으로 연결되어 조선족 문제는 사회, 나아가 중국 내 청소년 문제로 확대되고 있다(강순화, 2005).

교육제도 중국 조선족의 특성 또는 정체성의 특징으로 민족 언어와 문자, 민족전통, 민족의식, 그리고 높은 교육열을 꼽을 수 있다. 중국은 통일된 다민족 국가로서 교육도 다원일체의 구성을 이루고 있기 때문에 조선족 교육도 다민족 국가에서의 소수민족 교육으로 이루어지고 있다.

민족 주체성 계승 차원에서 조선족 문화를 교수 내용으로 하고 있으며, 조선족의 언어와 문자, 문학, 음악, 미술, 체육, 무용 등을 학과목 교수 내용으로 삼고 있다. 학교 운영 방식에서도 단일민족학교를 꾸리고 있으며, 우리의 조선말과 글로 교수하고 있다(김성희, 2002).

자녀 교육을 천직으로 간주하여 온 우리 민족은 이주 초기 극빈의 상황에서도 마을만 이루면 우선 서당부터 세워 자식에게 글을 가르쳤고, 또한 일찍이 새 중국의 창립과 더불어 중국의 그 어느 민족보다도 앞서서 조선족 집거지인 연변 땅에 민족대학을 세웠다.

조선족의 교육 수준은 줄곧 중국 56개 민족 중 그 어느 민족보다 높다는 점에서 조선족의 교육에 대한 중시는 쉽게 확인할 수 있다. 13억 인구를 포용하고 있는 거대한 중국에서 200만 조선족은 그야말로 미세한 존재지만, 질적인 면에서는 교육 수준과 문화 소질이 높은 민족으로 널리 알려져 줄곧 우량한 우리 민족 교육의 우수한 전통을 자랑해 왔고, 또 오늘날까지 계승하고 발전시켜 왔다(강순화, 2005).

경제 및 생활 중국의 조선족은 경제가 비교적 발전한 소수민족이며, 직업 구성도 다른 민족보다 합리화되어 있고, 생활수준도 대부분 중국의 평균 수준을 초과한다. 조선족이 가장 많이 밀집하여 사는 연변 조선족 자치주는 중국의 30개 자치주 가운데서 경제발전이 빠른 자치주에 속한다. 조선족 취업 인구는 55%에 이르는데, 이는 한족과 비슷하다. 또 조선족의 생활수준에 대한 종합 수치를 중국 각 민족 인구의 생활수준과 비교해 보면 71.2%로서 가장 높은 것(만주족 67.1%, 한족 63.4%, 장족 40.7%, 하니족 39.3%)으로 나타난다(김성희, 2002).

중국에 사는 우리 겨레의 민족문화의식은 어느 민족에 못지않게 강하다고 할 수 있다. 우리 민족은 자신의 유구한 문화전통을 계승하고 있으며 민족문화를 더욱 높은 차원으로 끌어올릴 의지가 있다. 이는 우리 민족의 슬기와 자신감에서 오는 것이며, 또한 강렬한 민족의식에서 온다.

2) 베트남

인구 베트남의 인구는 약 7000만 명으로, 남북한 인구와 비슷하다. 베트남의 인종 구성은 동남아의 다른 국가와 마찬가지로 복잡하며, 85% 이상을 차지하는 다수민족인 베트남족은 오래전 송코이강 유역에 정착해 살던 월(비엣)족을 중심으로 타이, 인도네시아, 중국의 종족이 혼합되어 이루어졌다. 베트남족 이외에 소수민족으로는 중국인 화교와 크메르족, 그리고 참족이 평지에 살고 있고, 내륙 산 속에는 많은 소수민족이 분포하고 있다.

언어 베트남어는 몬·크메르(Mon-Khmer)어와 타이어, 그리고 중국어의 요소가 융합된 형태다. 몬·크메르어와 타이어는 어휘와 발음, 문법적인 요소에 영향을 주고 있으며, 중국어는 쓰기 체계와 어휘, 의미에 큰 영향을 끼치고 있다. 한자의 어원에서 비롯된 베트남어는 우리나라 발음과 비슷한 것도 많다. 예를 들어, 대한(大韓)의 베트남식 발음은 따이한(Dai Han)이며, 남조선(南朝鮮)의 베트남식 발음은 남주띤(Nam Trieu Tien)이다.

문자는 13세기 이전까지만 하더라도 한자를 써 오다가 그 이후에는 한자를 인용하여 만든 놈(Nom)이라고 하는 우리나라의 이두 같은 문자를 공문서나 학문적인 용도로 소수계층에서 이용하였다. 그러나 제1차 세계대전 이후에는 프랑스

신부인 Alexander에 의해 개발된 쿠옥 누(Quok Ngu)가 일반 대중에 의해 사용되기 시작하여 오늘날에 이른다.

종교　일반적으로 베트남인의 종교는 조상숭배의 성격이 강한 불교라고 말한다. 그러나 엄밀한 의미에서 이들의 종교는 한마디로 말할 수 없는 묘한 성격을 가지고 있다. 즉, 불교, 유교, 도교, 그리고 그들 고유의 샤머니즘이 조상숭배라는 큰 틀 속에 녹아들어 묘한 혼합신앙의 성격이 형성된 것이다. 이러한 신앙의 융합 속에서도 어떤 갈등이나 모순을 발견하기 힘들다. 샤머니즘의 사당이 불교나 도교의 사찰과 마찰 없이 오히려 조화를 이루며 어우러져 있다. 이 외에 이슬람교, 기독교 등이 있고, 기존의 외래 종교를 혼합하거나 단순화하여 만든 민족종교로 까이 다이교와 호아 하오교가 있다.

기후　베트남의 기후는 위도상의 차이보다는 고도상의 차이에 의해서 결정되는데, 남부는 열대몬순 기후에 속하고 북부는 아열대 기후에 속한다. 남부는 건기(11~4월)와 우기(5~10월)로 나뉘어져 연중 여름인 반면, 북부는 사계절이 있다. 여름은 남동쪽에서 불어오는 해양성 바람에 의해서 고온다습하며, 겨울은 북동쪽에서 불어오는 차가운 대륙풍에 의해서 춥고 다습하다. 이 때문에 북부는 겨울과 봄에 자주 가랑비가 오며, 특히 습도가 높아 생활에 어려움이 많다. 음력설 기간에 날씨가 좋으면 연중 날씨가 좋을 것이라는 베트남인의 믿음은 이 같은 북부의 궂은 날씨를 잘 반영한다.

가족 문화　베트남은 원래 유교의 영향으로 여성의 지위가 남성에 비해 낮았으나 오늘날에는 가족 내에서 부부가 평등하고 학력을 중요시하여 교육의 중요성을 강조하며, 전문성 제고를 위한 교육 훈련에 많은 관심을 가져왔다. 한편 베트남 혁명의 이념적 · 문화적 · 경제적 · 정치적 측면으로 볼 때 현재 경제 건설과 사회주의적 건설 간에 갈등이 없고, 실용주의적 성향이 강해 현실주의가 작용할 뿐만 아니라, 새로운 균형이 역동적으로 형성되면서도 전통적 가치가 긍정적으로 작용하고 있어 정치사회적 안정이 이루어지고 있다. 또한 전통적 생활문화에 있어 가족과 친척에 대한 의무가 강하게 작용하는 측면을 보인다(황귀연, 1998).

베트남 사람은 가족을 중시하며, 베트남의 가족은 유교식의 가부장제를 특징으로 한다. 가족 구성원은 효(孝)를 기본 이념으로 삼고 몇 개의 가족으로 구성되는 가문의 명예를 중시한다. 베트남 사람은 자신이나 부부의 의사와 이익보다 가족의 의사와 이익을 더 중시한다. 이런 의미에서 베트남 사람은 집단적 존재다.

결혼의 목적은 가문과 조상숭배를 영속시키는 것에 있다고 간주된다. 따라서 결혼은 아주 신중하게 결정되고, 다산을 권장한다. 결혼은 청혼, 약혼, 결혼식의 3단계에 걸쳐 이루어지는데, 중매인을 두는 것이 일반적이다. 청혼에 앞서 양가는 사주팔자에 따른 궁합을 본다. 결혼식은 먼저 신부집 조상 위패와 신부의 부모 앞에서 각각 치러지고, 그다음에 신랑집 조상 위패와 신랑의 부모 앞에서 각각 치러진다.

여성의 지위는 유교식 삼종지도(三從之道)에 따라 남자에게 종속되는 지위다. 칠거지악(七去之惡)도 있으며, 일부다처가 허용되기도 한다. 그러나 베트남의 역사에서 보듯이 여성의 지위가 중국이나 기타 유교문화권의 경우에 비해 상대적으로 높았다고 할 수 있다. 자녀가 태어나면 3세부터 14세가 될 때까지 머리를 면도로 밀고, 악귀를 물리치기 위하여 은반지와 은목걸이를 착용하게 한다. 또한 아이들에 대한 호칭은 '돼지'라 부르는 경우처럼 반어법을 사용하는 경우가 많은데, 이 역시 악귀가 덤비지 못하게 하기 위한 것이다.

아동 보호 및 자녀 양육 방식 베트남은 어린이의 보호 및 양육에 관해서 1960년에 「가정과 결혼법」을 선포하였고, 그 후 1986년 그 법을 수정·보완하여 어린이의 양육 및 학습에 관한 권리를 제시하였다. 또한 1991년에 「어린이 양육 및 보호법」을 제정하였다. 이 법에 의하면 어린이의 양육 및 교육, 보호는 가정에서 아버지와 어머니 또는 보호자가 책임을 져야 한다고 제시하였다.

베트남에서 부모의 양육 태도에 관련된 선행연구를 살펴보면, 유아의 성별에 따른 부모의 양육 태도에 차이가 없었으며, 부모는 자녀 양육에서 자녀의 정서적 · 심리적 생활, 상호작용, 그리고 사회문화적 행위 및 경험을 함께하며, 부모가 자녀에게 행위의 본보기를 보여 준다고 한다. 어머니는 자녀에게 정서 발달에 영향을 미치는 반면, 아버지는 자녀 양육에서 자녀에게 규정, 질서, 용감, 성역할 등을 가르치는 역할을 담당한다. 가정에서 자녀 양육에 관한 부모와 자녀 간의 애착관계를 형성하는 것은 매우 중요하며, 이를 통해서 부모가 자녀를 이해하고 부모와 자녀 간의 애착관계가 가정교육의 효과를 위해 가장 기본 조건이 된다고 보고하고 있다(팜 프응마잉, 이진희, 신인숙, 2007).

교육제도 사회주의 국가인 베트남은 직장 여성이 많기 때문에 유아원, 유치원 제도가 잘되어 있다. 유아원, 유치원에서는 급식은 물론 낮 취침까지 할 수 있다. 부모들은 출근 시간인 아침 7시에 아이를 데려다 주고 퇴근 시간인 5시쯤 집으로 데리고 온다. 초등학교에서는 약 20%의 학생이 급식과 낮 취침을 학교에서 한다.

베트남의 모든 교육과정은 남녀공학이다. 그리고 초 · 중 · 고등학생은 반드시 교복을 입어야 한다. 초등학생은 파란 바지에 흰 와이셔츠를 입고, 빨간 머플러를 두른다. 중 · 고등학생 교복은 머플러를 두르지 않고 바지와 흰 셔츠 차림이다. 여학생은 고등학생이 되면 베트남 전통 복장인 흰색 아오자이(Ao dai)를 입는다. 달랏(Da Lat) 같은 고산 지방은 춥기 때문에 파란 스웨터를 걸쳐 입는다. 남선생은 와이셔츠에 양복 바지, 여선생은 아오자이가 기본이다. 선생님에게는 원칙적으로 학생 체벌이 금지되어 있으므로 한국 같은 체벌은 전혀 찾아볼 수 없지만, 냉정하게 문제학생을 수업에서 쫓아낸다. 처음은 주의, 두 번째는 발을 오므리고 의자 위에 올려놓는 벌을 주고, 세 번째는 교실에서 쫓아 버리는 것이다.

베트남도 한국과 같이 의무병제를 실시하고 있다. 남자는 고등학교 졸업 후 반드시 3년 혹은 2년 군대 복무를 해야 한다. 그러나 대학생은 4년간 2달의 군사

훈련으로 대치된다. 특징적인 것은 남녀 모두 훈련을 받는다는 것이다. 물론 여학생도 남학생과 같이 실전 사격 연습도 한다. 2학년 1학기가 끝나면 첫 1달간 훈련을 받고, 4학년 마지막에 1달간 훈련을 받으며, 매일 8시간 훈련을 받는다.

베트남도 한국과 마찬가지로 대학 입시가 있다. 대학 입시는 대학별로 실시되며, 대개 같은 계열의 대학이 같은 날짜에 시험을 치른다. 대학 졸업 후 평균 취업률은 50%를 밑돈다. 가장 인기 있는 직장은 관공서와 외국인 회사다. 관공서 중에서는 우체국을 가장 선호하는데, 이는 월급이 많기 때문이다. 그다음은 은행, 경찰 등의 순이다. 외국인 투자 공장에서 화이트칼라로 일하고 싶어 하는 젊은이도 많다(베트남정보, http://www.vietinfo.co.kr).

대처 방식 예로부터 베트남인은 총명하다고 일컬어지는 반면에, 모방을 잘하는 탓에 창조력이 결여되어 있다고 하기도 한다. 또한 사람들의 성격이 급하고 인내심이 부족하여 쉽게 다툰다. 사적이든 공적이든 일단 어떠한 명분이 주어지면 그 명분을 향해 최선을 다하기도 하는데, 이 명분이 사적으로 표현될 때는 결합된 가족과 친족 중심으로, 반대로 공적으로 나타날 때는 무서운 공동체 의식으로 표출된다. 때문에 일상생활에서는 망설이고 서로 간의 화합이 부족해 보이나, 큰 재난 앞에서는 사심을 버리고 굳게 뭉치거나 서로 인정해 주는 자기희생적인 민족근성을 드러낸다. 즉, 다인종, 다문화적인 특징이 보이지 않는 사슬을 형성하여 국가라고 하는 대의명분 앞에 무섭도록 하나로 결집된다는 것이다.

한편 베트남인은 일찍부터 유입된 유교사상에 의하여 효, 예, 덕, 의, 지, 신을 처세의 덕목으로 삼았다. 여기에 베트남은 가족 안에서 개인이 무시되는 철저한 가족중심주의 사회로서 가정이 가장이나 족장에 의해서 움직이는 효행중심주의였다. 유교의 영향에 의해 일찍부터 과거제도가 있었고 학문을 사랑하였다. 반면에 자랑하기를 좋아하여 외형과 허명에 관심이 높았기 때문에 상대보다 자신이 무언가 우월한 점이 있다고 판단되면 거만하게 행동하며 과장을 잘하였다. 그 밖에도 베트남인은 신앙심이 깊어 조상숭배와 종교에 심취하였다. 이 같은 신앙심과 문화에 대한 친화력은 쉽게 베트남적인 문화를 낳는 요인으로 발휘되었으며, 이러한 특징은 토착화된 오늘날의 불교활동에서 찾아볼 수 있다.

베트남 사람은 사회적 위계를 중시한다. 사회질서의 유지에 기여하는 사람, 현명하고 정직한 사람(君子), 그리고 연장자를 존경한다. 그들은 자기 자신에 대하여 말할 때는 낮추어 말하고 남에 대하여 말할 때는 높여 말한다. 예를 들어, 자신을 '병든 몸', 자기가 가진 것을 '보잘것없는 것', 자기 집을 '누추한 거처' 등으로 표현하고 남에 대해서는 귀하거나 아름답다거나 완벽하다고 말한다. 상대방과 대화를 나눌 때는 상대방의 얼굴을 정면으로 바라보지 않으며, 상대방과 견해가 다르면 먼저 '답을 올립니다만' 또는 '보고 전합니다만' 등의 표현을 쓰고 '감히' 또는 '결례를 무릅쓰고' 등의 표현을 사용한다. 자기 감정을 절제하고자 하며, 남의 감정을 건드리지 않으려고 애쓴다. 예의를 중시하고 연장자나 윗사람에게 지나칠 정도로 공손하며, 낯선 사람이라도 나이가 많으면 할아버지나 아저씨로 부르고 나이가 비슷하면 형이라고 부른다. 또한 말수가 적은 것을 좋은 것으로 여긴다(김영우, 한홍렬, 김연각, 1999: 251).

3) 필리핀

유래 Magellan이 1521년에 비사야 제도의 세부에 내도한 이후, 1927년에 Villalobos가 민다나오를 경유하여 레이테까지 탐험, 정복하였다. Villalobos는 당시 스페인 국왕 필립 2세의 이름을 따서 자신의 정복지를 필리피나스(Las Islas Filipinas)로 명하였는데, 이때의 명칭이 오늘날의 국명(the Philippines)으로 발전되었다(양승윤 외, 2003).

종족 필리핀의 종족 기원은 아시아 대륙에서 건너온 말레이 원주민이다. 이들은 오늘날까지 주로 산간 오지(奧地)에 원시 형태의 소수종족으로 생존하고 있다. 말레이계 종족은 주로 이슬람의 전파와 해상 무역로를 통하여 필리핀 군도로 건너왔다. 마닐라 톤도 지역에 위치한 이슬람 술라이만(Rajah Sulayman) 궁전이 필리핀 이슬람사(史)의 물증이다.

말레이시아, 필리핀, 인도네시아 3국이 1960년대 초에 동남아시아의 지역협력기구로 만들었던 '마필인도(Maphilindo)'는 이들 나라가 모두 말레이족을 바탕으로 한 국가라는 공통점으로 창설되었다. 최근까지도 필리핀 남부의 이슬람 말레이 종족과 말레이시아령 사바의 말레이 종족은 국경과 무관하게 인적 · 물적 교류를 하고 있다.

말레이계 종족에 이어 10세기경부터 중국 대륙에서 중국인이 대거 유입되기 시작하였는데, 이들은 주로 중국과 외부 세계의 중계무역을 목적으로 필리핀 군도의 요충지에 군거(群居)하였다. 이들은 중계무역을 발전시켜 해상무역의 범위를 넓혀 나갔고, 이에 해안도시의 상권을 형성하였다.

16세기부터는 스페인의 식민통치 시대가 개막되었다. 동남아시아의 다른 지역과 달리 필리핀 군도에 이미 자리 잡고 있던 중국인들은 스페인 식민당국과 우호관계를 유지하며 이베리아 여인들과 혼합결혼을 선호하게 되었다. 스페인계 남성들도 일부 말레이계 종족을 포함하여 혼합결혼으로 가정을 이루었다. 오늘날의 필리핀 사람들은 대체로 중국계 메스티조(Mestizo)이거나 스페인계 메스티조[1]에 속한다.

인구 필리핀의 인구는 8500만 명을 넘는 것으로 집계되어 동남아 10개국 중 인도네시아 다음의 인구 대국이다. 강력한 가톨릭교회의 영향으로 산아제한 등 가족계획정책의 시행이 불가능하였기 때문이다. 1990년대에 들어서면서 '넷째까지만 낳자(Stop at Four).'라는 가족계획 구호가 조심스럽게 등장하였고, 동남아

1) 필리핀에서 메스티조(Mestizo)는 혼혈 필리핀 원주민과 외래인 후예의 혼혈 후손을 일컫는 총칭이다. 이와 같은 경우는 동남아시아에서 매우 흔한 일이다. 예를 들어, 중국인 노무자를 지칭하는 쿨리(Coolie, 苦力)도 보통 명사화되어 중국계 쿨리, 인도네시아계 쿨리, 인도계 쿨리 등으로 불린다(양승윤 외, 2003).

시아 주변 국가의 가족계획정책의 영향을 받아 인구 증가율이 2.3%로 다소 낮아졌다. 또한 Fidel V. Ramos 대통령은 필리핀 재건(再建)정책의 일환으로 우회적인 정책을 동원하여 인구 증가율을 낮추는 데 기여하였다(양승윤 외, 2003: 4-6).

급격한 인구 증가가 필리핀의 주요 인구 문제지만 여기에 덧붙여 또 다른 인구 문제로는 다음과 같은 것이 있다.

- 필리핀에서 15세 미만의 청소년이 전체 인구에서 차지하는 비율은 44% 이상으로 높다. 이것은 경제활동을 할 수 있는 인구가 적다는 것이다.
- 최근 들어, 필리핀인은 외국에 나가서 일하기를 선호하기 때문에 수많은 전문 인력이 해외로 이주하였다. 따라서 필리핀은 수많은 전문 기술 인력을 잃어 경제 성장과 과학기술 개발에 많은 어려움을 겪고 있다.

필리핀에는 소득과 분배에 근거해서 다음과 같은 세 종류의 사회계층이 존재한다.

- 부유층: 필리핀 전체 인구의 약 10%를 차지하며, 필리핀 전체 재산의 약 90%를 소유하고 있다. 이 부유층은 거대 기업을 소유한 사업가나 대농장의 지주 또는 '신진 부유층'이 주를 이룬다.
- 중산층: 필리핀 전체 인구의 약 20%를 차지하며, 의사, 변호사, 교수, 회계사 등 전문직에 종사하는 사람이다.
- 빈곤층: 필리핀 전체 인구의 약 70%를 차지하고 있으며, 필리핀 전체 국민소득의 약 10%를 벌어들인다. 빈곤층은 생존에 필요한 만큼의 소득만 벌어들일 뿐, 갑작스러운 질병에 대한 대책이 없을 뿐만 아니라 미래를 위한 저축도 하기 힘든 실정이다(장익진, 1999: 21-22).

언어 지난 1986년 Corazon Aquino 대통령은 20년 이상 지속되어 온 마르코스 독재정권을 무너뜨렸고, 이듬해 신헌법을 공포하여 미국식 대통령 중심제와 양원제를 부활시켰다. 이와 함께 Aquino는 타갈로그(Tagalog)어에 기초한 필리핀어를 정식 국어로 채택하였다. 그 이전까지 이 나라에서는 타갈로그어는 공용어로, 영어는 상용어(常用語)로 사용되어 왔다. 이 때문에 유명 정치인이나 학자도 영어로 시작한 연설을 타갈로그어로 끝내기 일쑤인데, 이 나라의 엘리트들은 대체로 영어와 타갈로그어를 혼용하는 것을 자랑스럽게 생각한다.

영어와 타갈로그어 이외에도 필리핀에는 중요한 지역 언어로 분류하는 87종의 언어가 있다. 그중에서도 타갈로그어와 흡사한 비사야어가 비사야 군도 일대에서 폭넓게 사용되고 있다. 영어 보급률이 비교적 높아서 대도시의 경우 성인의 40~50%가 영어를 이해한다. 그러나 그 외의 지역에서는 타갈로그어가 훨씬 더 많이 통용되고 있는데, 특히 비사야 군도의 서부에서는 타갈로그어가 단연 강세다. 필리핀에서는 국·공립학교의 경우 모든 국민이 중등교육까지 적은 비용으로 수학할 수 있어서 개발도상국 중에서 교육의 양적 수준이 단연 높은 편이다. 그러나 비사야 군도와 민다나오의 농촌 지역에는 초등학교 미취학 아동이 많이 있다(양승윤 외, 2003: 6-7).

필리핀의 토착 언어의 비율은 시부어가 24.9%, 타갈로그어 23.8%, 일로카노어 11.14%, 일롱고어 9.99%, 비콜라노어 6.96%, 와라이-와라이어 4.62%, 카팜팡안어 3.43%, 그리고 팡가시난어 2.26% 순이다.

영어는 교육, 정치, 상업 분야에서 가장 널리 사용되는 언어다. 사실상 비영어 문화권 나라 중 필리핀은 영어를 가장 널리 사용하는 나라 중 하나다. 근래에 들어 스페인어는 잘 사용하지 않는다(장익진, 1999: 23).

종교　필리핀은 아시아의 유일한 기독교 국가다. 필리핀 전체 인구의 약 93%가 기독교인이다. 이 중 약 83%는 가톨릭교도이고, 개신교도가 약 9%다. 민다나오섬을 중심으로 널리 퍼져 있는 회교도가 5%, 나머지는 불교, 유교, 도교인이다.

스페인이 필리핀을 식민지화한 지 얼마 되지 않아 이들은 기독교인으로 교화되기 시작하였고, 필리핀 독립교회에서 그레고리오 아글리파이(Gregorio Aglipay)를 선두로 하여 일어난 천주교의 종파도 있다. 이 분파는 국수주의적이며, 보편적인 천주교와는 다르게 로마교황을 천주교의 머리로 인정하지 않는다. 그러나 그들의 교리나 믿음은 천주교와 같다. 이들은 그들의 시초인 그레고리오 아글리파이의 이름을 따서 아글리파얀스(Aglipayans)라 부른다.

필리핀에서 시초가 되어 세계적으로도 인정을 받고 이 나라에서도 막강한 영향력을 끼치는 교회는 이글리시아 니 크리스토이며, 필리핀 교회 중 세계적으로 가장 빠른 성장률을 나타내고 있다. 영국 대사전을 보면 이글리시아 니 크리스토는 '필리핀에 있는 가장 큰 규모의 고유 기독교 교회' 라고 나와 있다(장익진, 1999: 189-191).

기후 필리핀은 아열대성 해양성 기후대에 속한다. 고산지대와 평야지대에 따라 약간의 차이가 있고 위도에 따라 근소한 변화가 있으나, 연평균 기온이 섭씨 27도 수준으로 5월이 가장 덥다. 동아시아에서 나타나는 계절풍인 몬순의 영향하에 놓여 있는데, 이 바람을 무역풍(貿易風)이라 할 정도로 동북아시아와 동남아시아의 해상무역에 크게 이용되었다. 동쪽 해상에서는 매년 6월에서 12월 사이에 연평균 30여 회의 태풍이 발생하며, 한반도와 일본 열도 등 태풍이 지나는 지역에 많은 피해를 준다.

가족 문화 필리핀의 가족제도는 기본적으로 핵가족을 단위로 한다. 남부의 이슬람 주민 사이에는 다혼제(polygamy)가 존재하기도 하나, 인구의 90% 이상을 구성하는 기독교 신자는 모두 부부와 미혼의 아이들로 이루어진 핵가족 단위로 생활한다. 비록 주거는 핵가족 단위로 독립되어 있다 하더라도, 이들 핵가족은 가까운 친족과 매우 강력한 연대를 맺고 생활함으로써 기능적으로는 확대가족의 모습을 강하게 보여 준다.

필리핀 가족제도의 한 가지 특이한 측면은 핵가족 분포가 도시보다 농촌에서 더욱 일반적이라는 사실이다. 필리핀에서는 도시 가구당 평균 인구가 농촌 가구당 평균 인구를 상회한다. 그 원인은 도시의 가구는 핵가족에 포함되지 않는 친척이 함께 모여 사는 경우가 많기 때문이다.

필리핀의 핵가족제도의 확대가족적 기능은 혼인관계보다는 혈연관계를 중시하는 친족제도를 배경으로 하고 있다. 결혼과 함께 각각의 배우자는 상대방의 친족에게 존경을 표시하고 가족으로서의 의무를 지킬 것을 서약하여야 하며, 이 의무를 다하지 못하면 사회적 경멸의 대상이 된다. 필리핀 친족제도의 혈연관계는 아버지나 어머니 어느 한쪽만의 관계를 일방적으로 강조하는 것이 아니라, 양쪽 집안을 동등하게 대우하는 양계친족제도(bilateral kinship)의 특징을 보인다.

가족 내 권위의 행사는 전통적으로 나이에 크게 의존한다. 따라서 한 집안의 자녀 중 맏이는 그가 남자든 여자든 관계없이 부모 다음으로 중요한 권위의 행사자가 된다. 하지만 이러한 나이에 의한 권위의 차이가 재산의 불균등한 상속으로까지 연결되지는 않는다. 또한 며느리나 사위도 자식과 동등한 권리와 의무를 가지고 친족관계에 참여한다(양승윤 외, 2003: 211-218).

가족생활 및 자녀 양육 방식 필리핀 여성이 한국에 이주한 후 느끼는 가장 큰 차이 중 하나는 자녀 양육 방식과 인성교육에 관한 것이다. '필리핀식'은 아이에게 지나치게 규율을 강조하면서 훈육하거나 반대로 지나치게 관심을 갖고 즉각적인 대응을 하기보다는 편안하고 자연스럽게 놓아두는 방식이다. 또 어머니가 아이에 대해 권위와 책임을 갖지만 다른 가족과 친척 이웃도 양육에 참여한다.

『마닐라신문』에 게재된 '필리핀 엄마들의 고달픈 삶'이라는 기사를 보면, 이들은 자녀를 키우는 과정에서 자녀들에게 돈을 많이 벌고 유명한 사람이 될 것을 강요하지는 않는다. 대신에 가족의 가치를 잊지 않고 살아가는 것을 더 소중히 여긴다. 자식이 나중에 잘되어 칭찬을 받든 잘못되어 지탄을 받든 그 결과는 모두 엄마의 몫으로 돌리기 때문이다. 엄마의 최대 몫은 자녀가 가정의 중요성을 인식하고, 탈선하지 않고, 사회적 친화력을 갖게 하는 것이다.

자녀들은 부모나 손위 형제에게 순종하라는 말을 귀가 따가울 정도로 듣고

자란다. 그래서 '부모는 평생 은혜를 갚아야 할 대상'이라고 자녀들은 생각한다. 또한 자신이 시부모를 하늘처럼 생각하고 모셔야 자녀들도 보고 따라 한다고 생각한다.

경제 및 직업 활동 필리핀은 역사적으로 농업이 산업의 중추를 이루어 왔다. 비록 군도로 이루어진 국가이긴 하지만, 낙후된 어업 기술로 인해 어업의 비중은 상대적으로 낮은 편이다. 반면, 국토의 60% 이상을 차지하고 있는 농경지와 2~3기작이 가능한 열대지역의 기후적 특성은 필리핀을 자연스럽게 농업 중심 국가로 만들었다. 이를 반영하듯 산업화가 지속적으로 진행되어 온 1980년대와 1990년대에도 국내 총생산 중 농업 부문의 비율이 20%를 상회하였으며, 필리핀의 주요 수출상품인 코코넛과 설탕은 중요한 역할을 담당하였다.

1990년대 중반 이래 각종 사회 인프라의 건설과 외국투자자본의 유입에 따른 건설 수요에 의해 급속한 확장세를 보인 건설업은 동남아시아 외환 위기 이전까지 필리핀의 성장을 주도하여 온 업종 중 하나였다. 서비스업은 1995년 이후 필리핀 국내 총생산의 40% 이상을 점유하고 있는 산업으로서 지속적으로 비중이 커지고 있다(양승윤 외, 2003).

교육제도 오늘날 필리핀은 동남아에서 문맹률이 가장 낮은 국가에 속한다. 1990년 현재 주요 동남아시아 국가의 문자 해득률은 태국 93%, 필리핀 90%, 싱가포르 83%, 말레이시아 78%, 인도네시아 77% 순이다. 다른 동남아시아 국가들은 비교적 최근 들어 학교 교육을 의무화하면서 문자 해득률이 높아졌으나, 필리핀은 학교 교육을 의무화한 지가 오래되어 이미 1970년에 문자 해득률이 88%에 달하였다.

현재 필리핀에서 시행되고 있는 교육과정을 살펴보면, 모든 국민은 만 7세에 초등학교에 들어가 6년 동안의 의무교육을 마쳐야 한다. 그 후에는 4년제의 중등학교에 진학한다. 중등학교의 4년은 다시 두 개의 2년 과정으로 나뉜다. 첫 번째 2년 과정에서 모든 학생이 공통으로 일반적인 인문교육을 받는다. 두 번째 2년 과정에서는 앞으로의 진로에 따라 직업 교육을 받고 취직을 하려는 학생과 인문 교육을 받고 대학에 진학하려는 학생의 교육과정이 구분된다. 세계의 거의 모든 국가가 중등 교육과정을 6년 혹은 최소한 5년 과정으로 설치하고 있는 데 반하여, 필리핀은 이를 4년이라는 짧은 기간 동안에 마치도록 제도화하고 있어, 대학에 진학하려는 학생의 연령이 세계에서 가장 낮은 국가다.

필리핀 사회의 학력 획득 기회는 전체적으로 보아 꾸준히 증가하여 왔다. 각급 학교의 취학률이 인구 증가율을 훨씬 상회하고 있으며, 학생 1인당 지출되는 교육 예산도 다소의 굴곡이 있기는 하지만 꾸준한 증가 추세를 보이고 있기 때문이다. 그러나 이러한 교육 기회의 확대가 지역적으로 편중하여 분포하고 있음은 큰 문제로 남아 있다. 마닐라를 중심으로 하는 수도권과 루손 섬 북부가 상대적인 혜택을 많이 받고 있으며, 비사야와 민다나오는 상대적으로 혜택의 폭이 적다. 학력 획득에 나타나는 이러한 지역 간 불균등을 어떻게 극복하느냐의 문제가 앞으로 필리핀 교육이 해결해야 할 과제다(양승윤 외, 2003: 236).

대처 방식 필리핀을 방문한 외국인은 필리핀인이 보여 주는 친절함에 감동하며, 이 때문에 첫인상은 상당히 고무적이다. 그러나 점차 다른 어떤 나라보다도 큰 문화 충격을 느끼게 된다. 필리핀인의 문화적 특성은 크게 네 가지로 설명할 수 있다. 즉, 파키키사마(pakikisama), 우탕나룹(utang na loob), 히야(hiya), 아모르프로피오(amor propio)가 그것이다.

- 파키키사마: '부드러운 사회적 상호작용' 또는 '사이좋게 살아가기' 등으로 표현될 수 있다. 필리핀인은 상점 점원과의 관계든, 사업 동료와의 관계든, 가족 구성원과의 관계든 대상을 막론하고 서로 충돌을 일으키지 않아야 한다고 믿는다. 파키키사마를 유지하기 위해서 필리핀인은 집단의 의견에 스스로를 숙이고 양보하여 따라야 한다. 이로 인해서 직접화법으로 거부

('no' 라고 대답하기를) 의사를 밝히기를 꺼린다.

- 우탕나룹: '은혜를 입은 빚' 이나 '필연적인 호혜관계' 로 해석된다. 그것은 호혜적으로 주고받는 은혜의 네트워크다. 은혜는 어떤 사람에게 일을 해 줌으로써 갚는 방법이 있기도 하다. 필리핀인은 누군가에게 은혜를 받았을 경우, 그가 할 수 있는 어떤 방법으로라도 은혜를 보답해야 한다고 믿는다. 이것은 그가 갚을 능력이 되면 언젠가는 직접 행동으로 옮기는 것을 말한다. 필리핀인은 은혜를 갚도록 부탁받는 것을 기쁘게 생각한다. 그런가 하면, 그들은 은혜를 되돌려 주는 것을 조금도 부끄러워하지 않는다.
- 히야: '부끄러움' 또는 '난처함' 으로 번역된다. 필리핀인은 일상생활에서 그들 스스로 난처하거나 부끄러운 일에 매우 민감하기 때문에 남들 역시 그와 같은 상황이 야기되지 않도록 무던히 애쓴다. 사실상 히야는 사람이 남들의 눈에 어떻게 보이느냐의 문제다. 필리핀인은 체면이나 면목을 생활에서 가장 중요한 부분 중 하나로 여긴다. 부끄러움에 대한 두려움과 체면을 잃는 것에 대한 두려움은 필리핀인에게는 매우 중요한 일인데, 이 두려움은 단지 어떤 한 사람에게만 적용되는 것이 아니라 그가 속해 있는 조직이나 가족에게까지 영향을 미친다고 생각하기 때문이다.
- 아모르프로피오: 감정적이며 모욕적인 공격과 함께 자존심을 자극한다는 뜻이다. 필리핀인도 자존심이 강한 편으로, 이 말에는 '자기방어' 의 의미가 내포되어 있다. 필리핀인은 서양의 현대 문화가 가져다준 실리(實利)에 입각한 개인주의 성향과 동양의 유교주의, 인치주의, 가부장주의에 입각한 권위주의 성향을 함께 지니고 있다고 볼 수 있다(양승윤 외, 2003: 342-344).

4) 구소련 독립국가-우즈베키스탄

우즈베키스탄, 카자흐스탄, 키르기스스탄 등 러시아와 중앙아시아에는 우리의 민족동포 고려인이 약 54만 명 살고 있다. 1860년대부터 굶주림을 피해 혹은 독립운동을 위해 두만강을 넘어 연해주로 옮겨간 고려인은 1937년에 18만 명 전원이 영문도 모른 채 수천 킬로미터 떨어진 중앙아시아의 갈대와 늪으로 황량한 벌판, 추위와 배고픔만 있는 절망의 땅 황무지로 강제 이주를 당해야 했다. 그러나 살아야 하였기에 이들은 갈대를 베어 내고 수로를 만들어 불모지를 개간하였다.

낯선 땅에서 역경을 극복하고 특유의 생활력과 근면성을 바탕으로 황무지에 곡식의 씨앗을 뿌리고, 특히 우리 민족의 주식인 벼농사를 시작하여 그 지역 주민들로 하여금 인정을 받았고 농업혁명을 이루어 냈다. 따라서 고려인은 각 분야에서 두각을 나타내며 신화창조의 주역이 되어 사회의 주류를 형성하였다.

연해주에서 이주한 고려인이 중앙아시아에 정착하면서 겪었던 문제 중 하나는 역사와 전통이 다른 우즈베크인, 러시아인, 카자흐인 등의 이질적인 문화와 생활 관습에 적응, 융합하기 어려웠던 점이다. 중앙아시아의 유목민에게는 게으르고 보잘것없는 유목문화와 유목민족 특유의 불결한 주거 환경, 그리고 일부다처 등 당시 고려인으로서 이해하기 힘들었던 부분이 많이 있었다. 따라서 중앙아시아 민족보다 우수하다는 자부심을 갖고 있었던 고려인은 이들과 이웃하여 살면서도 이들과 혼인하지 않았고, 그들의 문화를 모방하지 않았다.

중앙아시아 고려인에게 가장 심각했던 문제는 바로 언어 문제였다. 대부분의 고려인은 언어 소통이 제대로 되지 않아 저임금 노동을 할 수밖에 없었으며, 심지어 죽음까지 초래하는 경우도 있었다. 1938년에 한국어를 소련의 소수민족 언어에서 제외함으로써 연해주에서 중앙아시아로 이동한 한국 학교 모두가 폐쇄되었으며, 결과적으로 후세에게 정상적으로 한글 교육을 시킬 수 없었다.

1991년에 소련이 해체되자 중앙아시아의 여러 독립국가에 흩어져 살게 된 고려인은 신생국의 민족주의 정책으로 소외된 채 경제적 어려움에 처하거나 미(未)국적 상태에서 고통과 좌절을 겪고 있다. 과거의 부와 지위를 잃은 채 가난한 생활을 이어 가고 있는 고려인 중에는 새로운 삶을 찾아 이웃 나라로 떠나가는 이들이 늘고 있다. 지금의 고려인 3, 4세들은 자신의 조상에 대해 잘 모르고 있다.

간혹 한국에서 선교사들과 봉사단체들이 와서 그들에게 삶의 희망을 주고 언어도 가르치고 그들의 민족이 누구인가를 가르치고 있다.

유래 우즈베키스탄은 중앙아시아 중부에 있는 나라로, 19세기 후반 러시아의 속국이 되었으며, 1924년 10월에 소련의 일원으로 우즈베크 소비에트사회주의공화국을 수립하였다. 1991년 9월에 완전 독립하였고, 독립국가연합(CIS)에 가입하였다. 정식 명칭은 우즈베키스탄 공화국(Republic of Uzbekistan)이다. 동쪽으로 키르기스스탄과 타지키스탄, 남쪽으로 아프가니스탄, 남서쪽으로 투르크메니스탄, 북쪽과 북서쪽으로는 카자흐스탄과 국경을 접한다. 북서쪽 일부는 아랄해(海)에 면한다. 지역은 타슈켄트, 페르가나 분지, 사마르칸트, 중부, 서부 및 남동부 등 6개 지역으로 구분된다. 125개 민족이 공존하는 다민족국가이며, 국명은 '우즈베크인의 나라' 라는 뜻의 페르시아어에서 유래하였다. 행정 구역은 1개 자치공화국(respublika), 12개 주(viloya), 1개 시(shahar)로 되어 있다.

인구 인구는 1999년 2410만 명이었고, 2006년에는 2660만 명에 달하였다. 인구 증가율은 연 3.22%로서 구소련 국가 중에서 가장 높은 편이며, 러시아, 우크라이나에 이어 세 번째로 인구가 많다. 우즈베키스탄은 대표적인 농업국가이기 때문에 인구의 50% 이상이 농촌에 살며, 특히 우즈베크의 동부인 페르가나 분지에 집중되어 있다. 이러한 높은 농촌 인구의 비율은 구소련 공화국 중에서 타지키스탄, 키르기스스탄에 다음가는 높은 수치다. 농촌 인구의 비율은 공업화의 과정으로 1924년의 79.7%에서 1987년의 58.1%까지 감소하였지만 최근 다시 높아지고 있다. 이것은 농촌의 자연 인구 증가율이 도시에 비해 상대적으로 높기 때문이다.

인종 우즈베키스탄은 100여 개 민족이 공존하는 다민족 국가다. 다수민족인 우즈베크인이 전체 인구 중 80%, 그다음으로는 러시아인, 타지크인, 카자흐인의 순이다. 독립 이후 우즈베크 민족주의 때문에 비(非)우즈베크인의 탈우즈베키스탄화가 심화되고 있다.

가장 많은 우즈베크인은 투르크 종족에 속하며 주로 중앙아시아에 거주하고 있고, 그중 대부분이 우즈베키스탄에 살고 있다. 그 밖에 아프가니스탄, 카자흐스탄, 키르기스스탄, 타지키스탄, 투르크메니스탄에 대규모의 우즈베크 공동체가 있고, 미국을 포함한 다른 많은 나라에도 소규모의 공동체가 있다. 우즈베크인에 이어 두 번째로 인구 비율이 높은 러시아인은 주로 대도시에 거주하거나 기간산업과 교육, 문화 부문에 종사하는 경우가 많다. 중앙아시아, 특히 우즈베키스탄에는 스탈린의 강제 이주로 인한 구소련의 소수민족이 많이 살고 있다. 1991년 독립 이후 우즈베키스탄에 거주하는 소수민족의 상황은 경제적으로 약화되었다. 공식적인 정치 탄압과 차별은 없지만 비공식적인 차별은 한층 강화되고, 우즈베크어와 우즈베크 자민족중심주의는 소수민족의 입지를 더욱 약화시키고 있다. 정부 관직과 주요 공직은 이미 우즈베크인이 차지하였으며, 타민족이 사업을 하는 데도 어려운 상황이다.

언어 우즈베크어(터키계 언어)를 공용어로 하나, 전통 촌락지대를 제외한 도시 지역에는 러시아어가 통용되고 있다. 공식적으로 우즈베크어를 사용하며, 민족 간의 소통 언어로 러시아어를 사용한다. 아직까지는 러시아어만 알아도 의사소통에는 전혀 문제가 없다. 다만 지방으로 가면 러시아어를 전혀 모르는 사람도 꽤 많다. 최근에는 우즈베크 정부의 민족주의 노선에 따라 거리 대부분의 간판이나 공식 서류가 거의 우즈베크어로 되어 있으며, 2004년부터는 100% 우즈베크어로만 공식 서류가 발행되고 있다. 러시아계와 고려인 등 우즈베크어를 모르는 소수민족은 생활의 불편과 함께 입지가 점점 좁아지고 있다.

종교 우즈베키스탄의 종교는 인구의 약 90%를 차지하는 이슬람교다. 우즈베키스탄의 이슬람은 수니파(Sunnis)가 약 70%다. 와하브파(Wahhabis)는 소수이나 최근에 성장하고 있으며, 수피교파(Sufism)는 남부 지방에서 왕성하다. 기독교는 약 10%에 달하는데, 이는 러시아 정교회의 신도를 포함한 수치다. 러시아 침례교나 오순절 계통, 그리고 한국 선교사의 전도로 형성된 교회를 다 합해도 전 국민의 1% 정도에 해당된다.

우즈베키스탄의 종교적인 특징은 다민족 국가로서 종교를 민족의 특성으로 생각한다는 점이다. 러시아 정교회는 러시아 사람을 위한 종교, 이슬람은 우즈베크 사람을 위한 종교, 개신교는 고려인이나 그 밖의 소수민족을 위한 종교라는 식으로 이해한다. 또 러시아 정교회는 비선교적인 교단으로 종교 간의 갈등이 표면화되지 않았지만 최근에 교단의 성격이 변화하였다.

우즈베키스탄 정부는 급진적인 이슬람이나 기독교 둘 다 급격한 성장을 이루는 것을 원치 않는다. 중앙아시아 국가들에서 발전되었던 반정부 정치 그룹들은 그들의 이념적 · 사회적 세력을 보강하기 위해 이슬람과 민족주의를 표방하며, 국민을 설득하였다. 이들이 주장하는 이슬람은 국가의 모든 체계를 이슬람법에 복종시켜야 한다는 것이었고, 그것은 곧 현재 국가 체제의 전복을 의미하는 것이었다. 이로 인한 정치 탄압이 있으며, 정치적인 테러와 반정부 활동은 국가 안보의 최고 쟁점이 되어 왔다. 이러한 급진적인 이슬람을 견제하려는 정부는 급진주의 이슬람과 기독교 등 모든 종교를 탄압하고 있다(송의광, 2002).

기후 위도상으로 보면 우즈베키스탄은 한반도보다 다소 높지만 기후는 우리나라보다 더운 편이다. 전체적으로 대륙성 기후로 볼 수 있고 하절기가 건조한 반면, 동절기는 다습한 편이다. 1월의 평균 기온은 수도 타슈켄트를 포함한 북부 지역에서 평균 영하 3도이고 남부 지역은 영상 3도 수준이다. 7월의 평균 기온은 북부 지역이 영상 26도이고 남부 지역이 영상 32도 정도다.

여름은 길고 무더워 7월 평균 기온이 북부는 26도, 남부는 30도인데, 32도 이상인 지역도 있으며, 낮 기온이 40도 이상인 경우도 자주 발생한다. 대체로 겨울은 짧고 온화한 편인데, 남부의 경우 2개월 정도이며, 북부는 5개월이나 된다.

가족 문화 우즈베키스탄의 가족은 전통적인 농업국가로서의 특징을 갖는다. 대체로 대가족 단위로 3, 4대가 모여 살고, 가부장적인 권위와 그에 따르는 복종과 순종의 형태로 가족의 질서가 유지된다. 전통적으로 자녀가 결혼을 하여도 분가하지 않고 같이 사는 풍습이 있다. 가족은 가장의 권위를 절대적으로 인정하고 복종한다.

마을은 이러한 가족 단위의 확장된 형태라 할 수 있다. 우즈베크인은 법과 국가 권력보다 자신의 공동체와 촌장을 더욱 따른다. 우즈베크의 마을공동체를 '마할라(Mahallas)'라고 부르며, 공동체의 원로들을 '옥소콜(Ok Sokols, 우즈베크 공동체에서 존경받는 원로들)'이라고 부른다. 공동체 성원의 결혼이라든가 마을의 재정적인 문제와 같은 주요 관심 사항은 마할라의 옥소콜이 결정하며, 어떤 경우는 이들이 법보다 더 권위를 갖는다. 이들 공동체는 아주 강하고 끈끈하게 결합되어 이 안에서 일어나는 일에 대해서는 경찰이나 국가도 함부로 손을 댈 수 없다.

교육제도 우즈베키스탄은 1990년대 초까지 소비에트식 교육을 실시하였으나, 독립 후 우즈베크의 역사와 문화, 로마문자체 등을 포함하여 상당한 교육개혁을 단행하였다. 1993년에 교육기금의 부족으로 11년의 의무교육 기간을 9년으로 단축하였다. 누쿠스, 사마르칸트, 타슈켄트에 주립대학이 있다. 타슈켄트 주립대학은 중앙아시아에서 가장 큰 대학이다.

우즈베키스탄의 교육은 1990년 초까지 과거 구소련의 교육제도를 기반으로 하고 있었다. 1992년 7월에 마련된 교육법을 통해 사립학교의 설립 인정과 공립학교의 수업료 징수 허가, 산학협력체제 등의 제도가 마련되었다. 그러나 사회주의 체제에서 민주국가로 전환한 지 오래되지 않아 우즈베키스탄에는 아직도 소련 시절의 잔재가 사회 전반에 남아 있는데, 교육 부문도 예외가 아니다.

교육법에 따르면 우즈베키스탄의 교육 목적은 과거 소련 시절의 이데올로기 교육을 지양하고, 민주국가로서 시민정신과 도덕적 품성에 맞는 근본적 개혁을 이루어 질 높은 국가 인재를 양성하는 데 있다고 한다. 특히 우즈베키스탄은 130여

개의 다민족 국가임을 인정하여, 비록 국어는 우즈베크어이지만 학교 교육은 아동의 부모가 희망하는 언어에 따라 진행되는 것이 특징이다. 교육 언어는 주로 우즈베크어와 러시아어로 이루어진다.

우즈베키스탄의 교육 문제는 무엇보다도 과거의 권위주의적 교육 행태로부터 민주교육으로의 완전한 전환과 독립 이후의 새로운 세대에 맞는 교과서와 물질적 · 기술적 교육환경의 확충이다. 낡은 학교 시설의 보수와 교과서, 참고서, 멀티미디어 교육 기자재 등의 보급이 시급하다(장원창, 2006).

경제 및 직업 활동 우즈베키스탄은 중앙아시아 최대의 인구 보유국으로, 면화를 비롯하여 금, 아연, 우라늄 등 각종 부존자원이 풍부하고, 에너지를 자급자족하고 있다. 좀 더 적극적인 경제의 대외 개방 및 개혁에 나설 경우 성장 잠재력이 매우 크다고 평가되는 국가다. 그러나 경제 부문에 대한 정부의 지나친 간섭, 시장경제로서의 전환을 위한 개혁 의지 부족 등으로 인해 성장 잠재력을 살리지 못하고 있으며, 장기적인 경제 침체와 독재체제 유지로 열악한 국민의 삶이 질적으로 개선되지 못하면서 반정부 세력 확산 등 사회적 불안 요인이 상존하고 있다. 구소련 독립 이후, 우즈베크 민족주의에 기반을 둔 독자적인 외교노선을 추구해 왔으며, 러시아의 영향력 축소를 위해 미국의 아프가니스탄 전쟁 및 대 테러전쟁 수행을 지원하는 등 친서방정책으로 선회하기도 하였다. 현 정권의 인권 탄압 등 비민주적 통치 행위에 대해 미국 등 서방 측과의 갈등이 심화되면서 러시아 및 중국과 정치적 · 경제적으로 협력관계를 강화하고 있는 형편이다.

대처 방식 우즈베크인은 순박하고 낙천적이며 친구를 소중히 여긴다. 자기 집에 오는 손님은 한 가족처럼 대해 주며 쉽게 친해질 수 있지만, 순박한 면과 호전적인 면이 공존하는 양면성이 있으므로 자존심을 건드리는 것은 피해야 한다. 면전에서 거부당하는 경우는 없으나 대체적으로 약속 관념이 희박하다. 약속을 무조건 믿었다가는 낭패를 당할 수 있다. 사무실이나 일반 건물 내에서 문턱을 사이에 두고 상대방과 악수하는 것은 금기사항으로 알려져 있다. 문턱을 사이에 두고 인사하는 것은 서로가 원한이 있는 적의 입장에 있거나 결별을 하고자 하는 것으로 이해한다.

우즈베크 사람은 남자와 여자가 악수하는 것을 제외하고 방문객과 악수하기를 좋아한다. 인사할 때는 왼쪽 손을 가슴에 대고 오른손으로 악수하면서 우리말의 '안녕하세요.'라는 의미의 '아살롬 알레이쿰'이라고 인사한다. 가까운 사이면 입과 입을 맞대어 키스를 하는데, 이것은 정중한 인사법이다. '아살롬 알레이쿰'의 뜻은 '당신에게 평화가 있기를 바란다.'는 의미다.

손님을 환대하는 유목민족의 전통을 이어받은 우즈베크인의 손님 접대 또한 유명하다. 생일날이나 결혼식, 저녁 식사에 손님으로 초대받으면 7시에 시작해서 11시가 넘어서야 일어나는 것이 예의요, 즐거움이라고 생각한다. '곽가(KARAQUK)'는 우즈베크인이 이슬람교를 솔선적으로 믿은 자에 대해 쓰는 존칭이다. 후에 곽가라고 불리는 사람은 자신이 귀족이라고 자칭하였다. 곽가 계층의 사람은 다른 계층과의 혼인을 거부한다.

3. 주요 이슈 및 개선 방안

우리 사회에서 결혼이민자에 대해서는 경제 · 사회적인 어려움을 갖고 있는 특별한 집단으로 보는 시각이 강하였다. 특히 여성 결혼이민자에 대해서 새로운 사회로의 이주를 결정한 한 개인으로서의 희망과 열정에 귀 기울이기보다는 가정을 이루고 자녀를 양육하여야 하는 이들의 어머니로서의 역할에 관심을 두고 한국 사회에 속히 동화시켜야 한다는 입장이었다. 이러한 일반인의 시각은 이들이 처한 가족환경의 어려움을 극복하고 우리 사회에 적응하는 데 큰 부담이 되었을 것이다.

결혼이민자의 한국 사회 적응의 성공 여부에는 많은 변수가 관련되어 있다. 새로운 사회와 낯선 문화, 결혼과 가족생활에 적응한다는 것은 그 누구에게도 쉬운 일은 아니다. 더군다나 중개업체의 상업적인 결혼 알선을 통한 국제결혼의 경우, 서로에 대한 이해보다는 상호 이해관계가 개입하여 시작부터 갈등의 소지가 있게 된다. 실천 현장의 실제 사례를 살펴볼 때 한국 사회로의 이주와 정착, 결혼생활에서 인권의 침해와 폭력 피해, 가족이나 지역사회에서의 차별 대우 등 적응상의 어려움을 쉽게 찾아볼 수 있다.

여성 결혼이민자의 어려움과 관련된 선행연구를 살펴보면, 경제적 어려움, 가부장적 가족 질서에 의한 갈등, 언어와 문화 차이에 의한 부부관계 및 고부간의 갈등, 자녀문제, 시부모와 동서의 무시와 따돌림, 홀대, 가정폭력을 대표적인 어려움으로 들고 있다(김오남, 2006).

외국의 경우 출신 국가별 이민자들의 문화 변용 스트레스에 관한 경험적 연구가 다수 보고되었다. 우리나라의 경우도 부분적으로 소개되고는 있지만, 문화별 차이에 대해서도 좀 더 연구되어야 할 것이다. 물론 각 문화에 대한 지식이 그들을 구별하는 고정관념이 되는 것은 지양해야 할 것이다. 여기에서는 결혼이민자에 대한 시각과 접근 방법의 문제를 시작으로, 국제결혼 경로상의 인권 문제와 갈등과 차별의 문제를 살펴보고, 그동안 국내에서 발표된 국제결혼의 어려움에 관한 선행연구 결과를 중심으로 결혼이민자의 주요 이슈를 살펴본다.

1) 결혼이민자에 대한 시각과 접근 방법

우리 사회는 역사적으로 국제결혼에 대한 편견이 심하고, 순혈이니 혼혈이니 하는 용어 자체가 다른 문화, 다른 혈통에 대한 거부감이 강한 것을 그대로 나타내 준다. 세계화의 물결에 따라 국민들이 타 문화에 대한 이해가 높아지고 있지만, 그동안 타 문화와 다양성에 대한 존중을 기초로 하는 글로벌 시민의 에티켓에 대해서는 그리 많이 생각해 보지 않았다. 국내에서 결혼상대를 찾기 어려운 남성들이 국제결혼을 대안으로 생각하고, 이들을 돕기 위해 지자체에서 나서서 우리보다 경제적으로 어려운 국가의 여성과의 결혼을 주선하게 된 데에는 매우 현실적인 이유가 있었다. 하지만 결과적으로는 결혼이민자에 대한 편견이 심해지고, 이들이 자신의 꿈을 키워 나가고 우리 사회에 적응하는 데 어려움을 가중시키게 되었다.

정부는 물론 많은 민간단체에서도 이들에 대해 시혜적이고 동화주의적인 입장을 취함에 따라, 결혼이민자 스스로 자신의 역량을 발휘하여 사회의 일원으로 참여하기보다는 주변에 의존하거나 자신을 '많이 부족한 존재'로 인식하게 되기 쉽고, 사회관계에 부정적인 영향을 미치게 된다. 타국에서의 외로움과 생각보다 상당히 어려운 가정형편으로 실망하고, 자녀를 자신의 뜻대로 키울 수 있는 부모의 역할을 수행하기 어렵다.

또한 결혼이민자 지원책은 이들을 수용하고 상호 역량을 강화하는 데 초점을 둔 장기적이고 종합적인 대책이 되기보다는 이들을 또 하나의 서비스 수혜집단으로 간주하여 시급한 문제를 단기간에 해결해 주려는 미봉책에 그치게 되었다. 2006년 이래 많은 노력에도 불구하고 이러한 추세는 현재까지도 지속되고 있으며, 그동안의 결혼이민자 지원정책에 대한 성과 분석이 이를 잘 나타내 준다. 정부의 여러 부처가 사업을 전개하고 있지만 유사한 목적의 중복적인 서비스로 예산을 낭비한다는 지적을 받고 있고, 서비스를 다양하게 이용하는 결혼이민자와 그 가족의 경우에도 정부나 서비스 기관이 자신들의 입장을 충분히 고려하지 않으며, 실질적으로 가장 도움이 필요한 부분은 해결되지 않았다고 평가하고 있다.

2) 국제결혼 경로상의 인권 문제

일반적으로 국제결혼이 이루어지는 통로는 크게 네 가지 형태로 알려져 있다. 첫째, 상업적 중개업소를 통한 결혼, 둘째, 종교기관에 의한 결혼, 셋째, 국제결혼한 부부나 한국에서 일하고 있는 가족 또는 친척의 소개로 인한 결혼, 마지막으로 외국인 근로자의 한국 체류가 장기화되면서 일상생활에서 연애를 통해 이루어지는 결혼 등이다. 이 중에서 특히 사회적으로 문제가 되고 있는 것은 상업적 중개업자에 의한 국제결혼이다. 국제결혼 경로상의 문제는, 첫째, 불평등하고 부정확한 정보 제공, 둘째, 대량 속성 중개 시스템으로 인한 자율적인 배우자 결정권의 침해, 셋째, 인신매매에 가까운 강압적 구조, 넷째, 과도한 이윤의 착취, 다섯째, 다양한 형태의 인권 침해로 파악된다.

그동안 이러한 전문적인 중개업체들이 외국인 신부를 모집하여 합숙 교육을 하고, 결혼 성사가 용이하게 이루어지도록 충분한 인원의 신부를 확보해 놓고 맞선을 보장한다는 광고까지 해 온 실정이다. 일반적으로 결혼을 하기 위해서는 경제적으로 어려운 농촌이나 도시 주변부 사람들은 그들에게는 꽤 부담스러운 돈을 지불해야 한다. 따라서 대다수의 한국인 남성과 그 가족은 외국인 신부를 맞이하였다기보다는 크게 투자하여 돈으로 얻었다고 생각하게 된다(한국염, 2004).

이러한 과정을 거쳐 외국인 신부를 맞는 가족의 일방적인 기대와 요구가 부부관계와 가족관계의 균형을 깨뜨리게 된다. 가족에 대한 헌신과 가난에 대한 강한 생활력을 보여 주어야 한다든지 오히려 금전적으로 착취를 당하는 예도 있어 가족 내에 큰 피해 사례가 잇따르고 있다. 결혼중개업체의 비인권적 광고 내용이 이러한 문제점을 여실히 보여 주고 있는 데다가, 이들 자녀들이 성장하여 이러한 문구를 접하게 되므로 자녀에게 심각한 폐해를 주고 있다. 이러한 상업적인 중개업체들의 행태야말로 지방자치단체 차원에서 시급히 단속해야 하며, 여성 이민자들이 더 이상의 인권 유린의 과정을 밟지 않도록 해야 할 것이다. 최근 「결혼중개업의 관리에 관한 법률」이 시행되어 중개업 등록을 의무화하고 중개업자 교육을 실시하고 있으나, 중개업자 관리를 위해서는 범법 행위에 대한 좀 더 강력한 처벌 규정이 필요하다.

3) 적응상의 갈등과 차별

국제결혼으로 인한 어려움으로는 한국인의 편견과 선입견, 언어의 장벽, 문화적 · 종교적 차이에서 오는 갈등, 정체성에 대한 갈등, 낮은 사회적 성취감, 자녀 교육 문제 등이 있다. 무엇보다도 한국인 배우자와 가족이 문화적 차이로 인한 어려움을 여성 결혼이민자의 한국어 능력을 비롯하여 요리, 시댁과의 관계, 특히 웃어른에 대한 예의와 며느리로서의 의무 등 한국 문화 수행 능력의 부족으로 보고 타 문화권에서의 삶의 경험에 대해서 무관심한 것이 갈등과 차별의 소지가 되고 있다. 반면, 여성 결혼이민자가 한국 사회에 대해 너무 잘 알아 가는 것에 대해서도 경계하는 모순적 태도를 보이는 것은 주목할 만하다(김이선, 김민정, 한건수, 2006).

여성 결혼이민자가 겪는 어려움을 사례별로 보았을 때, 가정폭력, 남편의 성관계 강요, 외부 세계와의 강제적인 차단, 경제적 문제, 남편의 음주, 편견과 선입견이 가장 많은 것으로 보고된 바 있다. 또한 여성 결혼이민자 가족의 경우 저소득 가정이 다수이고, 이들 중 23.6%가 실질적인 의료보장체계 안에 들어가 있지 못하며 모성건강의 위험도가 높은 편이다. 국제결혼에 대한 기대의 차이, 가정폭력과 불화 등으로 인한 이혼이 증가하고 있으며, 현행법에 따라 국적 취득 전에 이혼 시 배우자가 일방적으로 신원보증을 해지할 수 있어 모국 귀국이나 불법체류자로 전락하는 등 신분상의 불안을 늘 갖고 있다.

이러한 국제결혼가족의 불안과 갈등을 야기할 수 있는 다양한 환경적인 여건 외에도 국제결혼가족 아동의 이국적인 외모와 피부색이 놀림의 대상이 되기도 하고, 특히 외모가 이국적인 다문화가족의 아동은 낯선 환경을 접하거나 사람 만나는 것을 기피하게 된다. 성격이나 정체성의 문제, 청소년기의 방황에 대한 고민 또한 관심이 필요한 부분이다. 자녀 양육 시 어려운 점으로 높은 양육비와 사교육비를 들고 있고, 이들 국제결혼가족 아동이 또래 아이들로부터 집단따돌림을 경험하였다는 비율은 17.6%로 나타났다(설동훈 외, 2005).

서울에 거주하는 304명의 여성 결혼이민자를 대상으로 결혼 행복감을 조사한 결과, 연령대가 20대인 집단, 가정폭력 경험이 없는 집단, 시부모와 관계상의 갈등이 없는 집단, 모국의 친정에 대한 경제적 지원 시 가족이 협조적인 집단일수록 행복감이 높게 나타났다. 결혼 행복감에 영향을 미치는 요인으로는 친밀하고 상호 수용적인 가족관계, 아내의 모국문화에 대한 남편의 이해 노력 정도, 남편과의 여가 시간 공유 여부, 가정폭력 경험 유무, 문화 변용 스트레스 등이 있다고 나타났다(김연수, 2007).

결혼이민자의 정신건강에 대한 관심이 높아지고 있는데 이민자의 정신건강에 관한 연구를 살펴보면, 불안, 우울 등 정신건강상의 문제에 영향을 미치는 위험 요인으로는 실업과 빈곤, 차별과 편견, 문화 변용 스트레스, 이주 이전 사회정서적 기능, 정신적 외상 경험 여부가 있는 것으로 알려져 있으며, 개인의 대처 방식이 부정적 영향을 감소시키는 매개 효과가 있는 것으로 나타났다. 보호 요인은 직계가족의 존재, 이민 사회의 규모와 성숙도 등으로, 사회적 지지가 개인의 적응에 긍정적인 영향을 미치는 것으로 나타났다. 이들 안에 내재하는 적응 유연성, 자원 동원 능력, 적극적인 대처 기술 등 인지행동 기술이 보호 요인으로 나타났다(김연희, 2007).

4) 결혼이민자의 부부관계와 갈등

결혼이민자들의 가족 스트레스를 구체적으로 살펴본 결과, 남편 관련 스트레스가 가장 높고 건강 관련 문제, 경제 문제, 시부모와의 관계, 자녀와의 관계의 스트레스 순으로 나타났다(김세아, 2009). 이러한 결과는 결혼 기간, 한국어 구사 능력, 주관적 건강 상태 및 가족 가치관이 결혼생활 만족도에 유의미한 영향을 미치는 것으로 나타난 원서진과 송인욱(2011)의 연구 결과와 일치한다. 즉, 결혼 기간이 짧을수록, 한국어 구사 능력과 주관적 건강 상태가 좋을수록, 가족 가치관이 가족중심적일수록 결혼생활 만족도가 높은 점과 학대와 폭력, 배우자 가족과의 갈등은 성격 차이나 경제적 무능력 외에도 여성 결혼이민자의 이혼이나 별거의 이유가 되기도 함을 나타낸다. 여성 결혼이민자들의 부부 갈등 및 학대에 사회문화적 변수들이 어떠한 영향을 미치는가를 살펴본 김오남(2006)의 연구에 따르면 부부 갈등은 교육수준이 낮을수록, 월평균 소득이 낮을수록, 도시보다 농촌에 거주할수록, 문화 변용 스트레스가 높을수록, 한국어가 능숙하지 않을수록, 문화정체감에서 분리된 태도를 가질수록 높은 것으로 나타났다.

여성 결혼이민자의 부부관계상의 특징으로 결혼의 도구적 성격이 강한 점, 남편의 가부장적 태도나 양성평등적 태도 여부에 따라 다른 점, 가정폭력에 많이 노출되어 있는 점, 어려운 상황에서 지원체계가 부족한 점을 들고 있다(이은주, 2007). 여성 결혼이민자의 증가와 관련하여 주목해야 할 부분은 이들의 정신건강과 국제결혼가정 내 심각한 폭력 문제다. '2010년 전국 가정폭력 실태조사' 결과 다문화가정 여성의 40.9%가 지난 1년간 남편에게 폭력을 당한 것으로 조사되었으며, 폭력 유형별 피해율은 신체적 폭력 13.4%, 정서적 폭력 21.5%, 경제적 폭력 15.3%, 성학대 5.2%, 방임 22.5%로 나타났다. 특히 신체적 폭력 중에서 심각한 폭력은 일반 가구 여성보다 1.6% 더 높고, 경제적 폭력은 2배가량 높은 것으로 나타났다(여성가족부, 2010).

설동훈 등의 연구(2005)에서 결혼관계를 위협하거나 해체하는 요소는 단순한 문화 차이나 남편의 경제적 위상에 대한 아내의 실망감이라기보다는 한국 남성이 가부장의 특권으로 행사하는 권위의식이나 폭력, 무능력이라는 점이다. 한국 남편은 결혼이란 제도 안으로 여성이 편입되자마자 대화나 감정의 교환을 통한 친밀성이 아니라 위계적인 성역할에 입각한 부부관계만을 요구하는 경향이 있다. 이는 결혼의 도구적 성격과도 연관되며, 남편의 가부장적 태도는 국가 간의 경제적 차이로 인하여 더욱더 강화된다.

상대방 나라의 언어 및 문화를 배우려는 노력에서 아내의 노력은 당연시되는 반면, 남편의 노력은 매우 미약하다. 이들의 부부 대화 시 한국어 사용 비율이 92.8%인 것을 볼 때 이러한 점을 쉽게 알 수 있다. 필리핀 출신 여성이 친정 가족에 대해 갖는 도덕적 의무감 및 경제적 지원은 부부 갈등의 불씨가 되는데, 이는 부계와 모계를 모두 포함하는 필리핀의 양계친족제도로 설명할 수 있다. 또한 필리핀의 문화적 특성으로 부부간의 가사 분담률이 비교적 높고 부부관계에서 사랑과 애정 표현을 중요하게 여기는 문화적 전통이 있다는 것과 여성이 모계사회의 전통을 갖는 진취적 기질이 있다는 것을 들 수 있다(설동훈 외, 2005).

국제결혼에서의 부부 갈등에 관한 초기 연구와 최근 연구에서 조사된 바를 살펴보면, 초기 연구의 경우 결혼을 둘러싼 사회 관련 조건과 부부 사이의 차이점 정도, 의사소통의 장애, 인종 멸시, 친척들의 냉대 및 반대, 국제결혼에 대한 지나친 경제적 · 정서적 기대, 친정의 지나친 의존으로 갈등을 경험한다고 하였다(송성자, 1974). 반면 최근 연구에서도 한국의 가부장제에 적응하도록 압력을 받고 있고, 결혼 과정에서 사용된 결혼 비용, 일상생활에서의 의사소통과 문화적 차이, 권위적인 남편의 태도, 남편의 음주와 도박, 아이 양육 방식, 시부모의 간섭, 시부모에 대한 남편의 의존이 주요 갈등 요인으로 지적되었다(윤형숙, 2004).

결혼이민자의 한국 사회 적응에 주요한 변인으로 사회지원체계나 개인의 건강보다 더 중요한 것은 본인과 자신의 문화에 대한 가족의 수용과 이해, 협조적 태도인 것으로 나타났다. 이러한 결과는 이들의 가정생활의 어려움을 잘 드러내는 것으로 해석되며, 더 나아가서는 결혼이민자 배우자나 가족에 대한 교육을 실시하고 결혼이민자의 자긍심을 높일 수 있는 지원정책이 마련되어야 함을 시사한다. 사회복지실천에서도 결혼이민자의 사회 적응에 장애가 되는 사회 구조적인 문제를 해결할 수 있도록 정책 제안을 하는 한편, 이들의 사회 참여를 증진시키고 가족에 대한 지원을 함으로써 이들의 사회적 자립과 역량 강화에 초점을 두어야 할 것이다.

제6장

이주노동자의 특성 및 주요 이슈

우리는 노동력을 불렀다. 그런데 정작 온 것은 사람들이었다.

(Man hat Arbeitskräfte gerufen, und es kamen Menschen)

– Max Frisch –

1. 이주노동자에 대한 개괄

1) 이주노동자의 정의

외국인 근로자(foreign workers)는 이주노동자(migrant workers), 이민노동자(immigrant workers), 초청노동자(guest workers), 단기노동자(temporary workers), 계약노동자(contract workers), 이방인노동자(alien workers) 등 다양하게 불린다. 이 가운데 이주노동자가 주로 사용되고 있는데, 일정 기간 다른 나라에 가서 돈벌이를 하는 사람이라고 개념화할 수 있다. 현재 한국의 이주노동인력은 약 70여만 명으로 국내 총 취업자 수의 약 3.2%를 점유하고 있는 것으로 추산되고 있다

(최석현, 2012). 한국 사회가 경험하고 있는 고령화와 산업구조의 변화 등을 비추어 볼 때 이주노동자의 증가는 지속될 것이다.

2) 이주노동자의 법적 지위와 권리

(1) 국제법적 지위와 권리

이주노동자의 국제법적 지위와 권리를 다음과 같이 정리한다(채형복, 2007).

- 국제노동기구(International Labor Organization: ILO)는 이주노동자란 "자기 이외의 자를 위하여 고용될 목적으로 출신국으로부터 타국으로 이주하는 자"라고 정의한다. ILO가 채택한 이주노동자협약(Migration for Employment Convention, 제97호, 1949)은 전문과 23개 조문의 본 협약과 3개의 부속서로 구성되어 있다. 주요 내용은 이주노동자에 대한 출입국에 대한 정책, 법률 및 규칙, 고용과 노동조건, 생활에 관한 정확한 정보의 제공, 보수, 사회보장, 노동조합활동 등 노동조건에 대한 자국민과 균등한 대우 및 본국으로의 송금보장을 다루고 있다. 사회보장에는 업무상 재해, 출산, 질병, 폐질, 노령, 사망, 실업 및 가족부양책임 및 국내 법령에 의한 사회보장제도의 적용을 받는 기타 사고에 의한 법률의 보호를 받을 것을 다루고 있다.
- UN은 1948년에 세계인권선언에서 모든 사람은 자국을 포함한 어떠한 나라로부터도 출국할 권리가 있으며, 또한 자국으로 돌아올 권리가 있다고 천명하였다. 1966년에 채택된 시민적 · 정치적 권리에 관한 국제규약에서는(1990년 7월 10일자 국내 발효) 합법적으로 어느 국가의 영역 내에 있는 모든 사람은 그 영역 내에서 이동의 자유 및 거주의 권리를 가지며, 모든 사람은 자국을 포함하여 어떠한 나라로부터도 자유로이 퇴거할 수 있다고 명시한다. 또한 1990년 12월 18일에 모든 이주노동자 및 그 가족 구성원의 권리 보호에 관한 국제협약(International Convention on the Protection of the Rights of All Migrant

Workers and Members of Their Families, 이하 이주노동자권리협약)이 채택되었다. 이 협약은 이주노동자와 그 가족을 권리의 향유 주체인 사회적 실체로 인정하고, 그들의 권리 보호를 구체화하고 명문화한 첫 번째 협약이다. 무엇보다도 기존의 다른 인권협약이 시민권(citizenship)이나 체류자격(residence status)에 근거하여 개인의 권리를 보호한 데 반해, 이 협약은 개인의 법적 지위와 상관없이 개인의 권리 보호를 인정한 협약이라는 것에서 다른 인권협약과의 차이와 의의가 있다. 이는 여러 권리에 대한 비차별적 원칙의 존중과 보장에 대해 규정하고 있으며, 모든 이주노동자와 그 가족 구성원의 인권 및 이주조건의 특이한 상황에 대해서도 언급하고 있다. 특히 각 회원국들은 5년마다 1번씩 이주노동자와 그 가족 구성원의 보호를 위한 위원회에 이에 대해 보고하도록 하고 있다. 2007년 6월 현재 이 협약에 서명한 국가는 28개국, 비준한 국가는 37개국이다. 우리나라는 NGO를 주축으로 비준 준비 중이다.

- 이주노동자의 법적 지위에 대한 유럽협약[마스트리흐트(Maastricht) 협약]에서는 이주노동자를 '고용의 대가로 임금을 받기 위하여 다른 체약국의 영역에 머물도록 허가를 받은 어느 체약국의 국민'으로 정의하고 있다. 이 협약은 노동, 거주, 임금의 수령, 가족 재결합, 사회보장, 재고용 및 본국으로의 귀환 등에 대한 상세한 규정을 두고 있다. 이 협약의 제14조는 "모든 권리와 자유는 성, 인종, 색깔, 언어, 종교, 정치적 혹은 기타 견해, 민족적 · 사회적 기원, 소유, 출생 혹은 기타 지위와 같은 이유로 차별받아서는 안 된다."라고 규정하고 있다. 즉, 이주 근로자도 이러한 권리와 자유를 향유할 수 있다.

이와 같이 UN, 국제노동기구 또는 세계무역기구(World Trade Organization: WTO)에서 정하는 범세계적 규범을 준수하는 국가의 국민이나 체류외국인은 범인류적 인권을 보장받는다. 그것은 실질적으로 일개 국가의 주권 행사권에 우선하도록 하고 있다. 그러나 영국과 같이 국제기구의 규범을 국내법에 적용하지 않는 나라도 많이 있어서 세계 모든 국가가 반드시 국제기구의 규범을 따르고 있지는 않는 것이 현실이다(박화서, 2005).

이주노동자의 권리는 국제연합이나 기타 국제사회에서 일반적으로 수용하고 있는 모든 인권기준을 동일하게 적용받는다. 즉, 인권은 기본적이며, 보편적이고, 양도할 수 없으며, 불가분성을 가진, 모든 사람에게 고유한 천부적 권리인데, 이주노동자의 권리 또한 이러한 인권을 보장받는다. 이를 자유권, 평등권 및 사회권으로 나눈다면 〈표 6-1〉과 같은 내용이 포함된다(박화서, 2005).

〈표 6-1〉 이주노동자의 권리

자유권	평등권	사회권
생명권, 신체의 자유, 표현의 자유, 사생활의 자유, 양심의 자유, 종교의 자유, 재판청구권, 거주·이전의 자유, 직업선택의 자유, 주거의 자유, 언론·출판·집회·결사의 자유, 학문과 예술의 자유	성별, 종교, 장애, 나이, 사회적 신분, 출신 지역, 출신 국가, 용모, 신체조건, 혼인 여부, 임신 또는 출산 여부, 가족 상황, 인종, 피부색, 사상 또는 정치적 견해, 전과, 성적 지향, 병력 등에 의해 고용, 재화, 용역, 교통수단, 상업시설, 토지, 주거시설, 교육시설, 직업훈련기관의 공급이나 이용에서 차별을 당하지 않을 권리	노동권, 사회보장권, 건강권, 문화권

출처: 박화서(2005).

(2) 국내법적 지위와 권리

「외국인근로자의 고용 등에 관한 법률」 제2조에 의하면 외국인 근로자는 "대한민국의 국적을 가지지 아니한 사람으로서 국내에 소재하고 있는 사업 또는 사업장에서 임금을 목적으로 근로를 제공하고 있거나 제공하려는 사람"으로 정의한다. 참고로 우리나라의 이주노동자제도는 외국 국적 동포를 대상으로 방문취업제도, 제3국의 노동자를 위해서는 고용허가제가 운용되고 있다. 이때 방문취업제도는 유럽연합 회원국 간의 노동허가제와 유사하다. 우리나라의 고용허가제는 국내 인력을 구하지 못하는 사업주가 정부(노동부)로부터 인력부족확인서를 발급받아 합법적으로 이주노동자를 고용할 수 있는 제도다. 이때 이주노동자는 3년 동안 취업이 가능하며(매년 계약갱신), 고용주의 고용기회 확충에 초점을 두어 이주노동자의 사업장 이동의 자유를 제한하고 있다. 이동의 자유는 사유, 절차, 횟수에 의해 제한을 받고 있다. 사유란 개인적 사유가 아닌 사업장의 폐쇄, 사용자의 계약갱신 거부, 사용자의 문제 등을 말하는 것으로, 이러한 경우가 아니면 이동이 어렵다. 절차란 사업장이동변경 신청 후 2개월 이내 취업해야 하는 것이며, 3회 이상 이동이 안 된다는 것이다. 또한 외국인고용허가제는 가족 동반을 금지하고 있다. 현재 베트남, 몽골, 필리핀 등 10개국과 MOU(Memorandum of Understanding)를 체결하고 해당 국가의 이주노동을 허용하고 있으며, 2007년에 방글라데시, 네팔 등 5개국과 추가 MOU를 체결하였다(박선희, 2007).

(3) 시민권

보통 한 나라에서 장기 체류하면 그에 따라 특별히 체류자격을 인정받는다. 이때 거주 기간, 노동력 기여도, 사회 동화 정도에 근거해서 정부는 특별체류자격 혜택 정도를 정한다. 궁극적으로는 '영주권'을 부여받는 것이 장기체류자의 희망이다. 특별체류 혜택은 나라마다 조건이 다르기는 하지만 일반적으로 영주자격, 강제출국 면제, 노동 허가, 구직, 사업권, 사회복지 및 의료 혜택, 교육 등이 있다. 외국인으로 영주권이 있으며 본국인과 같은 법적 권리가 있는 사람을 '준시민(데니즌, denizen)'이라고 한다(박화서, 2005: 20-21). 외국인에게 시(city) 차원의 선거권을 주는 경우도 있고(스웨덴, 네덜란드), 참정권을 주지는 않지만 집회, 결사의 권리를 주는 경우도 있다. 영주권자의 경우 전형적인 준시민으로서 노동허가, 사회보장권, 교육, 의료 등 모든 혜택을 시민권자와 똑같이 누린다. 유럽에 750만 명(서부 유럽 인구의 절반 이상)이 데니즌이라고 한다.

한편 주변시민(Margizen)이라는 개념이 있는데, 이는 불법체류자, 난민, 밀입국자, 일시체류비자를 연장해 가면서 정주하고 있는 외국인을 뜻하는 것으로 Martiniello가 처음으로 사용하였다(박화서, 2005). 주변시민도 복지권이 아주 없는 것은 아니다. 그들이 민주국가에 체류하고 있으면 사회적 · 법적 보호를 기본적으로 받는다. 특히 난민신청 중에 있는 사람은 대개 숙소, 생활비 등을 받는다. 미국의 경우 1994년 이전까지만 해도 이들에게 기본생활보조비, 의료, 자녀교육 등 기본 사회보장 혜택을 주었다. 그러나 캘리포니아 주 정부는 1994년에 관련 법을 만들어서 불법체류 외국인에게는 사회보장 혜택을 주지 않게 되었다. 또 1996년에는 연방정부에서 같은 법을 제정하여 전국적으로 불법체류 외국인을 사회보장 혜택에서 제외하였고, 시민권자와 영주권자를 차별하는 방향으로 진행시켰다. 한편 유럽공동체(EC)의 시민권 형태는 세월이 지날수록 북미권, 아시아권의 다른 지역으로 확산될 것으로 이민학자들은 예측한다. 1991년에 마스트리흐트(Maastricht) 협약에 규정된 유럽공동체 시민권은 역내 거주 이전의 자유, 거주국 내의 지자체 선거/피선거권 보장, 유럽공동체가 아닌 제3국에서는 회원국 어느 나라의 대사관에서든지 동등하게 보호받을 권리, 유럽공동체 의회에 진정할 수 있는 권리와 옴부즈맨에게 재심을 신청할 수 있는 권리를 보장받는다. 그러나 유럽공동체 시민권은 자국이 아닌 회원국에서 거주하는 경우 공무원직은 못하고, 중앙정부 피선거권이 없고, 연금에 의존하여 살 경우는 자국을 떠날 수 없도록 하는 제약조건이 있다. 이러한 유럽공동체의 시민권은 경제적 커뮤니티의 시민권이지 정치적 커뮤니티의 시민권이 아니다. 다만 유럽공동체는 시민으로서의 권리와 국민으로서의 권리를 이원화하면서 유럽공동체의 공존을 모색하고 있다(박화서, 2005).

2. 대상 국가별 문화적 특성

이주민에 대한 이해를 높이기 위해서는 그들의 문화에 대한 이해가 필수적이다. 문화란 그들만의 사회, 자연환경 속에서 오랫동안 형성되어 온 생활의 습관이요, 중요시하는 가치의 반영이기 때문이다. 다문화사회란 다양한 문화의 공존이고, 그러기 위해서는 그들의 나라와 국민성을 이해하는 것이 필수적이다. 우리나라에 거주하는 외국인 중 56%가 외국인 근로자이고 우리나라의 고용허가제 법률에 의해, 국가 간 협약에 의해 국내에 유입되고 있는 이들의 출신 국가 중 다수를 차지하고 있는 태국, 인도네시아, 몽골, 스리랑카, 네팔의 인구, 정치, 사회, 경제, 문화, 종교 등을 중심으로 살펴보고자 한다.

오경석 등(2007)이 연구한 우리나라에 온 이주민 공동체의 특성을 토대로 각기 그 이주 문화의 특성을 살펴보았다. 이 연구는 우리나라에 이주해 온 이들의 이주민 공동체 내부의 내적 다양성을 파악하기 위해 공동체의 형성과정, 공동체의 종류와 활동 내용, 공동체활동의 내용 및 적극성 여부, 공동체 정체성의 형성 요인들, 공동체활동과 일상적 삶의 관계, 공동체 내부의 갈등 요인들(민족, 종교, 언어, 종족), 이주의 경험과 정체성의 변용, 국가 공동체 내부의 분화상 등을 파악하고 있다. 이러한 이주민 공동체의 특성은 출신 국가의 특성 이해도 중요하지만 한국이라는 이주사회에서 오랜 기간에 걸쳐 형성된 적응 문화이기도 하기 때문에 사회복지적 함의도 크다고 사료되어 인용하였다.

1) 몽 골

• 내륙국	
• 문맹률	2%
• 종족 구성	몽골인 94.9%, 카자흐인 약 5%
• 종교	라마교 50%
• 독립	1921. 07. 11.(중국)
• 정체	공화제
• 정부 형태	이원집정부제
• 정부 성향	중도좌경(中道左傾)
• UN 가입	1961. 10. 27.
• 비동맹 가입	1991. 09. 02.
• GDP	28억 불(2006), 1인당 GDP: 1063불

출처: 국가정보원 홈페이지(http://www.nis.go.kr).

인구 몽골 인구는 20개의 민족 집단으로 구성되어 있으나 몽골인이 94.9%로 주류를 이루고 있어 언어상 거의 차이를 보이지 않는다. 약 5%를 차지하는 돌궐계 카자흐(Kazakhs) 민족은 몽골의 서부 지역에 집중적으로 거주하고 있으며, 고유의 언어를 갖고 있다. 이들은 언어나 종교, 풍속이 몽골족과는 상이하나 거의 명목상의 회교로 볼 수 있다. 인구는 약 244만 명에 이르는 것으로 추정되고 있으며, 내몽골보다는 외몽골에 거주하는 인구가 더 많다. 전체 인구의 49.7%는 남성이 차지하고 있다. 인구의 51%가 도시인구로, 그중 27%는 울란바토르에 거주하며, 나머지는 목축업에 종사한다.

정치 및 사회 몽골(Mongol)이란 본래 '용감한'이란 뜻을 지닌 부족어였으나, Chingiz Khan에 의해 통솔된 몽골부 발전에 따라 민족의 이름은 'Mongol', 지역의 이름은 'Mongolia'로 변화되었다. 국호는 몽골 공화국이다. 보통 '몽골' 하면 대개 외몽골(外蒙古, 몽골 공화국)을 말하는 것이며, 내몽골(內蒙古)이라고 부르는 내몽골 자치주(自治州)는 중국 국경 안에 있기 때문에 사실상 분단국가다. 몽골은 1961년에 UN에 가입하였고, 1964년에 중 · 몽 국경이 확정되어 내몽골과 외몽골의 분열이 고착되었다. 1988년 12월 제5차 공산당 총회에서 개혁 정책과 민주화를 추구하기로 결정하였다. 이후 서방 국가들과의 외교관계 개선에 주력했으며, 한국과도 1990년 3월 25일에 대사급 수교를 했다.

교육 1990년 이전에는 몽골의 교육은 사회주의 교육제도와 이념에 따라 실시되어 왔으나, 사회주의 계획경제를 포기하고 시장경제체제와 자유민주주의 제도로 개혁하면서 교육 부분에서도 커다란 변화를 가져오게 되었다. 그중 가장 큰 변화는 사립교육기관 설립의 자유화, 학과 편성의 자유화, 일부 국립교육기관의 사유화 등이다. 최근까지만 해도 전(全) 교육과정이 무료였으며 국가가 직접 관장해 왔는데, 국가 재정 형편이 심각한 위기에 처하면서 대부분의 공립교육기관을 사립교육기관으로 이양하는 단계에 와 있고, 교육 환경도 점차 나빠지고 있다.

문화 및 종교 몽골은 유목민족으로서 정착하기보다는 양과 말을 기르기 위해 풀을 찾아 여기저기 이동하면서 살아왔다. 주거도 분해와 조립이 쉬운 천막집을 주로 사용해 왔다. 종교의 자유를 허용하고 있으며, 전체 인구의 90% 정도가 라마교를 믿고 있다. 몽골 인구의 4% 정도를 차지하는 회교는 카자흐족이 믿는데, 주로 몽골의 서부 지역에 분포하며 수니파 회교도다. 기독교 인구는 7천여 명 정도로 추정하고 있다. 비율로 본다면 0.3% 정도에 해당하는 숫자다. 1990년에 최초의 교회가 설립된 이래 짧은 기간 동안 급성장을 이루었다.

경제적 환경 1996년 이후 산업 부문의 구조적 변화가 일어나고 있다. 농업 부문이 조금씩 축소되고 있으며, 도시화와 산업화가 추진되고 있다. 무역과 관광은 전망이 있으며, 장기적으로 몽골 경제는 풍부한 자원과 사용되지 않은 자원 그리고 국내 투자와 국외 투자로 인해 성장을 계속하는 환경이다.

국내 몽골인 공동체 특성 국내 몽골인 인구는 3만여 명에 불과하나 동대문에 몽골타운으로 알려진 상가밀집지역이 존재하며, 몽골학교, 몽골문화원 등 다른 나라 이주민에 비하여 국내에서의 경제 · 문화활동이 활발한 편이다. 상대적으로 큰 규모의 몽골인만의 시장(ethnic market)이 형성되어 있다. 몽골 이주민의 '교민 사회' 형성은 다른 나라 출신 이주민에 비해 빠른 속도로 진행 중이다. 이는 가족 단위의 이주를 선호해서 강한 친족망이 구성되어 있는 것도 관련이 있을 것이다. 이들은 '나담 축제' 등 몽골의 국가 축제에 함께 참여하여 한국에서의 몽골인으로서의 집단적 정체성을 확인하고 감정적 연대감을 강화한다.

몽골 공동체활동에서 나타나는 특이점은 다른 이주민들의 출신 국가가 한국에 이주한 자국민의 공동체활동에 적극적인 관심을 보이지 않는 반면, 몽골 정부는 2007년 고용허가제 이후 한국 내 합법체류자가 증가하자 이들을 위한 지원을 적극적으로 시도하고 있다는 점이다. 그러나 고용허가 MOU 체결을 기점으로 이주자들이 달라졌는데, 고용허가제 이전에는 '고학력의 도시 출신 불법체류자'가 상대적으로 다수였다면, 현재는 '저학력의 시골 출신 합법체류자'가 주류를 이루는 상황이다. 이에 따라 이들 사이의 유대와 신뢰감은 낮은 편이다.

이상과 같이 몽골과 몽골인의 특성을 살펴볼 때 그들의 두드러진 특성은 가족주의적 전통, 타인에 대한 친절, 높은 수용성, 국가의 적극적 지원이라 하겠다. 또한 몽골은 같은 우랄알타이어족으로서 언어문화적 뿌리와 외모상의 공통성도 많아 우리 사회에서의 적응력도 뛰어난 것으로 보인다. 다문화 사회복지실천에 있어 이러한 유사한 특성 및 배경 때문에 서비스 이용에 대한 수용도나 서비스 제공자와의 관계 형성에서 상호 간 저항이 적을 것으로 예상된다.

2) 스리랑카

• 해안선	1340km
• 영해	12해리(경제수역 200해리, 1977. 01. 15.)
• 문맹률	7%
• 종족 구성	싱할리인 74%, 타밀인 18%, 무어족 7%, 기타 1%
• 종교	불교 70%, 힌두교 15%, 기독교 8%, 이슬람교 7%
• 독립	1948. 02. 04.(영국)
• 정체	공화제(영연방)
• 정부 형태	대통령중심제
• 정부 성향	우경중립(右傾中立), 비동맹국
• UN 가입	1955. 12. 14.
• 비동맹 가입	1961. 09. 01.
• GDP	237억 불(2005), 1인당 GDP: 1145불

출처: 국가정보원 홈페이지(http://www.nis.go.kr).

인구　총인구는 약 2092만 명(2007년 6월 인구조사 결과)이며, 주요 도시별로는 콜롬보 70만, 자프나 15만, 캔디 14만 정도가 거주하고 있다. 민족의 구성은 싱할라족 73.8%, 타밀족 8.5% , 무어족 7.2%, 기타 0.8%로 분포되어 있다. 출생률이 낮아 남아시아에서 인구 성장률이 낮은 나라에 속한다. 그러나 정부는 인구밀도가 매우 높아 발생되는 사회적 · 경제적 문제를 완화하기 위해 유입 이민과 유출 이민의 균형을 유지하는 한편, 출산율을 낮추기 위한 여러 조치를 취하고 있다. 개발도상국으로서는 유아 사망률과 전체 사망률이 낮은 편이다. 국민 가운데 2/3(대부분 싱할라족)가 불교도이며, 인구의 1/6 정도를 차지하는 타밀족은 대체로 힌두교를 신봉한다. 그 밖에 이슬람교도와 그리스도교도들이 있다. 언어는 전통적으로 싱할라어를 국어로 사용하여 왔으나, 1987년 제13차 헌법 개정에 의하여 타밀어도 국어로 추가하였으며, 일상생활이나 관청 등에서는 영어가 공용어로 사용되고 있다.

정치 및 사회 스리랑카는 사회민주주의로 대통령은 6년 임기로 국민에 의해 선출되는 정부 수반일 뿐 아니라 국가의 수반이며 군 통수권자다. 대통령은 의원들 가운데 지명하여 선택된 장관들로 내각을 구성한다. 수상은 대통령의 대리자로 의회에서 여권을 이끌며 주로 국내 사안에서 많은 행정 책임을 나눈다. 의회 의원들은 6년 임기로 지역구별 수정 비례 대표제에 기반을 둔 보통(성인) 선거로 선출된다. 1948년 이후 스리랑카는 영연방과 UN의 일원이 되었다. 또한 비동맹 세력, 콜롬보 플랜, 아시아태평양 경제협력체와 남아시아 지역협력연합의 일원이다. 인도, 미국, 그리고 유럽 나라에서 상당한 군사적 원조를 받고 있다.

스리랑카는 사회복지제도를 통해 일시적인 노동장애 및 실업 상태, 노령, 장애, 영구적인 노동장애에 대한 보조금과 유족 연금을 한정된 계층의 국민에게 제공하고 있다. 의료 혜택은 정부 시설의 경우 무료로 규정하고 있으나, 시설과 인력 부족 때문에 일부 계층에 한정되어 있다.

경제 스리랑카는 개발도상국 수준의 혼합경제(공공 부문과 민간 부문) 체제를 유지하고 있으며 대체로 농업, 서비스업, 경공업에 바탕을 두고 발전해 왔다. 1971년 이후 수많은 산업체가 국유화되었으며 국제통화기금, 아시아개발은행, 미국, 일본 등으로부터 막대한 경제개발 지원을 받고 있다. 네덜란드, 독일, 중국도 원조를 제공해 왔다. 새로운 일자리가 생겨도 인구의 성장 속도를 따르지 못하여 실업이 만연해 있다. 국민총생산(GNP)이 인구보다 빠르게 증가하고 있으나 1인당 GNP는 세계 수준에 비해 매우 낮은 편이다. 농업은 GNP의 약 1/5을 차지하며 노동력의 2/5를 고용한다. 제조업은 GNP의 약 1/5을 차지하며 노동력의 1/10을 고용한다. 주요 제품은 직물, 도자기, 식물성 기름, 비료, 시멘트, 석유제품 등이다.

문화 및 종교 스리랑카에는 BC 3세기까지 거슬러 올라가는 풍부한 문화유산이 있다. 예술적 전통은 주로 불교와 힌두교의 종교예술 및 무용극에 집중되어 있다. 민속무용극에는 가면무용극 콜람(타밀어로 '의상' 이라는 뜻), 춤을 통해 정령들에게 병이나 불행에서 구해 줄 것을 비는 악마의 춤, 신화적 · 역사적 · 자연적 주제를 다루는 가장 중요한 민속춤인 칸디아 무용 등 3가지 주요 형태가 있다. 스리랑카에는 소승 불교를 믿는 불교신자가 대다수(69.1%)이며, 힌두교(15%), 이슬람교(7.6%), 기독교(6.2%) 신자도 존재한다. 스리랑카의 거의 대부분의 기독교인은 포르투갈의 영향으로 로마 가톨릭신앙을 갖고 있으며, 영국과 네덜란드의 영향으로 성공회와 개신교신자도 있다. 힌두교신자는 주로 인도 출신의 노동자들이다.

교육 글을 읽고 쓸 줄 아는 사람의 비율은 남성 89%, 여성 80%로, 대부분의 남아시아 국가들에 비해 높은 편이다. 교육은 모든 학교에서 무료로 제공되며 5~13세는 의무교육 기간으로 규정되어 있다. 중등교육, 기술교육, 직업교육, 고등교육도 받을 수 있다. 다민족 국가로서 싱할라족, 타밀족, 무슬림(타밀어를 사용) 등 서로 언어와 문화가 다르기 때문에 한 공립학교에서 공부를 할 수가 없다. 이에 각 민족별로 학교가 따로 있다. 스리랑카의 공립학교는 모두 다 무상교육이다. 후진국 중에서도 드물게 80% 이상의 문자 해득률을 보이고 있다. 하지만 학비 이외의 부분에 지출이 많아서, 취학 연령이지만 경제적인 이유로 학교를 다니지 못하는 아이도 있다. 공립학교 입학은 스리랑카 국적이 아닌 외국인에게는 허용되지 않는다.

국내 스리랑카인 공동체 특성 스리랑카 이주민 공동체는 국가충성도가 높고 타 국적 공동체에 무관심함에도 공동체의 응집력은 약하다. 스리랑카 공동체는 빠른 속도로 분화되는 양상을 보이고 있는데, 출신 지역, 이주 시기, 한국 사회에서의 법적 지위 등 입장에 따라 이루어진다. 본국에서 심각한 사회문제가 되고 있는 싱할라족과 타밀족 사이의 민족 간 분규는 한국에서는 크게 부각되지 않는 경향이 있다.

스리랑카 이주노동자들은 필리핀, 방글라데시, 네팔 등과 함께 1980년 이후 한국에 이주해 온 비교적 초기의 이주민 집단에 속한다. 그럼에도 이들은 다른 초기 이주민 집단과는 달리 이주민 노조 참여율은 아주 낮다. 공동체가 만들어지는 과정이나 활동(및 운영) 방식은 스리랑카 본국의 전통적인 품앗이('무태투' 라고 불림) 전통을 따르는 경향이 있어 한국 내 체류 지역에 관계없이 유사하다.

공동체는 내부적으로 출신 지역 차이, 이주 시기의 선후, 체류자격 여부 등에 의해 갈등이 표출된다. 이는 개인 수준에서 간헐적으로 표출되다가 최근에는 집합적인 수준에서 주기적이며 게다가 폭력적인 방식으로 발현되는 양상을 보이고 있다. 초기 이주자들은 개인적 노력에 의해 입국한, 교육적 배경과 사회적 지위가 높은 집단이었다. 그러나 후기 이주자들은 고용허가 쿼터에 의해 입국하여 출신 배경이 다르다. 초기 이주자들이 이들을 시골 출신의 의식 없는 무임승차 집단이라고 폄하하는 경향이 있다.

이상과 같이 스리랑카인의 특성에 대하여 살펴본 결과, 이들은 자신의 문화에 대한 자부심이 높고 민족적 자긍심이 높다. 또한 교육열이 높아 이주자 중 상당수가 교육적 배경과 사회적 지위가 높다는 특성이 있다. 내부적으로도 입국 배경에 따라 배타성이 존재할 만큼 타 문화에 대한 수용도가 낮다. 우리나라에서 외국인으로 살아가는 이들로서는 더욱 자국인 중심의 배타적인 성격의 생활공동체를 이룰 가능성이 있다. 이러한 특성은 다문화사회복지를 실천하는 사회복지사 먼저 이들 문화를 존중하고 인정해야 한다는 것을 시사한다. 특별히 문화적 차이에 대한 민감성을 가지고 그들의 태도와 필요를 파악하고 그들의 입장에서 개입하는 자세가 요구된다.

3) 인도네시아

• 해안선	5만 4716km
• 영해	12해리(경제수역 200해리)
• 문맹률	21%
• 종족 구성	자바인 45%, 순다인 14%, 마두라인 7.5%, 말레이인 7.5%, 기타 26%
• 종교	회교 87%, 기독교 6%, 천주교 3%, 힌두교 2%, 불교 1%
• 독립	1945. 08. 17.(네덜란드)
• 정부 형태	대통령 중심제
• 정부 성향	우경중립(右傾中立)
• UN 가입	1950. 09. 28.
• 비동맹 가입	1961. 09. 01.
• GDP	276만 40억 불(2005), 1인당 GDP: 1259불

출처: 국가정보원 홈페이지(http://www.nis.go.kr).

인구 전체 인구는 2억 2280만 명(2005년)으로 중국, 인도, 미국에 이어 세계 4위의 인구 대국이다. 성비는 1:1의 비율로 균형을 이루고 있고, 2006년 현재 출생률은 1000명당 20.34명, 사망률은 1000명당 6.25명이다. 가임여성 1인당 평균 출산율은 2.4명이고, 평균수명은 69.87세다. 인도네시아의 인구 구조는 피라미드 형태로 0~14세 인구가 28.8%, 15~64세 인구가 65.8%, 65세 이상 인구가 5.4%로 분포되어 있어, 적어도 향후 20~30년간 경제발전에 필요한 풍부한 인력 공급이 가능하다. 인구는 자바인 45%, 순다인 14%, 마두라인 7.5%, 연안말레이인 7.5%, 중국인, 인도인, 파푸아인, 유럽계 등 기타 26%로 구성되어 있다.

공용어는 인도네시아어로 인도네시아의 국어지만, 일상에서 사용하는 사람은 약 3천만 명 정도로 전국의 인구에 비해 의외로 적고, 제2언어로서 사용할 수 있는 사람은 꽤 많다.

정치 및 사회 국명은 인도네시아 공화국(Republic of Indonesia)이고, 대통령 중심제(임기 5년)의 정부 형태다. 통상적인 입법권을 행사하는 국회(550명)와 지역대표 협의회(128명)의 의원으로 구성된 이원적 조직(양원제와 유사)인 국민협의회(678명)가 총괄 기구로 기능한다.

인도네시아는 2004년에 유도요노 대통령 정부가 출범하면서 경제 개혁, 정치 개혁이 이루어져 정치 · 경제 · 사회의 기반이 안정을 이루게 되었다. 유도요노 대통령은 2004년 말 발생한 쓰나미 재난 시에도 ASEAN 특별 정상회의 개최를 통하여 자연재난 위기에도 외국원조 확대와 투자유치환경 개선에 노력하였다. 이에 따라 인도네시아의 경제성장률은 2001년에 6.3%, 2007년에는 6.2%를 달성하였다.

경제 인도네시아는 주로 농업과 광업에 바탕을 둔 개발도상국으로서 혼합경제체제를 갖추고 있다. 2013년 기준 인도네시아의 국내총생산(GDP)은 8780달러이며, 1인당 국민소득은 2590달러였다.

문화 및 종교 수 세기에 걸친 문화적 동화작용의 결과 다양하고 풍부한 문화양식이 생겼다. 8~10세기에는 거대한 대승불교 유적인 보로부두르 및 광대한 힌두 사원 단지들이 자바 섬 중부에 건립되었다. 음악, 춤, 연극이 결합된 표현양식을 자바 섬과 발리 섬의 유명한 인형극 와양(wayang)에서 볼 수 있으며, 금속세공과 돌, 나무, 뼈, 상아 등의 조각물을 포함하는 장식예술과, 복잡한 도안을 창출하기 위해 방염 왁스를 사용하는 전통적인 섬유염색법인 납결염색법(바틱)이 지금도 행해지고 있다. 인도네시아의 문학사에는 구비문학과 기록문학이 모두 존재한다.

대부분의 인도네시아 사람이 이슬람교를 믿지만 발리 섬에서는 힌두교가, 술라웨시 섬 북부에서는 로마 가톨릭이 우위다. 인도네시아는 세계 최대의 이슬람 국가로서, 종교 분포는 이슬람교(87%), 기독교(6%), 가톨릭(3%), 힌두교(2%), 불교(1%), 기타로 알려져 있다.

교육 6(초) · 3(중) · 3(고) · 4(대)의 학제로 운영 중이고, 1994년부터 9학년(초등학교, 중학교) 의무교육제를 실시하고 있다. 국 · 공립학교와 사립학교는 학비 면에서 크게 차이가 있다.

국내 인도네시아인 공동체 특성 인도네시아 이주민 공동체는 본국의 특성과 같이 지역, 종교, 언어 등에서 서로 매우 다른 유형의 문화적 기호를 소유하고 있다. 하지만 한국에서의 공동체활동 과정에서 문화적 타협이 시도되면서 새로운 유형의 공동체를 형성하는 자양분이 되기도 한다. 인도네시아 이주민에게 공동체란 정기적인 모임의 성격을 가진 것뿐만 아니라 비정기적이며, 경계가 뚜렷하진 않지만 상호 간의 교류가 일어나는 모든 관계를 포함하는 것으로 인식되었다. 공동체 정체성은 종교, 출신 지역, 개인적 취향 등에 의해 나뉜다.

인도네시아 이주민의 공동체활동의 특성으로는 첫째, 본국 문화를 유지하기 위한 공동체는 종교와 지역을 중심으로 형성된다는 점, 둘째, 공공 영역의 제약으로 인해 이주국인 한국에서 모일 수 있는 '장소'와 그에 대한 접근권을 공유하는 이주민들 사이에 새로운 공동체성이 형성된다는 점, 그리고 이 두 가지와는 다른 맥락에서 개인적 취향에 따라 공동체가 형성되기도 한다는 점을 들 수 있다. 이와 관련하여 강(Gang)이라는 모임을 주목할 수 있는데, 이들은 다른 이주민들과 차이를 보이려는 목적으로 서로 유사한 외형을 꾸미고 다니며 주말 시간을 공유한다. 인도네시아 이주민 공동체를 (내적으로) 구분하는 정체성의 상이한 원천으로는 출신 (행정) 지역, 성장한 (행정) 지역, 출신 섬의 차이, 사용 언어, 얼굴 생김새(자바인은 manis라고 하는 부드러운 얼굴 형태, 수마트라인은 강한 턱, 자카르타인은 하얀 피부와 경사진 눈), 생활 습성, 이름(자바인은 주로 성의 마지막 부분에 I와 O를 사용. 자바인은 가족 이름을 사용하지 않지만, 수마트라인은 가족 이름을 사용), 종교, 사회적 지위, 음식 습관, 한국 문화에 대한 태도, 타인에 대한 수용도 등이 있다.

이상과 같이 인도네시아의 국가와 민족의 특성을 살펴본 결과, 이들이 매우 종교적이라는 점과 많은 섬으로 이루어진 나라인 만큼 자국인 내에서도 지역과 인종 간 특성이 다양하다는 점을 알 수 있다. 그러므로 다문화 사회복지실천을 함에 있어서 이들의 종교적인 경향에 대한 존중과 이해가 필수적일 것이며, 지역에 따라 차이가 있으므로 인도네시아인인 것만으로 보편화하여 이해하면 안 되고, 지역성에 따른 문화를 이해하려는 노력이 필요할 것이다.

4) 네 팔

• 내륙국	
• 문맹률	57%
• 종족 구성	네팔인 80%, 티베트인 20%
• 종교	힌두교 88%, 불교 8%, 기타 4%
• 독립	1951. 02. 18.(영국)
• 정부 형태	의원내각제
• 정부 성향	중도중립(中道中立), 비동맹국
• UN 가입	1955. 12. 14.
• 비동맹 가입	1961. 09. 01.
• GDP	67억 불(2004), 1인당 GDP: 253불

출처: 국가정보원 홈페이지(http://www.nis.go.kr).

인구 네팔 인구는 네팔인 80%, 티베트인 20%로 구성되어 있다. 언어는 인도어, 아리안계 언어인 힌두어와 티베트어, 미얀마계 언어가 혼성된 언어로 힌두어와는 70% 정도 소통이 가능하다.

정치 및 사회 네팔은 민주적 입헌군주 국가다. 기본적으로 입헌군주제, 다당제, 의원내각제, 인권 보장, 언론 · 집회 · 결사의 자유, 사법권 독립 등을 규정하고 있으며, 헌법상 주권은 국민에 귀속되어 있다. 실질적인 행정권은 총리가 이끄는 내각에 있으며, 국왕은 자신의 고유 권한 사항을 제외하고는 각료회의의 권고와 동의에 따라야 한다. 입헌군주제 채택 이후 헌법과 여타 법률에 의해 카스트제도가 폐지되었음에도 사회 내 카스트의식은 여전히 존재하고 있다. 그래서 결혼 상대자 선택 및 장례 등 중요한 가정의례 시 카스트를 엄격히 따지고 있다. 최근 네팔에서는 국왕과 정치권, 마오이스트 간 충돌이 격화되고 있어 불안한 정치적 정세가 지속되고 있다.

경제 네팔은 대체로 농업에 바탕을 둔 시장경제체제를 이끌어 가고 있으며, 인구가 늘어나는 것만큼 빨리 경제성장이 이루어지지 않아 1인당 국민총생산(GNP)이 세계에서 가장 낮은 나라에 속한다. 2004년 현재 네팔의 GNP는 289불이다. 농업이 GNP에서 차지하는 비중이 절반이 넘으며, 노동력의 9/10 이상이 농업에 종사하고 있다. 전체 토지 면적 가운데 경작이 가능한 땅은 1/5 정도를 넘지 않으며 농업 생산성이 아주 낮다. 주요 산물은 쌀이며, 옥수수, 밀, 감자, 사탕수수, 기장도 많이 재배한다. 주요 산업은 임업이다. 통나무 원목 벌채가 주종을 이루는데, 이들 원목은 거의 연료로 쓰여 네팔에서 소비되는 에너지 대부분을 공급한다.

교육 기본 학제는 '10+2 시스템'으로 초등(Lower Secondary) 7년, 중등(Secondary) 3년, 고등 2년 과정으로 되어 있다. 대학은 카트만두에 국립 Tribhuran 대학(전국 각지에 100여 개 캠퍼스 운영)이 있으며, 총 학생 수는 약 20만 명 정도다. 문맹률이 57%(2002년 현재)로 국민교육 수준은 낮은 편이다.

문화 및 종교 인도와 중국 사이에 위치해 지리적 여건상 네팔 문화는 아리안족, 힌두 문화와 티베트, 몽골, 불교 문화와 혼합적 성격을 띠고 있다. 장기간 회교 지배하에 있던 인도의 영향으로 네팔 내에서 페르시아어 및 아랍어 단어가 발견되며, 또한 건축양식, 사회 관습 등에서도 회교 문화의 영향도 발견된다. 네팔인이 가장 즐기는 소일거리는 음악과 춤이다. 종교의식을 거행할 때 먼 옛날부터 사용해 온 북과 관악기가 빠짐없이 등장한다.

네팔의 국교는 힌두교(약 87%)이나 불교(8%)와 공존하고, 회교(4%) 신봉자도 소수 있다. 네팔 문화의 두드러진 특징은 힌두교와 불교의 종교적 조화로서 불교 사원 내에 힌두사원이, 힌두사원 내 불상이 공존하고 있다는 것이다. 종교예식 행사도 힌두교인, 불교인이 함께 참여하고 거행한다.

국내 네팔인 공동체 특성 체류 인원 수가 6천 명 내외임에도 불구하고, 네팔 이주민은 가장 적극적으로 공동체활동을 펼치고 있다. 네팔 본국에서의 지역, 민족, 종교, 정치적 지향 등을 바탕으로 현재 50여 개의 공동체가 활동 중이다. 네팔 공동체가 이처럼 활성화된 데에는 이주노동 환경의 열악함에 대한 공동 대응의 필요성, 동일 카스트, 출신 지역 또는 친족 사이의 친밀감, 해외 네팔 디아스포라와의 네트워크, 네팔 정치 상황의 역동성에 대한 공통의 관심사 등이 작용하고 있는 것으로 보인다. 네팔 공동체의 대표격은 재한네팔인공동체(Nepalese Consulting Committee)로 네팔 노동자에 대한 사회문화 학습과 상담, 네팔을 위한 프로젝트 개발 등을 목표로 하며 다양한 네팔 이주민 공동체들과의 네트워크를 통해 모국을 돕는 NGO 역할도 하고 있다(이태정, 2012). 50여 개의 크고 작은 공동체 가운데는 친족(Family) 모임이 가장 많았으며, 두 번째로는 사회문화(종교 포함) 활동 지향의 공동체, 그리고 정치 지향의 공동체 등이 포함된다. 이들 공동체는 네팔 외국인 근로자 연대를 만들어 공동 대응을 한다. 특이한 것은 네팔 대사관이 (체류자격 여부에 관계없이) 이러한 공동체활동에 적극적인 지원과 공조를 하고 있다는 점이다. 인도-네팔 식당이 밀집된 동대문 일대는 네팔 이주민이 집단 거주하는 지역이기도 하다. 그러나 현실적인 이유(비싼 가격, 단속의 위험)로 네팔 식당을 자주 이용하지는 않는다.

이상과 같이 네팔의 국가와 민족의 특성을 살펴본 결과, 이들은 종교가 생활 속에 녹아 전승하는 문화가 되고 있을 만큼 종교적이고, 이에 따라 삶의 공유를 통해 국가적인 정체성도 강한 특성을 가지고 있으며, 이러한 정체성의 유지를 위해 공동체활동도 활발한 것으로 보인다. 그러므로 네팔인을 위한 다문화 사회복지실천을 할 때 이들의 종교적 문화에 대한 이해가 필수적이며, 네팔인의 공동체를 통한 문제해결 및 지원 방법을 모색하는 것이 효과적일 것으로 사료된다.

5) 타이(태국)

• 해안선	3219km
• 영해	12해리(경제수역 200해리, 1980. 07. 22.)
• 문맹률	7%
• 종족 구성	타이족 75%, 중국인 14%, 말레이족 2.9% 등 10여 종족
• 종교	불교 95%, 회교 4%, 기독교 0.7%
• 정체	입헌군주제
• 정부 형태	내각책임제
• 정부 성향	자유
• UN 가입	1946. 12. 26.
• 비동맹 가입	1993. 06.
• GDP	1731억 불(2005), 1인당 GDP: 2659불

출처: 국가정보원 홈페이지(http://www.nis.go.kr).

인구　전체 인구는 6463만 2000명(2006년 현재)으로 타이족(샴족)과 라오족 등 태국어를 사용하는 사람이 전체 인구 가운데 거의 4/5를 차지한다. 타이족이 지배적인 종족이자 언어집단이며, 중국인, 크메르인, 말레이인도 상당수를 차지한다. 국교인 불교가 널리 퍼져 있으며, 이슬람교도, 힌두교도, 시크교도, 그리스도교도가 소수 존재한다. 대부분의 원주민은 애니미즘적 경향이 강하다.

정치 및 사회　태국은 1932년 이래 대체로 군부가 지배해 온 의원내각제 형태의 입헌군주국이다. 세습 왕이 국가 수반이자 군 총사령관이다. 입법권은 상원과 하원으로 이루어진 양원제 의회에 있다. 정부 수반은 총리이며, 1992년의 개정 헌법에 따라 하원의원 중에서 선출된다. 총리는 왕의 임명에 앞서 각료를 지명한다. 다당제 국가지만 군부가 지배적인 권한을 행사하고 있다.

사회복지제도를 통해 미약하게나마 아동 · 가족 · 노령자 · 극빈자 · 재난 구호에 힘쓰고 있으며, 위생 상태 또한 만족할 만한 수준은 아니지만 다른 동남아시아 국가들에 비해 양호한 편이다.

경제 태국은 주로 서비스업, 경공업, 농업에 바탕을 둔 시장경제가 중심을 이룬다. 국민총생산(GNP)은 인구보다 훨씬 빠르게 증가하고 있다. 국내총생산(GDP)의 1/8을 차지하는 농업 부문에는 노동력의 절반 이상이 종사하고 있다. 소지주들이 전국 대부분의 농지를 지배하고 있다. 제조업은 GDP의 1/4을 차지하는 반면, 노동력의 10만 분의 1을 고용하고 있다. 경공업이 주를 이루며 방콕 주변에 집중되어 있다. 대부분 소규모로 운영되고 있는 공장들은 국산 원료의 가공에 힘을 쏟고 있으며, 주로 맥주, 정제설탕, 섬유, 시멘트, 화학제품, 오토바이를 생산한다.

문화 및 종교 태국의 예술은 건축, 미술, 음악, 연극, 문학, 자기 및 도기 공예 분야에서 뛰어나다. 태국의 건축양식은 보통 목재로 지은 불교사원에서 찾아볼 수 있으며, 종교적인 색채가 압도적인 태국 미술은 인도와 스리랑카에서 전해진 전통에 바탕을 둔 것으로 보인다. 태국의 불교(전체 인구의 94.4%)는 소승불교로 현대 태국의 동일성과 신념의 중심된 위치를 차지하는 태국의 국교다. 달력, 풍습 등도 불교적인 것이 많다. 태국은 불교 국가지만, 헌법에서 종교의 자유를 존중하고 있으며, 모든 종교는 태국 종교청의 지도를 받는다.

교육 태국의 교육제도는 유치원 제도가 이미 기본적으로 정착되어 왔으며, 초 · 중 · 고 및 대학교의 기본 학제가 한국과 같거나 비슷하게 운영된다. 유치원 및 영아 유치원 교육은 교육 자체에 대한 관심이 높아서라기보다는 필요성이 높기 때문에 존재한다. 노동이 가능한 연령의 여성 중 거의 절반에 해당하는 사람이 직업에 종사하고 있고, 따라서 맞벌이 부부의 비율이 상당하기 때문이다. 7~15세의 아동 · 청소년에게 무상 의무교육을 실시하고 있으나 일부 도시 지역은 학교가 부족한 형편이다. 교육은 6년제 초등학교, 5 · 6년제 중등학교와 대학교, 사관학교, 교사양성소 등의 과정을 통해 이루어지고 있다.

국내 태국인 공동체 특성 태국 이주민은 한국 내 거주 지역을 중심으로 공동체를 구성하며, 그 구성의 매개 단위는 개인이 아니라 국가나 종교이며, 태국인으로서의 정체성은 더욱 강하게 작용한다. 이로 인해 태국 출신의 이주민 공동체는 경계가 모호함에도 다른 이주민 공동체에 비해 강력한 통합력이 있다. 젊은 남성은 공동체활동에 적극적이지만, 나이 든 남성은 사적 모임에 치중하는 경향이다. 젊은 여성은 이성 친구나 가족과의 관계에 집중하고, 나이 든 여성의 경우는 자신의 거주지를 중심으로 한 사적이고 친밀한 관계를 발전시키는 일에 관심이 많다. 노동자가 아닌 유학생이나 사무직 종사자의 경우는 자신들만의 커뮤니티에 참여하거나 사적인 관계를 유지함으로써 노동자들과의 차별성을 유지한다.

태국 이주민 공동체 내에는 이산족[1], 태국에서 상위 계층에 속하는 타이족, 남부 출신 소수 민족 구성원 등이 있다. 태국 이주민은 스스로를 태국 국민, 왕의 자녀, 불교도라고 생각한다는 점에서 공통점이 있으며, 태국인으로서의 정체성은 국가적 축제와 의례 활동을 통해 환기되고 지속된다.

이상과 같이 태국의 국가와 민족의 특성을 살펴본 결과, 태국인은 매우 종교적이고 예술적이며 국가에 대한 충성심이 높다. 그러므로 이들을 대상으로 다문화

1) 타이족의 약 40%에 해당하는 동북부 지역(이산) 출신 사람들을 일컫는다. 스스로는 자신들을 '이산족'이라 부르지도 않으며, '타이족'과 구분 짓지 않는다. 하지만 종족 문제를 연구해 온 학자들은 이들이 라오족에 바탕을 두고 있으며, 타이족과는 확연하게 구분되는 종족 그룹이라고 설명한다. 태국 내에서 경제적으로 방치되어 있는 관계로 이주에 적극적이다. 태국인 이주노동자의 대부분은 이산족이다.

사회복지실천을 할 때에는 이들의 불교적 신념과 생활양식을 존중하는 것이 중요하며, 국가적 정체성이 강하므로 그들의 공동체를 통한 협력적 접근방안의 개발도 필요할 것으로 사료된다.

3. 주요 이슈

1) 이주노동자의 유입과정과 정책 현황

우리나라는 1988년 서울 올림픽 이후 경제성장이 국제적으로 알려짐으로써 빈곤과 가난에서 벗어나려는 이주노동자가 많이 유입되고 있고, 특히 출산율 저하, 3D 업종 기피 현상 등으로 인한 단순기능인력 부족 현상으로 1991년 법무부 훈령 이후 본격적으로 유입되고 있다. 초과체류 이주노동자인 불법체류 이주노동자에 대한 정부의 대책이 필요함에 따라 '산업연수생제도'를 도입하였고, 그 문제점을 보완하기 위해 2004년부터 '고용허가제'를 실시하고 있다. 그러나 기존의 초과체류 이주노동자(전체 외국인 근로자의 44%)는 물론, 비록 합법적이지만 고용허가제에 의한 이주노동자도 열악한 근로조건으로 인하여 공장을 이탈하는 심각한 문제점이 유발되는 이중고의 현상이 여전히 발생하고 있다. 2004년 2월의 「외국인 근로자의 고용 등에 관한 법률」 제정을 근거로 8월 이후 외국인 근로자 고용허가제도가 시행되었는데, 그 과정은 〈표 6-2〉와 같다.

2) 고용허가제 시행 이후의 이주노동자 추이

외국인고용허가제는 순수 외국인 고용을 허가하는 일반고용허가제와 외국 국적 동포의 고용을 허가하는 특례고용허가제로 구분된다. 일반고용허가제는 인력송출양해각서(MOU)를 체결한 국가의 외국인구직자명부 등록자 중 사용자와

〈표 6-2〉 외국인력 제도의 변화

1993. 11.	산업연수생제도 도입
2004. 4.	연수취업제 시행(산업연수생이 일정 기간 연수생으로 근무한 후 근로자 신분으로 전환하여 취업할 수 있도록 허용, 연수 2년+취업 1년)
2002. 1.	연수취업제를 연수 1년+취업 2년으로 조정
2002. 11.	취업관리제 도입(일부 서비스 분야에 국내에 호적 또는 친족이 있는 외국 국적 동포를 대상으로 3년간 취업활동 허용)
2003. 8. 16.	「외국인 근로자의 고용 등에 관한 법률」 제정 · 공포
2004. 1.	취업관리제에 건설업 분야 추가 허용
2004. 8. 17.	외국인고용허가제 시행(합법적인 단순기능인력 도입제도) 취업관리제는 고용허가제 특례제도로 고용허가제에 흡수 통합
2006. 1. 1.	특례고용허가제 취업 허용 업종을 제조업, 농축산업 또는 연근해 어업으로 확대
2007. 1. 1.	산업연수생제도를 고용허가제로 통합
2007. 3. 4.	특례고용허가제 방문취업제로 전환(국내에 호적 또는 친족이 있는 외국 국적 동포에게 3년간 취업을 허용하던 것을 국내에 연고가 없는 외국 국적 동포에게도 3년간 취업 허용)

출처: 노동부(2007).

근로계약을 체결하고 비전문취업(E-9) 체류자격으로 입국한 외국인 근로자가 합법적으로 취업할 수 있게 하는 제도를 말한다. 일반고용허가제에 의한 고용허가 국가는 2012년 10월 현재 필리핀, 태국, 인도네시아, 스리랑카, 베트남, 몽골, 우즈베키스탄, 캄보디아, 파키스탄, 중국, 방글라데시, 키르기스스탄, 네팔, 미얀마, 동티모르로 총 15개국이다. 고용허가제 근로자의 고용 허용 업종은 제조업, 건설업, 농축산업, 서비스업, 어업 등 5개 업종이다. 특례고용허가제는 외국 국적 동포가 방문취업(H-2)으로 입국하여 취업교육을 이수한 후 취업하는 제도다.

고용허가제가 시행된 이후 일반고용허가제에 의해 취업한 외국인 근로자의 국적별 동향은 다음과 같다. 전체적으로 고용허가제가 도입된 이후 2004년부터 2012년까지 총 37만 2158명의 외국인 근로자가 고용되었다. 국적별로 9년간 누적 고용 동향을 보면 베트남, 태국, 필리핀, 인도네시아, 스리랑카, 몽골 순이었다. 캄보디아, 우즈베키스탄, 네팔은 2007년부터 외국인고용허가제에 의해 입국한 것에 비하면 많이 고용되어 있는 것을 알 수 있다. 전체적으로 고용허가제 이후 외국인 근로자가 2008년까지는 급상승하다가 점차 둔화되고 있는 추세다.

고용허가제 도입 후 외국인 근로자의 업종별 고용 동향을 보면 제조업이 87.95%를 차지하여 압도적으로 제조업종에 고용되어 있다. 다음으로 농·축산업, 건설업 순이었다.

〈표 6-3〉 국가별 외국인 근로자 수

(단위: 명)

	외국인 근로자 수									
	2004	2005	2006	2007	2008	2009	2010	2011	2012	합계
합계	3,167	31,659	28,976	33,687	75,024	63,323	40,457	49,210	46,655	372,158
베트남	704	8,619	5,712	11,507	19,707	13,497	9,328	12,574	6,642	88,290
태국	558	5,964	6,746	5,798	9,287	9,957	2,977	4,078	4,330	49,695
필리핀	832	5,308	8,434	5,928	6,289	9,282	3,165	3,131	2,006	44,375
인도네시아	359	4,361	1,215	4,343	12,304	4,981	4,383	6,322	5,548	43,816
스리랑카	214	2,974	2,166	2,194	7,163	4,244	4,498	5,340	3,731	32,524
몽골	500	4,433	4,703	2,642	4,775	4,032	2,157	1,075	2,375	26,692
캄보디아	0	0	0	198	2,793	2,524	2,297	4,959	7,212	19,983
우즈베키스탄	0	0	0	275	4,492	2,779	4,045	2,700	3,585	17,876
네팔	0	0	0	34	2,014	2,445	2,264	3,713	5,380	15,850
방글라데시	0	0	0	0	1,494	1,361	2,750	1,681	1,080	8,366
중국	0	0	0	403	1,833	4,281	708	755	139	8,119
미얀마	0	0	0	0	67	2,037	218	1,956	3,375	7,653
파키스탄	0	0	0	365	2,355	1,628	1,014	441	578	6,381
키르기스스탄	0	0	0	0	451	181	313	300	205	1,450
동티모르	0	0	0	0	0	94	340	185	469	1,088

출처: 통계청(2012).

〈표 6-4〉 업종별 외국인 근로자 수

(단위: 명)

	외국인 근로자 수									
	2004	2005	2006	2007	2008	2009	2010	2011	2012	합계
합계	3,167	31,659	28,976	33,687	75,024	63,323	40,457	49,210	46,655	372,158
제조업	3,124	31,115	28,182	30,181	65,871	55,351	33,545	40,481	39,470	327,320
건설업	0	84	42	740	3,326	4,296	2,498	2,208	1,227	14,421
농·축산업	43	419	700	2,298	4,482	2,324	3,153	4,558	4,159	22,136
서비스업	0	41	52	48	48	54	53	116	122	534
어업	0	0	0	420	1,297	1,298	1,208	1,847	1,677	7,747

출처: 통계청(2012).

특례고용허가제로 취업한 외국 국적 동포의 경우 주로 건설업(46.5%)과 서비스업(38.5%) 취업자가 압도적으로 많고, 2006년부터 제조업 취업도 본격화되고 있다(노동부, 2007).

이상과 같이 외국인의 유입과정과 고용정책의 과정을 살펴보면 우리 정부의 외국인정책은 독일의 외국인 근로자 정책의 영향을 많이 받은 것으로 보인다. 특히 양해각서를 통한 국가 주도의 외국인 모집과 내국인 우선의 원칙을 골자로 하는 독일의 단기 외국인력 수급제도의 영향이 크다. 하지만 독일의 단기 외국인력 제도가 외국인 근로자의 정주화를 막지 못해 많은 사회적 문제에 직면했다는 관점 때문에 외국인고용허가제에 사업장 변경 통제, 가족 동반 금지, 취업 기간 최고 3년, 불법체류자에 대한 강력한 단속, 처벌, 추방을 포함한 것으로 보인다. 이는 단기 노동이민에서 장기체류 내지 장기이주로 정주화되는 것을 통제하려는 정책적 의지의 반영일 것이다. 하지만 국내 노동시장의 보호와 이주민 정주화로 인한 사회적 부담을 줄이고자 하는 이러한 방식의 국가적 통제와 관리는 심각한 인권침해를 초래할 수밖에 없다. 심각한 인권침해의 예는 무수히 많은데, 예를 들면 여수 외국인노동자보호소에서의 화재 참사, 임금 착취, 체불, 외국인 근로자에 대한 폭력과 폭언, 자녀의 취학 문제 등이다. 한편 불법체류자에 의한 범죄활동[2] 또한 증가하여 내국인의 불안과 이들에 대한 부정적 이미지가 높아지고 있는 것도 문제다. 이에 따라 불법체류자를 지원하는 NGO에 대한 지원을 없애고 더 강력한 추방조치를 취해야 한다는 입장도 네티즌 사이에서 증가하고 있다.[3]

독일이 노동 공급을 위한 이주노동자 유입정책을 도입하면서 노동인력의 필요를 채우고 그 필요가 없어지면 출국하도록 고안했지만, 정주화로 이어질 수밖에 없었다. 이를 예방하기 위한 다양한 통제정책에도 불법체류는 여전히 존재하며, 토착민과 이주민 사이의 갈등도 여전히 존재하고 있다. 이는 노동이민이 단지 노동력이 이동하는 것이 아니라 사람이 이동하는 것이기 때문에, 사회적 · 경제적 상황이 변화함에 따라 곧 이해관계의 갈등과 충돌을 초래할 수밖에 없다. 결국 우리는 독일의 사례에서 보듯이 한 번 시작된 노동이민은 국가의 효율적인 통제와 관리를 불가능하게 만들 만큼 복잡한 이민문제를 야기하고, 이 문제를 치유하기 위한 특효약은 사실상 없다는 겸허한 사실을 배워야 할 것이다. 또한 국가는 일방적인 통제와 관리가 아니라, 주류 사회의 토착민과 이주민의 소통을 위한 사회적 · 문화적 인프라를 구축하는 데 주력해야 한다는 것을 받아들여야 한다. 인구의 20%에 육박하는 이민 배경을 가진 사람의 다양한 형태의 저항과 분노의 표출로 전후 50년이 넘은 노동이민의 역사를 갖는 독일은 이러한 노력을 지금도 모색하고 있다.

독일뿐 아니라 미국과 일본의 예를 살펴보았듯이 이제 전 세계의 인구 이동은 하나의 트렌드이며, 전 세계적으로 국경을 넘나드는 이주민의 수가 약 1억 2천명이라고 추산하고 있다. 과거 산업사회의 시작이 보다 나은 삶과 일자리를 위해 농촌에서 도시로 이동하면서 촉발되었고 이로 인해 도시화와 핵가족화가 가속화되었다면, 지금 정보화 사회, 세계무역사회로의 변화는 세계로 눈을 돌리고 보다

2) 2008년 3월 양주에서의 여중생 성폭력 미수 살인사건 등.

3) http://agora.media.daum.net/petition/donation/view?id=39891

나은 삶을 위해 국경을 넘어 일자리와 삶의 터전을 찾아 이동하는 것이 자연스러워졌다는 것이다. 그러므로 더 이상 국경이란 울타리나 이데올로기의 지배란 사실상 와해되었으며 국제경쟁시대에서 살아남기 위한 몸부림만 존재할 뿐이라는 지적이 현실적이다(박은정, 2007). 이러한 이동 추세는 UN을 통하여, 국제노동기구나 세계무역기구를 통하여 보편적인 보호를 위한 인권에 대한 협약을 하도록 하기에 이른 것이다. 이러한 국경을 넘어선 지구촌 시대의 삶에서 반인종주의의 모토로 자주 사용되는 "누구나 외국인이다."라는 말은 참이다. 누구나 자신이 태어나거나 국적을 가지고 있는 나라를 떠나면, 누구나 외국인이 되는 것이다. 오늘날 우리나라의 전후 경제발전의 원동력인 외화 획득은 초창기 독일의 탄광과 병원으로 일자리를 찾아 나선 광부와 간호사, 미국 군인을 따라나선 여성들의 이주노동과 국내로의 송금이 원천이었다. 또한 그 땅에서 차별과 배제를 극복한 헌신적인 그들의 삶이 한국이라는 나라의 이미지를 제고하였음은 말할 것도 없다.

그러므로 역지사지의 관점에서, 세계적인 다문화사회의 경향 속에서, 먼저 경험한 나라들을 거울삼아 성숙한 민주시민사회의 속성으로 이주노동자에 대한 정책을 마련해야 할 것이다. 즉, 어떠한 이유로든 이 땅에 머물고자 하는 이민배경을 가진 자들과 어떻게 조화롭게 살아갈 수 있을지를 고민하고, 사회통합과 시너지 효과를 모색하는 대책을 마련하는 것이 진정한 의미의 국익일 것이다. 이에 사회통합의 관점에서 그 이슈를 좀 더 논의해 보고자 한다.

3) 외국인 근로자의 문제

(1) 취업현장에서의 문제

많은 이주노동자가 작업장 내에서 폭행과 폭언에 시달리고 있다. 폭행은 외국인 근로자에 대한 동정적인 여론에 힘입어 예전보다는 많이 줄어들었으나 여전히 사업주, 관리자, 동료 한국인 근로자 등에 의한 폭행 사례가 끊이지 않고 있다. 폭언과 비속어 사용 등은 많은 공장에서 일상적으로 일어나고 있는데, 이는 특별히 외국인 근로자에 대해서만이 아니라 거친 현장 문화에서 기인한 바가 크다고 볼 수도 있다. 그러나 폭언과 비속어를 듣는 이주노동자가 받는 심리적 상처는 결코 작지 않다.

(2) 일상생활에서의 문제

언어와 한국 물정에 서툰 이들이 특히 민형사상의 문제가 발생했을 때 겪는 불이익 때문에, 외국인 근로자 인권센터에 법적 문제에 관련된 상담이 자주 접수되고 있다. 가장 큰 문제는 민형사 문제 발생 시 권리를 제대로 보장받지 못한다는 점이다. 불법체류자의 경우는 그 정도가 더욱 심하여 때로는 자신이 피해자이면서도 가해자로 둔갑하거나 쌍방과실이 되기도 한다. 더 큰 문제는 일단 형사상 문제가 발생하여 경찰에 연행되는 불법체류자는 설사 자신이 피해자임이 입증된다 하더라도 강제 출국된다는 것이다. 이로 인해 불법체류자들은 사기, 폭행, 사고 등을 당하여도 제대로 자신의 권리를 주장하지 못한다. 외국인 근로자 인권단체에서 이들의 불이익을 해소하고자 적극 노력하여도 정작 당사자가 거부하는 경우도 적지 않은 실정이다.

(3) 여성 외국인 근로자 문제

전체 불법체류 외국인 근로자 중 여성은 약 10만여 명에 달하는 것으로 추산되고 있다. 이들 여성 외국인 근로자의 근로조건은 남성 외국인 근로자보다 더 많은 노동 시간에도 임금은 더 적게 받고 있다. 이들에게 「근로기준법」 상의 모성보호 조항은 전혀 적용되지 않고 있다. 많은 여성 외국인 근로자가 남성과 같은 강도의 노동에 종사하기도 하고, 주야 12시간 맞교대로 작업하고 있기도 하며, 심지어는 야간에만 작업하기도 한다. 이들에게는 여성이기에 겪는 작업장 내 성희롱과 성폭행 등이 끊이지 않고 있다. 2002년에 국가인권위원회에서 실시한 외국인 근로자 실태조사에서 조사에 응한 520명의 여성 외국인 근로자들 중 12.2%가 입국 후 강간을 경험한 것으로 나타나 충격을 주기도 하였다.

(4) 가족 관련 문제

결혼이민자 가족의 문화의 차이에 의한 이슈와 유사하다. 여성 외국인 근로자의 경우 합법적인 혼인이라 해도, 자녀 출산 전에 한국인 배우자의 귀책사유로 인해 이혼하더라도 1회 2년에 한해 체류연장조치만 이루어지고 있다. 이로 인해 한국인 남성과 결혼하여 가정폭력에 시달려도 한국 국적 취득 전에는 이혼이나 도피를 하기 힘든 상황이다.

4. 이주노동자 사회통합과 복지제도

이주노동자가 대한민국 국민은 아닐지라도 일정 기간 합법적 또는 비합법적 지위를 가지고 국내에서 거주하는 것은 분명하다. 그들의 대다수는 '3개월 이상' (단기) 또는 '1년 이상' (장기) 국내에서 취업하는 것이 목적이므로, UN의 기준으로 보면 이민자(immigrants)로 간주된다. 이주노동자의 국내 거주는 그들 각자에게는 일시적인 것일 수 있으나, 한국 사회 전체적으로 볼 때 그들 집단은 한국 사회의 한 부분을 영구적으로 구성하는 집단으로 존재한다. 그 결과, 독일, 스위스 사회와 마찬가지로 한국 사회에서도 외국인 근로자는 단순히 노동력으로만 존재하는 것이 아니라 한국 사회의 문화와 소통하는 존재로 자리 잡고 있다. 하지만 우리나라의 초청노동자 제도(guest worker program)는 일정 기간 외국인력을 받아들이되, 이민자로 정착하는 것을 허용하지 않고, 항상 새로운 외국인력을 받아들이려는 교체순환원칙(rotation principle)에 기반을 두고 있다. 이는 국민국가가 자국의 이익을 극대화하기 위하여 인간 노동력을 단지 일회용품처럼 취급하는 방식이다. 즉, 국내 노동력 부족에 대처하기 위하여 외국인력을 받아들이되, 이민자로서가 아니라 '일정 기간 노동력만 제공한 후 되돌아갈 사람', 즉 '이주노동자'의 지위를 부여하였다. 그 과정에서 외국인 근로자를 '노동력' 차원으로 접근하였으며, 한국 사회의 한 구성원으로 받아들이려고 하지 않았다.

이제는 외국인 근로자를 노동력으로만 볼 것이 아니라, 함께 어우러져야 할 대상, 곧 사회통합(social integration)의 대상으로 파악하여야 한다(설동훈 외, 2006). 그런 의미에서 법무부가 2007년에 「재한외국인 처우 기본법」을 제정하고 재한외국인이 대한민국에 적응하고 개인능력을 최대한 발휘하여 상호 이해와 존중을 할 수 있는 기반을 마련한 것은 고무적이다. 이 법은 결혼이민자 등 재한외국인과 관련된 다른 법을 제정 혹은 개정하는 데 있어 기본 방향을 제시하는 상위법이다(박지영, 2008). 이 법에서 재한외국인은 "대한민국에 거주할 목적으로 합법적으로 체류하고 있는 자"(제2조 1항)로 정의되고 있다. 처우에 대해서는 인권, 사회적응 지원, 결혼이민자 자녀, 영주권자 및 난민 처우, 더불어 살아가는 환경 조성 등의 내용을 포함하고 있다.

사회통합은 유입국 사회에서 이주노동자들을 성원으로 받아들이기 위해 포섭하는 것을 뜻한다. 사회통합은 다양한 영역에서 이루어진다. 예컨대, 경제적 기회에 대한 접근은 경제적 통합, 의무교육 또는 고등교육 기회에 대한 접근은 교육제도적 통합, 사회적 지위에 대한 접근은 사회구조적 통합 등으로 세분하여 부를 수 있다. 이주노동자 복지 지원사업은 사회통합의 핵심이라 할 수 있다. 이주노동자의 사회보험과 공공부조 및 사회복지서비스 수혜 실태를 설동훈과 이란주의 연구보고서(2006)[4]를 토대로 다음과 같이 요약하여 구성하였다.

1) 사회보험

국내에서 일하는 외국인 근로자 중 합법취업자는 국민연금, 국민건강보험, 고용보험, 산업재해보상보험 등 4대 사회보험의 수혜 대상이 된다(〈표 6-4〉 참조), 고용허가제를 통해 입국하여 비전문취업 체류자격을 가진 외국인 근로자는 국민

4) 설동훈과 이란주(2006)의 '외국인 근로자 지원사업(기관) 제도개선 및 중장기계획 수립을 위한 연구'에서 제안한 외국인 근로자의 사회통합을 위한 제도적 방안에 대해 필자도 연구진과 같은 입장이어서 그 내용을 발췌 · 요약하였으나, 제도변화가 있는 경우에는 최근 법령을 반영하였다.

건강보험, 산업재해보상보험을 당연 적용받고 있고, 국민연금은 당연 적용을 하되 상대국에서 국민연금제도가 없을 경우 적용을 제외하고 있으며, 고용보험은 2006년 1월 1일부터 임의가입으로 변경되어 적용받고 있다. 그렇지만 전문기술인력과 연수취업자는 국민연금과 국민건강보험 및 고용보험에서 임의 적용 또는 상호주의 원칙을 적용받는다. 세부 내용은 다음과 같다(설동훈, 이란주, 2006).

(1) 국민연금

「국민연금법」은 국민연금의 가입 대상을 국내에 거주하는 18세 이상 60세 미만의 국민으로 규정(제6조)하고 있기 때문에 국내 거주 외국인은 원칙적으로 그 적용 대상에서 제외된다. 하지만 「국민연금법」 제126조에서는 외국인에 대한 적용범위를 규정하고 있다. 즉, ① 대통령에서 별도로 정하는 국민연금 제외자 ② 외국인의 본국법이 대한민국 국민에게 국민연금에 상응하는 제도를 적용하지 않을 경우(상호주의 원칙)를 제외한 국내 거주 외국인을 국민연금의 당연 적용대상자로 규정하고 있다. 상호주의에 입각한 연금 적용이란, 예를 들어 한 국가에서 한국인을 연금제도에 강제로 가입시키지 않을 경우 우리나라도 그 나라 국적의 외국인에게 연금 가입을 강제하지 않는다는 것이다. 다른 예로는 국가 간 사회보장협정을 체결해 상대국 국민의 가입을 배제하기로 약속하기도 한다.

외국인 근로자의 국민연금에 대해서는 외국인 근로자가 귀국할 때 반환일시금을 받을 수 있는지의 여부가 쟁점이다. 한국인이 외국으로 이민 가는 경우 국민연금을 일시반환 받을 수 있다. 외국인은 역시 상호주의에 의해 「국민연금법」 제126조 2항 및 동법 시행령 제113조에 의거, 외국인의 본국법이 대한민국 국민에게 제77조 내지 제79조의 규정에 의한 반환일시금에 상응하는 급여를 지급하도록 규정하는 경우에 반환일시금을 받을 수 있는 것으로 규정하고 있다. 우리나라의 외국인 근로자 중에는 반환일시금을 지급하기로 사회보장협정이 체결된 3개국(미국, 캐나다, 독일)과 상호주의 원칙에 따른 인도네시아, 카자흐스탄, 스리랑카, 태국, 필리핀 등 13개국을 포함한 총 16개국 출신의 합법적 체류자격을 소지한 외국인 근로자가 출국 시 반환일시금을 받을 수 있다.

그러나 사회보장협정체결이 되지 않은 중국, 몽골, 우즈베키스탄, 키르기스스탄, 인도 등 대다수 나라 출신 외국인 합법취업자는 우리나라의 국민연금 의무가입에 의해 가입해야 하지만, 3년 이내의 단기 취업 후 귀국해야 하므로 국민연금의 지급조건이 충족되지 않아 보험료를 돌려받지 못하고 있어 개선이 필요하다.

(2) 국민건강보험

우리나라 「국민건강보험법」은 외국인 등에 대한 특례 규정을 두어 외국 정부가 사용자인 사업장 근로자로서 건강보험과 관련하여 외국 정부와 합의를 이룬 경우와 대통령이 정하는 외국인 및 재외국민의 경우에는 국내 거주 외국인을 건강보험의 임의 적용 대상자로 한다(제109조)고 규정하고 있다. 외국인 근로자는 「국민건강보험법」「재외동포의 출입국과 법적 지위에 관한 법률」「출입국관리법」 등의 기준에 따라 직장가입자와 지역가입자로 국민건강보험에 가입할 수 있다. 직장가입의 경우는 건강보험 적용 사업장의 근로자로, 주민등록이나 국내거소신고, 외국인등록 중 한 가지에 해당하는 자다. 지역가입의 경우는 체류자격이 있고, 직장가입 대상이 아니며, 3개월 이상 거주하는 자다. 그러나 적용제외 대상이 있다. 외국보험에 가입되어 있거나, 사용자와의 계약에 의해 의료보장을 받는 증명이 있거나, 의료비를 지급한 사실을 증명하는 경우, 외국인이 건강보험 탈퇴를 원하는 경우가 이에 해당된다.

그러므로 국민건강보험과 관련된 외국인 근로자의 사회보장 문제는 적용제외 대상이나 불법체류자의 경우에서 발생할 것이다.

(3) 고용보험

「고용보험법」 제8조는 적용범위를, 제10조는 적용제외 근로자를 규정하고 있지만, 시행령에서 적용제외 예외자를 명시하여 당연적용자와 임의가입 가능자를 대상자로 정의하고 있다. 전문기술인력과 연수취업자는 고용보험의 임의가입 대상자로 지정되어 있고, 산업연수생과 미등록노동자는 고용보험의 혜택에서 배제되어 있다. 고용보험에 가입하여 6개월 이상 보험료를 납입한 외국인 근로자는 실업 시 1개월 이내에 사업장 변경을 신청한 후 2개월 이내에 새로운 사업장을 구하는 동안 최대 2달 반 동안 실업급여를 받을 수 있다.[5)]

(4) 산업재해보상보험

「산업재해보상보험법」 제6조(적용범위)는 "이 법은 근로자를 사용하는 모든 사업에 적용한다."라고 규정하고 있으므로, 미등록 노동자를 포함하여 국내 노동시장에 참여하는 모든 외국인 근로자가 산업재해보상보험의 당연 적용 대상자가 된다.

원칙적으로 국내에서 일하는 모든 노동자는 출신국과 체류자격에 관계없이 산업재해보상보험의 가입 대상이지만, 실제 산업재해보상보험 가입률은 100%가 아니다. 외국인 근로자의 산업재해보상보험 적용 배제 이유로는 사업주가 미등록 외국인 근로자 고용 사실 적발을 우려해 산업재해 처리 신청을 기피하거나, 비합리적 쌍방 합의를 통해 산업재해 사고를 처리하는 관행을 따르거나, 외국인 근로자가 산업재해보상보험 자체를 모르는 것 등이 있다. 산업재해보상보험에 가입한 외국인 근로자 중에서도 상당수의 산업재해 피해자들은 치료만 마친 채 휴업급여나 장해급여를 받지 못하고 쫓겨나고 있고, 경제적인 문제와 해고의 두려움 등을 이유로 산업재해 치료를 도중에 중단하고 업무에 복귀하는 경우도 있으며, 산업재해인 줄 알면서도 신청 방법 및 절차 등에 대한 지식 부족으로 그냥 넘어가는 경우 등이 많다.

5) 고용보험에 가입한 외국인 근로자는 실업 후 실업급여 신청 등 최소 14일 이상의 행정처리 기간을 거치면 7일치의 최초 실업급여를 받을 수 있고, 그 이후는 14일 동안 구직활동을 전제로 2주의 실업급여를 받을 수 있다.

2) 공공부조

외국인 근로자는 원칙적으로 공공부조의 대상이 아니며, 노동능력이 있는 자만 선별하여 외국인 근로자로 입국하기 때문에 공공부조의 대상이 될 수 없다. 하지만 국내에 거주하는 외국인 근로자가 노동능력을 상실한 경우, 또는 외국인 근로자의 가족은 때에 따라 공공부조의 대상이 되기도 한다. 예컨대 보건복지부에서는 인권 차원에서 외국인 근로자 생계비와 의료비 지원 등 긴급보호를 실시하고 있다. 사회복지공동모금회에서는 2004년에 외국인 근로자를 포함한 빈곤가정에 긴급 생계비(60만 원) 및 의료비(200만 원 이내)를 지원하였다. 응급의료기금에서 응급의료비 부담능력이 없는 외국인 근로자에 대하여 대불(반환율 3%)을 하고 있는데, 대불규모는 2004년에 12억 9700만 원, 2005년에 16억 3500만 원 수준이었다.

3) 사회복지서비스

2006년 11월에 행정자치부가 외국인 지원 표준조례를 만든 이후, 각 지자체는 관련 조례 법률을 마련하기 시작하였다. 부산, 울산, 대전, 전남, 남해 등이 2007년 9월에 「거주외국인 지원 조례」 법안을 가결했다. 이러한 조례를 근거로 지자체들은 외국인 근로자 지원사업을 직영하거나 민간단체에 위탁하여 운영하고 있다. 특히 외국인 밀집 거주도시인 안산시는 외국인 전담부서를 설치하고 거주 외국인 지원조례 제정 등 제도적 장치를 마련했으며, 외국인의 정착지원과 내·외국인 지역 공동체 '국경 없는 마을' 조성 등을 위해 다각적인 시책을 운용하고 있다.

현재 다문화가정에 대한 정부의 정책은 6개 부처와 산하기관의 지원 속에 이뤄지고 있다. 법무부가 출입국 관리, 사회정착 등에 관한 정책을 집행하며 컨트롤 타워 역할을 하고 있다. 고용노동부는 고용허가와 직업상담, 보건복지부는 결혼이민자 가족의 지원사업 등을 관리하고 있다. 여성가족부는 이주여성 긴급전화센터를 운영하는 등 이주여성에 대한 가정폭력 등 인권 피해 등의 상담을 진행하고 있다. 문화체육관광부는 이주 외국인이 다문화사회에서 실질적으로 정착할 수 있는 문화정책 기반 조성에 나서고 있다. 이상 6개 부처의 다문화사업을 보면 주로 여성 결혼이민자의 사회통합을 지원하는 데 치중하고 있음을 알 수 있다. 물론 고용허가제도의 실시와 「재한외국인 처우 기본법」이 제정되기 이전, 한국 사회의 이주노동자에 대한 문화생활 지원은 160여 개에 이르는 민간 외국인 지원단체와 외국인 밀집지역의 일부 지방자치단체의 활동이 전부였고, 중앙정부 차원의 지원이 전혀 없었던 것에 비하면 사회복지서비스를 제공할 수 있는 인프라가 많이 확대되었다. 민간 이주노동자 지원단체는 종교단체의 후원, 민간인의 후원회비 등을 재원으로 한글교육, 외국인 근로자 공동체 지원, 각종 행사 등을 수행하고 있으며, 시민단체를 중심으로 이주노동자의 인권옹호활동을 하고 있다.

5. 사회통합과 사회적 지원체제 확충 과제

세계 최저 수준의 출산율과 고령인구 증가로 인한 경제활동인구 감소로 외국인력 수요가 지속적으로 증가할 것이므로 우리나라의 외국인 근로자의 증가 추세는 계속될 것이다. 고용허가제 도입, 「재한외국인 처우 개선법」 시행 등의 노력에도 사회문제로 대두되고 있는 외국인 근로자에 대한 임금 체불 및 폭행, 여성 외국인 근로자에 대한 인신매매 · 성매매 등 인권침해를 예방하여 국가 이미지 및 신인도를 제고하는 정책이 요구된다. 또한 외국인 근로자가 가진 다양한 문화적 배경을 포용하는 통합적 사회 환경을 조성하는 것이 필요하다. 이를 위해 요구되는 향후 사회적 지원체제의 확충을 위한 정책 과제는 다음과 같다.

- 노동자로서 산업현장에서 겪는 각종 권리침해를 규제하는 임무를 맡은 고용노동부, 근로복지공단, 법원 등의 기관에서 국제기구에서 권고하는 이주노동자의 권리를 보장하는 정책을 지향해야 한다.
- 경찰, 검찰 등에서의 수사과정, 법원에서의 재판과정 및 수용시설에서의 수용과정 등에서 문화와 언어가 다른 외국인 근로자가 쉽게 권리를 보장받을 수 있도록 하여야 한다.
- 생활인으로서 병원, 은행 등 공공서비스 제공기관을 쉽게 이용할 수 있게 하여야 하며, 사회보장서비스 등 권리를 제대로 행사할 수 있게 하여야 한다.
- 자녀의 양육과 교육 등과 관련된 여러 가지 사항이나 기타 정상적인 가정생활을 영위하는 데 따른 제반 애로사항을 쉽게 해결해 나갈 수 있게 해 주어야 한다.
- 소수민족으로서 고유의 종교나 문화를 쉽게 향유할 수 있도록 해 주어야 한다.
- 외국인 근로자이지만 체류하고 있는 동안 우리 사회의 구성원들과 쉽게 의사소통을 할 수 있는 구조를 만들어 주어야 하며, 우리 생활에 쉽게 적응할 수 있도록 조력하여야 한다.
- 사회 각 영역에서 다민족, 다문화에 대한 이해를 높일 수 있는 방안을 마련하기 이전에 우선적으로 의식 전환이 필요하다. 우리나라 사람의 외국인 근로자에 대한 느낌은 대체로 '못사는 나라에서 온 불쌍한 사람' '질병이나 범죄, 마약 등으로 기피해야 하는 집단' 등이다. 이러한 사고는 외국인 근로자를 동등하게 대하지 않는 시각에서 나온다. 외국인 근로자를 이웃으로 포용하고 그들과 공존하는 다문화사회로 성숙하기 위한 지원방안이 필요하다.

제7장

북한이탈주민의 특성 및 주요 이슈

북한이탈주민은 같은 민족이면서도 분단 후 남한 주민과는 오랫동안 단절된 관계로 문화적 동질성이 약화되어 온 한국 내의 새로운 소수자 집단으로 볼 수 있다. 사회 각 계층과 다양한 학문 영역에서는 외국인이 아니면서도 이방인으로 인식되는 이들의 한국에의 이주와 정착에 대해 관심을 가지고 접근하고 있다. 북한이탈주민의 삶의 문제는 입국 초기(1990년대 중반)에 부각되었던 정치적 의미보다 생존, 적응, 그리고 통합이라는 의미로 중요성을 더해 가고 있다. 이들 역시 하나의 이주민 집단으로서 한국 사회에 살면서 경제적·문화적 적응의 문제와 어려움을 경험하고 있고, 이들을 사회적으로 통합하려는 정부의 정책과 시민사회 및 민간 영역에서의 노력이 지속되고 있다. 그러므로 북한이탈주민의 남한 사회에서의 정착 경험은 다문화 현상에 관련된 논의에 보다 다양하고 풍부한 학습 자료를 제공할 수 있을 것으로 본다.

1. 탈북자 발생 배경과 유입 경로

1994년에 김일성 주석이 사망한 시점 이후 북한의 경제가 급격하게 어려워지기 시작하였다. 특히 연이어 해마다 반복된 가뭄과 홍수로 인한 농작의 폐해는 북한의 식량 공급 체계를 무너뜨리면서 배급제에 기반을 둔 주민의 기본적인 생활을 파탄으로 몰고 갔다. 평양을 비롯한 북한의 수도권에서 멀어질수록 식량난이 심각하여 아사자(餓死者)가 속출했고, 중국과 국경을 맞대고 있는 지역에서는 살아남기 위한 월경(越境)이 시작되었다. 처음엔 조선족이 살고 있는 중국 내 지역에서 며칠씩 머물면서 식량을 제공받고 아사를 면한 후에 다시 북한으로 돌아오는 유형이었다. 그러나 점차 탈북자의 중국 내 체류 지역이 내부 내륙으로 확대되면서 이들이 장기체류하게 되었고, 그러므로 북한으로 귀환하지 않고 중국에서의 정주와 심지어 한국 등지로의 영구 정착을 희망하게 되었다. 한편 북한의 경제적 피폐는 북한 사회의 주민 통제에서 누수를 발생시켜 국경지대 밀무역이 성행하게 되었고, 이를 통해 암거래된 물자의 유입과 함께 중국과 한국의 자본주의 발전상에 대한 정보가 북한 사회로 유입되기 시작하였다. 최근 탈북자의 출신 지역은 북한 내륙 전역으로 확대되고 있는 상황이다.

1990년대 말 중국 내 탈북자의 난민 지위 확보와 임시적 생존을 보호할 목적으로 활동하던 한국 민간단체들의 비공식적 통계는 한때 중국 지역 내의 탈북자 수효를 30만 명 이상으로 추정하기도 하였다. 그러나 2000년대 이후 중국 내 탈북자 존재로 인한 북한과의 외교관계 때문에 탈북자 색출, 체포, 북한 송환이 강화되고, 북한 정권 교체 이후 국경 지역의 경비가 강화되면서 탈북자의 수는 정점을 넘어 점차 줄어드는 것으로 추정되고 있다. 그러나 여전히 중국과 동남아시아 등지에서는 기존에 탈북한 사람과 새로이 탈북하는 사람이 존재한다. 이들은 최소 5만 명 정도가 되는 것으로 보고 있으며, 이들 중 상당수는 현재 체류하는 지역에서의 정주 가능성이 희박하여 한국 혹은 선진국으로의 영구 정착을 희망하고 있는 것으로 알려져 있다. 많은 경우, 이들은 자력 혹은 구호단체의 도움으로 제3국을 거쳐 항공이나 선박을 이용하여 한국으로 입국하고 있는데, 최근 '기획 망명' 등과 같은 집단적인 행동으로 외국 공관 진입을 시도하거나 집단적인 밀항 등의 기도가 이루어지기도 한다.

재외국 탈북자들은 불법체류자의 신분으로서 인권과 생명권을 보장받지 못하는 상태에서 생활을 연명하고 있으며, 강화되는 중국과 러시아 정부의 탈북 동포 단속과 송환 조치로 말미암은 인권 유린 사례는 지속되고 있다. 재외국 탈북자 중 남성에 비해 상대적으로 비율이 높은 여성은 매매혼, 인신매매(몸종), 매춘 강요, 폭력 등에 시달리고 있으며, 성인 남성 탈북 동포의 경우 농장과 식당에서 품팔이를 하면서 임금을 제대로 받지 못하는 열악한 상황에서 일하고 있다. 이들은 체포와 북한으로의 송환 위협을 빌미로 착취당하고 있는 실정이다(이기영, 2006).

탈북자가 가장 많이 체류하고 있는 것으로 보이는 중국은 현재까지도 탈북자의 존재를 공식적으로 인정하고 있지 않은데, 이러한 중국 정부의 부인과 비협력적인 태도는 국제사회가 탈북자를 난민으로 인정하고 이들을 국제법적으로 보호하려는 노력에 걸림돌이 되고 있다. 이러한 상황에서 미국은 2004년에 「북한인권법」을 제정하고 탈북 후 제3국에 영구 정착하지 않은 북한 주민의 입국과 정착[1]을 거부하지 않을 것임을 명시하여 탈북자의 새로운 정착 희망 지역으로 인식되고 있다.

1) 자유아시아방송(RFA)은 미국 워싱턴 이주정책연구소 자료를 인용해 '2004년에 미국의 「북한인권법」이 제정된 후 난민지위를 받아 미국에 정착한 탈북자는 2007년 12월 말 현재 모두 37명'이라고 보도하였다. 그러나 공식적 입국 외에 불법 입국 등 미등록 입국자 등을 포함하면 이보다 더 많을 것으로 예상된다.

2. 탈북자의 입국과 정착 현황

분단 이후 한국으로 들어오는 북한 주민은 1993년까지 매년 10명 남짓한 정도였다. 그러나 1994년의 김일성 주석 사망 뒤 경제난이 찾아오는 등 북한체제를 뒤흔들 만한 위기가 지속되는 가운데 북한이탈주민의 숫자 역시 큰 폭으로 증가하였다. 1993년에는 북한이탈주민의 숫자가 겨우 8명이었던 데 비해 이듬해인 1994년에는 52명으로 약 6배 증가하였으며, 1999년에는 100명을 넘어섰고(148명), 2002년에는 1000명을 돌파했다(1139명). 이후로도 북한이탈주민의 숫자는 전체적으로 증가하는 추세를 보여 2006년에는 연간 2000명을 넘어섰고(2018명), 2010년 남한 내 총 북한이탈주민의 수가 2만 명을 넘어섰다(2만 50명). 2014년 10월 말 기준 국내 입국한 북한이탈주민은 2만 7253명이다.

특히 〈표 7-1〉을 보면 여성 북한이탈주민의 비율은 과거에 비해 큰 폭으로 늘어나고 있는데, 이는 여성이 남성에 비해 탈북 이후 체류지에서 취업과 동거 등으로 체류 환경에 적응이 상대적으로 용이하고, 탈북여건이 상대적으로 수월한 점 등이 작용한 것으로 볼 수 있다.

(단위: 명)

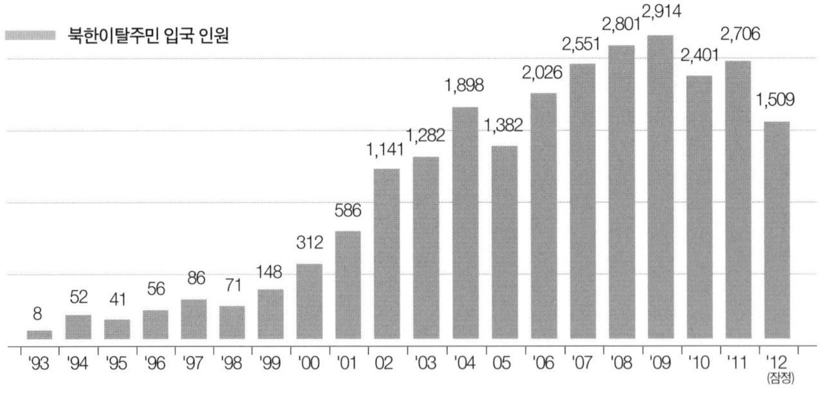

[그림 7-1] 북한이탈주민의 연도별 입국규모

출처: 통일부 홈페이지(http://www.unikorea.go.kr).

〈표 7-1〉 북한이탈주민의 입국 규모(2014년 10월 말 입국자 기준)

(단위: 명)

구분	~'98	~'01	'02	'03	'04	'05	'06	'07	'08	'09	'10	'11	'12	'13	'14. 10. (잠정)	합계
남	831	565	510	474	626	424	515	573	608	662	591	795	404	369	235	8,182
여	116	478	632	811	1,272	960	1,513	1,981	2,195	2,252	1,811	1,911	1,098	1,145	896	19,071
합계	947	1,043	1,142	1,285	1,898	1,384	2,028	2,554	2,803	2,914	2,402	2,706	1,502	1,514	1,131	27,253
여성 비율	12%	46%	55%	63%	67%	69%	75%	78%	78%	77%	75%	70%	72%	76%	79%	70%

출처: 통일부 홈페이지(http://www.unikorea.go.kr).

〈표 7-2〉 북한이탈주민의 연령별 현황(2014년 5월 말 입국자 기준)

(단위: 명)

구분	0~9세	10~19세	20~29세	30~39세	40~49세	50~59세	60세 이상	계
남	582	1,484	2,190	1,906	1,144	426	307	8,039
여	588	1,752	5,276	6,055	3,176	962	863	18,672
합계	1,170	3,236	7,466	7,961	4,320	1,388	1,170	26,711

출처: 통일부 홈페이지(http://www.unikorea.go.kr).

〈표 7-3〉 북한이탈주민의 재북 직업별 현황(2014년 5월 말 입국자 기준)

(단위: 명)

구분	관리직	군인	노동자	무직 부양	봉사 분야	예술 체육	전문직	비대상 (아동 등)	기타	계
남	330	604	3,450	2,954	69	66	196	298	72	8,039
여	103	93	6,633	9,970	974	151	364	263	121	18,672
합계	433	697	10,083	12,924	1,043	217	560	561	193	26,711

출처: 통일부 홈페이지(http://www.unikorea.go.kr).

〈표 7-4〉 북한이탈주민의 재북 학력별 현황(2014년 5월 말 입국자 기준)

(단위: 명)

구분	취학전 아동	유치원	인민 학교	중학교 (구 고등중)	전문대	대학 이상	무학(북)	기타 (불상)	계
남	384	116	705	4,910	683	890	344	7	8,039
여	364	154	1,087	13,808	1,805	965	452	37	18,672
합계	748	270	1,792	18,718	2,488	1,855	796	44	26,711

출처: 통일부 홈페이지(http://www.unikorea.go.kr).

주: 사망, 말소, 이민자와 주소 미등록자, 보호시설 수용자 제외.

향후 탈북자의 입국 추세를 예상할 때에는 북한 사회의 탈북자 배출 요인(push factors), 중국과 한국의 흡인 요인(pull factors) 등 다양한 변수[2]를 고려해야 한다. 북한의 경제 사정에 큰 변화가 단기적으로는 없을 것이라는 점과 중국체류 탈북자의 일정 비율이 한국행 의지를 지속적으로 유지하고 있다는 점 등으로 보아 이러한 배출 요인과 흡인 요인에는 큰 변화가 없을 것이다.

최근 북한이탈주민의 성별, 연령, 가족 구조 등의 인구학적 배경이 다양해지고 탈북의 이유 또한 다양해지면서 과거 대부분의 탈북이 기아로 인한 죽음과 같은 극단적 환경의 폐해를 극복하거나 정치적 박해를 벗어나기 위한 최후의 수단이었던 것에 비하여 '더 나은 삶의 조건과 환경'을 찾기 위한 목적이 포함되고 있어, 이들 중 일부는 타국으로의 영구 정착이라는 의도적이고 목적적인 탈북 의도를 가짐으로써 자발적 이주자의 성격으로 볼 수도 있다. 그러므로 남한 사회에서 이들이 정착을 시작하면서 가지게 되는 삶의 욕구는 선(先)입국한 북한이탈주민의 욕구에 비하여 새롭고 차별적인 욕구를 보여 줄지도 모른다.

입국한 북한이탈주민의 인구학적 분포는 과거에 성인 남자 위주였던 데서 여성의 숫자가 지속적으로 높은 비율을 차지하는 것으로 변화하였고, 아울러 아동·청소년의 분포가 급증하고 있다. 또한 경제활동인구의 연령 스펙트럼에서 한쪽 가장자리를 차지하는 노인 인구 또한 늘어나고 있다. 이러한 인구학적 배경의 다양성은 가족 단위의 정착이 늘어나기 때문인데, 특히 독신으로 먼저 입국한 사람이 북한과 중국 등에 잔류한 가족을 추후로 데려오는 소위 '연쇄이주(chain migration)'가 급증하기 때문이다.

2) 윤여상(2005)에 따르면, 북한에서의 탈북자 배출 요인으로 북한의 경제난, 외부 정보 유입 수준, 주민의 체제 지지 수준, 이동성 확보 수준(국경 통제, 국내 이동 허용 수준), 탈북자에 대한 처벌 수준 등을 들고 있고, 중국 흡인 요인으로는 중국의 경제발전 수준, 조선족 사회의 인식과 태도, 단속과 송환 수준, 현지 활동 NGO와 브로커 활동 수준을, 한국에서의 흡인 요인으로는 입국 시 신변 보장, 경제발전 수준, 정착금 및 정착지원 수준, 추후 가족 입국 가능성, NGO와 브로커 활동 수준 등을 들고 있다. 더욱이 최근 미국의 「북한인권법」에 의거한 탈북자 수용 태도와 의지, 그리고 사례 등은 서방 사회가 가지는 흡인 요인으로 들 수 있다.

이러한 인구학적 배경의 다양성은 정착과 적응을 할 때 나타나는 문제와 욕구의 다양성을 표출하는 기반이 되고 있다. 과거 성인 남성 위주로 입국하던 시기에는 대부분의 문제가 취업과 창업 등 경제적인 적응의 문제였다. 물론, 이러한 경제적 적응의 문제는 아직도 성공적으로 해결을 보지 못하고 있는 상황이지만, 최근에는 성인 북한이탈주민의 정신건강 문제, 가족 갈등 및 폭력 문제, 여성 북한이탈주민의 외상 증후군(중국 체류 시 경험하는 폭력, 인신매매 등으로 인한), 탈북 청소년의 사회적응 문제, 학교적응 문제, 진학 문제, 무연고 청소년의 적응 문제 등 다양한 문제가 표출되고 있다.

3. 남한 사회로의 적응 문제

1) 정체성 혼란

북한이탈주민은 남한에서 생활하면서 자신이 누구인가, 자신의 가치관이 올바른 것인가 혹은 그 이전에 어떤 가치관을 지녀야 하는가에 대하여 매우 불안정하고 갈등하는 모습을 보인다. 북한이탈주민의 가치관 및 정체성 혼란은 남한 생활에 익숙해지지 않은 정착 초기에 많이 경험하게 되는데, 이들의 양가감정적 태도(전우택, 민성길, 1996)가 대표적인 것이 될 수 있다. 예를 들어, 자본주의 사회에서의 돈에 대한 가치를 부정하면서도 돈의 효용성을 인정할 수밖에 없는 현실에서의 갈등, 남북한 관계에 관한 이야기에서 자신이 남한 사람과 북한 사람 중 어느 쪽의 입장에 있어야 하는지에 대한 혼란, 탈북자라는 딱지를 떼고 남한 사회 속으로 융화되기를 바라면서도 공적 · 사적인 경제적 지원을 여전히 받고 싶은 생각의 공존, 북한의 가족에 대한 죄책감과 함께 동시에 남한에서 새로 출발하고 싶은 마음이 공존하고 있다. 이러한 양가감정은 북한이탈주민 청소년에게도 마찬가지여서(이기영, 2002), 이들은 남한 청소년 문화에 섞이려는 욕구가 강렬하면서도 북한과 비교되는 남한 청소년 문화의 단점에 대한 부정적인 인식을 가지고 있고, 특례적 교육 혜택을 받음으로써 낙인찍힐 것에 대한 두려움과 그 혜택으로 대학 진학의 가능성을 높일 수 있는 현실 사이에서 갈등하고 있다.

2) 북한이탈주민에 대한 이미지

북한이탈주민이 가지는 정체성 혼란은 자신에게 주어지는 남한 사회의 인식과 대우로 인한 혼란 때문에 더욱 가중될 수 있다. 북한이탈주민에 대한 이미지는 다양한 자극과 계기 혹은 다양한 단계를 거치면서 이루어지는데, 북한 주민, 제3국에 체류하는 '탈북자', 남한에 들어온 '새터민' 이미지 등이 복합적으로 작용한다. 또한 북한이탈주민이 어떠한 경로로 남한 사회에 노출되는가에 따라 그 이미지는 다시 다양하게 형성된다. 이들을 남한 사회에서 만나는 후원자, 사회복지 실무자, 자원봉사자, 거주 지역 주민 등에게 비추어지는 이미지, 심지어 탈북자 단체에 대한 이미지, 그리고 접촉 경험이 전혀 없는 남한 주민이 매스컴의 정보에 기반을 두고 그리는 북한이탈주민의 이미지 등이 다양하게 존재한다. 이러한 다양한 과정과 경험이 최종적인 이미지 형성에 기여한다(채정민, 2004).

북한이탈주민에 대한 다양한 이미지는 이들에 대한 남한 주민의 태도와 대응행동의 변이를 크게 만들고, 나아가 북한이탈주민 자신의 정체성 형성에 다중성을 가하여 이들을 정체성 혼란에 빠지게 한다(정병호, 2003: 34-35). 남한 사회에서는 이들이 남한에 도착한 후 '귀순용사'로 대접하다가도 한편에서는 '탈북자' '식량난민' 등으로 동정한다. 사회 편입 시 고용노동부 고용센터에서는 '실업자' '무자격자' '무능력자', 동사무소에서는 '영세민' 취급을 받는다. 종교단체, 시민단체, 민간지원단체로부터 환대를 받으며 남한 주민의 '동포'와 '형제'가 되었다가도 신변보호관인 형사로부터 '감시 대상'이 된다. 종교기관에서 간증하면서 '승리한 신앙인'으로 찬사를 받다가도 학교에 가면 '학업지진아'이고, 처지가 비슷해 자신과 어울려 주는 남한 친구들과 사귀게 되면 어느새 '불량청소년'으로 인식되는 자신을 발견하게 된다.

북한이탈주민이 겪는 가치관과 정체성에서의 혼란이 자신의 심리 내부에서 출발하든 남한 주민의 다중적 인식이라는 외부적인 영향에 의해 시작되든, 이들의 정착 과정, 특히 사회 적응에 어려움을 경험하는 초기 정착 과정에 매우 큰 영향을 끼칠 것은 분명하다. 정착 초기의 삶의 상황은 이들의 장기적 적응(경제적, 사회문화적, 심리적)에 직결되어 이들의 삶 전체를 좌우할 수도 있는 만큼, 바람직한 가치관과 정체성 형성을 유도할 수 있는 정부와 민간의 프로그램, 그리고 남한 주민의 인식을 안내할 여론의 기능은 매우 중요한 요소로 부각되어야 한다.

3) 소수자로서의 북한이탈주민

소수자(minorities) 집단 담론과 북한이탈주민을 연결 지어 경험적으로 분석한 논문은 거의 없으나, 북한이탈주민을 이러한 소수자 집단의 범주에서 설명하기란 어렵지 않다. 이들은 북한 출신이라는 점과 '탈북자'로서의 제3국 체류 경험으로 말미암아 남한 내에서 기존의 사회 구성원과 문화적으로 구별되는 경향을 갖는다. 또한 장기적으로 남한 사회에 통합되는 과정에서 경제적 · 정치적 · 사회적 측면에서, 그리고 자원 동원 면에서 불리한 위치에서 경쟁한다. 한편, '이등국민' '외국인 근로자보다 못한 취급' '조선족 다음의 노동자' '북한에서도 적응하지 못한 사람' 등 남한 사회 내의 사회적 위치 매김의 흔적을 보아도 주류 사회에 대한 소수자로서의 정체성이 점차 부각되고 있고, 사회 내 다른 소수자 집단인 장애인, 외국인 근로자, 동성애자 등과의 비교 차원으로 인식(윤인진, 2003) 되기 시작함을 알 수 있다.

4) 심리적 적응 스트레스

북한이탈주민은 북한 탈출과정, 중국 등지의 제3국 체류 기간 시, 그리고 한국

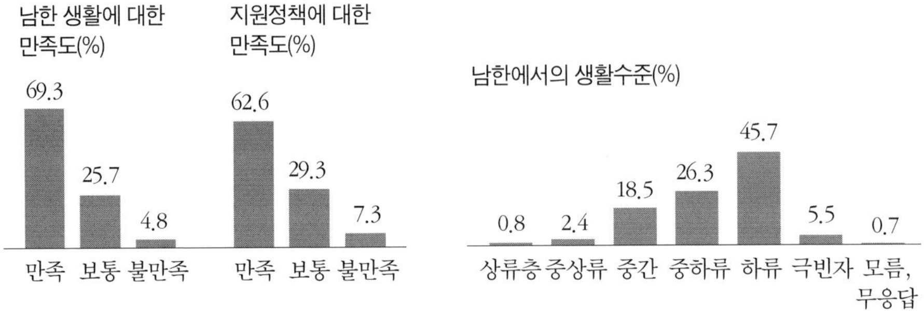

[그림 7-2] 탈북자의 남한생활 만족도

출처: 연합뉴스(2012. 9. 16.).

사회 내 적응 기간을 통하여 다양한 심리적 충격과 스트레스를 경험한다. 이러한 상황을 경험하는 북한이탈주민의 심리사회적 갈등은 이들의 특수한 신분과 경험으로 말미암아 불가피한 측면이 많은 것이 특징일 수 있다. 그리고 개인적 특성에 의하여 더욱 심각해질 수 있다.

일반적으로 난민은 새로운 문화와 시스템에 적응하는 데 많은 문제점을 가지고 있으며, 만약 이들이 정착하는 과정에서 혹독한 외상을 겪었다면 그 적응 과정은 더욱 어려워진다. 개인에게 아주 파국적인 영향을 주는 외상 사건(traumatic event)이 정신건강에 주는 해로운 영향은 매우 크며, 가족과의 이별, 직업 전환, 문화적 충격, 가족 역할의 급진적 재편, 사회적 고립과 같은 요인에 의해 우울증을 나타내거나 자살을 하는 것과 같은 문제를 겪을 수도 있다(Ryan & Epstein, 1987). 이러한 경향은 북한이탈주민에게도 유사하게 나타나 언론의 보도 자료와 북한이탈주민의 증언(윤여상, 2001a; 전우택 외, 1997)에 의해서 알 수 있으며, 이것은 그들의 정신건강에 큰 영향을 미칠 것으로 생각된다(이기영, 엄태완, 2003; 엄태완, 이기영, 2004; 이기영, 2006).

2012년 여성가족부의 '폭력피해 탈북여성 맞춤형 자립지원방안 연구'에서 20~50대 탈북여성 140명을 대상으로 조사한 결과, 전체의 26.4%(37명)가 주요 우울장애로 의심되는 심리 상태를 보였다. 이는 보건복지부가 올해 집계한 전국 성인 남녀의 우울증 발병률인 6.7%를 훨씬 넘어선다. 그리고 응답자의 70%(98명)에 달하는 탈북여성이 위장병, 관절염, 신경통 등 만성질환을 앓고 있어 정신건강뿐만 아니라 신체 상태도 매우 취약한 것으로 나타났다. 또한 추위나 식량 부족으로 인해 생명을 위협받거나 총격, 인신매매 경험, 북송 위기 등의 외상 사건에 노출된 경험이 매우 많아 외상후 스트레스 장애(PTSD) 발생 가능성이 있다고 볼 수 있는데, 실제 분석에 의하면 조사 대상 탈북여성의 PTSD 유병률은 57.6%로 나타났다. 진단기준에서 다소 차이는 있지만 이를 남한의 성인 여성과 비교할 경우, 남한 성인 여성의 PTSD 유병률 2.1%에 비해 매우 높은 수준임을 알 수 있다(여성가족부, 2012).

5) 경제적 적응의 문제

북한이탈주민의 경제적 적응에서 가장 핵심지표는 노동시장활동과 소득 수준이라고 할 수 있는데, 일찍이 이에 관한 규모 있는 조사는 정부와 연구소 및 일반 연구자에 의하여 1990년대 중반부터 종종 시행된 바 있다. 주요 연구로는 1996년의 연세대통일연구소 조사, 2001년의 통일부 용역조사, 2003년의 통일연구원조사, 2005년의 북한인권정보센터조사 등을 꼽을 수 있고, 최근에는 남북하나 재단의 연례적인 북한이탈주민 생활실태조사가 이루어지고 있다.

〈표 7-5〉에서 보는 바와 같이 일반 국민에 비해 북한이탈주민의 고용률은 낮고, 실업률이 높게 나타나고 있음을 알 수 있다. 여러 자료를 통해 살펴본 결과 2007년의 22.9%에서 지속적으로 실업률이 감소하여 2011년에는 7.5%, 2013년

〈표 7-5〉 북한이탈주민의 고용률과 실업률 비교

(단위: %)

구 분	'07 북한이탈주민	'11 북한이탈주민	'13 북한이탈주민	'13 전체 국민
고용률	36.9	50.0	51.4	60.4
실업률	22.9	7.5	9.7	2.7

출처: 북한이탈주민지원재단(2013); 윤여상, 허선행(2008).

2010년 한국에 입국한 탈북자 A(53)씨는 고정적 거처 없이 다른 탈북자 주택, 노숙자 쉼터 등에서 숙식을 해결하고 있다. 처음 한국 땅을 밟았을 때 50세가 넘었고 건강이 좋지 않아 마땅한 일자리를 구하기 어려웠다.

그는 한때 정부지원으로 임대주택에서 살았지만 돈을 마련하려고 임대주택을 다른 사람에게 넘긴 뒤 떠돌이 생활을 계속하고 있다. 일정한 수입도 직업도 없는 A씨가 이런 떠돌이 생활을 언제나 끝낼 수 있을지 기약이 없는 상태다.

출처: 연합뉴스(2012. 9. 16.).

에는 9.7%까지 낮아졌으나, 이 수준은 일반 국민의 2013년 전체 국민 실업률 2.7%에 비해 7.0%p 높은 수치다.

2012년 남북하나재단에서 북한이탈주민 9494명(19세 이상 성인, 남성 2419명, 여성 7074명)을 대상으로 실시한 '2012년 생활실태조사'에서 북한이탈주민의 국내 경제활동 현황과 월평균 임금 분포율 등 주요 현황은 [그림 7-3], [그림 7-4]와 같다.

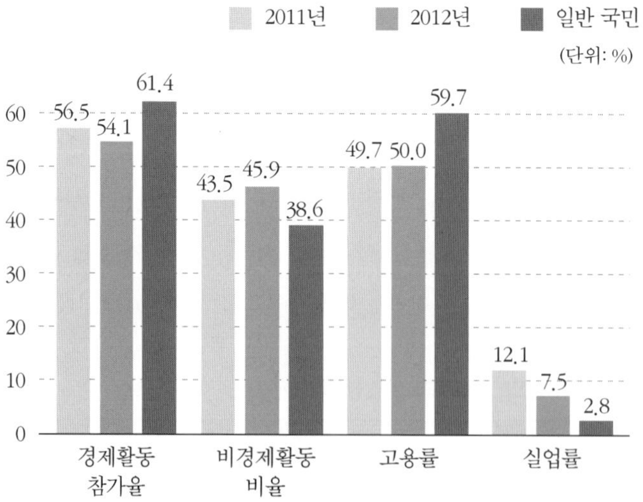

[그림 7-3] 북한이탈주민 국내 경제활동 현황

출처: 2012 생활실태조사, 남북하나재단.

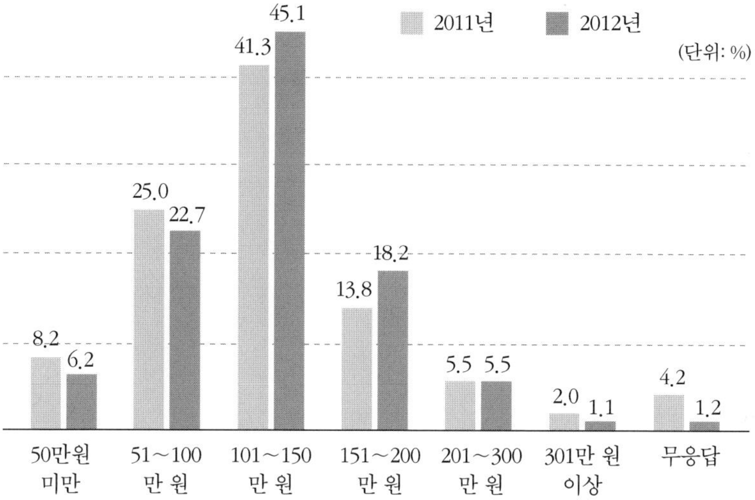

[그림 7-4] 북한이탈주민 월평균 임금 분포율

출처: 연합뉴스(2013. 2. 14.)에서 북한이탈주민지원재단의 자료 재인용.

조사 결과에 따르면 경제활동 참가율, 고용률, 실업률 등에서 북한이탈주민과 일반 국민과의 격차는 큰 것으로 나타나고 있으며, 한 달 평균 100만 원 이하의 저소득층 북한이탈주민은 30%에 육박하는 것으로 조사됐다.

4. 북한이탈주민 정착지원 현황

북한이탈주민의 남한에서의 삶과 그 삶에 대한 지원은 두 가지 접근 유형으로, 거시정책적 차원과 실천적 차원으로 나누어 볼 수 있다. 여기서 거시정책적 차원이란 북한이탈주민만을 위한 고유한 프로그램을 시행하는 것과 기존의 사회보장제도 및 복지 서비스가 북한이탈주민의 처우 및 지원에 적용, 변형, 수정되어 시행되는 것을 포함한다. 실천적 차원이란 북한이탈주민 지원에 지방정부의 사회복지 공공 서비스 전달체계가 연계되거나 참여하는 것과 지역적응센터(하나센터)와 기존의 민간 사회복지실천 현장으로 인식되는 사회복지기관들(사회복지관 위주)이 북한이탈주민 지원사업에 참여하거나 자체적인 프로그램을 개발 및 시행하는 것 등을 말한다.

1) 거시정책적 차원의 지원

북한이탈주민의 자립을 유도하기 위한 사회 편입 후 5년간 정부의 지원체계는 크게 두 가지로 나눌 수 있는데, 하나는 북한이탈주민을 고유 대상으로 하는 지원체계이며, 다른 하나는 기존의 사회복지 체계를 활용하여 북한이탈주민을 지원하는 것이다. 전자의 경우는 사회 편입 시 제공받는 정착금, 노동 인센티브로 주어지는 정착 장려금, 취업 보호제에 의거한 고용지원금제도, 교육지원과 관련하여 북한이탈주민에게 특별하게 제공하는 교육 기회와 비용, 그리고 지역 통합 지원을 위한 정착도우미 프로그램 등으로 볼 수 있다. 후자는 기존의 보건복지부 관할의 사회보장제도를 활용하는 것과 고용노동부 관할의 직업훈련 및 취업지도와 관련된 자활지원 시스템을 활용하는 것 등이다. 이에 대한 자세한 내용은 〈표 7-6〉에 정리되어 있는데, 최근 정부는 북한이탈주민의 보다 적극적인 노동시장 활동을 장려하기 위하여 노동인센티브제도의 시행과 기존의 사회보장 프로그램의 적용에서 북한이탈주민 특혜 부분을 현실화하는 지원 내용으로 개선해 가고 있다.

〈표 7-6〉 북한이탈주민 정착지원제도

구분	항목	내용
정착금	기본금	1인 세대 기준 700만 원 지급
	장려금	직업훈련, 자격증 취득, 취업장려금 등 최대 2440만 원
	가산금	노령, 장애, 장기치료 등 최대 1540만 원
주거	주택알선	임대 아파트 알선
	주거지원금	1인 세대 기준 1300만 원

취 업	직업훈련	훈련 기간 중 훈련수당 월 10~20만 원 지급(고용노동부)
	고용지원금(채용 기업주에 지급)	급여의 1/2(70만 원 한도)을 최대 3년간 지원
	취업보호담당관	전국 55개 고용지원센터에 지정, 취업상담 · 알선
	기타	취업보호(우선구매), 영농정착지원, 특별임용 등
사회복지	생계급여	국민기초생활보장 수급권자(1인 세대 월 약 42만 원)
	의료보호	의료급여 1종 수급권자로서 본인 부담 없이 의료 혜택
	연금특례	보호결정 당시 50세 이상 60세 미만은 국민연금 가입 특례
교육	특례 편 · 입학	대학진학 희망자의 경우 특례로 대학 입학
	학비 지원	중 · 고 및 국립대 등록금 면제, 사립대 50% 보조
정착도우미	-	1세대당 1~2명의 정착도우미를 지정, 초기 정착지원
보호담당관	-	거주지보호담당관, 취업보호담당관, 신변보호담당관

출처: 통일부 홈페이지(http://www.unikorea.go.kr).

2) 서비스 실천 차원

북한이탈주민 정착지원을 위한 실천 차원 영역은 정착지원 서비스를 제공하는 공공행정 전달체계(지역 내 거주지-취업-신변보호 담당관)와 민간기관의 서비스 전달체계(정착도우미 프로그램-개별민간기관)로 대별되며, 지역사회 차원(광역 · 기초 자치단체)에서의 북한이탈주민에 대한 직접적 서비스에 관한 것이다.

우선 지역사회 정착지원체계를 전체적으로 살펴보면, [그림 7-5]에서 보는 바와 같이 지방자치단체, 지방노동사무소, 지역경찰서가 지역 내 공공기관으로 지정되고, 지역적응센터(하나센터), 지역 내 민간자원을 포함하여 '지역협의회'를 구성한다. 2012년 6월 현재 전국에 총 68개 지역협의회가 구성되어 있다. 지방자치단체의 특정 공무원(자치행정 과장 혹은 사회복지 과장)이 거주지 보호담당관으로 지정되고, 지방노동사무소 산하 고용안정센터의 직업상담사가 취업보호담당관, 지역 내 경찰이 신변보호담당관으로 지정된다.

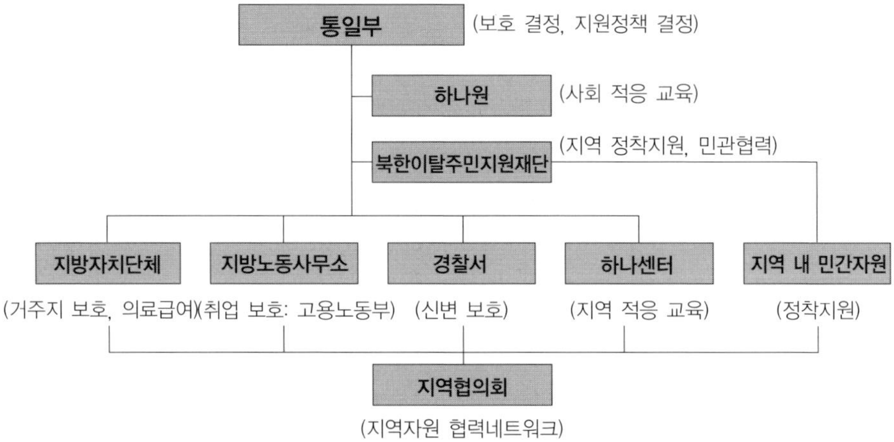

[그림 7-5] 북한이탈주민에 대한 지역사회 지원체계

출처: 우성호(2012).

5. 북한이탈주민 정착지원을 위한 지역복지의 대응

지역사회는 북한이탈주민 정착지원에 비교적 일찍 참여해 왔다. 1994년에 북한의 김일성 주석이 사망한 이후 북한의 경제적 파탄이 심화되고 탈북 행렬이 본격화되기 시작하였는데, 서울 지역의 가양7종합사회복지관이 북한이탈주민 정착지원사업을 처음 시도한 시기가 1996년이다. 당시 프로그램이 성공적으로 종결되지는 않았지만 아직은 탈북자의 존재가 정치적으로 해석되었고 그들에 대한 일차적인 지원은 국제법상의 난민 지위를 부여하는 것이었다. 그러므로 실질적 지원 내용이 주로 정치적·법률적·국제관계적 차원에서 모색되고 있었던 상황에 비추어 볼 때, 지역사회 차원에서 생활 지원적 성격의 사회복지서비스가 모색되었다는 점에서 의미가 있다고 할 수 있다. 그 후 차츰 증가된 지역사회복지관의 '탈북자 프로그램'은 2007년에 전국 9개 광역자치단체의 28개 지역복지관 사업으로 확장되었고, 이후 지속적으로 증가하고 있다.

지역사회복지관에서 북한이탈주민 지원 프로그램이 다른 민간 서비스 기관에 비하여 빠르게 성장할 수 있었던 배경은 대부분의 북한이탈주민의 거주 지역이 복지관이 위치한 임대아파트 지역이라는 접근의 용이성과 북한이탈주민의 문제 해결을 위한 접근방식의 전문성에서 타 민간 영역보다 비교 우위를 가질 수 있었다는 점이다(김선화, 2004). 즉, 지역사회복지관은 지역사회 내 거주하는 주민의 특성(표적 대상별, 문제 유형별)과 그들의 욕구에 대응하여 전문 프로그램을 시행하는 기관으로 새로운 지역 주민의 유형인 북한이탈주민에 대해 즉각적이고 효과적일 수 있었다는 것이다.

이러한 과정을 거쳐 통일부는 북한이탈주민의 정착지원에 새로운 시스템을 도입하는데, 그것은 2009년에 도입된 지역적응센터 '하나센터'와 2010년부터 시행하고 있는 '전문상담사' 제도다. 2009년 통일부는 그해 1월에 개정된 「북한이탈주민의 보호 및 정착 지원에 관한 법률」에 의거하여 서울, 경기, 대구 지역에 별도의 지역 적응 교육을 위한 지역적응센터인 '하나센터'를 시범 운영하게 된다. 하나원 교육을 수료한 북한이탈주민이 지역사회에 정착한 후 별도의 지역 적응교육을 받는 것을 골자로 한 지역적응센터(하나센터)는 시행 당시 3곳의 시범기관, 하반기에 추가로 3곳의 시범기관 등 총 6곳으로 운영되었으며, 이러한 시범 운영을 바탕으로 2010년 2월에 16곳의 하나센터를 추가 지정하여 운영하고 있으며, 4월에 8곳을 추가 지정하여 전국 주요 도시에 30개의 하나센터가 북한이탈주민의 지역사회 적응 교육과 사후관리를 실시하고 있다.

지역적응센터(하나센터)는 하나원을 수료하고 거주지로 전입하는 북한이탈주민을 대상으로 4주간의 초기집중교육과 밀착형 사후관리 서비스를 통해 북한이탈주민이 지역사회에 조기에 적응할 수 있도록 돕고 있다. 지역적응센터(하나센터) 현황은 〈표 7-7〉과 같다.

〈표 7-7〉 지역적응센터(하나센터) 현황과 대상 지역

구 분	지 역	센터명	관할지역
1	강원	동해 하나센터	강릉, 동해, 태백, 속초, 삼척, 고성, 양양
2		원주 하나센터	원주, 영월, 평창, 정선, 횡성
3		춘천 하나센터	춘천, 홍천, 철원, 화천, 양구, 인제
4	경기	서북부 하나센터	김포, 고양, 파주
5		서부 하나센터	부천, 광명, 시흥, 안양, 과천
6		중부 하나센터	안산, 군포, 의왕, 수원
7		동부 하나센터	용인, 성남, 이천, 광주, 하남, 양평, 여주
8		북부 하나센터	의정부, 포천, 남양주, 양주, 동두천, 구리, 가평, 연천
9		남부 하나센터	화성, 오산, 평택, 안성
10	경남	진주 하나센터	진주, 통영, 사천, 거제, 고성, 남해, 하동, 산청, 함양, 거창, 합천
11		창원 하나센터	창원, 마산, 진해, 김해, 밀양, 양산, 의령, 함안, 창녕
12	경북	서북부 하나센터	구미, 칠곡, 김천, 안동, 영주, 문경, 상주, 봉화, 의성, 군위, 성주, 고령, 예천
13		동부 하나센터	포항, 경주, 영천, 청송, 영덕, 청도, 울진, 울릉, 영양
14	광주	광주 하나센터	전 지역
15	대구	대구 하나센터	대구, 경산
16	대전	대전 하나센터	전 지역
17	부산	부산 하나센터	전 지역
18	서울	서부 하나센터	강서, 서대문, 은평, 마포, 용산, 종로, 중구
19		북부 하나센터	노원, 성북, 중랑, 강북, 도봉, 동대문
20		동부 하나센터	송파, 강동, 강남, 서초, 관악, 동작, 성동, 광진
21		남부 하나센터	양천, 구로, 영등포, 금천
22	울산	울산 하나센터	전 지역
23	인천	하나센터 남부지부	남동, 연수, 남구, 동구, 중구, 옹진
24		하나센터 북부지부	부평, 계양, 서구, 강화도, 중구
25	전남	전남 하나센터	전 지역
26	전북	전북 하나센터	전 지역

27	제주	제주 하나센터	전 지역
28	충남	공주 하나센터	공주, 보령, 논산, 계룡, 금산, 연기, 부여, 서천, 청양
29		천안 하나센터	천안, 아산, 서산, 홍성, 예산, 당진, 태안
30	충북	청주 하나센터	청주, 청원, 증평, 보은, 옥천, 영동, 진천
31		충주 하나센터	충주, 제천, 괴산, 음성, 단양

출처: 통일부(2014).

6. 북한이탈주민 지원정책의 변화와 사회복지적 개입의 향후 과제

1) 북한이탈주민 정책의 주요 변화

2012년 말 기준 우리 사회에 정착한 북한이탈주민의 숫자가 2만 4천여 명을 넘어섰다. 또한 기존 북한이탈주민과 최근 입국한 이들은 탈북 동기, 탈북 형태, 해외체류 기간, 탈북 시 가족단위 등에 많은 차이를 보이고 있다.

이에 북한이탈주민 지원정책도 여러 양상으로 나타나는 이들의 변화와 새롭게 대두되는 문제에 대응하면서 꾸준히 진화를 거듭하고 있다. 북한이탈주민 지원정책의 자세한 내용은 제3장에서 다루고 있다. 최근 북한이탈주민 지원정책의 주요 변화는 다음과 같다.

첫째, 북한이탈주민 지원정책의 가장 큰 변화는 정책 패러다임의 변화다. 2005년부터는 그동안 보호 중심에서 자립 · 자활 중심의 방향으로 대폭 전환하였으며, 다양한 유형의 정착요구에 근거하여 맞춤형 지원체계를 마련해 오고 있다.

둘째, 중앙정부 중심의 지원체계에서 지방자치단체 중심의 지원체계로의 변화다. 실제 북한이탈주민이 거주하고 있는 지역사회를 기반으로 지역의 특성에 맞는 프로그램 개발과 정착지원 역량 제고를 위해 민 · 관 협력 네트워크를 구성한 북한이탈주민지역협의회를 비롯하여 2009년에 대구 등 6개 지역에서 시범 운영 후 2010년부터 전국 30개 지역으로 확대 운영 중인 지역적응센터(하나센터) 등을 통해 북한이탈주민의 초기 정착지원 서비스 및 지역 네트워크를 활용한 전달체계를 구축하였다.

셋째, 종합정착지원체계의 구축이다. 2005년부터 시행된 정착도우미 제도와 2010년부터 시행된 북한이탈주민 상담사제도가 2013년부터 지역적응센터(하나센터)와 통합되어 초기집중교육과 정착지원, 심리상담, 의료 · 교육 · 복지 · 취업 지원 등의 서비스를 한곳에서 지원하는 시스템을 갖추게 되었다. 그리고 2010년 9월에 설립된 북한이탈주민지원재단을 중심으로 북한이탈주민에 대한 지원이 원활하게 이루어지도록 체계를 잡아 가고 있으며, 이를 통해 지역사회에서 북한이탈주민 지원 네트워크를 구축하는 성과 등을 이루었으나, 북한이탈주민의 특성상 환경이 매우 역동적이고 다변적이므로 재단의 사업 목표와 향후 방향에 대한 지속적인 성찰이 필요할 것으로 보인다.

2) 서비스 인프라 확충: 전문 인력과 예산

사회복지 영역에서의 북한이탈주민 지원사업의 지속성과 장기적 발전에 한계를 가하는 요소는 전문 인력과 예산 부족 같은 인프라의 문제다.

2005년 1월부터 시행한 정착도우미 프로그램은 북한이탈주민 지원을 위한 정부와 민간자원봉사활동의 공식적 관계 형성이라는 측면에서 의미가 매우 크다. 정부와 민간의 파트너십이 장기적으로 바람직한 정착지원 모형이라는 데에 대부분이 동의하고 있듯이(윤여상, 2001b; 윤인진, 2000; 이기영, 1998, 1999a; 이기영, 윤경애, 2003), 민간 자원기관들의 역할을 효과적으로 제도화하는 것이 향후 정부의 북한이탈주민 지원 서비스 실천에 매우 중요한 요소이기 때문이다. 그 후 2010년에 통일부 지정 지역적응센터 운영으로 예산 및 인력 부족에 대한 부분이 어느 정도 해소되었으나, 행정 지침과 정책의 잦은 변화, 과다한 행정 업무, 사업

지원 안정성, 직무 안정성 등의 문제가 북한이탈주민 사업 수행의 걸림돌로 지적되고 있다. 예산에 있어서 지역적응센터 운영비의 부족분은 법인지원금이나 기부금 및 후원금으로 충당하는 것으로 나타났다.

북한이탈주민 관련 전문 인력 양성과 관련하여 사회복지사협회에서 북한이탈주민 문제에 관심을 가지고 사회복지사들의 북한 이슈, 북한이탈주민 이슈, 통일 이슈 등에 대한 지식 및 인식 조사(우수명, 2007)를 시행한 바 있으며(이기영, 2005b), 2008년부터 북한이탈주민 전문 인력 양성을 위한 실무자 기초 · 심화과정 교육을 진행하고 있다. 또한 2006년에 창립한 '북한이탈주민학회'에서는 다양한 북한이탈주민연구를 통해 구체적이고 실증적인 자료를 토대로 정책의 새로운 패러다임과 의제를 제시하고자 노력하고 있다.

3) 세분화 · 전문화된 사회복지적 개입 프로그램

현 북한이탈주민 지원정책은 시설 보호(1단계)-거주지 편입-거주지 보호(2단계)-사후지원(3단계) 등 정착단계별 지원을 기본으로 하고 있다. 즉, 신문 · 조사를 통한 보호 결정 후 정착지원금 지급과 초기적응교육 지원, 취업지원, 부적응 방지 및 재사회화 지원 등을 하고 있다. 시설 보호에서 사후지원 단계까지의 서비스 제공 기간은 18개월 이내다. 이러한 정착단계별 지원은 북한이탈주민의 기본적인 생활 안정을 위한 최소한의 지원이라고 볼 수 있다.

그 외에도 북한이탈주민은 입국 형태, 입국 동기, 성별, 연령대, 소득, 건강 수준에 따라 욕구가 다양하다. 따라서 전문적 사회복지 프로그램의 개발 및 민간 사회복지 부분의 참여 및 네트워크 연계를 통한 지속적이고 전문적인 지원이 절실히 필요하다.

북한이탈주민을 대상으로 하는 사회복지적 개입 프로그램으로 전문화할 수 있는 서비스는 다양하다. 우선 국내에 들어오기 전, 제3국에서의 체류 경험에서 비롯된 심리장애나 문화적 충격에서 비롯되는 정서적 문제, 정신건강을 사정하고 유형화하고 이에 대한 치료적 개입을 구상하는 일, 기존의 지역사회 정신보건센터의 자원을 복지관과 연결하여 북한이탈주민에게 제공하는 전달체계의 구상 등이 시급한 욕구의 대응이 될 수 있다. 또한 통합 서비스를 필요로 하는 북한이탈주민 가족에 대한 개입 프로그램을 표준화하는 작업, 생애주기별 맞춤형 프로그램 개발, 노동시장 진입 전 지역사회 경제 현황 교육 프로그램과 취업 능력 강화 프로그램, 탈북 청소년의 문화 적응과 통합지원 프로그램 개발, 노인이주민에게 특화되는 사회 적응 프로그램 등이 종합복지관과 단종복지관 또는 개별 복지기관에 의해서 개발되고 시행되어야 한다. 마지막으로 사회복지 영역에서 전문화할 수 있는 프로그램으로서 북한이탈주민과 남한 주민 사이의 사회통합을 제고하고 소수자로서의 북한이탈주민에 대한 사회적인 인식을 높여서 이들이 거주하는 지역에서나 또한 기능적 공동체로서의 직장과 학교 등에서 적응할 수 있는 토대를 형성하는 것도 포함할 수 있다.

마지막으로, 이렇듯 다양한 프로그램을 실천하기 위해서는 사회복지 영역에서 북한이탈주민 대상 개입의 효과성을 더욱 강화해야 할 필요성이 있다. 정부에서 북한이탈주민 정책에서 민관 협력을 중요시하고 있고, 실제로 민간의 협력하에 지원정책의 조직성과 효과성이 점차 제고되고 있다. 향후 민간 영역, 특히 민간 사회복지 부문에서의 전문성 제고와 서비스 인프라 확대는 정부정책의 효과성 달성에 매우 중요한 요소가 될 것이다.

제4부
다문화 사회복지실천

제8장

다문화 사회복지실천의 개요

1. 다문화 사회복지실천의 개념

사회복지실천은 그것이 실현되는 사회의 변화에 맞게 변화하고 적응해 왔다. 그런 측면에서 다문화사회로 진입한 한국 사회에서 문화적 요소를 고려한 사회복지실천은 사회적 · 시대적 요구라고 할 수 있다. 사회복지계에 다문화 사회복지 또는 다문화 사회복지실천이라는 개념이 등장한 것도 우리 사회에 인종적 · 민족적 다양성이 증가하게 되면서부터다. 이러한 흐름에서 다문화 사회복지실천을 새로운 것으로만 인식한다면 이를 새로운 복지 대상이나 영역을 지칭하는 것으로 이해하기 쉽다. 그렇다면 다문화 사회복지실천을 아동복지나 노인복지와 같이 어떤 특정 대상에 대한 실천으로 보는 것이 적절한가, 아니면 교정복지, 의료복지 또는 정신보건복지와 같이 특별한 욕구나 문제가 존재하는 실천 현장에 따른 분류로 보는 것이 타당한가?

이 책에서는 다문화 사회복지실천을 이해하는 데 특정 대상이나 현장에 국한하지 않으려고 한다. 물론 다문화 사회복지실천이라고 할 때 일차적 대상이 존재하는 것은 분명하겠지만, 이것이 내부인과 외부인을 구분하거나 이쪽과 저쪽을 구분하는 또 하나의 경계 짓기가 되어서는 안 된다는 것이다.

그보다는 그동안 사회복지실천에서 외면해 온 문화적 이슈를 고려할 수 있는, 한 단계 성숙하고 발전하는 사회복지실천의 맥락에서 그 필요성을 주장하고 싶다. 이는 다문화 사회복지실천을 새로운 복지 대상의 출현이나 영역 확대에 따른 것으로 이해하는 것 그 이상을 의미한다.

문화적 요소를 고려하지 않은 사회복지실천은 윤리적 요소를 고려하지 않은 사회복지실천에 비유될 수 있다. 윤리적 요소가 어떤 특정 대상이나 영역에서만 요구되는 것이 아닌 것처럼 문화적 요소 역시 마찬가지다. 또한 윤리적 요소를 고려하는 정도에 따라 사회복지실천의 수준이 다르듯이, 문화적 요소를 고려한 사회복지실천의 수준도 그렇지 않은 경우와는 다를 것이다.

따라서 기본적으로 다문화 사회복지실천을 어떤 범주로 한정하기보다는 문화적 요소를 고려하여 기존의 사회복지실천을 재해석 내지는 발전적으로 해석·적용하는 것으로 이해하고자 한다. 그런 측면에서 다문화 사회복지실천이라고 해서 사회복지실천의 근간을 이루는 요소가 달라지는 것은 아닐 것이다. 사회복지실천의 기반이 확고하다면 그 가치와 이론 및 기술을 어느 영역 또는 문제에나 적용할 수 있다. 어떤 대상이나 어떤 문제 앞에서도 인간의 존엄성이나 자기 결정과 같은 사회복지의 기본 가치는 지켜져야 하고, 기존의 각종 이론과 모델 및 그에 따른 기술도 유효하게 적용되어야 한다. 따라서 다문화 사회복지실천을 위해 우선적으로 필요한 것은 사회복지실천의 기본을 다지는 일이라고 할 수 있다. 그렇지만 이런 기본적 사항을 문화적 요소를 고려하여 다시 살펴보고 적용하는 일은 또 다른 과업이 될 수 있다. 여기에는 전문가로서의 관점과 태도를 점검하는 일, 문화적 요소를 고려하여 실천 이론 및 모델과 실천과정을 재점검하는 작업, 그리고 문화와 관련된 특정 이슈나 유의 사항을 규명하는 것 등이 포함될 것이다. McCrea(2006: 203)는 다른 문화에서 온 누군가를 돕고자 하는 사회복지사라면 그의 언어와 문화적 전통을 이해하는 것뿐 아니라 그의 세계관과 정체성 경험, 그리고 도움을 주고받은 경험을 이해하는 방식을 찾아야 한다고 하였다.

그런 맥락에서 다문화 사회복지실천을 "사람들 사이에 존재하는 다양성과 차이점을 존중하고 원조관계에서 작용하는 문화적 요소를 인식하는 사회복지실천"이라고 한 Lum(2004: 11)의 정의는 매우 유용하다. 그는 민족적 정체성과 사회경제적 지위로 인해 역사적으로 차별받아 온 사람들, 가족들, 그리고 지역사회가 다문화 사회복지실천의 주요 대상이며, 이들과 사회 환경의 상호작용 속에서 심리사회적 기능의 질을 향상시키는 것이 다문화 사회복지실천의 목표라고 하였다. 이와 유사하게 Sue(2006: 20)도 다문화 사회복지실천(multicultural social work practice)은 원조적 역할과 원조의 과정이라는 관점에서 정의될 수 있다고 하였다. 즉, 클라이언트의 문화적 가치관과 삶의 경험에 일치되는 원조 목표를 세우고, 원조 방식을 활용하였는지에 관련된 것임을 강조한다. 다문화 사회복지실천은 클라이언트의 특성을 인식하는 데 개인적 · 집단적 · 보편적 차원을 포함하여야 하고, 치료 과정에서의 보편적이고 문화특수적인 전략과 역할의 사용을 옹호하여야 하며, 클라이언트와 클라이언트 체계의 사정, 진단, 치료, 그리고 문제 해결에서 개인주의와 집단주의의 균형을 이루어야 한다고 보았다.

2. 다문화 사회복지실천의 전개과정

다문화 사회복지실천이 가장 발달한 나라 중 하나인 미국도 이와 관련된 이슈에 집중적인 관심을 기울이기 시작한 역사는 길지 않다. 1970년대에 이르러서야 미국 사회복지교육협의회에서 인종적 소수집단에 대한 개념과 이슈를 공식적으로 언급하기 시작하였으며, 이를 교육 내용 및 제도에 포함시키고자 시도하게 되었다. 그러나 그 이후에도 미국의 사회복지사들이 문화적 다양성과 관련된 사회복지실천에 숙련되기까지는 상당한 시간과 노력이 소요되었던 것으로 보인다. 1980년대 초에 미국에서 시행된 한 조사에 따르면 사회복지사들은 인종이 다른 사람들에 관한 지식과 개입 기술이 부족하고, 보수적인 가치관을 가지고 있으며, 이에 대한 개선의 필요성을 제대로 지각하지 못하고 있는 것으로 나타났다. 그 결과 이 영역의 클라이언트들은 사회복지사가 제공하는 정보를 충분히 신뢰하지 못하였다고 한다. 또한 이들을 교육시키는 교육자조차도 이 문제를 잘 다룰 준비가 되어 있지 못하고, 연구조사와 관련 자료의 출간도 부족한 형편이라고 하였다(Dieppa, 1984).

Lum(2004: 12-21)은 이러한 상황으로 전환된 계기에 따라 다음과 같은 몇 가지 단계를 제시하고 있다.

- 1단계는 1970년 중반에 흑인의 이슈를 임파워먼트 측면에서 접근하였던 Solomon의 시도를 통해 인종의 문제를 '권력(power)'의 역학 관계 속에서 이해하게 된 것이다.
- 2단계는 '인종적 소수자(ethnic minority)'라는 개념이 등장하면서 다수에게 영향을 받는 소수자에 대한 관심이 증가한 것이다.
- 3단계는 1980년대 이후 출간된 인종 관련 서적들이 미친 영향이다. 예를 들어, Schlesinger의 『민족을 고려한 사회복지실천(*Ethnic-Sensitive Social Work Practice*)』이나 Green의 『대인서비스에서 문화적 인식(*Cultural Awareness in the Human Services*)』과 같은 책들은 인종적 민감성, 문화적 인식 등과 같은 개념과 더불어 이에 관련된 요소를 본격적으로 논의함으로써 이 분야의 발전에 많이 기여하였다.
- 4단계는 1990년대 사회복지 교육 현장에서 다문화 사회복지실천이 발달한 것이다. 이 시기부터는 열등하고 무기력한 인종적 소수자의 개념이 다양성 및 문화적 다원주의 등으로 대체되면서 이들의 강점과 조직에 더 많은 비중을 두게 되었다. 그리고 이 개념들이 다시 '문화적 다양성'이라는 개념으로 정리됨에 따라서 사람들의 다양성과 원조관계에서의 문화적 요소가 가지는 중요성이 부각되었다. 이는 각기 다른 인구 집단이 고유의 독특한 피부색,

언어, 행동적 특성을 갖고 있음을 인식하게 된 것을 의미한다.

- 5단계는 다문화 사회복지실천에 '문화적 역량'이란 개념을 도입한 것이다. 이 개념은 앞의 네 단계의 모든 요소가 통합된 것으로서, 교육과 결과 평가뿐 아니라 개인, 가족, 지역사회, 조직 등을 사정하고 개입하며 평가하는 기술에 대한 새로운 지침을 제공한다.

여기에서 보듯이 다문화 사회복지실천은 하나의 기법이라기보다는 새로운 철학과 개념의 등장을 기반으로 전개되어 온 접근법이라고 할 수 있다. 즉, 다양성에 대한 개방적 시각, 사회적 소수자에 대한 인권 의식, 문화적 다양성에 대한 강점 중심의 시각 등이 없었다면 다문화 사회복지실천 역시 존재할 수 없었을 것이다. 이런 측면에서 문화적 민감성이나 문화적 역량이 사회복지 윤리 차원에서 논의될 만큼 가장 기본적이고도 중요한 요소로 다루어지고 있다.

다문화 사회복지실천이 교육과 실천 현장뿐 아니라 사회 전반의 의식과 의지가 있을 때 가능하다는 점을 고려한다면, 현재 한국에서 다문화 사회복지실천은 초기 단계라고 볼 수 있다. 최근 우리 사회의 문화적 · 인종적 다양성의 증가 현상이 나타나기 전까지 한국 사회복지계에서 문화적 요소는 간과되어 왔다고 해도 과언이 아니며, 또 이를 고려할 필요성도 느끼지 않았던 것이 사실이다. 그동안 한국 사회복지계가 미국 사회복지실천의 흐름을 신속히 흡수해 왔음에도, 비교적 최근까지도 문화적 다양성에 대한 부분에 주목하지 못하였던 이유도 여기에서 찾을 수 있다. 그러나 앞에서 살펴본 바와 같이 이제 우리 사회도 문화적 다양성이 가져온 변화에 직면하게 되면서, 우리 사회에 엄연히 존재해 왔음에도 그동안 외면하거나 의식하지 못하였던 우리 사회의 문화적 이슈를 돌아보게 된 것이다.

한국에서 1990년대부터 본격화된 외국인 근로자에 대한 사회적 접근은 사회복지계에 의한 것이기보다는 시민단체나 종교단체에 의한 것이었다. 2000년에 한국에서 처음으로 노동부 산하 사단법인으로 인가를 받은 '지구촌 사랑나눔'도

노동상담소 '희망의 전화'가 1992년부터 외국인 근로자 중국 동포를 상담하면서 시작되었다. 외국인 근로자는 그 특성상 일반 지역사회로 폭넓게 위치하기보다는 직종에 따라서 일부 산업지역 중심으로 밀집하는 경우가 많았다. 따라서 기존의 지역사회복지관 중심의 복지 서비스는 이와 같이 새롭게 형성되는 집단 거주지역에까지 미치지 못하였다. 더 근본적인 이유는 사회복지계가 외국인 근로자들과 관련된 이슈에 접근할 준비가 되어 있지 않았던 데에서 찾을 수 있다. 대부분의 사회복지사에게 이들과 관련된 법률적 문제나 인권 이슈 등은 생소한 것이었으며, 이런 문제를 다룰 수 있는 역량을 갖추지 못하였던 것이 사실이다. 그럼에도 이들 사이에서 사회복지와 관련된 요구가 증가함에 따라 시민단체 및 종교단체가 주축이 된 서비스 기관에서 활동하는 사회복지사가 점차 생기게 되었고, 이들이 현장 경험을 통해 쌓은 노하우는 이후 외국인 노동자센터 등에서 사회복지사들이 사회 서비스의 제공자로서 활동하는 기반이 되었다.

북한이탈주민이 증가하면서 이들에 대한 사회적 관심도 높아졌는데, 이 역시 사회복지계보다는 종교계와 민간단체를 중심으로 지원이 시작되었다. 1990년대 말경 소수의 지역사회 종합복지관에서 프로그램을 시작하기는 하였으나 2000년대에 들어오면서 북한이탈주민을 중심으로 한 논의가 사회복지계에서 보다 구체화되었고, 2001년에는 사회복지공동모금회가 3년 기획사업 중 하나로 북한이탈주민 영역을 기획 주제로 잡게 되었다. 이때 지원을 받은 공릉종합사회복지관, 가양7종합사회복지관, 부산종합사회복지관 등은 사회복지 영역에서는 선구자적으로 북한이탈주민 복지사업을 기획하고 진행하였으며, 그 후 동참하는 사회복지기관이 지속적으로 증가해 왔다. 따라서 지역사회복지관은 북한이탈주민의 정착지원을 돕는 민간기관을 대표하며 의료 · 교육 · 취업 · 학습지원 등 다양한 측면에서 실질적인 도움을 주는 곳으로 인식되고 있다.

한국에서 결혼이민자에 대한 서비스도 시민단체의 자발적인 시도로 시작되었는데, 이 사업은 다른 영역들과 달리 농촌 지역에서 출발하였다는 점이 특징이다(예: 2004년 3월에 시작된 옥천 한국어학당 등). 정부에서는 2006년도에 21개의 결혼이민자 가족지원센터를 선정하여 다문화가족 서비스를 제공하기 시작하여 2007년에는 전국 38개 센터로 확대되었으며 여기에는 안성종합사회복지관, 공주기독교종합사회복지관, 순천시 지역사회복지협의체 등 사회복지기관도 포함되어 있었다. 이후 다문화 관련 사회적 수요가 계속 증가하면서 결혼이민자 가족지원센터는 다문화가족지원센터로 개칭되어 2014년 8월 현재 16개의 거점센터를 중심으로 전국 219개의 센터가 설립, 운영되고 있다.

북한이탈주민이나 결혼이민자는 외국인 근로자와는 달리 지역사회로 흡수되어 일반 시민이 되었고, 기존의 사회복지서비스 대상인 가족, 아동 · 청소년, 빈민 등의 범주에 포함될 수 있었기 때문에 외국인 근로자에 비해 사회복지서비스 제공이 보다 용이하였다고 할 수 있다. 이는 대상자의 특성에 다소 차이가 있기는 하지만, 이들의 기본적인 욕구는 기존의 사회복지서비스를 통해서도 어느 정도 다루어질 수 있었기 때문일 것이다. 그러나 현장에서는 전문직 차원에서 다문화 사회복지서비스에 대한 충분한 논의나 체계적인 교육이 부재한 가운데서 점차 증가하는 대상자에게 일단 서비스를 제공해야 하는 상황이었다. 따라서 기존의 관점, 이론 및 기술로는 이들의 독특한 욕구에 반응하는 데 한계가 있을 수밖에 없었다. 사회복지계가 다문화 이슈에 대한 학문적 · 실천적 접근에 관심을 기울이고 대안을 모색할 것이 요구되었다.

이러한 변화의 흐름에 따라 사회복지학계에서도 다문화 이슈를 다루는 연구논문이 발표되기 시작하였고(예: 한동우, 1996; 이기영, 1999b), 각종 학회에서도 이 주제에 대하여 관심을 갖게 되었다. 2006년에는 가족사회복지학회(주제: '다문화 가족을 위한 정책 및 지원 전략')와 아동복지학회(주제: '아동복지 실천현장의 다양화-장애아동, 이주아동, 새터민아동을 위한 아동복지 전문 인력 개발')가 다문화 관련 이슈로 학술대회를 개최하였으며, 2007년에는 정신보건사회복지학회(주제: '결혼이민자와 정신보건 이슈')가 다문화 관련 이슈를 다루면서 다문화 이슈와 관련된 서비스 제공에 대한 논의를 시작하였다. 또한 다문화 관련 사회복지 전문서적이 발간되기에 이르렀다(예: 김범수 외, 2007). 그러나 당시 다문화 주제에 대한 급속한 관심 증가에 대해 비판도 제기되었다. 다문화 이슈가 등장한 초반부터 여성 결혼이민자에 대한 조사연구를 수행해 온 김이선은 "요사이 한국 사회에서 가치 '열풍'이라 할 만큼 '다문화사회'에 대한 관심과 논의가 폭발적으로 일고 있지만 대부분이 피상적 모토로서 '다문화사회'가 반복적으로 강조될 뿐 정작 서로 다른 민족적 · 문화적 배경을 지닌 시민이 어떻게 생활 곳곳에서 만나 관계를 만들어 가고 있는지 비판적으로 점검하고 앞으로 어떠한 관계를 만들어 가야 할지, 이를 위해서는 어떠한 개인적 · 사회적 실천이 이루어져야 하는지 등에 대한 논의는 열풍의 강도만큼 진척되지 못하고 있다."(경향신문, 2007. 10. 12.)라고 하였다.

이후 다문화와 관련된 사회복지계의 연구는 기하급수적으로 증가해 왔다. 그러나 여전히 우리 사회에는 다문화 현상에 대한 다양한 반응이 존재하고 있으며, 학술적으로 제시하는 이상적인 관점과 일반 시민의 관점 사이에는 상당한 간극이 존재하는 것이 사실이다. 이후에 살펴볼 내용은 바로 이런 부분과 관련하여 사회복지사가 어떻게 이 이슈를 바라보고, 이들과 관계를 형성하며, 실천을 지향해 가야 하는지에 대한 것들이다.

3. 다문화 사회복지실천의 관점 및 태도

1) 문화적 다양성에 대한 다양한 관점

사회복지사가 문화적 이슈를 바라보는 관점과 그 기반을 형성하고 있는 패러다임은 매우 중요하다. 이는 무엇을 어떻게 바라보느냐에 따라서 전혀 다른 접근이 이루어지기 때문이다. 우리 사회에는 다양한 관점이 공존하며 논쟁의 대상이 되고 있다. 한쪽에서는 이주외국인을 친구, 가족, 이웃으로 받아들이고 더불어 살아가는 방안을 모색하는 동안에도 또 다른 한쪽에서는 이들을 우리 사회의 문제집단이나 정치 · 경제 · 사회 정책의 실패에 의한 산물로 바라보며 이러한 상황 이전의 과거를 그리워하기도 한다. 이러한 현상을 어떤 시각에서 바라보아야 하는가 하는 문제는 곧 다문화 사회복지실천의 정체성과 관련된다. 따라서 우리 사회에서 문화적 다양성과 관련하여 어떤 논리가 전개되고 있으며, 이것이 사회복지실천에 어떤 영향을 줄 수 있는지를 살펴보고자 한다.

(1) 두려움과 거부감을 갖는 태도

이는 우리 사회의 문화적 다양성 현상에 대해 혐오적인 태도를 보이는 경우다. 앞에서 언급한 바와 같이 한국 사회에서 문화적 다양성에 대한 논의는 역사적으로나 사회적으로 낯선 것이었다.

익숙하지 않거나 새로운 것, 또는 이질적인 것이 비정상이거나 문제가 되는 것은 아님에도 병리나 문제로 인식되는 불합리한 현상은 종종 일어나곤 한다. 여기에 더하여 우리 사회에서 문화적 다양성에 대한 논의는 주로 부정적인 사건과 관련되어 부각되어 왔다. 외국인 근로자의 불법 입국 및 불법 취업과 이를 악용한 임금 체불과 인권 유린, 여성 결혼이민자와 관련된 인신매매, 사기 결혼, 아내 학대, 그리고 2세의 학교 부적응 문제 등이 이슈화되면서 우리 사회에서 다문화 현상은 곧 사회문제를 유발한다는 식의 부정적 인식을 형성하게 되었다.

이러한 입장에서는 순혈주의에 입각한 한국적인 것만을 우월한 것으로 취급하며, 다른 인종, 민족, 문화와 관련된 모든 요소를 거부적인 태도로 바라본다. 더 나아가 이런 요소를 사회 질서와 복지를 위협하는 원인으로 지목하기도 한다. 예를 들어, 2008년 초 이천에서 있었던 화재참사로 인해 13명의 외국인 근로자가 사망한 사건에 대해, 일부 보수단체에서는 오히려 외국인 근로자가 우리 사회의 안전을 저해하는 요인이라고 주장하였다. 저임금에 위험한 작업도 마다하지 않는 이들(외국인 근로자들)이 넘치는 상황에서 기업가가 근무 여건을 개선하지 않기 때문에 근로 환경이 불안정해졌다는 논리다(경향신문, 2008. 1. 14.에서 재인용). 이 외에도 재한외국인의 범죄 소식에 대한 온라인상의 반응을 살펴보면 많은 사람이 외국인에 대한 두려움과 혐오감을 표현하는 것을 볼 수 있다. 외국인 혐오증(Xenophobia)처럼 외국인을 자국 국민의 일자리를 빼앗거나 테러의 위험을 증가시키는 존재로 인식하여 맹목적으로 두려워하는 것이다.

이런 식의 논리에 의하면 이주외국인은 한국 사회를 범죄와 질병으로 오염시키는 근원이므로 배척해야 할 대상이며, 우리 사회의 문화적 다양성은 억제되고 최소화되어야 한다. 따라서 이들을 지원하는 복지정책이나 서비스는 불필요하며, 정책이나 서비스가 존재한다 하더라도 차별적이어야 한다는 입장을 취하게 된다. 물론 이들이 더 큰 문제를 일으키거나 사회적 물의를 일으키지 않도록 통제하고 관리하거나 이들을 주류 문화에 '동화'시키기 위한 사회적 역할은 필요하다고 볼 수 있다. 하지만 이런 식의 태도는 극단적인 인종차별이나 파시즘적 접근으로 이어질 수 있다. 인간의 존엄성과 개별성, 평등과 정의, 자기결정권, 사회적 약자에 대한 배려 등을 주요한 가치로 삼고 있는 사회복지실천에서는 이와 같은 배타적이고 편협하며 차별적인 관점에 동의할 수 없다. 만약 이런 식의 논리에 의거한 사회복지실천이라면 문화적인 측면에서뿐만 아니라 가치와 윤리적인 면에서도 여러 문제의 소지가 있을 수밖에 없다.

(2) 동정과 연민을 갖고 대하는 태도

문화적 다양성과 관련하여 나타나는 여러 현상에 대해 동정과 연민을 느끼고 베푸는 입장을 취하는 경우다. 실제로 많은 이주외국인이 사회 구성원들이 기피하는 역할과 과업을 도맡아 하면서 대부분 계층적으로 하위권에 머물고 있다는 사실은 이들을 무시하거나 동정하게 만드는 요인으로 작용하고 있다. 이러한 입장의 사람은 이주외국인에 대해 '어쩌다가 자기 나라를 떠나서 타국에 와서 이렇게 고생을 하게 되었나.' 하는 연민을 가지고 이들이 경제적으로나 사회적으로 처한 어려움에 대해 동정심을 느낀다. 이 맥락에서 이주외국인은 불쌍하고 못사는 특별한 사람으로 범주화된다. 이것은 우리 주변에서 흔하게 볼 수 있는 태도이기도 하다.

또한 문화적 다양성 이슈를 호의적으로 접근하는 것처럼 보이지만 실상은 '낯섦'을 이용하여 이들을 오락거리로 활용하거나, 이들에게 한국 문화를 주입하려는 시도를 보여 주는 일부 대중매체의 프로그램에서도 이런 태도는 관찰된다. 심지어 대다수의 한국인조차 포기한 전통적 가치와 역할을 그들에게 강요하기도 한다. 이러한 태도는 언뜻 보기에는 앞에서 언급한 혐오적이고 배타적인 태도와 달라 보이지만, 기본적으로 자신의 우월감을 위해서 어떤 대상을 열등하게 보거나 '이국적이고 신기한 것'으로 주변화한다는 점에서 일맥상통하는 면이 있다. 이와 같은 입장에서는 그들을 '우리'로 받아들이지 않지만, 그렇다고 해서 결코 그들의 독자적인 정체성을 존중하지도 않는다.

반면에 같은 외국인이라 하더라도 유럽이나 북미와 같이 경제적으로 선진국에 해당하는 국가의 출신인 경우나 고소득 전문직에 종사하는 경우에는 선망과 호의를 갖기도 한다. 반면 이러한 이중 잣대에 의해 출신 국가가 한국에 비해 경제 개발 수준이 뒤처진 국가인 경우 이주외국인에게는 출신 국가 자체가 하나의 장벽이 되기도 한다. 즉, 문화적 다양성 문제는 경제 개발의 정도에 의해 서열화되는 것이다.

이러한 시각이 주류를 이루는 공간에서는 다문화사회로의 변화 과정에서 생기는 현상을 '우리'의 일로서 해결해 가는 것이 아니라 '그들'의 문제로서 도움을 베푸는 태도를 취하려 한다. 또한 최대한 그들이 우리와 비슷해지거나 같아지도록 하는 것을 최상의 목표로 생각한다. 그러나 이는 어디까지나 가부장적이고 온정적인 태도에서 기인한 것이며, 소수가 다수의 문화에 적응하는 한쪽 방향만을 강조하는 것이다. 이러한 수준에 머물러 있으면서 이에 대한 비판적 시각이나 대안을 갖지 못하는 사회복지실천은 자칫 대상자의 권한이나 잠재력을 무시하고 그들의 욕구보다는 주류 집단의 가치관을 반영하여 서비스를 제공할 가능성이 크다.

실제로 다문화 서비스를 담당하는 실무자들을 대상으로 한 조사에 의하면, 이들은 일본을 제외한 중국과 동남아시아 출신 결혼이민자를 한국인과 다른 부정적 특성으로 규정하고 정책이나 서비스에 대해 동화 지향적 태도를 보인다는 점에서, 그리고 이주민 증가에 대해 기본적으로 우려의 시각을 보이고 있다는 점에서 일반 시민이나 지역주민의 지배적 의식과 별다른 차이를 보이지 않는 것으로 나타나고 있다(김이선, 황정미, 이진영, 2007: 118). 이러한 사고를 가지고 있는 서비스 제공자에게 클라이언트의 입장에서 옹호하고 권리를 주장할 수 있도록 돕는 노력이나 지역사회의 인식 변화를 위한 노력을 기대하기는 어렵다. 이는 이들을 진정한 다문화 사회복지실천 전문가라고 지칭할 수 없다는 것을 의미한다.

(3) 강점을 인정하고 조화를 모색하는 관점

여기서는 문화적 다양성을 우리 사회가 성숙해 가는 변화 과정으로 받아들이고 더불어 조화롭게 살아가는 방안을 모색한다. 이러한 입장에서는 다문화사회로의 변화 흐름을 도외시하거나 억제하기보다는 우리 사회 발전의 원동력으로 삼자고 주장한다. Greeley(2006: 5)는 다양한 문화적 요소가 사회적 자산이 되기 위해서는 인종과 문화적 배경이 다른 이들 모두가 우리와 마찬가지로 그들의 독특한 언어를 가지고 있으며, 종교, 생활방식, 음식, 역사를 가지고 있다는 당연한 사실을 인정해야 한다고 하였다.[1)] 이런 인식을 가지고 있는 사회복지사는 외국인이 한국으로 이주하는 것이 모국에서의 과거를 포기하거나 이와 단절하는 것이 아니라, 새로운 삶을 시작하는 확대된 선택이라고 의미를 부여한다. 따라서 그들을 한국 사회에 일방적으로 동화시키는 것에 가치를 두지 않으며, 각각의 고유 문화를 인정하고, 이것이 발전적으로 통합될 수 있도록 개방된 자세를 취한다. 이는 곧 사회복지실천의 강점관점에 해당된다고 할 수 있다.

1) 상호 문화철학을 연구하고 있는 최현덕은 '다문화'라는 용어 대신 '상호 문화'라는 용어를 소개하고 있다. 다문화라는 용어는 어떤 방향이 없이 그냥 다양한 문화가 존재한다는 현상을 기술할 뿐이지만 상호 문화는 이를 넘어서서 이들 간의 관계를 내포한 개념이라는 것이다(경향신문, 2008. 1. 29. 기사 "고립의 다문화 넘어 함께 가는 상호 문화로" 중에서). 이 책에서는 현재 우리 사회에서 쓰이고 있는 개념을 독자들과 공유하기 위하여 그대로 '다문화' 라는 개념을 사용한다. 그러나 앞으로 '다문화'의 개념이 '상호 문화'의 방향으로 나아가야 한다는 데는 동의한다.

문화적 요인을 제대로 이해할 때 그 인식은 평등과 정의의 문제로 연결된다. 불공정은 자원과 정책적 영향력에 대한 접근성의 차이에서 기인한 것이며, 그 근원은 이질적인 용모, 가치, 자원에 의한 배타성에서 기인하는 것으로 본다. 그런 사회적 배제는 지역사회 구성원의 신념을 왜곡하고 개인의 존엄성을 훼손하는 파괴적 결과를 가져온다. 또한 다문화인은 이러한 갈등과 차별 속에서도 자신의 문화와 주류 문화를 통합함으로써 인간의 존엄성과 생존을 유지하고자 애쓰는 존재로 인식된다(McCrea, 2006: 209).

이와 같은 맥락에서 일하는 사회복지사는 시대적·사회적 어려움에 당면한 이주민이 인간으로서의 삶을 유지하고 그들의 가치가 존중받을 수 있도록 노력함으로써 인간의 존엄성이라는 사회복지의 기본 가치를 실현한다. 더 나아가 이주민이 처한 부당한 현실을 대변하고 이들이 마땅히 가져야 할 권리를 옹호함으로써 궁극적으로 자립·자조할 수 있도록 하는 임파워먼트 접근을 실천한다.

이러한 관점과 실천은 국제적 상호 의존이 증가하는 시대에 필요한 사회복지사의 자세라고 할 수 있다. 다문화 사회복지실천은 한 국가에 국한된 갇힌 사고를 넘어서 전 지구적 지역사회의 개념 위에서 사회복지사의 역할을 모색할 것을 요구하고 있다.

2) 다문화 사회복지실천 이슈들과 그에 대한 관점

세계의 모든 민족은 자신의 언어, 종교, 가족 유형, 정치 스타일, 요리, 대화방식, 관심사 등에 대해 동등한 권리를 가지고 있다. 그러나 이들이 자신의 고향을 떠나 다른 국가, 다른 사회에 수용되기까지의 과정에서는 이런 요소가 걸림돌로 작용하기도 한다. 그중에서도 가장 두드러진 장애물로 나타나는 것이 피부색으로 구분되는 인종, 언어, 종교라고 한다. 물론 그 사회에 적응하고 성공하기 위해서 어느 정도의 동화는 필요하다. 그러나 그것이 완전한 탈바꿈을 의미하는 것이 되어서는 안 된다(Greeley, 2006: 5). 따라서 문화적 다양성과 관련된 실천 현장에 있는 사회복지사는 이들 요소에 대한 자신의 태도와 관점을 정립하고, 민감성을 갖고 접근해야 한다.

(1) 인종적 다양성

한국 사회를 구성하고 있는 대다수의 한국인은 우리가 한민족이고 한 핏줄이라는 것을 강조할 뿐 아니라 자랑으로 인식하는 교육을 받고 자랐다. 그런데 어느 날 갑자기 한국인이 한 핏줄이라는 순혈주의가 사실은 허구이며, 이런 것을 강조하는 것이 UN의 시정 권고를 받아야 할 만큼 인권을 침해하는 행위였다는 사실을 받아들여야 하는 상황에 놓이게 되었다.

몇 년 전 국가인권위원회의 시정 권고안이 나오기 전까지 한국 사회에서 '살색'은 특정 인종을 표현하는 색상이라는 인식 없이 통용되던 개념이었던 것을 보더라도 그동안 한국 사회가 얼마나 인종적으로 단일한 사고에 익숙하였는지를 알 수 있다. 그러나 이러한 판결 이후에도 그동안 '살색'을 써 온 세대에게는 '살구색'보다는 '살색'이라는 단어가 더 익숙한 듯하다. 이렇듯 일반적인 한국인이 인종적 다양성과 관련된 새로운 개념이나 가치 기준을 받아들이기는 쉽지 않을 것임을 짐작할 수 있다.

다음은 인종, 피부색과 관련하여 우리 사회가 얼마나 둔감하고 무신경한지를 돌아보게 하는 소설가 홍형진의 칼럼이다.

한국 프로야구 중계의 인종주의

"도미니카 안 가봤죠? 산토도밍고 빼고는 가로등도 없습니다. 그리고 흑인이 많지 않습니까? 그러면 밤에는 밝은 옷을 입지 않으면 자동차를 몰고 가다가 구분이 잘 안 돼요. (중략) 더 재미있는 거 얘기해 줄까요? 포니 택시 같은 데 몇 명씩 타는 줄 아십니까? 보통 다섯 명 타잖아요? 열 몇 명씩 막 탑니다. 그냥 그 난간 잡고 가다가 아무 데나 내려 주고 또 가고……."

어제(7월 24일) 치러진 프로야구경기의 해설에서 나온 발언이다. 특정 국가의 빈곤한 실상과 피부색을 두고 농담(이라고 주장되는 무언가)을 하며 해설가와 캐스터가 함께 한참을 웃었다. 그런 발언이 누군가에게 상처를 줄 수 있다는 데 대한 자각은 조금도 없었다. 어제 경기의 해설가뿐만이 아니다. 국민해설가 반열의 누군가도 비슷한 발언을 종종 한다. "얼굴이 새까매서 표정을 읽기가 어려워요." "히스패닉이라서 시끄럽고 다혈질이에요." "멕시칸이다 보니 성급해요." "저 선수는 멕시칸임에도 침착하네요." 등등.

물론 누군가는 항변할 것이다. 그들에게 차별이나 조롱의 의도는 전혀 없는데 괜히 긁어 부스럼 만드는 거 아니냐고. 하지만 이는 아주 중요한 대목을 간과한 반론이다. 왜냐하면 폭력이냐 아니냐는 가해자가 아니라 피해자의 입장에서 판별되니까. 언어폭력 또한 마찬가지다. 발화자에게 악의적인 의도가 없을지라도 수화자가 그렇게 받아들인다면 그건 엄연한 폭력이다.

결국 따져 보아야 할 건 공개적으로 행한 그 발언이 누군가를 해칠 가능성이 있느냐는 대목이다. '이 발언이 인종차별 혹은 빈곤한 국가를 향한 조롱입니까, 아닙니까?'의 관점에서 접근하면 외려 본질에서 벗어나게 된다. 무엇보다 최우선적으로 문제시해야 할 건 그런 식의 발언 자체다. 공개적인 자리에서 웃으며 그런 주제의 이야기를 나누는 행태가 잘못되었다는 의미다.

단언컨대 위 해설가들의 발언이 미국 같은 사회에서 나왔다면 파장이 굉장히 클게 자명하다. 공개 사과와 방송국으로부터의 징계는 당연한 것이고 어쩌면 영구 퇴출될 수도 있다. 그들은 이런 사안에 대해서는 조금도 관용이나 자비를 베풀지 않는다. 결코 건드려서는 안 될 최소한의 마지노선이라는 데 대한 사회적 합의가 존재하는 것이다. 특히나 공개적인 영역에서는.

허나 우리 해설가들은 별 문제의식 없이 그 경계를 넘나든다. 캐스터와 함께 유쾌하게 웃으며 그저 가벼운 농담으로만 여긴다. 언론 또한 문제점을 지적하며 공론화하지 않는다. 일부 누리꾼 등이 의견을 개진하지만 그들만의 이야기로 머문다. 때론 한국과 미국 등은 환경이 다르다며 비판의 목소리를 아예 비웃기도 한다. '한국 땅에 사는 사람은 대부분 한국인이고, 또 한국말만 쓰는데 뭐 어때? 우리끼리잖아.' 라는 식이다. 그러나 인종과 국가를 넘어선 서로에 대한 존중은 특정 사회의 미덕이 아니라 인류 보편의 가치로 자리 잡은 지 오래다. 우리가 사는 시대는 이미 그 단계에 접어들었다.

이젠 자각해야 할 때가 아닐까. 매일 약 3백만 명이 시청하는 프로야구 중계다. 그 직무가 갖는 사회적 책무는 단지 경기를 시청자에게 재미나게 전달하는 데 머물지 않는다. 거대자본주의 사회의 프로 스포츠는 단순한 공놀이나 엔터테인먼트 이상의 의미를 갖기 때문이다. 그것이 운영되고 향유되는 양상 곳곳에 그 사회의 현재가 오롯이 녹아 있으며 이는 미래 세대에까지 영향을 끼친다. '어린이에게 꿈과 희망을!'을 슬로건으로 내건 이상 그에 준하는 의식을 정착하려는 노력 또한 그들의 의무다.

나는 해설가 개인을 두고 인종차별주의자라며 매도할 생각은 없다. 아니, 어쩌면 그건 꽤나 잔혹한 마녀사냥일 수도 있다고 본다. 왜냐하면 지금 우리 사회의 문화가 그러하니까. 비판받고 쇄신되어야 할 대상은 그들 개인의 의식 이전에 그런 의식을 잉태하게 한 우리 모두의 문화다. (해설가들의 실명을 굳이 언급하지 않은 건 그런 이유에서다.)

'우리가 존중받길 바라는 만큼 그들을 존중하고 있는가?'라는 본질적인 질문을 던질 시점으로 보인다.

외국인 선수와 용병 사이

이야기를 좀 더 확대한다면, 이제 '용병(傭兵)'이라는 시대착오적 표현을 진지하게 재고해 보는 게 어떨까 싶다. 그건 명백히 선을 긋는 행위다. 우리 사회의 일원이 아닌 이방인, 돈으로 마음껏 부릴 수 있는 선수로 규정하는 것이니까. 여러 정관 등에 엄연히 '외국인 선수'라고 명시되어 있지만 우린 이들을 '용병'이라고 고쳐 부른다. 중계방송, 중앙일간지 칼럼 등에도 버젓이 사용되고, 나름 공부 좀 하고 의식 좀 있다는 식자층의 대화에도 널리 통용된다.

한데 그런 우리가 해외에서 활약하는 한국 선수가 조금이라도 푸대접받는 것 같으면 얼굴색을 달리한다. 실력에 비해 출장 기회가 적다 싶으면 한 목소리로 감독의 안목을 성토하고, 조금이라도 차별을 받는다 싶으면 관련자의 SNS를 초토화시켜

버린다. 유명 선수들의 이런저런 립 서비스에 일희일비하며 해외 반응을 실시간으로 번역해 퍼뜨리는 사람이 수두룩할 만큼 우린 거의 병적으로 그들에게 인정받길 바란다.

똑같은 현상을 두고 이중 잣대를 들이대는 두 얼굴의 우리 모습이다. 해외에 진출한 우리 선수는 그 사회의 일원으로 대우받길 바라면서, 국내 리그를 찾은 해외 선수는 뜨내기로 여기고 소모품 취급한다. 물론 내국인과 외국인의 구분이 없이 운영되는 그곳과 자국 선수 보호에 대한 공감대가 형성된 이곳의 운영 방식엔 분명 차이가 있다. 그러나 그 차이가 '용병'이라는 인간소외적 용어에 대한 변명이 될 순 없다. 리그 운영을 위해 신분을 규정하는 '외국인 선수'와 나와 너를 철저히 갈라놓는 '용병'은 궤를 달리하는 것이다. 완전히.

그 용어를 퇴출하려는 움직임이 이젠 시작되어야 하지 않을까 싶다. '자각'이라는 형태로 말이다.

출처: 허핑턴포스트 코리아(http://www.huffingtonpost.kr).

사실 우리 사회가 다문화사회가 되어 가고 있다는, 아니 이미 다문화사회라는 외침에도 대부분의 한국인은 여전히 이주외국인과 접하거나 상호작용할 기회가 많지 않은 것이 사실이다. 따라서 이주외국인에 대한 우리의 관념은 실제 경험에 의한 것이라기보다는 대중매체나 사회적 관점에 의해 투영된 '상상 속의 이미지'인 경우가 많다. 이런 상황에서 사회복지사만이 예외적인 인식과 가치를 가졌다고 할 수는 없다. 그러므로 이 시대의 사회복지사들에게는 의식적으로 이와 관련된 개념을 이해하고 이슈를 점검하며, 다양한 경험을 통해 자신의 관점을 정립해 가야 할 의무가 있다.

또한 인종은 흔히 문화와 관련되지만 거기에는 경제적 측면과 사회구조적 측면이 작용하고 있다는 사실도 기억해야 한다. Martiniello는 "민족적이고 문화적인 것처럼 보이는 갈등 뒤에는 흔히 경제적인 문제 또는 경제적인 이유가 숨어 있으며, 특히 다문화사회에서 발생하는 다양한 문화적 갈등은 사회경제적 갈등과 불평등의 원인이 된다기보다는 오히려 그 결과"(최병두, 2008: 6에서 재인용)라고 하였다. Proctor와 Davis(1996: 111)는 사회복지사가 가진 인종에 따른 불평등한 인식을 전환하는 부담을 클라이언트에게 지워서는 안 된다고 하였다. 즉, 이에 대한 비판과 문제의식은 클라이언트를 만나기 전에 사회복지사가 기본적으로 갖추어야 할 인식이라는 것이다.

또한 다양성이 반드시 다름만을 의미하는 것은 아니라는 점도 기억해야 한다. 다양성은 차이뿐만 아니라 유사성도 공존하는 개념이다. 따라서 다양성에 대한 접근에는 여러 유형의 개인과 집단을 아우르는 유사성을 확인하는 것과 서로 다른 차이점을 존중하는 것이 모두 필요하다. 이러한 유사성과 독특성이 통합될 때 그 사회에 긍정적인 영향을 미칠 수 있다(Lum, 2004: 5-6). 따라서 사회복지사는 다문화 사회복지실천 현장에서 인종에 관계없이 인류가 공유하는 공통분모로서 인권에 대한 의식과 사회복지사와 클라이언트의 배경이 되는 문화적 유사성 등에 관심을 가질 필요가 있다. 동시에 상대의 독특성과 자신과 상대방의 차이점을 민감하게 파악하고, 이를 존중하는 가운데 이런 요인이 그들이 살아가는 공간에서 조화롭게 작용할 수 있도록 돕는 자세가 요구된다.

(2) 언어적 다양성

우리 사회에서 문화적 다양성 이슈가 생소한 것처럼 언어적 다양성 역시 생소한 이슈다. 아니, 보다 더 생소한 이슈라고 하는 것이 정확한 표현일 것이다. 단일민족을 강조할 수 있었던 배경에는 한국어라는 단일 언어를 사용하는 상황이 반영되어 있었다. 따라서 다양한 언어가 공존하는 다른 국가나 사회에 비해 한국 사회에서 다른 언어를 사용한다는 것은 사회적 배제를 가져올 가능성이 그만큼 높다고 할 수 있다.

언어는 서로를 이해하고 의미를 나누며, 지역사회와 문화를 구성하는 중요한 요소다. 또한 언어를 통해 세대 간의 지혜와 문화가 전수된다. 이런 측면에서 언어는 언어 그 자체만이 아니라 관계를 구성하는 중요한 요소가 된다. 그러나 바로 그 언어가 소통되지 못할 때 이는 갈등의 한 요소가 되기도 한다. 즉, 언어를 통해 유대가 증진되고 응집력이 증가할 수도 있지만, 역으로 차별과 배제 또는 긴장이 유발되기도 한다. 같은 언어를 사용하지 못하면 이방인이 되기 쉽다는 것이다. 이는 가족에서나 사회에서나 마찬가지다(Piedra, 2006: 67-68).[2)]

따라서 한국에 유입된 외국인이 제일 먼저 배우고 싶어 하는 것이 바로 한국어다. 이는 같은 한국어를 사용하면서도 억양이나 자주 사용하는 용어에서 차이를 보이는 북한이탈주민이나 중국 조선족 등의 경우도 마찬가지다. 역으로 한국인이 외국에 나가서 살아야 하는 경우에도 역시 가장 먼저 배우고 싶은 것이 그들의 언어일 것이다. 왜냐하면 그 사회에서 사용하는 언어에 능통하지 못한 사람에게는 의사소통이 필요해지는 순간이 두려움과 불안의 순간이 되기 때문이다. 아무리 높은 학식을 갖추고 지혜로운 생각을 할 수 있는 사람이라 해도 자신의 언어를 이해하지 못하는 사람들 사이에서는 말이 어눌해지며, 쉽게 익힐 수 있는 단순하고 기초적인 용어만을 사용하여 의사소통을 하게 된다. 복잡한 생각도 단순한 언어로 표현되고, 원래 하려던 말이 있어도 표현할 수 있는 다른 언어로 대체되어 원래 전달하고자 하였던 의미가 변형되기도 한다. 이렇듯 말이 어눌해지면 행동도 자연스럽게 그에 맞게 나타나기 쉽다. 그러면 그 사람 주변에 있는 사람들은 겉으로 드러나는 그의 언행에 따라서 그를 '조금 부족한 사람'으로 판단하기 쉽다. 즉, 언어가 상통하지 않는다는 것은 상대를 충분히 알 수 있는 기제가 차단된다는 것을 의미한다. 따라서 언어가 충분히 통하지 않는 상태에서 보이는 모습에 의해 그를 판단하는 것은 단편적이 되기 쉽다는 것을 염두에 두어야 한다.

이런 측면에서 다문화 환경에서 실천해야 하는 사회복지사에게 언어는 중요

2) 그런 측면에서 정부 차원에서 개설, 운영하는 다누리(http://www.liveinkorea.kr)는 다양한 언어 사용자를 고려한 다문화가족지원포털이다. 이를 이용하면 한국어와 영어 외에도 중국어, 일본어, 몽골어, 베트남어, 필리핀에서 사용하는 타갈로그어 등 10개국 언어로 한국 생활에 필요한 다양한 정보를 제공받을 수 있으며, 해당 언어로 1:1 상담도 가능하다.

한 수단이자 장벽일 수 있다. 다행히 어떤 특정 언어를 사용하는 클라이언트와 일을 해야 하는 경우라면 꾸준히 그 언어를 익혀 가면 될 것이다. 그러나 만약 다양한 언어를 사용하는 클라이언트를 만나고 그들과 일해야 하는 사회복지사라면 지속적으로 어려움을 겪을 수밖에 없다. 물론 사회복지사가 상대하는 대상이 사용하는 언어를 자유자재로 구사할 수 있다면 좋겠지만, 그것은 기대하기 어려운 것이 현실이다.

이때 사회복지사가 유의해야 하는 사실은 언어적 소수자는 자신을 충분히 표현하고 옹호하는 데 어려움을 겪을 가능성이 높다는 것이다. 사회복지사 자신의 의도나 메시지가 잘못 전달될 수 있는 가능성이 있다는 사실도 염두에 두어야 한다. 따라서 다문화 사회복지실천 현장의 사회복지사에게는 의사소통 과정에서 민감성과 더불어 언어적 소수자에 대한 태도를 점검해야 한다.

흔히 언어적 소수자의 이슈를 떠올리면 어떻게 이들이 주류 사회의 언어를 배워서 그 사회에 적응하도록 할 것인가에 초점을 맞추기 쉽다. 현재 한국 사회도 여성 결혼이민자와 외국인 근로자 등 외국인 거주자를 위한 한국어 교육에 골몰하고 있다. 그러나 이주민에게 한글교육이나 한국어 교육을 실시하는 것 못지않게 이중 언어의 강점을 인정하고 지원하는 노력 또한 중요하다. 다문화 경험이 많은 선진국의 경우 소수인종의 언어를 적극 보호하고 교육하는 정책을 펴는 곳도 있다. 대표적인 다문화국가인 캐나다의 경우 동화정책이나 동화교육만으로는 조화로운 사회에 도달할 수 없다는 주장이 제기되면서, 소수인종의 문화를 존중하고 그들의 것을 살려 주는 것이 그 사회를 진정 풍요롭게 할 수 있다는 견해가 우위를 점하게 되었다고 한다. 즉, 소수인종이 자신의 문화에 자긍심을 갖고 그 사회에 동참하도록 하고 있는 것이다. '캐나다적'이라고 하면 곧 다문화성, 다양성을 추구하고 있다고 할 수 있다. 10여 년 전만 해도 한국 사회에서는 이런 주장이 다소 낯설게 느껴졌던 것이 사실이다. 그러나 다문화가정의 2세가 이중 언어를 사용할 경우 부모 모두와 소통을 더 잘할 수 있고 정체성의 혼란도 감소한다는 제언이 계속 나오면서(예: 경향신문, 2008. 1. 14.) 최근에는 다문화 아동의 이중언어 말하기 대회가 열릴 정도로(예: 2014년 7월에 대구대학교 다문화사회정책연구소에서 경상북도교육청 주최로 '다문화 학생 이중언어 말하기 대회'를 개최함) 이에 대한 인식이 변화되어 왔다. 실제 조사 결과에서도 여성 결혼이민자인 어머니의 한국어 구사가 원활하고 자녀가 어머니 나라의 문화와 언어에 보다 많이 노출되었을 때, 어머니의 양육 참여가 적극적이고 아동의 발달에도 긍정적인 영향을 미치는 것으로 보고되고 있다(박현선 외, 2012)

더불어 언어적 소수자가 소외되기 쉬운 공공정책 및 사회제도를 점검하고 이를 활용할 수 있는 방안을 모색하는 작업이 필요하다. 즉, 사회복지사의 초점은 우리 사회의 구조, 즉 정부와 사회가 언어적 소수자의 욕구에 얼마나 부응하고 있는지를 파악하는 것이다. 특히, 우리 사회가 이들이 익히고자 하는 언어에 익숙해질 때까지 그 사이에 존재하는 욕구에 얼마나 반응하고 있는지에 관심을 가지고 이를 사정해야 한다. Piedra(2006: 74-76)는 이러한 접근을 '능력 접근(capabilities approach)'이라고 칭하고, 사회복지사는 이들의 복잡한 욕구를 이해하고 기관 내외의 자원을 조정 · 활용하여 다룰 수 있어야 한다고 강조하였다.

(3) 종교적 다양성

한국은 종교의 자유가 있는 나라이고, 실제로 다양한 종교가 공존하고 있다. 한국인 중 종교인은 55.1%, 비종교인은 44.9%로 나타나고 있으며, 전체 인구 중 기독교를 종교로 가지고 있는 비율이 가장 높은 22.5%를 차지하였고, 다음으로는 불교 22.1%, 천주교 10.1%, 기타 종교 0.5% 순이다(2012년 글로벌리서치 조사 '한국인의 종교생활과 의식조사' 결과 중). 한국인의 다수 종교에 해당하는 불교나 기독교에 속하지 않는 기타 종교, 즉 이슬람교나 힌두교와 같은 외래 종교는 대부분의 한국인에게 생소한 것이 사실이다.

종교는 신념체계를 구성하는 중요한 요소다. 따라서 많은 이주민이 그 사회에 경제적 · 정치적 · 사회적으로 적응하고자 노력하는 데에 비해, 종교나 종교의식은 포기하는 경우가 드물다고 한다. 그만큼 종교는 하나의 전통과 신념으로서 삶의 의미를 형성하고 또 영향을 미치는 요소다. 종교는 생활방식, 대인관계, 교육, 경제 생활, 건강과 질병에 대한 대응 등 삶의 전반에 영향을 미친다. 따라서 이 부분을 이해하고 포용하지 못한다면, 그들에게 적절한 서비스를 제공하는 데 어려움이 따를 수밖에 없다. 특히 한국에서는 많은 이민자나 외국인 근로자가 종교 단체를 통해 제도적 서비스의 부재에 따른 문제를 해결해 오고 있는 실정이므로, 이들의 종교와 상이한 기관에서 서비스를 제공할 때에는 그들의 영성적 · 종교적 측면을 어떻게 다루고 있는지 관심을 기울여야 한다. 또한 서비스 제공자로서 사회복지사는 자신의 종교적 관점과 포용성을 점검해야 하며, 나와 다른 종교를 가지고 있는 대상의 세계관이나 입장을 존중할 수 있는 자세를 갖고자 노력하는 것이 필요하다.

Lippy(2006: 100-103)는 다양한 종교가 공존하는 사회에서 종교와 관련하여 사회복지사가 취해야 할 태도를 새로운 다원주의 관점에서 제시하고 있다. 우선, 자기 문화에 익숙한 종교에만 국한하지 말고 외연을 확장해야 한다고 주장한다. 다른 종교를 자기 영역 안으로 포용할 때, 종교적 다원주의의 경계를 넓혀 갈 수 있다는 것이다. 상대의 종교를 인정하고 그와 관련된 세계관을 이해하는 것도 중요하지만, 여기서 더 나아가 그들이 가지고 있는 종교를 클라이언트의 영성 자원으로 보고 이를 강점으로 활용하는 것 또한 필요하다. 이를 위하여 자신의 종교와 다른 종교를 가진 이들을 '종교적'으로 인식하기보다 '영성적'으로 인식하는 것이 보다 적절한 태도라고 할 수 있다.

Lum(2004: 75)은 보다 통합적이고 문화적으로 적절한 서비스를 제공하기 위해서는 영성과 종교를 전문적 기술로 통합할 수 있는 능력이 필요하다고 하였다. 민족과 종교 간 연관성에 대해 인식하고, 이와 관련된 그들의 자부심과 전통을 존중하는 태도를 가져야 한다는 것이다. 이것은 타인의 인권을 존중하기 위한 기본 태도이기 때문이다.

3) 사회복지실천의 패러다임 전환

앞에서 언급한 바와 같이 다문화 사회복지실천은 어떤 영역이나 기술이기 이전에 관점이자 태도 차원에서 논의되어야 한다. 따라서 사회복지실천을 구성하는 각 요소에서도 패러다임의 전환이 요구된다. 이를 사회복지실천의 기본 구성요소인 가치, 이론, 기술의 측면에서 정리하면 다음과 같다.

(1) 가치

많은 한국인은 외국에 거주하는 한국인과 그 후손들이 한국 사람으로서의 정체성을 유지하고 한국어를 사용하기를 기대하면서도, 한국에 거주하는 외국인과 그 후손에게는 그들 고유의 정체성이나 전통을 유지하기보다는 한국에 동화되길 기대하곤 한다. 이러한 통념은 오랜 시간 동안 단일민족이라는 자부심과 순혈주의를 강조해 온 역사에서 기인한 것이다. 그러나 이와 같이 우리 문화에 대한 절대적 가치 부여는 일제의 침략과 그 이후 한국전쟁, 남북분단, 개발시대를 거쳐 오면서 이에 대응하고 생존하기 위한 방편으로는 기능적이었을지 몰라도, 외국인 거주민이 160만 명을 상회하는 현 시대에 절대적으로 적합한 가치나 이념은 아니다.

노벨경제학상을 받은 Amartya Kumar Sen은 여러 다른 문화를 인정하면서 동시에 자기 문화를 누릴 권리도 인정할 수 있어야 한다고 하였다. 또한 "다른 문화적 소속성에 대한 인정이나 거부를 결정할 권리를 각자 가져야 하고, 그 권리 하에서만 다문화적 원리가 통용될 수 있는 것이다. 따라서 우리의 삶을 구성하는 개인적 · 사회적 · 정신적 · 물질적 · 문화적 정체성과 같은 모든 정체성은 존중되어야 한다."(문광훈, 2007: 149)라고 하였다.

이런 맥락에서 사회적 소수자에게 다수의 문화를 받아들이고 그에 적응할 것인지를 결정할 수 있는 권리가 있다는 것을 잊지 말아야 한다. 즉, 나의 정체성이 중요하듯이 다른 사람의 정체성 또한 중요하며, 자신의 정체성이 존중받아야 하듯이 타인의 정체성 역시 존중받는 사회가 다문화적 원리가 통하는 사회라고 할 수 있다. 이 원리는 사회복지에서도 그대로 적용될 수 있다.

이렇듯 문화를 절대적인 기준으로 판단하는 태도는 문화적 상대주의로 전환되어야 하며, 단일민족으로서의 자긍심은 열린 사회의 성숙함으로 발전되어야 한다. 다문화 · 다인종의 맥락에 존재하는 사람의 경우 다인종 · 다문화적 의식을 갖는 것이 정체성 형성에 이롭다는 견해가 허용되어야 한다. 예를 들어, 혼혈인 경우, 부모 양쪽의 삶과 역사를 포괄함으로써 더 많은 힘을 얻게 될 것이다.

그러나 여기서 더 나아가 이런 혼합적 정체성이 그들이 속한 주류 사회에서 상대적으로 소수를 차지하는 인종의 정체성 상실로 이어질 수 있다는 연구 결과도 있다. 예를 들어, 미국에서 흑인 지도자들은 이런 혼합된 정체성은 흑인으로서의 정체성을 흐리게 하고, 그들의 수적인 힘과 재능으로 흑인 지역사회에 기여할 기회를 상실하게 만들 수 있다는 것이다(Wood, 1994; Wright, 1994). Fong, Spicard, Ewalt(1999: 24-25)는 이러한 논란을 개인적 가치와 공동체 가치의 충돌이라고 보았다. 이들은 다인종에 대한 인식이 그들이 속한 인종적 정체성을 훼손시키지는 않으며, 오히려 그 문화를 더 풍부하게 발전시키는 원동력이 될 수 있다고 보았다. 단, 이를 위해서는 그만큼 개인뿐 아니라 그들이 속한 사회 전체가 다양한 인종과 문화가 가지고 있는 강점과 자원을 인정하고 서로를 존중하는 자세가 요구된다는 것이다.

이렇듯 시대 변화에 따른 새로운 가치 논쟁에도 불구하고 사회복지실천의 기본 가치라고 할 수 있는 인간의 존엄성, 개별화, 평등, 자기결정권 존중 등은 대상자의 문화적 · 인종적 배경을 불문하고 유지되어야 하는 요소들이다.

(2) 이론

최근 한국에서도 사회복지실천의 강조점이 임상 모델 중심의 접근에서 강점 중심의 접근으로 이동해 왔다고 할 수 있지만, 여전히 여러 영역에서 개인의 심리적 문제나 적응의 문제에 초점을 두는 접근은 유용하게 활용되고 있다. 그러나 대상자의 문제를 개인적 · 심리적 문제나 질병에서 찾고 이를 '치료'하는 전문가의 실천은 다문화 사회복지실천에 폭넓게 적용되기에는 한계가 있다. 그보다는 어려운 상황을 극복하기 위하여 새로운 희망을 찾아 삶의 도전을 선택한 이주민을 돕는 데에는 일차적으로 강점 중심의 접근이 더 적합하다. 예를 들어, 그들의 강점과 자원에 초점을 두고 인간으로서 누려야 할 마땅한 권리와 권한을 강화하며 자조 능력을 최대화하는 '임파워먼트(empowerment) 접근', 여러 어려움과 역경 속에서도 개인, 가족, 지역사회의 잠재력과 적응력을 활용하여 균형을 유지하면서 한 단계 더 나은 삶을 지향해 가도록 돕는 '탄력성(resilience) 접근', 그리고 소수민족 집단에 속한 사람의 경우 권한 부족과 사회적 차별에 의해 자기개념이 영향을 받을 수 있음을 인정하고 이러한 이슈들을 실천 개입과정에 포함시켜서 새로운 이야기를 창조하도록 함으로써 자존감 향상과 임파워먼트를 도모하는 '구성주의(constructivism) 접근' 등이 여기에 해당될 수 있다. 즉, 다문화 사회복지실천 이론의 패러다임은 병리적 접근에서 강점 중심 접근으로, 절대적인 기준에 의거한 이론에서 주관적이고 상대적인 기준에 의거한 이론으로 전환되어야 한다. 이론에 대한 부분은 다음 장에서 좀 더 상세하게 다룰 것이다.

그런 면에서 기존의 가족 및 가족치료 이론도 다문화 사회복지실천의 맥락에서 재해석이 요구된다. 가족의 구조와 사고 및 의사소통 방식은 문화적 배경에 따라 다양하게 나타난다. 따라서 가족치료에도 문화에 따라서 공통점과 차이점이 존재한다(Ho, 1987). Lum(2004: 9)은 이러한 문화적 차이를 고려한 가족 이론을 '문화적으로 민감한 가족 이론(culturally sensitive family theories)'이라고 칭하고, 여기에서는 간접적 의사소통, 문제해결과정에서 자기 언어의 사용, 가족 구성원의 역할, 계층적 가족 구조, 조화로운 삶, 불안과 침묵, 생심리사회적(bio-psychosocial) 증상론 등을 인식할 때 문화적 요소를 고려한다고 하였다.

한편 Fong 등(1999)은 좀 다른 차원에서 새로운 이론의 도입을 논하고 있다. 그들은 계급의 문제가 사회학적인 것으로 이해되어 온 반면, 인종은 그동안 생물학적인 차원으로 이해되어 왔지만, 최근 연구를 통해 인종이 생물학적인 요소 그 이상임이 밝혀졌다고 하였다. 즉, 인종은 외형적으로는 신체적 표식을 활용하지만, 거기에는 사회적이고 정치적인 구조가 결합되어 있다는 것이다. 인종을 인간 행동의 원인 요소로서가 아니라 사회적 결과물로 간주하는 이론이 타당하다면, 다문화 사회복지실천 현장에서 인종을 이해할 때 단순히 생물학적인 구분으로만 의미를 부여하는 것이 아니라 그와 관련된 사회경제적 영향을 파악하고 이를 고려할 수 있는 능력이 요구된다.

(3) 기술

우선 기술적으로 다문화 사회복지실천의 모든 과정에서 문화적 민감성을 유지하는 것이 중요하다. 문화적 민감성이란 문화적 이슈의 포함 여부와 이슈의 우선순위를 지각할 수 있는 능력으로서, 문화 및 인종에 대한 차별의 역사, 민족적 정체성, 문화공동체, 미시적 · 거시적 변화 등에 대한 이해와 더불어 각 실천 단계에 대한 지식을 요구한다. 이러한 민감성을 가지고 있는 사회복지사는 자신과 다른 민족적 · 문화적 배경을 가진 클라이언트와 일하는 과정에서 편안함을 느낀다. 그리고 이러한 편안함은 우선 자신의 감정, 인식, 태도에 미친 영향을 파악하고 이를 활용할 수 있을 때 가능한 것이다(Pinderhughes, 1989: 133). 따라서 미국 사회복지 교육에서도 1980년대 이후 이론 및 실천 모델의 기반이었던 유럽식 관점을 넘어서서 인종, 민족, 종교, 경제, 장애 등 폭넓은 다양성에 민감한 횡문화적 실천 접근을 교육하는 데 중점을 두고 있다고 한다. 이에 따라 개인의 문제를 이해할 때 사회적 맥락을 고려하는 경향이 강해졌으며, 특히 차별, 박탈, 인종주의와 같은 요소를 구조적 관점에서 고찰하고 효과적으로 접근하는 방법을 모색하게 되었다. 어떤 실천 전략이 클라이언트에게 긍정적 효과를 극대화할 수 있는지를 결정하기 위해서는 사회적 차별 세력, 클라이언트의 차별 경험, 그리고 사회복지사의 편견과 태도에 대한 자기관찰 간의 상호작용을 이해할 것이 요구된다(Alaggia & Marziali, 2003: 155). 즉, 다문화 사회복지실천에서는 문제의 원인을 개인에게서 찾고 이를 치료해 가는 기술보다는 미시와 거시를 아우르는 관점을 실천에 적용하는 기술을 요하는 것이다. 따라서 사회복지사는 인종 및 문화 등과 관련된 자기인식 기술을 필요로 한다.

특히 자료 수집 및 사정 단계에서 문화적 민감성은 중요하다. 이 단계에서 사회복지사는 클라이언트의 배경에 해당되는 모든 사항과 그의 정체성에 대한 인식을 이해하고자 노력해야 하는데, 이 과정에서 다문화적 환경 요소를 탐색해야 한다. 그리고 이런 요소가 어떻게 클라이언트의 현재와 미래를 형성하는지에 대해서 살펴야 한다(Fong et al., 1999). 이러한 민감성을 바탕으로 한 감정이입은 다문화 배경의 클라이언트와의 관계 형성 및 개입에 필수적이다. 또한 앞으로 한국 사회복지계에서는 우리 사회의 변화를 감안하여 일반적인 인적 사항을 수집할 때 더 신중하고 민감해질 필요가 있다. 즉, 단일민족이라는 범주를 재고하고 다인종, 다문화 상황을 감안해야 한다는 것이다. 물론 이것은 사정 단계에서뿐만 아니라 평가나 조사 등 실천 전반에서 유의해야 할 사항이다.

그 외에도 이질적인 문화를 배경으로 가진 사람과의 관계 형성 기술, 언어적 차이로 인해 소통이 어렵거나 통역의 도움을 받아야 하는 상황에서 일하는 기술 등 기존 상황에서 일반적으로 요구되지 않던 새로운 기술이 요구된다. 이에 대한 세부 사항은 이 책의 후반부에서 다시 논의할 것이다.

4. 다문화 사회복지실천의 가치와 윤리

사회복지의 철학적 기반 중 문화와 관련된 이데올로기로는 문화적 상대주의를 들 수 있다. 문화적 상대주의는 민족에 따라 또는 한 민족일지라도 시간과 공간에 따라 문화가 다르며, 이들 상이한 문화를 비교할 때 어느 쪽이 더 좋은가 또는 바람직한가를 논할 수 있는 객관적이고 보편타당한 기준은 없다는 것이다(김상균, 오정수, 유채영, 2002).

이러한 견해는 구성주의의 입장과도 맥을 같이한다. 구성주의에서는 사람이 인식하거나 생각하는 것이 사회적 · 문화적 · 역사적 요소의 영향을 받는 것이므로 자신의 현실에 대한 구성과 동떨어져서는 현실을 알 수 없다고 본다. 이는 현실이 하나의 객관적인 사실로서 존재하며, 이에 대해 개인 차이는 없다고 주장하는 경험적 긍정론자들이나 객관주의자들과 대조되는 입장이다. 구성주의에서는 다수의 진실과 현실이 있다고 보기 때문에 각각의 현실은 그 현실을 보는 자에 따라 구성된다고 본다. 즉, 같은 사건에 대해서도 사람에 따라 각기 다른 의미를 부여하기 때문에 그에 따른 반응도 다를 수밖에 없다는 것이다. 따라서 구성주의에 입각한 사회복지사는 클라이언트의 관점을 형성한 그의 문화적 구성 틀을 있는 그대로 이해하고, 이를 그와 같은 문화를 공유하는 사람들과의 관계성 속에서 파악하고자 노력할 것이다(배태순, 최명민, 김영미 역, 2007: 318-319).

이러한 맥락에서 존재하는 개념이 '다(multi)문화'다. 이는 여러 문화가 한 사회에 공존한다는 의미다. 그러나 실제로는 이 문화들이 동등하게 존재하는 것이 아니기 때문에 세력에 따라서 주류 문화와 소수문화가 생긴다. 주류 문화가 다른 문화를 흡수하기도 하고, 때로는 여러 문화 간에 상호작용이 결여된 채 서로 게토(ghetto)처럼 고립되어 존재할 수도 있다. 현재 우리 사회의 다문화정책 역시 주류가 소수를 보듬어 안는 선상에 존재한다고 평가되고 있다.

그러나 현대 사회복지실천에서 추구하는 것은 삶의 공간에 존재하는 다양성을 인정하고 존중하는 것이다. 어느 한쪽이 중심이 되어 다른 쪽을 주변화하는 '중심주의'를 경계한다는 입장이다. 그렇다면 우리가 지향하는 바는 '동등성'과 '대화'를 통해 '상호(inter) 문화'로 나아가는 것이어야 한다(경향신문, 2008. 1. 29.). 이러한 신념에 기초해 볼 때, 다문화 사회복지실천에서 가장 경계해야 할 것은 다수문화에 속한 사회복지사가 우월적이고 통제적인 입장에서 소수문화의 클라이언트에게 접근하는 것이라고 할 수 있다(Proctor & Davis, 1996: 99).

Maguire(배태순, 최명민, 김영미 역, 2007: 4-6, 27)는 현대 사회복지실천을 규정하는 여덟 가지 이슈와 경향 중 하나로 '다양성'을 들고 있다.[3] 각각의 문화, 종교, 인종, 성적 지향, 견해 등의 강점과 기여에 대한 인식이 사회복지의 주류가 되고 있다는 것이다. 또한 이렇게 사회에서 대접받지 못하는 다양한 인구 집단을 돕고 이들과 함께 일하는 전문직으로는 사회복지 전문직이 가장 근접한 것으로 알려져 있다고 하였다. 따라서 다양성의 이슈는 사회복지사가 클라이언트 사이에 존재하는 넓은 범위의 문화적 · 민족적 · 인종적 · 성적 취향 · 성별적 차이에 대해 알고 그에 대해 민감할 것을 요구한다. 사회복지사는 성공적인 결과를 달성하기 위해서 기본적인 틀에 충실할 뿐 아니라 클라이언트의 독특한 관점을 적절히 이해하고 그러한 독특한 배경적 특성을 원조과정에서 고려하여야 한다. 즉, 다양한 인구 집단의 풍부한 문화적 배경, 역사, 견해에 대한 이해와 민감성이 없다면 그 개입이 성공할 가능성은 그만큼 낮아진다는 것이다.

그렇다면 이와 같은 신념이 사회복지사 윤리강령에 구체적으로 어떻게 나타나 있는지를 살펴보도록 하자. 우선 국제사회복지사협회(International Federation of Social Work: IFSW)는 1994년에 협회의 윤리강령을 채택하면서 윤리 원칙에 관한 국제선언을 하였는데, 그 첫째 목적이 '문화적 · 사회적 현장에 적용될 수 있는 사회복지실천의 기본 원칙을 제시하는 것'이었다. 그리고 원칙 6에서 "사회복지사는 도움과 조언을 구하는 모든 사람에게 성별, 연령, 장애, 피부색, 사회 계층, 인종, 종교, 언어, 정치적 신념, 성적 취향에 관계없이 최선의 원조를 제공하여야 한다."라는 조항을 제시하여 어떤 차이로 인한 차별도 허용될 수 없음을 분명히 하고 있다. 또한 원칙 1의 "모든 인간은 독특한 가치를 가지며, 이는 인간에 대한 윤리적 고려를 정당화한다."라는 조항이나 원칙 7에서 "사회복지사는 UN 인권선언과 기타 국제헌장에서 표현된 개인과 집단의 기본 인권을 존중한다."라는 조항도 인종이나 문화에 따른 차이를 직접 언급하고 있지는 않지만 모든 인간의 개별성을 존중하고 인권에 의거해 접근해야 할 의무를 강조하고 있다. 물론 그 외에도 개인의 자기실현 권리, 사회정의의 원칙, 개인-사회 간 갈등 해결 등에

3) 여덟 가지에는 체계중심적 접근법, 전문적 실천 기술, 조사연구, 단기성, 다양성, 윤리와 가치, 역량강화와 강점관점, 체계적 관리보호가 포함된다.

대한 조항 역시 다문화 사회복지실천 속에서 고려해야 할 내용이다. 그러나 국제사회복지사협회의 윤리강령은 실제 각 국가들의 윤리강령에 비해서 다소 기본적이고 포괄적이다.

사회복지사 윤리강령을 가장 먼저 채택하고 발전시켜 온 전미사회복지사협회(National Association of Social Workers: NASW)의 윤리강령에는 문화와 관련된 요소가 보다 구체적으로 언급되어 있다. 우선 전문가로서의 윤리적 책임 중 '차별'에 관한 조항에서 '사회복지사는 인종, 국적, 피부색, 성별, 성적 취향, 연령, 결혼 여부, 정치적 신념, 종교, 장애 등에 기초한 어떠한 차별도 해서는 안 된다.'는 것을 표명하고 있다. 또한 전문가로서의 사회복지사 역량과 관련하여 문화적 유능성과 사회적 다양성을 별도의 조항(기준 1.05)으로 두고 있다. 다음은 이에 해당되는 조항들과 Reamer(2006: 39-43)가 각 조항의 함의로 제시한 내용을 정리한 것이다.

> 기준 1.05(a) 사회복지사는 인간행동과 사회에서 문화와 그 기능을 이해해야 하며, 모든 문화에 존재하는 강점을 인식해야 한다.

이 조항은 문화와 인종은 삶의 문제에 대처하고 상호작용하는 과정에도 영향을 미치지만 전문적 도움을 구하는 방식과 사회복지서비스를 계획하고 적용하는 과정에도 영향을 준다는 의식에서 비롯된 것이다. 따라서 사회복지사는 다양한 문화적 전통과 규범에 대한 친숙성을 높이고, 문화적 특수성을 고려하여 서비스를 제공하여야 하며, 사회복지서비스 전달체계나 프로그램이 문화적 민감성을 갖추고 있는지를 살펴야 한다. 특히 사회복지사는 각 문화적 집단의 긍정적이고 기능적인 대응방식, 전통, 관습 등을 이해해야 하며, 이것이 주류 문화와 다르다고 해서 문제가 있는 것으로 판단하지 않도록 유의해야 한다는 것이다.

> 기준 1.05(b) 사회복지사는 클라이언트의 문화에 대한 지식 기반을 갖추어야 하

고, 클라이언트의 문화에 민감하며, 다양한 사람 및 문화적 집단 간 차이에 민감한 서비스가 제공되도록 역량을 발휘해야 한다.

이 조항은 사회복지사가 문화적 역량을 갖추기 위해서는 문제 형성과 해결, 그리고 사정, 관계 형성, 개입, 결과 평가로 구성된 원조과정에서 클라이언트의 문화를 중요한 요소로서 배워야 한다는 것을 강조하고 있다. 그러나 아는 것만으로 그쳐서는 안 되며, 이러한 지식을 바탕으로 클라이언트의 문화와 다양한 사람 및 집단에 민감한 서비스를 제공하는 것으로 이어져야 한다는 것이다.

기준 1.05(c) 사회복지사는 사회적 다양성과 인종, 민족, 국적, 피부색, 성별, 성적 취향, 연령, 결혼 상태, 정치적 신념, 종교 및 장애에 따른 차별의 속성에 대해 교육을 받아야 하며, 이에 대한 이해를 추구해야 한다.

이 조항은 사회복지 교육에서 문화적 다양성 및 이와 관련된 억압과 차별의 이슈를 중요하게 다루어야 함을 의미한다. 특히 사회복지사는 인종이나 피부색이 다른 사람과 소수집단에 속한 사람이 경험하는 불이익에 관심을 가져야 한다. 그러나 현실적으로 사회복지사가 이 조항에서 언급하는 방대한 요소에 대한 지식을 완벽히 갖추는 것은 불가능하다. 따라서 사회복지사는 정규 교육과정에서뿐만 아니라 전문가로서 활동하는 동안 그 중요성을 인식하고 여러 방법(예를 들어, 수업, 실습, 직원 훈련, 학회, 워크숍, 자문, 슈퍼비전 등)을 활용하여 이를 발전시키기 위해 노력을 기울여야 한다는 것이다.

이와 같이 미국의 사회복지사 윤리강령에서는 문화에 대한 이해, 문화적 지식 기반, 그리고 사회적 다양성 및 차별에 대한 교육을 언급하고 있다. 이에 비해 한국사회복지사협회(Korean Association of Social Workers: KASW)의 윤리강령(2001)은 윤리 기준 중 '전문가로서의 자세'에 "사회복지사는 클라이언트의 종교, 인종, 성, 연령, 국적, 결혼 상태, 성적 취향, 경제적 지위, 정치적 신념, 정신 · 신체적 장애, 기타 개인적 선호, 특징, 조건, 지위를 이유로 차별 대우를 하지 않는다."라는 조항이 있기는 하지만, 문화적 다양성과 관련하여 보다 구체적으로 명시하고 있지는 않다. 앞으로 윤리강령이 개정될 때 이에 대한 보다 구체적인 윤리적 지침이 반드시 포함되어야 할 것이다.

5. 다문화 클라이언트와의 관계 형성

여성 결혼이민자에 대한 실제 조사에 따르면(김이선 외, 2007: 117-121), 우리 사회에서 다문화 관련 정책 실무자나 서비스 담당자들은 결혼이민자와의 친밀한 교류보다는 사업 전반에 대한 공적 대면이나 담당 업무를 통해서 이들에 대한 시각을 정립해 가는 경우가 많다고 한다. 이런 한계에도 이들과 보다 친밀한 관계를 형성하게 될 경우 다문화가족이 직면한 어려움에 대한 상담 업무도 하게 되고, 이를 통해 그들이 처한 상황에 대한 이해가 넓어지고 관계도 돈독해진다고 한다. 그리고 이들이 처한 문제가 단순히 언어 소통에 한정된 것이라는 기존의 인식을 넘어서서 자성적 비판과 사회적 변화의 필요성을 느끼게 된다고 한다.

결국 다른 사회복지실천과 마찬가지로 다문화 영역에서도 대상자와의 돈독한 관계 경험에서 실무 역량이 획득된다는 것을 알 수 있다. 문화적 역량을 문화적 인식, 태도, 지식과 기술의 3차원으로 본 최소연(2013)은 다문화가족지원센터 실무자의 문화적 역량은 개인적 역량보다는 클라이언트를 만나는 시간과 이 분야에서의 재직 기간, 그리고 상사의 지원에 영향을 받는다는 조사 결과를 제시하였다. 즉, 다문화 실무자의 역량을 좌우하는 것은 다문화인과의 접촉과 실무경험임을 보여 준다.

그러나 이질성이 큰 개인들 간에 관계를 맺는 것은 쉬운 과업은 아니다. 일반적으로 인간관계는 동질성에 대한 안심과 공감으로부터 탄력을 받는 경우가 많기 때문이다. 따라서 문화적으로 민감하고, 숙련과 경험을 갖출 때 인종적으로 다른 클라이언트와도 효과적으로 일을 해 나갈 수 있다. 그런 측면에서 다문화 클라이언트와의 관계 형성을 위한 기본 조건을 제시하고자 한다. 이들은 전혀 새로운 것이라기보다는 사회복지실천의 관계론을 다문화적 관점에서 바라본 것이라고 할 수 있다.

세심하고 사려 깊은 자세 Proctor와 Davis(1996: 111)는 인종이 원조 과정에 영향을 미친다는 사실은 분명하지만 사회복지사와 클라이언트의 인종 차이가 개입의 성과를 저하시킨다는 결정적인 증거가 없다고 하였다. 그러나 사회복지사가 자신과 다른 인종적 배경을 가지고 있거나 피부색이 다른 사람과 진정한 관계를 형성하는 것이 쉬운 일만은 아니다. 이들은 주류 사회에서 이방인 취급을 받아 왔으며, 거부당하거나 무시당하는 경험을 한 경우가 많다. 따라서 차별적이고 부당한 상황에 저항하거나 타협하거나 또는 포기하면서 생존해 온 이들과 관계를 형성하는 과업에는 더 세심하고 사려 깊은 접근이 요구된다.

실천가의 자기이해 다문화 클라이언트와의 관계 형성을 위해서는 클라이언트의 세계관뿐 아니라 사회복지사 자신의 세계관을 이해하는 노력도 요구된다. 관계는 실천가 자신을 활용하는 것임을 고려할 때, 다문화 사회복지실천에서 사회복지사는 문화적으로도 자기를 인식하고 활용할 수 있어야 하기 때문이다(Green, Jensen, & Jones, 2004).

겸허하고 열린 마음 만약 클라이언트의 문화에 대한 지식이나 경험이 부족하다면 그를 만나기 전에 미리 조사연구나 자료를 살펴보는 등 준비가 필요하다. 그러나 몇 가지 사실을 알게 되었다거나 경험이 약간 있다고 해서 그 문화에 대해 잘 안다고 생각하는 것은 자만이나 편견에 빠질 위험이 있다. 그보다는 자신이 잘 모르는 것을 숨기지 말고 질문하는 것이 더 좋은 태도라 할 수 있다. 진지하고 열린 태도와 알고자 하는 마음은 그들의 문화를 존중하는 것이지, 결코 관계 형성에 장애가 되지는 않는다. 오히려 최현덕(경향신문, 2008. 1. 29.)은 "낯선 자에 대한 자신의 무지를 겸허하게 인정하면서 그 모름이 불러일으키는 호기심과 동시에 모름의 비밀스러움에 대한 경외감을 지니고 열린 태도로 임할 때 진정한 만남이 가능하다."라고 하였다.

경청 문화라는 것이 결국 인간관계 속에서 존재하는 것이라고 할 때, 한 인간을 다양한 관계에서 이해하는 것이 문화에 대한 이해의 출발이라고 할 수 있다. 따라서 우선 다양한 사람의 차이를 존중하고 문화적 요소가 관계 형성에 영향을 미친다는 것을 인식하는 것이 필요하다. 그들을 이해하기 위한 개방적인 관심과 세심한 '경청'은 필수 요소다.

감정이입 감정이입을 통해 인간이 갖고 있는 동질적인 측면을 확인함으로써 유대감을 형성하고 고유의 정체성을 존중할 때 임파워먼트의 효과가 있다(Lum, 2004: 6). 이 과정에서는 사회복지사가 인종적으로 상이한 클라이언트를 만날 때 편안함을 느낄 수 있느냐 하는 것이 중요하지만 여기에서 그쳐서는 안 된다. 사회복지사가 아닌 클라이언트 입장에서 자신의 사회복지사가 인종 차이를 배려하고, 좋은 의도를 가지고 있으며, 이해심이 많다고 느낄 수 있어야만 한다(Proctor & Davis, 1996: 111). 사회복지사의 친절하고 관심 어린 태도와 감정이입적 이해가 클라이언트에게 전달될 때 클라이언트는 보다 편안하게 자신을 개방할 수 있다.

상호성 힘의 차이가 엄존하는 상황에서 '상호성'에 기초한 대화를 해 나가고자 하는 자세가 필요하다. 이러한 상호성에서는 상대의 변화만을 추구하는 것이 아니라 자신도 변화할 준비가 되어 있는 것이 중요하다. 그리고 이를 통해 소수자, 희생자를 넘어선 디아스포라(경계에 서 있는 사람)의 관점에서 다수자가 그냥 넘겨 버리는 차별의 문제를 제기하고 이 사회를 형성해 가는 데 적극적인 주체로 나설 수 있을 때, 그 사회는 더 인간적이 될 수 있다.

이 외에도 '따뜻하고, 성실하며, 존중하는 태도를 취하는 것'은 모든 관계의 조건이자 다문화 클라이언트에게도 적용되는 사안이다. Diller(2007: 165-166)는 이를 통해 '좋은 라포를 형성하는 것'이 다문화 클라이언트와 첫 회기에서 반드시 달성해야 할 목표 중 하나라고 하였다.

6. 문화 간 의사소통

문화적 배경이 다른 사람 간에는 일반적인 의사소통의 과정에 비해 고려해야 할 사항이 더 많다. Lacroix(2003: 34-35)는 언어가 통하지 않는 문제뿐 아니라 사회문화적 차이가 원활한 의사소통을 저해하는 요인이 될 수 있다고 하였다. 이를 다섯 가지로 나누어 살펴보면 다음과 같다.

사회 관습의 차이 우리에게 익숙한 사회 관습이 다른 문화에 익숙한 사람에게는 낯설 수 있다. 예를 들어, 한국에서는 처음 만남에서부터 상대의 나이나 결혼 여부 등을 묻는 것이 있을 수 있는 일로 여겨지지만, 다른 문화에서는 그런 질문을 사적이고 무례한 것으로 받아들일 수 있다. 그 외에도 눈 맞춤이나 신체적인 접촉 등에 대해서도 문화마다 의미를 부여하는 것이 다르기 때문에 의사소통의 오해를 불러올 수 있다. 이것이 반복되다 보면 관계에까지 심각한 영향을 줄 수 있다.

문화적 특수성 의사소통의 내용에는 그 사회의 주요 기관, 제도, 행사, 휴일 등이 포함되는데, 이것에 익숙하지 않은 사람의 경우에는 이런 내용이 들어가면 혼란스러워할 수도 있다. 우리에게 익숙한 것이라고 해서 당연한 것으로 여기거나 모두가 알고 있을 것이라고 짐작해 버려서는 곤란하다.

문화에 따른 의사소통 유형 예를 들어, 한국 문화에서 한두 번의 거절은 예의상의 행동이라든지, '아니요.'가 사실은 '예.'를 의미하는 경우가 있듯이 다른 문화에도 나름대로의 독특한 의사소통 유형이 있을 수 있다. 특히 신체 언어는 문화에 따라서 매우 의미가 다르기 때문에 섣부른 해석은 혼란을 가져올 수 있다. 따라서 사회복지사는 비언어적 의사소통에 유의해야 하며, 언어적 의사소통의 경우에도 그 의미를 확실히 해야 할 필요가 있다.

언어의 차이 언어는 하나의 경계를 형성한다. 예를 들어, 한국 문화 안에서도 지역별 사투리는 내부적으로는 일체감을, 외부적으로는 이질감을 줄 수 있다. 특히 집단 실천을 하는 경우 클라이언트들끼리 자신의 모국어를 사용할 때 그 언어를 사용할 수 없는 사회복지사는 통제력을 상실하고 이방인이 된 느낌을 갖기 쉽다. 이때 사회복지사는 필요한 지지와 지침을 제공해야 하지만, 때로는 뒤로 물러서서 그들이 임파워먼트의 효과를 얻을 있도록 기다려 줄 수도 있어야 한다.

비밀보장의 이슈 언어가 통하지 않는 경우에 의존해야 하는 통역자와 관련하여 사생활과 비밀 보장의 문제가 있을 수 있다. 클라이언트와 사회복지사가 직접적인 의사소통이 불가능하여 통역자의 도움을 받아야 하는 경우에 클라이언트는 자신의 문제나 이야기가 통역자를 통해 새어 나갈 것에 대한 두려움을 가질 수 있다. 특히 가족 구성원을 통역자로 활용해야 하는 경우에는 있는 그대로의 상황을 이야기하기 어려울 수도 있다. 그러나 Kline, Acosta, Austin 그리고 Johnson(1980)에 따르면 통역을 활용할 경우 사회복지사는 클라이언트에 대한 이해를 정확히 전달하기 어렵고 비효과적이라고 느끼는 반면, 클라이언트는 만족도가 높다고 하면서 결국 기관은 언어 사용이 자유롭지 못한 클라이언트를 위해 통역 서비스를 제공하는 것이 더 성공적이라고 하였다.

Baker(1981)는 통역을 활용하는 방법에는 통역자가 언어만 통역하되 면담에는 최소한으로 참여하는 '축어적 유형'과 통역자가 사회복지사로 하여금 클라이언트를 이해할 수 있도록 적극적으로 돕는 다리 역할을 하는 '독립적 개입 유형'이 있다고 하였다. 어떤 유형의 통역을 활용하더라도 사회복지사는 통역자와 한 팀을 이루어 클라이언트를 위한 팀워크를 해야 한다.

England-Dimitrova(1991: Michultka, 2009에서 재인용)는 긍정적인 통역을 위해 필요한 다음과 같은 여덟 가지 규칙을 제시한다.

- 단문을 사용하라. 긴 문장은 통역 과정에서 내용이 빠지거나 왜곡될 수 있으므로 간단한 문장을 사용하는 것이 바람직하다.
- 복잡하거나 다면적인 개념은 구분해서 설명하라.
- 클라이언트를 대할 때는 항상 똑바로 상대를 바라보라. 통역자가 아닌 클라이언트와 눈을 맞추고 이야기하는 것이 중요하다.
- 클라이언트에게 지시 사항이나 특정 개념을 다시 말해 보라고 요청하여 제대로 이해했는지 확인하라.
- 자신의 개인적인 판단과 반응은 공개적인 말로 표현하라.
- 대화를 요약해서 들려주고, 피드백을 확인하라.
- 클라이언트나 통역사의 발언을 끊지 말라.
- 새로운 발언을 시작하기 전에 메시지 전체가 통역되길 기다리라.

그러나 무엇보다도 중요한 것은 통역자를 신중하게 선택하는 것이다. 가능하면 통역의 주체는 주류 문화의 시각이 아닌 클라이언트의 문화적 관점에서 클라이언트를 대변할 수 있는 사람이 바람직하며, 비밀보장과 같은 기본적인 원리를 이해하고 준수할 수 있어야 한다.

문화 간 소통을 위해서는 우리 한국인의 의사소통 방식을 객관적으로 이해하는 것도 필요하다. 한국인은 다른 민족이나 국가, 특히 서구와는 상당히 다른 의사소통 방식을 갖고 있다. 최명민(2008)에 따르면, 전통적으로 한국인은 자신의 감정을 죽이고 갈등을 숨기는 것을 중시해 왔으며 언어적 표현보다는 말 없는 통찰의 의사소통을 더 가치 있게 여겨 왔다. 또한 한국인은 미안할 때에도 말 대신 웃음으로써 반응하거나 감사하다고 느낄 때 '미안하다.'고 말하는 등 일견 비일관된 소통방식을 취하기도 한다. 따라서 한국인의 소통에서는 표면적으로 주고받는 내용과 그 속에 담긴 심정이 다르기 때문에 상대의 말을 듣고 그 내면에 담긴 뜻과 기분을 통찰해 내야 한다. 이렇듯 한국인의 대화 상황에서는 '말귀를 알아듣는 것'이 매우 중요하다. 이런 점에서 어떤 학자는 한국인의 대화를 통찰적 대화라고 부르기도 한다. 그러므로 이러한 소통방식에 대한 통찰이나 자각 없이 다른 문화에서 온 사람과 대화를 하는 것은 서로에게 상당한 어려움을 야기할 수 있다.

이러한 어려움에도 문화적 배경이 다른 사람들 간에 만족스러운 대화를 할 수 있는 비결은 무엇일까? Ford(2000: 132)는 미국에서 흑인이 백인과 대화할 때 만족하는 정도를 결정하는 기준으로 다음과 같은 사항을 제시하였다. 이는 백인과 흑인뿐만 아니라 다양한 인종 간의 만족스러운 대화를 위해 참조할 수 있을 것이다.

- 부정적인 유형화: 여기에는 직접적인 유형화뿐 아니라 간접적인 유형화가 포함된다. 예를 들어, 어떤 사람이 그가 속한 문화적 관점을 대표할 것이라고 가정하거나 그 문화적 특징으로 알려진 것을 모두 다 잘할 것이라고 예단하는 경우(예: 외국인이 한국 사람은 모두 태권도를 잘할 것이라고 생각하는 것) 등이 간접적인 유형화에 해당된다. 이러한 유형화가 최소화될 때 그 대화를 보다 만족스럽다고 느낀다.
- 수용: 그들이 표현하는 느낌이나 의견이 얼마나 많이 수용된다고 느끼는가는 대화의 만족도를 결정한다.
- 감정 표현의 양: 감정 표현이 많을수록 인종 간에 보다 만족스러운 의사소통

이 이루어진다고 느낀다.

- 진실성: 타 인종과의 대화과정에서 '나 자신이 될 수 있는 것'이 중요하며, 만족스러운 대화에서는 이러한 진실성의 정도가 높게 나타난다.
- 이해: 이해받는다는 느낌을 받을 때, 그 대화는 만족스럽다.
- 목표 달성: 만족스러운 대화는 문제해결, 정보 교환, 계획의 완수로 이어질 때가 많다.
- 무기력: 대화 중에 통제받고, 덫에 걸린 듯하며, 조종당하는 느낌을 느낄 때, 그 대화에 만족하지 않는다. 예를 들어, 누군가가 대화를 독차지하거나, 공격적으로 또는 미묘한 방식으로 설득을 하거나, 반복적으로 대화 중간에 끼어들 때 이러한 느낌을 느낀다.

Ford(2000: 131-132)는 문화 간에 의사소통을 해야 하는 경우에 지켜야 할 지침을 다음과 같이 제시하였다.

- 상대방이 어디에서 왔는지를 이해하려고 하기보다는 상호 이해를 위해 노력하라: 완전히 다른 사람의 입장이 된다는 것은 불가능하다. 그의 출신에 초점을 두고 이해하려고 할 때, 우리의 생활 경험과 그들의 생활 경험의 접합점을 찾기 어려워진다.
- 마음을 열라: 다른 사람의 견해를 현실에 대해 있을 수 있는 여러 관점 중 하나라고 받아들이고, 자신의 견해 역시 그런 관점 중 하나로 생각하자.
- 관점의 유사성에 매달리기보다는 서로 다른 견해를 연결하도록 노력하라.
- 한쪽을 취하기보다는 통합을 통해 합의를 추구하라: 자신의 견해를 버리거나 상대의 견해를 포기하도록 하는 대신, 서로 다른 가운데에서도 공통분모를 찾아서 제3의 대안을 모색해 보자. 물론, 이 과정에서 함께 생각하고 공유하는 것이 필요하다.
- 관계를 구성하는 각 개인에게 초점을 두기보다는 관계 그 자체에 초점을 두

라: '내가 하는 말'과 '나에게 하는 말'에 관심을 갖는 대신, 지금 진행되고 있는 의사소통의 질에 관심을 갖도록 하자. 즉, '나'와 '너'를 넘어서서 의사소통을 하는 동안 일어나는 상호작용에 집중하자.

- 의사소통을 하면서 상대에게 최대한의 긍정적 관심을 표현하는 방법을 배우라: 상대와 생각을 같이하고 그를 완전히 이해하는 것은 불가능할지도 모른다. 그러나 상대방이 지금 이 순간 느끼고 생각하는 것—혼란, 후회, 분노, 용기 또는 사랑 등—을 허용할 수는 있을 것이다. 이것이 상대를 최대한 존중하는 것이다. 상대방이 의사소통하고자 하는 바를 바꾸거나, 조정하거나, 고치지 않고 그대로 수용하고 존중하는 것이 필요하다.

이러한 의사소통은 결국 다문화 사회복지실천 현장에서 클라이언트의 인권을 존중하고 진실한 만남을 추구하는 상담기법과 연결된다. 이러한 상담기법 중 하나로서 참고할 수 있는 것이 '비폭력 상담기법'이다. 이를 통해 상대를 관용하고 인간성을 유지할 수 있는 능력을 키워 주는 대화 방법을 살펴보면 다음의 글상자와 같다(http://www.krnvc.org).

비폭력대화(Nonviolent communication: NVC)

1. 비폭력대화의 개념

Marshall Rosenberg 박사가 고안한 비폭력대화는 폭력적이지 않은 대화, 연민의 대화로 불린다. 자신의 주장만 고집하는 불관용의 자세로 자기 자신이나 다른 사람에게 상처를 입히고 마음을 아프게 하는 폭력적 대화와 상반되는 개념이다. 여기에서 비폭력은 우리 마음 안에서 폭력이 가라앉고 자연스러운 본성인 연민으로 돌아간 상태를 가리킨다. 즉, 즐거운 마음으로 서로 주고받는 것을 기뻐하는 게 우리의 본성이라는 믿음에 기반하고 있다. 따라서 비폭력대화란 우리가 날 때부터 지닌 연민이 우러나는 방식으로 다른 사람들과 유대관계를 맺고, 우리 자신을 더 깊이 이해하는 데 도움이 되는 구체적인 대화 방법(말하기와 듣기)이다. 여기서의 관심은

'견디기 어려운 고통 가운데서도 어떻게 연민의 마음을 유지할 수 있는가?' 하는 것이다. 이와 같은 대화법은 우리 자신을 표현하고, 다른 사람의 말을 듣는 방법을 재구성하도록 이끌어 준다.

2. 비폭력대화의 구성요소

비폭력대화를 위해서는 다음 네 가지 요소에 의식적인 노력을 기울여야 한다.

1) 관찰(observation)

자신에게 유익하든 그렇지 않든, 또는 상대방의 행동을 좋아하든 그렇지 않든 어떤 판단이나 평가를 내리지 않으면서, 상대방의 말과 행동이나 상황을 있는 그대로 관찰하는 것이다. 관찰에 어떤 평가가 섞이면 듣는 사람은 이것을 비판으로 듣게 되고, 우리가 하는 말에 저항감을 느끼기 쉽다.

2) 느낌(feeling)

어떤 행동을 보고 느끼는 아픔, 무서움, 기쁨, 즐거움, 짜증 등을 표현하는 것이다. 느낌을 명확하고 구체적으로 표현할 때 좀 더 쉽게 유대관계를 맺을 수 있다. 그러나 실제 자신의 느낌과 타인의 행동에 대한 자신의 생각, 평가, 해석을 나타내는 말은 구별해야 한다.

3) 필요/욕구(need)

자신의 느낌이 내면의 어떤 욕구와 연결되는지를 말한다. 비폭력대화에서는 타인의 언행이 자신의 느낌을 불러일으키는 자극이 될 수는 있어도, 결코 자기 느낌의 원인이 아니라는 인식을 갖는다. 따라서 자기 자신에게 무엇을 원하는지, 그리고 자신의 어떤 욕구나 기대, 희망, 가치관이 충족되지 못하는지를 확인하는 것이 중요하다. 또한 타인을 탓하기보다 자신의 욕구와 희망, 기대, 가치관이나 생각을 인정함으로써 선택에 대한 책임을 자기 스스로 지는 것도 중요하다. 이를 위해 '나는 ~이 필요하기 때문에 나는 ~을 느낀다.' 는 표현을 사용할 것을 권유한다. 이렇게 자신의 욕구와 느낌을 잘 연결할수록 다른 사람에게서 연민의 반응을 보기가 쉬워진다. 상대방을 탓하거나 비판하는 것은 방어와 공격의 악순환을 가져온다. 그보다는 서로에게 무엇을 원하는가를 말하기 시작할 때 모두의 욕구를 충족할 수 있는 방법을 찾을 가능성이 더욱 커진다는 것이다.

4) 요청/부탁(request)

내 삶을 더 풍요롭게 하기 위해서 다른 사람이 해 주길 바라는 것을 표현하는 것이다. 막연하고 추상적이거나 모호한 말을 피하고, 우리가 원하지 않는 것보다 우리가 원하는 것을 말함으로써 긍정적인 행동을 부탁하는 것이 중요하다.

이러한 네 가지 요소를 말이나 다른 방법을 통해 솔직하고 명확하게 표현하는 것과 이 요소들을 상대에게 그대로 적용하여 공감하는 것이 중요하다. 즉, '나는 무엇을 관찰하고, 느끼고, 필요로 하고, 내 삶을 풍요롭게 하기 위해 무엇을 부탁하는가'와 '당신은 무엇을 관찰하고, 느끼고, 필요로 하며, 당신의 삶을 풍요롭게 하기 위해 무엇을 부탁하는가'에 관심을 가지고 이 같은 방식으로 자기 의사를 표현하고, 다른 사람도 그렇게 하도록 돕는 것이다. 이렇게 대화의 흐름을 이어 간다면 자연스럽게 연민이 생겨날 것이다.

3. 비폭력대화의 활용성

이와 같은 비폭력대화를 활용한다면 습관적이고 즉각적인 반응을 보이는 대신 자신이 무엇을 관찰하고 느끼고 원하는가를 의식하면서 이를 바탕으로 정직하고 명확하게 자신을 표현할 수 있게 된다. 또한 외부의 비판이나 평가를 들을 때 습관적으로 보이는 반응, 곧 변명하며 물러나거나 반격하는 행동양식에서 탈피할 수 있다. 분석이나 비판을 하기보다는 우리가 무엇을 관찰하고, 그에 대하여 어떻게 느끼며, 무엇을 원하는가를 명확히 이해하는 데 초점을 둘 때, 우리가 가지고 있는 연민의 깊이를 인식하게 된다는 것이다. 더불어 다른 사람뿐만 아니라 나 자신의 내적인 대화도 경청함으로써 존중, 배려, 공감하는 마음을 기르게 되므로 진심으로 서로 주고받기를 원하는 마음이 자연히 생긴다.

그러나 내가 이런 방식의 대화를 한다고 해서 상대방도 같은 방식을 이해하거나 사용해야 하는 것은 아니다. 만약 우리가 비폭력대화의 기본 원리에 입각하여 연민의 마음으로 대화하는 데 초점을 두고, 그것이 유일한 동기라는 것을 사람들이 이해하도록 노력을 기울인다면, 언젠가 사람들은 우리와 함께 자연스럽게 서로 연민을 가지고 대화할 수 있게 될 것이다.

따라서 비폭력대화 방법은 친밀한 관계, 가족, 학교, 조직과 기관, 치료와 상담, 외교, 사업 협상 등 어떤 분쟁과 갈등 상황에서도 적용 가능하다. 어떤 사람은 이미 친밀한 사람과 더욱 깊고 따뜻한 관계를 만들기 위해, 또 어떤 사람은 분쟁 상황에서 갈등을 중재하기 위해 비폭력대화를 사용하고 있다. 다수문화에 의해 차별받고 소외되기 쉬운 문화적 소수자와 함께 일해야 하는 다문화 사회복지실천 현장에서도 유용하게 활용될 수 있을 것이다.

제9장

다문화 사회복지실천 이론

우리나라에서 다문화가족지원센터 종사자들을 대상으로 한 조사에 따르면, 문화적 역량을 구성하는 문화적 인식, 문화적 태도, 문화적 지식과 기술 중 문화적 지식과 기술이 가장 낮은 수준으로 측정되었다(최소연, 2013). 실무자 스스로 다문화 관련 인식이나 태도에 비해 전문적 접근에 요구되는 기반 이론이나 기술에서는 부족함을 느낀다는 것인데, 이는 그동안 다문화와 관련된 제도교육이 충분히 제공되지 못한 상태에서 실무자들이 양성되어 온 경향이 있기 때문으로 보인다. 그러나 체계적인 이론이나 기술이 뒷받침되지 못하는 인식과 태도만으로는 충분히 효과적인 서비스를 제공하기 어렵다는 측면에서, 그리고 태도와 인식 역시 이론적 정향에 따라 영향을 받을 수밖에 없다는 측면에서 다문화 관련 실천 이론을 충분히 숙지하는 것은 중요하다.

물론 다문화 클라이언트에게 필요한 서비스를 제공함에 있어서 어떤 특정한 이론을 고집할 필요는 없다. 오히려 다양한 이론을 절충적으로 활용함으로써 다문화 클라이언트의 복합적 욕구를 더 적절히 충족시켜 줄 수 있다. 그런 점에서는 사회복지실천에서 다루는 모든 실천 이론과 모델이 곧 다문화 사회복지실천 모델이자 이론이라고 할 수 있다.

그러나 이런 다양한 모델이나 이론 중에서도 특별히 일반적인 다문화 클라이언트를 이해하고 접근하는 데 더 유용한 이론이 있을 수 있다. 예를 들어, 다문화 이슈는 결국 인식의 문제에서 비롯되며 서로 간의 차이에 대한 입장이 중요하다는 점에서 구성주의와 포스트모더니즘을 이해하는 것이 도움이 될 수 있다. 그리고 대부분의 이주민이나 다문화인이 경험하는 어려움은 구조적 차별이나 자원의 부족 등 권력(power)과 관련되어 있다는 점에서 임파워먼트 모델이 다문화 실천을 위한 관점 확립에 유용할 수 있다. 또한 다문화가족이 우리 사회에서 경험하는 여러 도전에도 가족의 기능을 수행하며 강화해 가는 과정에 도움을 줄 수 있는 가족 탄력성 모델(family resilience model)은 다문화가족에게 유용한 접근법이 될 수 있을 것이다.

그런 측면에서 이 장에서는 다문화 사회복지실천 이론으로서 인식론의 기반이 되는 '구성주의와 포스트모더니즘'을, 실천의 기반으로서 '임파워먼트 모델'과 '가족 탄력성 모델'을 살펴볼 것이다.

1. 구성주의와 포스트모더니즘

이 절에서는 먼저 구성주의를 살펴보고, 이와 맥락이 유사한 포스트모더니즘의 입장에서 다문화주의를 살펴보고자 한다.[1)]

사회복지사는 자신과 서비스 이용자의 다른 목적과 현실, 환경 요인 및 역사에 의해 영향을 받는 맥락이 서로 다를 수 있음을 인정하며, 실천을 둘러싼 여건과 구조는 항상 고정된 것이 아니라는 것을 알아야 한다는 점에서 구성주의 관점은 낯설지 않다. 구성주의에서는 사회복지실천 자체를 구체적 맥락에 놓인 구성

1) 이 부분에 대한 내용은 저자의 허락하에 "구성주의 인식론의 사회복지 실천적 함의: 주체의 구성력에 대한 경험적 탐색"(김기덕, 2009, 미간행)과 「문화적 역량 비판담론에 관한 사회철학적 분석」(김기덕, 2011)에 제시된 내용을 중심으로 서술하였다.

적인(constructive) 것으로 이해한다. 즉, 서로 간의 상호작용으로부터 각기 다른 앎의 방식이 생기고, 이에 따라 다양한 대화 방법, 문제의 개념 구성, 해결 방법이 형성된다는 것이다. 따라서 사회적 상황과 관계는 각기 다른 문화적 공동체와 환경의 맥락에서 이해되어야 하며, 서로 다른 사람들의 입장과 견해는 수용될 수 있다고 본다. 특히 구성주의에서는 '대화'를 중시하여 우리는 대화를 통하여 역할과 관계를 형성하며 사회적인 현실에서 현상하고 유지하는 관계를 구축한다고 여긴다(김경호 외 역, 2012: 125-129). 구성주의에 영향을 받은 임상적 사회복지접근은 어떤 것이 클라이언트에게 최선이고 어떤 것이 클라이언트를 위한 사회복지실천의 목표가 되어야 하며, 또는 어떤 해결책이 클라이언트가 제시하는 문제에 대해 이상적인 것인지에 관하여 특정 이론을 근거로 가정하는 것을 권하지 않는다(송성자 외 역, 2012). 이러한 구성주의의 입장은 특히 다문화 사회복지실천에서 중요한 의미를 갖는다.

문화는 자신을 둘러싼 세상을 어떻게 바라보느냐, 즉 어떻게 인식하느냐의 문제와 관련이 깊다. 이러한 인식론 중 '객관주의 인식론' 은 세상을 바라보는 개인 주체가 자신과 독립적으로 존재하는 사물을 객관적으로 인식할 수 있다고 보는 입장이다. 이런 입장은 자칫 문화적 절대주의로 연결될 수 있다. 즉, 독립적이고 객관적인 실체를 인정하기 때문에 문화에서도 어떤 문화가 더 우월하거나 옳다는 객관적인 기준을 주장할 수 있다는 것이다. 그러나 이러한 입장에 반론을 제기하며 등장한 구성주의는 인간이 외부에 대해 인식하는 것은 객관적인 것이 아니며 자신이 갖고 있는 선(先)이해나 인지방식, 또는 이에 영향을 미치는 사회적 맥락에 따라 구성되는 것이라는 입장으로서, 다양한 문화에 대해서도 융통성 있는 입장을 취한다.

이러한 구성주의 내에도 서로 다른 입장이 존재하는데, 인간이 인식을 구성하는 과정에서 개인의 인지적 구성을 강조하느냐 혹은 개인이 참여하고 속해 있는 사회문화적 상황과 요인을 강조하느냐에 따라 크게 다음과 같은 인지적 구성주의와 사회적 구성주의로 구분된다.

1) 인지적 구성주의

인지적 구성주의는 인식을 하는 주체인 인간과 독립된 지식이 객관적으로 존재한다는 것을 부정한다. 따라서 지식을 구성하는 맥락을 개인적인 것이라고 간주한다. 그만큼 개인의 주관성을 중시하기 때문에 구성주의 중에서도 급진적인 입장이라고 할 수 있다. 이러한 인지적 구성주의는 다음과 같은 특성을 보인다.

- 인간은 자신이 경험한 범위 안에서 자신을 둘러싸고 있는 환경이나 대상을 인식한다.
- 대상이나 환경에 대한 해석은 그 대상의 속성을 그대로 이해하는 것이 아니라 그들의 경험에 따라 각기 다르게 이루어진다.
- 대상의 속성에 대한 지식이란 절대적일 수도 객관적일 수도 없다. 즉, 상대적이고 맥락에 따라 다른 것으로 본다. 따라서 지식은 발견되는 것이 아니고 구성되는 것이다.
- 구성된 지식은 자연히 환경 적응적이고 자기 조절적이다.
- 이 같은 관점에서 볼 때, 지식의 구성은 삶의 과정이고 삶 자체의 적응과정이다.
- 진리로서의 지식은 지식의 유용성과 실용성을 가진 지식이 된다.

결국 인지적 구성주의는 인간의 인식과정을 생물체가 환경에 적응하여 가는 과정의 일환으로 파악하고, 지식을 인간이 외부 환경인 인식 대상과의 상호작용을 통해 적응해 가는 과정에서 구성된 것으로 이해한다. 따라서 이러한 입장에서는 어떤 문화에서 형성된 지식이나 가치는 그 문화에 속한 사람들이 생존해 가는 삶의 과정을 반영한 것이라고 본다. 이렇듯 인지적 구성주의가 인간이 자신의 삶의 현장에서의 구체적인 동화와 적응 과정을 지식으로 구성하는 것을 인정한 점에서는 인식론적으로 획기적인 의미를 가지지만, 지식 구성과 사회적 활용이라는 측면에서는 다음과 같은 문제점을 갖는다.

첫째는 상대주의적으로 편향적이라는 점이다. 인지적 주관주의는 개인의 고유한 인지과정을 강조한다. 그 결과, 결국 개별 인식주체 간의 인식과정과 그 결과는 동등하게 다룰 수밖에 없다는 결론에 이르게 된다. 따라서 인지적 구성주의에서는 개별 인식주체와 인식대상 간의 관계에 주목할 뿐 인식주체 간의 상호작용은 그다지 중요하지 않게 된다. 극단적으로는 서로 이상적인 상호작용은 근본적으로 불가능하고, 합리적인 논쟁도 불가능하며, 그 논쟁의 과정과 결과를 판단할 객관적인 방법이나 기준도 없다고 본다. 따라서 문화적 차이나 갈등이 발생하면 그 주체들 간의 상호작용은 그런 차이의 조화를 모색하고 갈등을 해결해 가기 위한 것이기보다는 각 개인의 인지적 구성과정을 촉진하는 부수적 기능을 수행하는 것이 된다고 여긴다.

둘째는 인지적 구성주의는 기본적으로 실용주의적 지식관이라는 점이다. 객관주의적 진리 판단의 기준의 가능성을 부정하는 인지적 구성주의는 독립적·객관적 세계를 표상하는 지식이 아니라 인식주체의 구체적인 삶, 즉 경험적 세계에서의 유용성(viability)을 중시한다. 즉, 인지적 구성주의의 시각에서는 지식이 독립적 실재를 어느 정도 정확하게 반영하느냐가 중요한 것이 아니라 유기체로서 인식주체가 환경에 적응(adaptation)하는 데 얼마나 도움이 되는지가 중요하기 때문에 유용한 것이 옳은 것이 되는 오류를 가져올 수 있다.

이와 같은 인지적 구성주의는 기존의 지식이 수행해 온 사회적 기능과 역할에 회의적인 시각을 갖는다. 그러나 이들처럼 개별 인식주체의 고유한 경험만을 상대적으로 강조하는 경우 현실 사회에서 발생하는 다양한 논쟁과 지적 갈등은 해결되기 어려우며, 결국 자신이 구성한 인식마저 상대화되는 모순을 일으킨다. 따라서 인지적 구성주의는 각 개별 문화의 특수성과 상대성을 인정하는 것에는 도움을 줄 수 있지만 문화 간 소통이나 공동의 규범을 만들어 내는 것에는 한계를 가질 수밖에 없다. 이러한 문제점을 해결하기 위해서는 개인적인 구성(individual construction)을 보다 더 큰 사회제도와 문화 환경에 연결할 수 있는 고리를 설정하는 것이 필요하다.

2) 사회적 구성주의

인식주체의 심리적 작용을 강조하는 인지적 구성주의자들과는 달리, 사회적 구성주의자들은 인식주체들이 지식을 구성하는 데 있어 인식의 구성과정에서 작용하는 가장 중요한 요소로서 사회적 상호관계를 제시한다. 즉, 한 개인이 인식의 주체로 성장하는 과정은 그 사회와 사회 구성원과의 상호작용을 통해 이루어진다고 보는 것이다. 그러므로 인식주체로서의 개인들은 서로 간의 상호작용을 통해 사회문화적 관습을 이해하고 습득해 나가는 것으로 이해한다.

사회적 구성주의자들은 인지적 구성주의에 대비되는 다음과 같은 몇 가지 공통점을 공유하고 있다.

- 지식을 개인이 환경에 적응해 나가는 과정의 산물로 보는 인지적 구성주의와는 달리, 사회적 구성주의는 이미 사회적으로 구성된 지식의 의미를 개인적 차원에서 재구성한 결과물로 파악한다.
- 인지적 구성주의가 기본적으로 인식대상과 인식주체 간의 심리적 상호작용을 인식 구성의 맥락이라고 간주하는 반면, 사회적 구성주의는 인식 구성의 주체 간의 상호작용을 강조한다.
- 사회적 구성주의에서 특히 강조하는 것은 인식주체 간의 상호작용에 대한 적극적인 참여다. 즉, 인식의 주체들이 실제 상황에서 실제 과제를 풀어 가는 과정에 지속적으로 참여하고 또한 점진적으로 과제 해결과정에 대한 참여도를 넓혀 가면서 그들의 정체에 변화를 가져오는 것이다. 이는 지식의 구성을 기본적으로 개인의 내면 성찰(self-reflection)과정으로 보는 인지적 구성주의 입장과 명백하게 대립되는 점이다.

• 사회적 구성주의자들은 인식주체들의 상호작용에 있어 언어의 중요성을 강조한다. 어느 특정 문화의 구성원에 의해 사용되는 언어 습관과 형태를 나타내는 사회적 언어(social language)에 관심을 가지고, 이러한 사회적 언어가 어떻게 그 사회문화적 특성을 반영하고 있으며 인간 내면의 심리적 · 인지적 기능에 어떤 영향을 끼치는가에 관심을 갖는다.

결국 사회적 구성주의의 입장은 지식이라는 것이 인간에 의하여 구성되는 것이기는 하지만, 인지적 구성주의자가 주장하는 것처럼 개인의 심리적 작용에 의하여 구성되는 것이기보다는 사람들 간의 상호작용이라는 사회적 맥락에서 이루어진다는 것이다. 이렇게 구성된 지식은 공동체 내에서 문화의 형태로 축적되고, 인식주체 간의 상호작용을 통해 개별 인식주체들에게 내면화된다. 이때 상호작용의 도구가 바로 사회적 언어인 것이다. 바로 이러한 사회적 구성주의의 입장이 각 문화의 차이를 고려하면서도 상호작용을 통해 소통하고 조화를 모색할 수 있는 가능성을 열어 준다고 할 수 있다.

해결지향 다문화 사회복지실천에서도 이와 같은 입장을 제시하고 있다. 즉, 클라이언트의 문제와 불평이 인간의 상호작용적 맥락 안에서 구성된다고 가정하면서, 문제에 대한 인식은 객관적 '현실'이 아니며 문제에 대한 의미는 단지 상황적 맥락의 인위적 결과일 뿐이라는 것이다. 이는 해결도 마찬가지라고 본다. 따라서 역사적이고 문화적인 맥락을 벗어난 개인적 구성은 존재하지 않고, 문제에 대한 인식과 인식된 해결이라는 것은 둘 다 객관적인 사실이라 할 수 없으며, 클라이언트의 사회문화적 배경을 근거로 하는 구성물이라고 본다(송성자 외 역, 2012).

3) 구성주의와 포스트모더니즘, 그리고 다문화주의

앞에서 살펴본 바와 같이 사회적 구성주의는 인지적 구성주의가 갖는 상대성과 주관성의 한계를 극복하고 있는 것처럼 보이지만, 역으로 인지적 구성주의 입장에 서 있는 포스트모더니즘에서는 사회적 구성주의에 대해 다음과 같은 비판을 제기한다. 일반적으로 구성주의가 인식론적 측면에서 갖는 가장 큰 함의는 그간 인식대상의 독립성과 주도성에 밀려 있던 주체의 생생한 활동, 살아가는 과정 및 적응과정으로서 인간이 갖고 있는 독자적 의미 구성 능력을 강조한 것에 있다. 그러므로 사회적 구성주의를 비판하는 입장에서는 사회적 구성주의가 인간의 인식 작용 및 그 결과로서의 지식 구성에 있어 사회적 영향력을 과도하게 강조함으로써 지식을 구성하는 인식주체가 가지는 독자적 의미 구성 능력에 대해 회의를 불러올 것을 우려한다. 즉, 이와 같은 입장은 인간 개인이 가진 다양성을 인정하고 이러한 개인이 자신이 속한 역사적 · 문화적 맥락에서 구성되고 존재한다고 간주하는 포스트모더니즘과도 맥락을 같이하는 것이다.

문화를 지식적으로 이해할 수 있으며 안정적이고 통합적인 속성을 갖는다고 보고 중립적으로 접근하던 모더니즘과 달리, 포스트모더니즘에 의거한 새로운 다문화주의는 현대와 같이 사회가 다원화되어 다양한 상호작용이 끊임없이 일어나는 현실에서 문화를 하나의 고정된 실체로 간주하는 본질주의적 입장으로는 문화적 정체성을 적절하게 이해할 수 없다고 본다. 그런 점에서 지식은 사회적으로 구성되는 것이기 때문에 역사적으로 시간의 흐름에 따라 달라질 수 있으며, 인간의 발달과정과 본성에 대해 다양한 믿음을 가지고 있는 다양한 문화적 집단에 따라 다를 수 있다고 보는 구성주의적 입장과 통한다는 것이다(송성자 외 역, 2012).

다문화 사회복지실천이 포스트모더니즘의 입장에 서면 사회복지에서 중요한 것은 단일 요소 혹은 전체성이나 통일성이라는 개념이 아니라 차이와 다양성이 될 수밖에 없고, 이러한 입장에 근거할 경우 포스트모더니즘 계열의 사회복지실천의 궁극적인 목표는 차이와 다양성을 인정하지 않거나 억압하고 소외시키는 모든 제도와 관습에 대해 비판하고 저항하는 것으로 볼 수 있다. 따라서 억압과 착취, 배제와 소외 등이 중요한 이슈가 되고, 지배적인 담론에 저항하고 도전하며 변화 추구를 지향하게 되는 것이다. 실천적인 측면에서도 급진적인 행보를 보인다. 이들은 지금까지 본질주의적 입장에 근거하여 설정된 문화 간 위계질서의 근거와 정당성에 대하여 의문을 제기하고 이러한 위계질서에 기초하여 자행되었던 문화 간 억압, 배제, 차별의 근거와 기준이 타당하지 않다는 것을 밝히려 한다. 결국 이러한 노력을 통해 문화 간의 우열을 극복하는 동시에 문화주체들 사이의 미시적 권력관계를 폭로하려고 한다.

포스트모더니즘에 근거한 다문화주의는 사회복지실천에서 차지하는 문화적 역량의 개념과 위상에 대해서도 변화를 가져온다. 다양한 문화적 요소의 복합으로 구성되는 문화적 유형은 사회복지사가 추구하는 문화적 지식과 기술의 유효기간을 단축시킬 뿐만 아니라 문화적 정체성의 전문가를 사회복지사에서 클라이언트로 이동시킨다. 따라서 문화적 역량의 주체였던 사회복지사가 다문화적 실천의 첫걸음을 내딛기 위해서는 자신의 문화적 역량이 갖는 일정한 한계를 인식하고 전문가라기보다는 조력자로서 자리매김하게 된다.

이는 강점관점의 다문화 치료과정에서 소수집단에 속하는 클라이언트의 지식과 그들의 삶에 대한 전문가적 견해를 존중하고 인정해야 한다는 입장과 동일하다. 따라서 다문화 사회복지실천에서는 클라이언트의 세계관을 포함시키는 것이 중요하며 서비스가 개인과 가족이 위치한 지역사회 내에서의 행동과 기대에 부합하고 그들의 특별한 욕구에 적절하게 대응할 수 있는 방법으로 제공되는 것이 강조된다(송성자 외 역, 2012).

그러나 이러한 주장이 극단으로 가면 다문화 사회복지실천에 요구되어 온 문화적 역량의 개념에 내포된 억압적 속성을 해체하는 대신, 그 주체를 사회복지사와 클라이언트로 국한하고 이들 간의 관계를 대립적으로 구성하도록 하며, 따라서 전문적 실천을 통한 구체적 개입을 불가능하게 할 수 있다. 그 결과 이들이 놓여 있는 사회적 맥락과 구조에 대한 관심을 제한하는 부작용을 낳기도 한다.

따라서 다문화 사회복지실천에서 포스트모더니즘은 객관주의적 모더니즘에 대한 비판적 입장을 보이는 다양한 지적 스펙트럼을 포괄하고 있는 것으로 보아야 하며, 인지적 구성주의가 갖는 다양성에 대한 개방적 태도를 견지하면서도 사회적 구성주의가 취하고 있는 사회적 맥락에 대한 고려와 상호작용 중시라는 입장을 모두 포괄할 수 있어야 할 것이다. 즉, 사회복지사가 활동하는 조직이나 기관의 맥락을 고려할 때 체계적이고 제도화된 억압에 저항할 수 있는 문화적 역량을 제고할 수 있으며, 개인적 차원의 자기반성(reflection)을 넘어서 재귀적 성찰(reflexiveness)로 나아갈 수 있다.[2)]

2. 임파워먼트 모델

임파워먼트(empowerment)의 개념은 여러 학자에 의해 정의되어 왔다. 여기에서는 임파워먼트를 사회복지실천의 방법으로 규정한 몇 가지 개념을 살펴본다. 우선 Mullender와 Ward(1991: 6)는 "차별받는 사람이 경험하는 일에 대한 통제력을 발휘할 수 있도록 힘을 획득하는 것뿐 아니라 그 힘의 변혁을 통해 사회적 변화를 이루고자 하는 것"이라고 정의하였으며, Thomas와 Pierson(1995: 134-135)은 "사람들이 자신의 삶에 대한 통제력을 얻고, 이를 통해 집단의 이익을 달성하는 방법에 관한 이론이자, 사회복지사가 무기력한 사람의 힘을 증진하도록 하는 방법"으로서 "일반적으로 서비스 이용자 참여 및 자조 운동과 관련이 있으며, 이를 통해 집단은 제도적 서비스와의 협조하에 또는 독립적으로 자신을 위한 활동을 수행한다."라고 하였다. Adams(최명민 역, 2007: 26)는 "임파워먼트란 개인, 집단 또는 지역사회가 자신의 상황을 통제하고 목적을 달성하며, 이로써 자신과 타

2) 성찰성이란 실천의 주체로서 인간이 가지는 행위의 자율성을 의미하며(최명민, 김기덕, 2013: 111), 개인적 반성을 의미하는 좁은 개념의 성찰(reflection)과 타인과 사회를 포괄적으로 숙고하는 넓은 개념의 성찰(reflexiveness)을 포괄한다(김기덕 외 역, 2012: 282-283). 따라서 성찰의 대상은 우선 실천가로서 자기 자신과 자신의 실천이 되어야 할 것이다. 이에 더하여 사회복지를 형성하고 있는 사회적·정치적·문화적 맥락에 대한 분석이나 사회제도에 대한 비판적 추론도 포함해야 한다.

인의 삶의 질을 극대화할 수 있도록 돕는 수단" 이라고 정리하였다.

임파워먼트를 위해서는 개인의 정신 상태, 즉 정신적 측면을 점검하여 자신들의 경제적 · 문화적 · 지적 · 정서적 차별을 극복하고 의존성과 무기력에 도전할 수 있도록 하는 것이 필요하다. 이러한 도전은 대화와 교육과 비판을 통해 이루어질 수 있는데, 그 비판의 대상은 임파워먼트에 걸림돌이 되는 나이, 인종, 성, 계급, 장애 등에 대한 차별과 억압이다(최명민 역, 2007: 98-99).

그러므로 임파워먼트는 이주민, 혼혈인 등 사회적 소수자에게 적용하기에 적합한 사회복지실천 접근이라고 할 수 있겠다. 특히 이들 중에서도 빈곤 문제를 함께 갖고 있는 경우에는 더욱 취약할 수 있기 때문에 그만큼 임파워먼트 접근이 필요하다. 빈곤한 소수는 사회기관이나 의료 관계자에게 의존하는 것에 익숙해져서 스스로 자신의 삶을 통제하는 것을 포기하고 여러 자원에 대한 권력을 가진 사람의 기대치에 부응하는 것을 배우게 되기 때문이다. 즉, 사회복지실천을 통해 그들의 가치, 문화, 인생 목표 등을 강화시키지 못한다면 그들 스스로 자율성이나 결정 능력을 갖기 어렵기 때문에 손상된 문화나 종교적 가치를 회복하거나 주인의식을 갖지 못할 수 있다. 따라서 우리는 진정한 자유는 자신의 문화적 가치를 자신의 것으로 인정하고 소중히 여기는 데서 출발한다는 것을 명심해야 한다(엄예선 외 역, 1995: 222-223).

여기서 중요한 개념은 '학습된 무기력'이다. 학습된 무기력이란 사람들이 과거에 실패하였던 경험 때문에 새로운 과업에 관련된 요소를 제대로 볼 수 없는 마음 상태를 말한다. 따라서 과거와 같은 상황이 아닌 경우에도 몇 가지 유사성만으로도 무기력한 상태가 되며, 가까스로 어떤 것을 성취하였다 하더라도 그것을 자신의 노력에 의한 긍정적 결과로 해석하지 못한다는 것이다(Barber, 1991: 32-33). 이것은 상대적으로 힘(power)이 적은 소수문화에 속하기 때문에 겪는 차별 요소에 의해 열등감이나 실패감을 느끼는 사람들, 사회적 지지의 결여에 의해 고립감과 소외감을 경험해 온 사람들, 불합리한 제도에 의해 좌절하며 자포자기하고 있는 사람들에게 적용될 수 있다. 좀 더 구체적으로는 불법 입국으로 근로 현장에 유입되어 고용주의 차별이나 폭력에 저항하지 못하고 수년 동안 부당한 대우를 받아 온 외국인 근로자, 언어 소통이 불가능한 상태에서 무조건 한국 문화에 동화되기를 강요받으며 전통적인 며느리, 부인, 어머니 역할만이 허용되는 환경에 순응할 수밖에 없었던 여성 결혼이민자, 혼혈인이라는 이유로 차별과 불이익을 받아 오면서 이에 익숙해져서 희망이나 의지를 상실한 이주민가정 청소년 등이 예가 될 것이다. 이러한 학습된 무기력 상태에서는 부당한 조건에 대해서도 무감각과 유사한 마비 현상을 보인다. 즉, 이들은 자신의 주변 상황에 대해 통제가 불가능하다는 느낌을 갖고, 그에 대한 반응을 보여도 아무 소용이 없다는 생각을 하게 된다. 따라서 그러한 상황에 문제를 제기하거나 저항하기를 포기하게 되는 것이다. 이를 극복하기 위해서는 의식화가 필요하다. 사회복지사는 의식화과정을 통해 개인의 환경과 사회적 맥락을 연결하도록 도울 수 있으며, 사회 구성원으로서 개인에게 초점을 두고 임파워먼트의 방법을 모색할 수 있다.

그런 측면에서 임파워먼트는 원래 정치적 아이디어이며, 권력, 권력의 소유, 권력의 불평등, 권력의 획득과 재분배가 중심 이슈가 된다(Croft & Beresford, 2000: 117). 따라서 개인의 임파워먼트는 집단 임파워먼트로 연결될 수밖에 없다. 그러나 집단, 지역사회 및 조직 차원의 임파워먼트로 발전하기 위해서는 먼저 개인 임파워먼트를 실천하는 것이 필수적이다. 개인 임파워먼트는 좀 더 자기지시적이고 주장적이 될 수 있도록 하는 것과 다른 사람들과 협력하여 건설적인 결과를 가져온다는 낙관주의를 발전시키는 것이다(Barber, 1991: 41). 이 과정에서 사회복지사는 '촉진자' 역할을 수행한다. Adams(최명민 역, 2007: 106)는 임파워먼트를 위한 사회복지사의 촉진활동 단계를 다음과 같이 제시하였다.

- 사회복지사가 활동의 필요성을 인식한다.
- 사회복지사가 집단의 다른 성원과 그 인식을 공유한다.
- 사회복지사와 집단 성원은 개인이 원하는 대로 참여하지 못하게 하거나 집

단을 스스로 운영하지 못하도록 저해하는 장애물을 밝혀낸다.

- 사회복지사와 집단 성원들은 그들이 원하는 것을 다루는 전략에 대해 협의하고 동의한다. 이 전략에는 집단 성원들의 임파워먼트를 저해하는 장애물을 극복하는 것이 포함된다.
- 사회복지사와 집단 성원들은 집단 성원들이 기술을 개발하도록 지속적으로 노력한다.
- 성원들이 스스로 과업을 수행할 수 있다고 느끼게 되면, 사회복지사는 서비스 제공의 역할을 철회한다.

이 과정에서 클라이언트는 '임파워먼트의 사다리'(최명민 역, 2007: 65-66)를 올라가게 된다. 가장 많이 통제되고 조종되는 낮은 단계에서 출발하여 완전한 참여가 이루어지는 최고의 단계까지 올라가는 것이다. 따라서 다문화 사회복지실천 현장에서 사회복지사는 당사자가 참여할 뿐 아니라 활동의 주체가 될 수 있도록 최대한 도움을 주어야 한다. 그리고 그들의 삶과 문화를 정상화(normalization)하고, 그들의 역할을 사회적으로 가치 있는 것으로 인식하도록 하여(Social Role Valorization: SRV; 사회적 역할 가치화) 자기 삶의 주도권을 잃지 않도록 유의해야 한다. 물론 여기서 그 인식의 주체는 당사자뿐 아니라 주변인과 일반인 모두를 포함한다. 이런 과정을 통해 클라이언트는 인종과 차별, 무기력에 관한 이슈를 다시 이해하면서 자신의 삶의 앞날에 대한 새로운 이야기를 전개할 수 있게 되는 것이다.

단, 이때 독립성과 의존성에 대한 문화적 차이가 잘 고려되어야 한다. 일반적으로 독립은 임파워먼트의 궁극의 목표나 가치로 간주되지만 독립과 의존에 대한 견해는 문화에 따라 다를 수 있으며, 따라서 사회복지사와 클라이언트 사이에도 차이가 있을 수 있음을 명심해야 한다(Weaver, 2005). 특히 한국 사회에서 여성 결혼이민자의 경우 가족과의 조화를 모색해야 하는 상황에 놓여 있기 때문에, 독립성을 지나치게 강조하다 보면 오히려 또 다른 문제를 양산할 수 있다. 독립과 의

존이라는 이분법적 논리보다는 경계에서 조화를 모색하며 자신의 문화에 대한 자부심과 정체성을 발전시켜 갈 수 있도록 접근하는 것이 필요할 수도 있다.

임파워먼트 실천을 하는 사회복지사는 문화적 차이에 대해 기본적으로 서로 배운다는 태도를 갖는다. 특히 다문화인을 대상으로 한 실천뿐 아니라 연구조사 사업도 활발히 진행되고 있는 점을 고려할 때, 이러한 측면은 더욱 강조되어야 한다. 연구자는 이들에게 배운다는 자세를 견지하며 조사과정에서 자기결정권과 인권을 중시해야 함은 물론이고, 조사결과도 당사자들과 공유함으로써 임파워먼트의 효과를 거둘 수 있다(McCrea, 2006). 최근 다문화에 대한 관심이 증가하면서 실천 현장에서 이들을 대상으로 한 연구조사 사업이 활발히 진행되고 있는 시점에서 이러한 부분에 주의하여 해당 다문화인이 연구의 대상으로 이용당하거나 이들에 대한 임파워먼트에 반하는 접근이 이뤄지지 않도록 각별히 유의할 필요가 있다.

그런 측면에서 임파워먼트를 실현하고자 하는 사회복지사는 무엇보다도 문화적으로 민감해야 한다. Lum(2004: 5-6)은 Ivey, Ivey 그리고 Simek-Downing이 문화적 민감성을 "다양한 사람을 이해할 수 있는 능력이자 다양한 생각, 언어, 행동을 일반화하여 사회복지사의 문화와 유사하거나 다른 문화적 배경을 가진 다양한 사람과 의사소통할 수 있는 능력"이라고 규정한 것을 인용하면서, 이를 통한 감정이입은 임파워먼트의 핵심이라고 하였다. 따라서 사회복지사는 이러한 측면에서 자신의 실천을 과정과 결과와 관련하여 반추하고 반성하며, 지속적으로 목표 및 방법을 다시 세워 보는 엄격히 접근해 가야 한다. 또한 이러한 성찰의 대상을 자기 자신뿐 아니라 조직 환경과 사회구조와의 관계로 확장시켜 가야 한다. 임파워먼트 실천이란 곧 행동하며 성찰하는 실천적 접근이기 때문이다.

이러한 임파워먼트의 구조를 그림으로 나타내면 [그림 9-1]과 같다.

[그림 9-1] 임파워먼트 실천의 구조

출처: 최명민 역(2007: 67).

이러한 다양한 체계와 관련하여 집단, 지역사회, 조직 등 대상별 임파워먼트 개입은 제10장 '다문화 사회복지실천 과정 및 모델' 중 '개입' 부분에서 보다 구체적으로 제시할 것이다.

3. 가족 탄력성 모델

Lacroix(2003: 43)는 다문화 사회복지실천을 위한 지침 중 하나로서 "전체 가족을 만나고 그들과 함께하라."라고 제시하고 있다. 그만큼 다문화 사회복지실천에서 가족에 대한 이해와 접근은 중요하다. 여기에서 중요한 것은 가족에 대한 관점이다. Walsh는 어떤 가족 유형을 정상으로 규정하는 '가족의 정상성' 개념에 대해 의문을 제기한 바 있다. 그러나 일반인의 인식 속에서 우리 사회의 다양한 가족 유형은 여전히 '정상성'의 잣대에서 자유롭지 못하며, 이는 다문화가족에 대해서도 마찬가지인 것 같다. 예를 들어, 결혼이민자의 결혼은 비정상적인 것이지만, 이를 극복하고 '정상적인' 가족 관계를 만들어 낸 여성에게는 찬사를 보내는 식이라는 것이다. 그러나 더 이상 전통적 개념의 어떤 가족의 유형에 얽매이는 것은 곤란하다. 일부만을 정상으로 규정하고 나머지를 비정상적으로 취급하고 문제시하는 한 어떤 사회복지서비스도 진정한 도움을 줄 수 없기 때문이다. McGoldrick(2003: 235)은 문화란 바로 이러한 가족의 정상성 개념에 도전하는 것이라고 한 바 있다.

다문화가족이라고 해서 모두 어떤 어려움이나 문제에 직면해 있을 것이라고 생각하는 것도 분명한 오해다. 굳이 이들을 다문화가족이라고 구분할 필요 없이 이들의 가족 경험 역시 일반 가족과 크게 다르지 않을 것이기 때문이다. 그럼에도 아직 우리 사회에 이들의 욕구에 부응할 수 있는 제도가 제대로 갖추어져 있지 않은 데서 오는 스트레스나 불합리한 사회적 편견이나 오해에서 비롯된 도전은 이들 가족의 탄력성을 더 많이 요구하고 있다. 그런 측면에서 다양한 스트레스 상황에 놓인 가족을 강화해 가는 가족 탄력성 모델(Family Resilience Model)은 다문화가족의 실천 현장에서 유용하게 활용할 수 있다. 가족 탄력성 모델은 가족의 잠재력에 초점을 맞춤으로써 스트레스가 부과된 삶을 감당하고 당면한 문제를 극복하려는 최선의 노력을 지원하기 위한 개념적 기반과 실무 지침을 제시하고 있기 때문이다.

Walsh(양옥경 외 역, 2006: 358-360)는 취약성이 높은 가족의 문제를 가족 내부에 돌리고 이들을 '역기능적인 가족'으로 지칭하는 것을 비판하면서, 이들을 제대로 이해하기 위해서는 불안정한 삶의 여건이나 이들에게 밀어닥치는 도전을 먼저 고려해야 한다고 주장한다. 즉, 부과된 부담은 많으나 적절한 지원이 없는 상태 또는 여러 욕구가 있으나 그 욕구가 충족되지 못한 상태에 놓인 가족은 문제가족이 아니라 수많은 문제와 투쟁하며 이를 극복하고자 노력하는 가족으로 이해해야 한다는 것이다. 이러한 관점에서 볼 때, 우리 사회의 다문화가족이 직면한 상황적 도전은 복합적이다. 예를 들어, 경제적 문제는 사회적 차별과 더불어 복합적인 심리사회적 부담을 야기하여 이들 가족의 문제를 더 위태롭게 만들 수 있다. 빈곤과 소수인종이라는 요소가 결합될 때 이들의 고통은 이중이 되며, 이는 또 다른 문제로 이어질 수 있다. 따라서 가족의 취약성을 감소시키려는 개입에서 이와 같이 가족의 생존을 위협하는 환경의 힘을 간과한다면 그 개입은 결코 성공할 수 없을 것이다. 따라서 이들에 대한 개입은 가족뿐 아니라 그들의 생활 터전이 지역사회 및 더 큰 사회를 포괄하는 것이어야 한다.

가족 탄력성의 과정에서 개입을 위한 틀인 가족의 신념체계, 조직 유형, 의사소통과정은 다문화가족에도 적용할 수 있다. 〈표 9-1〉은 가족 탄력성 모델의 주 요소를 보여 준다.

〈표 9-1〉 가족 탄력성의 요소

신념체계	조직 유형	의사소통과정
역경에 대한 의미 부여 긍정적 시각 초월과 영성	유연성 연대감 사회경제적 자원	명확성 개방적 정서표현 협력적 문제해결

출처: 양옥경 외 역(2006: 63).

1) 문화적 다양성과 가족 신념체계

문화는 그에 따른 특수한 가치체계를 형성하는데, 여기에는 가족과 관련된 가치도 포함된다. 따라서 다문화가족의 경우 시작 단계에서 가족과 관련된 서로 다른 신념이나 가치체계를 가지고 있을 수 있다. 예를 들어, 문화적 요소는 부부 갈등을 어떻게 해결하는지, 그리고 그 과정에서 자신과 배우자를 어떻게 인식하는지에 대해서도 차이를 가져온다고 한다(Macky & O'Brien, 1999: 38). 또한 같은 언어를 사용하는 한반도라는 공간 안에서도 부부의 출신 배경이 남북으로 서로 다른 경우 또는 남한 사회로 이주해 온 북한이탈주민 가족의 경우 이들이 느끼는 문화적 차이는 상당하며, 이것이 가족 관계 및 생활에 많은 영향을 미치는 것으로 보고되고 있다(최경석 외, 2003: 537-540; 이민영, 2005). 그런데 이러한 차이를 무시하고 한쪽에서 맹목적인 동화를 강요하거나 이를 추구할 때, 문화적 요소는 갈등, 낙인, 어려움의 원인이 되고 과거와의 단절, 문화적 뿌리의 부정 및 거부 등으로 이어질 수 있다. 반면, 문화적 요소가 가족 지지체계, 자신의 정체성, 자존감, 삶의 철학 등을 통하여 조화를 이룬다면 오히려 긍정적으로 작용할 수도 있다(Lum, 2004: 12). 따라서 다문화가족에 대한 개입에서 가족과 그 지역사회가 문화적 요소를 어떻게 이해하고 있는지를 살펴보는 일은 매우 중요하다.

우리 사회에는 여성 결혼이민자를 못사는 나라 출신으로 '무지하고 무능한 존재'로서 '팔려 오다시피 결혼하고 매 맞고 사는 불쌍한 사람'이자 '돈 때문에 결혼해서 이혼도 쉽게 하는 믿을 수 없는 존재'로 보는 왜곡된 인식이 존재한다(경향신문, 2007. 10. 12.). 다문화가족 성원이 이러한 사회적 통념에 포함된 차별과 왜곡을 그대로 내재화하고 있는 것은 아닌지 살피고 이를 바로잡음으로써 자존감을 회복하도록 개입하는 것은 도움이 된다(McGoldrick, 2003: 257). 다음은 이런 편견을 극복하고 이중문화의 장점을 살려 가고 있는 한 가족의 예다.

> 엄마들 사이에서 리자는 이중문화 자녀들의 모범 사례다. 노래를 시키면 '곰 세 마리' 동요를 부르고, 시키지 않아도 러시아 동요를 잇달아 부른다. 화가 나면 러시아 말로 소리치고, 기분이 좋으면 한국말로 다가와 속삭인다. 외할머니와 국제통화를 하면 러시아 말이 줄줄 나온다. 아직 어리지만 엄마가 러시아의 뿌리를 갖고 있다는 사실을 생활 속에서 터득해 간다. 부지런히 한국말, 러시아 말로 대화한 엄마 덕택이었다. 리자는 더 크면 알 것이다. 엄마가 고향을 떠나 살면서 주민등록증 없이 많이 불편했지만, 러시아 국적을 포기하지 않은 이유가 결국 자신 때문이었다는 사실을. 그녀에게 고향 러시아는 딸에게 가르쳐 주고 남겨 줘야 할 반쪽의 뿌리이자 엄마가 밤마다 전해 주는 이야기보따리의 근원이다(경향신문, 2008. 1. 14.).

이와 같이 가족이 가족력 · 문화적 요소 및 영성 자원을 이해하고, 이런 요소들이 그들이 가지고 있는 신념과 삶의 목표와 연결되도록 할 수 있다. 또한 이들이 당면한 문제를 해결하도록 하는 것도 중요하지만, 그들이 추구하는 삶의 목표에 관심을 갖는 것도 필요하다. 즉, 가족의 과거와 현재뿐 아니라 앞날에 대한 희망에 초점을 두어야 한다는 것이다. 다문화가족은 고유의 가치, 유산, 미래에 대한 꿈을 갖고 있다. 이를 성취해 가는 과정에서 자부심과 위엄이 증진될 수 있다면 문제에 대한 효과적인 해결책도 찾을 수 있을 것이다.

2) 문화적 다양성과 가족 조직유형

가족의 경계를 정하거나 자녀를 양육하는 방식, 그리고 성역할 등은 문화에 많은 영향을 받는다(Weaver, 2005: 38-39). 한국의 여성 결혼이민자 중 상당수는 이런 가족문화의 차이에 의해 어려움을 겪고 있는 것으로 보고되고 있다. 고정적인 남녀 성역할에 따라 가사활동으로 제한된 행동 반경, 남성 우월 사고에 기반을 둔 서열적인 사고와 행동방식, 아들을 낳아서 대를 이어야 한다는 부담 등이 그 예다. 더욱이 지역사회의 기관이나 단체도 한국어 교육, 전통요리 및 예절 강습 등에 집중함으로써 이런 흐름을 무비판적으로 따라가고 있는 양상이다. 이와 같은 고정적인 성역할과 인식은 가족의 탄력성을 저해하는 요인으로, 그 부담을 모두 여성 결혼이민자에게만 집중시키고 있다는 점에서 더욱 역기능적이다. 이미 과부하된 성원에게 더 책임을 지라고 요구하는 것은 그들의 무능감을 강화시키는데, 이는 결국 가족 전체의 스트레스를 가중시키는 결과로 이어질 수 있다. 이에 관한 한 여성 결혼이민자의 지적을 살펴보자.

> 남자 쪽에서 너무 준비 없이 서두릅니다. 여자 쪽에서는 문화와 언어의 벽을 어떻게 넘을 것인가에 대해 무척 고민하죠. 그러나 남자들은 그런 걱정을 별로 하지 않는 것 같아요. '데려다 놓으면 어떻게 잘되겠지.' 하는 마음뿐입니다. 남자 쪽에서도 신부의 나라에 대해 공부를 하도록 제도적인 틀을 만들어야 합니다(경향신문,

2007. 11. 26.).

실제 조사 결과에서도 남편이 아내의 모국어를 배운다거나 아내의 모국의 사회와 역사 및 문화를 이해하려는 노력은 부족한 것으로 보고되고 있다(양옥경, 2007: 128-131). 따라서 사회복지사는 다문화가족에서 생기기 쉬운 불균형적인 관계의 균형을 바로잡고 동등한 입장에서 서로의 문화를 상호 이해하며 효율적인 역할을 모색할 수 있는 기회를 제공해야 한다. 이 과정에서 부부 체계뿐 아니라 가족 성원 모두를 포함시킨다면 훨씬 더 효과적인 개입이 될 수 있을 것이다.

이때 서로의 이해를 돕는 데 '문화적 가계도(culturegram)'가 유용하게 활용될 수 있다. 문화적 가계도는 우선 문화적 기원이 되는 집단을 정하고 그에 대한 자신의 인식, 신념, 행동을 구성하는 기본 원리를 탐색한 후, 자랑스러운 부분과 수치스러운 부분을 파악하는 순으로 진행한다. 그리고 이런 이슈가 자신의 가족 기능에 미친 영향을 상징으로 표시하는데, 이때 상징은 언어 표현이 안 되는 정서적 · 비논리적 이슈를 표현하도록 도움을 준다. 그리고 가족의 정체성을 알아볼 수 있도록 가족 기원에 따라 색을 구분하고 혼합하여 동질성과 이질성을 알 수 있도록 한다. 이 과정에서 진행자는 '왜 이 색깔을 선택하였는가?' '이 내용과 절차가 나에게 주는 가르침은 무엇인가?' '문화적 이슈와 자신이 가지고 있는 이슈 간에 관련성이 있는가?' '이와 관련된 이슈를 나눌 수 있는 경계와 편안함을 느끼는 정도는?'과 같은 질문을 통해 부부관계 및 가족과 개인 간의 관계 등을 탐색하고 이해해 갈 수 있다(Hardy & Laszloffy, 1995).

가족 탄력성 모델의 조직 유형을 결정하는 또 다른 요소는 사회경제적 자원이다. 우리는 사회경제적 자원의 결여나 고립이 좌절을 가져오고, 이것이 심한 갈등으로 이어지는 경우를 볼 수 있다. 이러한 상황에서 개인별 차이나 권리를 인정하지 않을 경우 일방적 강요, 사생활 침해나 폭력으로 이어질 수 있다. 다문화가족의 경우에도 기본적인 자원의 결핍에 더하여 지역사회에서 고립되고 긍정적 지지를 받지 못할 때, 이러한 스트레스가 폭력과 같은 부작용으로 나타날 수 있다. 이때는 즉각적인 위기 개입 실천이 요구되며, 특히 지지체계가 부족한 여성 이민자의 입장에서 적극적인 지원과 원조가 제공되어야 한다. 여기에는 지지관계를 형성하는 것과 보호 및 휴식의 구조를 제공하는 것뿐 아니라 스트레스와 좌절을 감소시키는 지속적인 노력이 요구된다. 그런 위기가 재발되지 않도록 조치를 취하되 또 다른 위기의 가능성에 구체적으로 대비하는 것 역시 매우 중요하다.

그러나 일반적으로 다문화가족에게 문제가 많은 것처럼 알려진 바와는 달리, 다문화가족의 가족관계나 결혼생활 만족도가 비교적 높은 수준이며, 여성 결혼이민자의 삶의 만족도도 중간 이상인 것으로 나타나고 있다(양옥경, 2007: 126-175). 다문화 부부 중 한 유형인 남북한 부부의 경우에도 문화적 차이에 의한 심리적 · 관계적 · 사회적 갈등과 도전을 경험하지만, 이에 대해 능동적으로 타협과 변화를 만들어 가며 새로운 문화를 만들어 가는 과정이 관찰되고 있다. 이민영(2005)은 이를 '두물머리에서 만나는 과정'으로 묘사하고 있다. 따라서 사회복지사는 기본적으로 다문화가족이 잘 기능할 수 있는 잠재력이 있으며, 이들에게 필요한 지원을 통해 이런 잠재력이 더 활성화될 수 있다는 사실을 명심하는 것이 중요하다. 그리고 문제나 어려움에서 자유로운 가족의 영역과 기능을 찾아내어 이 부분에 대해 가치를 부여하고, 작은 부분이라도 이들의 발전과 성공을 발견하여 축하하여 가족의 유능감과 성취감을 최대한 확대하도록 해야 한다.

3) 문화적 다양성과 가족 의사소통

명확하고 개방적인 의사소통과 협력적인 문제해결방식은 가족 탄력성의 주요소다. 그런 측면에서 다문화가족이 경험하는 의사소통의 문제는 여러 어려움을 야기할 수 있다. 사람 간 소통의 장애는 사회생활을 위축시키고 고립과 단절을 가져오며, 가족 간의 언어 차이는 관계 형성에 장애물로 작용할 수 있기 때문이다. 따라서 많은 여성 결혼이민자가 시급한 욕구이자 최우선 과제로 꼽는 것이 한국어 배우기이며, 실제로 이런 교육이 많은 도움이 되고 있다고 한다. 따라서 현재 한국 다문화 서비스의 대다수를 차지하는 한국어 교육은 다문화 클라이언트가 어떤 낙인감 없이 사회적 서비스에 접근할 수 있는 좋은 기회가 될 수 있다. 사회복지사는 일차적 욕구인 한국어 학습에 가려진 그들의 다양한 욕구를 파악하고, 이 기회를 활용하여 이들과의 관계 형성을 통해 지속적으로 필요한 서비스를 제공할 수 있는 지원체계로서 역할을 모색해 가야 한다. 또한 클라이언트가 자신의 이익을 위해 대변하는 능력을 증진시키도록 도와야 한다.

가족이 함께하는 회기를 통해 사회복지사는 언어 차이로 인한 어려움이 있다 하더라도 최대한 명확하게 표현하고 집중해서 들으며 이해하려는 자세, 직접적이고 정직하며 존중하는 의사소통을 통해 신뢰관계를 구축해 가는 자세를 보여줌으로써 모델링 효과를 가져올 수 있다. 특히 한국어를 배우는 과정 초반부터 이들에게 너무 정확한 한국어 구사를 강조하거나, 생소한 표현을 사용한다고 무시하는 일이 없도록 주의해야 한다. 또한 그들만 한국어를 배우도록 하기보다는 구성원들이 최소한의 기본적인 대화를 영위할 수 있을 정도는 상대의 언어를 같이 배우고 활용하고자 하는 자세를 갖도록 하는 것이 좋다. 또한 의사소통에서는 다양한 느낌을 표현하고 공유할 수 있는 것이 중요하다. 항상 좋고 잘 적응하고 있는 것뿐 아니라 어렵고 힘든 것도 표현할 수 있어야 한다. 이들이 빨리 적응하기를 바라는 마음에서 부정적인 감정 표현을 가로막는 일은 없어야 한다. 그리고 이런 감정을 당장 해결해야 한다는 중압감에서 벗어나 이를 공감하고 위로를 표현할 수 있도록 하는 것도 중요하다. 그러나 이와 동시에 문제와 실패보다는 희망과 가능성에 초점을 두고 이야기할 기회를 만드는 것 역시 필요하다. 특히 여러 문제에 몰입된 가족일수록 가족이 문제 이외의 것을 바라보고 스스로 정상화하는 것이 중요하다. 이는 가족 구성원 간의 의사소통뿐 아니라 사회복지사의 면담 상황에서도 명심해야 할 내용이다.

의사소통은 문제해결에서도 중요한 도구다. 미국에서 백인, 흑인, 라틴계 가족을 비교한 한 연구에 따르면, 부부 갈등을 해결하는 방식은 문화적 요소, 성별, 시기에 따라 영향을 받는 것으로 나타났다. 이런 요인의 작용에 따라 직접 얼굴을 맞대고 생각이나 감정을 논의하는 것이 건설적인 경우도 있지만, 이런 직면 방식을 어려워하거나 피하는 경우도 있다. 또한 결혼 초기나 자녀를 다 키운 이후보다는 자녀를 키우는 동안에 부부간의 갈등이 가장 높게 나타나는 것으로 파악되기도 하였다(Macky & O'Brien, 1999: 38).

따라서 다문화가족은 이러한 차이를 서로 고려하되 이것이 장기적인 분리와 고정된 역할로 굳어지지 않도록 유의해야 한다. 낯선 문화끼리의 대화에는 동등한 관계가 전제 조건이다. 부부간 힘의 불균형에 의해 한쪽에서 결정하고 상대방이 일방적으로 따라오도록 하는 의사소통 대신, 서로 협상을 통해 우선순위를 결정하고 타협해 가는 것이 중요하다는 것이다. 사회복지사는 발달적 관점에서 가족관계의 강점에 초점을 두고, 상대방과 관계에 대해 상호 기대하는 바를 파악하도록 도움으로써 가족이 비생산적인 순환관계에 빠지지 않고 서로의 차이를 통합해 가는 새로운 방식을 모색해 가게 할 수 있다. 그러나 가족 갈등이 있다고 해서 언제나 전문가의 적극적인 개입이 필요한 것은 아니다. 가족 내의 자원과 능력을 활용하여 적응해 갈 수 있는 가능성이 있다면, 가족 스스로 힘을 합하여 문제를 극복해 갈 때 그 가족의 탄력성은 더욱 강화될 수 있다.

제10장

다문화 사회복지실천 과정 및 모델

일반적으로 사회복지실천 과정은 '초기-중기-종결기'로 요약되기도 하고, '접수-정보 수집-사정 및 목표 설정-계약-개입-평가-종결-사후관리'와 같이 보다 구체적으로 분류되기도 한다. 다문화 사회복지실천 과정은 Lum(2004)에 의해 '접촉-문제 확인-사정-개입-종결'의 5단계로 제시된 바 있다. 여기에서는 Lum이 제시한 단계를 기초로 하되, 문제 확인과 사정 단계를 '정보 수집 및 사정'의 단계로 통합하여 '만남-정보 수집 및 사정-개입-평가 및 종결'의 4단계로 제시한다. 이 중 특히 개입 단계에서는 보다 구체적인 실천 전략을 제시하기 위하여 체계별로 강점 중심 접근의 개입 모델을 살펴본다.

1. 만남

Diller(2007: 165-168)는 문화적으로 다른 클라이언트와 일하는 과정에서 첫 만남이 갖는 중요성을 강조하면서 첫 회기에서 달성해야 할 목표를 다음과 같이 제시하였다.

- 좋은 라포 형성하기
- 클라이언트의 문제를 이해하기
- 클라이언트가 원조 관계에서 기대하는 바를 이해하기
- 실천가가 제공할 수 있는 것을 명확히 의사소통하기
- 클라이언트에게 자신의 말에 귀 기울여 주고 이해받는 경험을 제공하며, 적절하다면 즉시 도움을 제공할 것이라는 희망을 심어 주기

실제로 이 과업을 달성하기란 쉽지 않다. 문화적 소수집단에 속하는 클라이언트들이 공식적인 원조체계에 접근하기 힘들 뿐 아니라, 어렵게 찾아온다고 하더라도 첫 회기에 자신의 문제가 해결되거나 욕구가 충족될 것이라는 희망을 갖기 힘든 경우가 많기 때문이다. 또한 언어적 소통의 어려움이나 문화적 특성에서 기인한 행동이 저항의 일환으로 해석되는 경우도 적지 않다. 따라서 충분한 신뢰관계를 형성하기 위해서는 더 많은 시간이 필요할 수 있다. 그래도 첫 회기에서 이들이 자신의 상황이 이해받고 있으며, 기관과 실무자들이 실질적인 도움을 주고자 노력한다는 느낌을 가질 수 있도록 해야 한다.

이를 위하여 다문화 사회복지서비스를 제공하는 기관 차원에서는 우선 지역사회와 그 문화에 대해 이해하는 것이 필수적이며, 기관을 이용하는 클라이언트가 사용하는 언어 능력을 갖추거나 관련 문화에 익숙한 인력을 채용하고 활용하는 것이 바람직하다(Lum, 2004: 142).

사회복지사는 첫 만남에서부터 너무 성급하게 과업으로 들어가기보다 서로의 문화적 배경을 염두에 둔 상호 소개나 각각의 문화에 관련된 공통 관심사 모색 등을 통해 관계 형성의 계기를 마련하는 것이 좋다. 문화적 차이점을 고려하는 것도 중요하지만 유사성을 찾는 것 또한 중요하기 때문이다. 이때 사회복지사는 문화적 특성에 따라 인사를 하는 방법이나 이름을 묻고 부르는 방법이 다를 수 있다는 것을 염두에 두고, 필요한 경우에는 사회복지사가 클라이언트를 어떻게 대해 주었으면 하는지를 물어볼 수도 있다. 또한 사회복지사가 클라이언트의 거

주지, 직업, 건강 상태, 가족, 기타 특징 등에 대한 기본 사항을 수집하는 과정에서 문화적 배경을 신중하게 질문함으로써 사회복지실천에서 이 부분이 중요하게 고려될 것임을 시사할 수도 있다. 더불어 사회복지사는 초기 접촉에서 클라이언트의 생심리사회적(biopsychosocial) 기능에 대한 초기 사정을 해야 하는데, 이때 클라이언트가 가지고 있는 문화적 정체성이나 태도 및 적응 정도를 파악하는 것도 필요하다(Lum, 2004: 141-143). 단, 이 과정에서 어떤 집단의 문화적 특성을 안다고 해서 개인의 차이를 고려하지 않고 이를 무조건 그 집단에 속하는 개인에게 적용하는 것은 유형화시키는 결과를 가져와 결국 개별화의 원칙에 어긋날 수 있으므로 주의해야 한다.

혹시 언어적 문제나 문화적 이질성에 의해 불분명하거나 이해가 안 되는 부분이 있을 때는 사회복지사와 클라이언트가 서로에게 언제든지 질문하고 확인할 수 있어야 한다. 사회복지사는 제공할 수 있는 서비스와 그 과정 및 유의 사항 등에 대해 클라이언트에게 가능한 한 쉽고 명료하게 설명해 주어야 하는데, 이때에는 클라이언트의 즉각적인 욕구뿐 아니라 장기적인 욕구도 함께 고려해야 한다. 따라서 첫 회기를 마치고 클라이언트가 문을 나설 때에는 다음 회기의 약속이나 의뢰 등에 대해 명확히 알고 있도록 해야 한다(Diller, 2007: 167-168).

2. 정보 수집 및 사정

사회복지사와 클라이언트의 만남을 통해 관계가 어느 정도 형성되면 대화의 흐름은 클라이언트의 구체적인 욕구나 문제로 옮겨 가게 된다. 그러나 제도적 모순에 의해 불이익을 당한 경험이 있거나 아직 충분한 신뢰관계가 형성되지 않은 상태에서 클라이언트가 처음부터 자신의 문제나 정보를 완전히 드러내는 것은 어려운 일일 수 있다. 특히 이러한 정보가 자신에게 불리하게 사용될 것이라는 생각이 들면 클라이언트가 솔직하게 자신의 상황을 내어 놓기를 망설일 수 있다.

따라서 사회복지사는 정보를 수집하고 사정이 이루어지는 과정에서도 신뢰관계의 형성 및 유지에 관심을 기울여야 한다.

사정은 곧 개입의 기반을 마련하고 방향성을 제시한다는 점에서 매우 중요하다. 다문화 사회복지실천에서의 사정도 일반적인 사회복지실천의 주요 사정의 원칙(예: 문제에 대한 정보를 얻을 때에는 그 문제가 발달되어 온 과정을 파악해야 하며, 그 과정에서 가족이나 지역사회와의 관련성에도 관심을 가져야 한다)이나 내용(예: 문제가 언제, 어디에서 일어나는지, 어떤 사람들이나 체계가 문제에 관련되어 있는지, 문제의 결과나 유형은 어떠한지)을 포함한다. 단, 어떤 욕구와 어떤 문제인지에 따라서 초점이 달라지겠지만, 문화적 측면과 관련된 정보는 추가로 수집해야 한다. 사정 단계에서 문화적 요소를 고려한다면 그렇지 않은 경우에 비해 그만큼 개입 내용이 더 풍부해지고 효과적이 될 수 있기 때문이다. Diller(2007: 163-165)는 초기 정보 수집과정에서 클라이언트의 문화적 과거력 및 생활 방식에 초점을 두는 것이 도움이 된다고 하면서, 이와 관련하여 수집해야 할 정보의 목록을 다음의 세 가지 유형으로 제시하였다. 그 첫째 유형은 Diller 자신이 제시한 기본적인 인구학적 정보 목록이다.

- 태어난 곳
- 현재 삶의 공간(한국)에서 생활해 온 기간
- 가족의 역할 및 구조[1)]
- 집에서 사용하는 언어
- 한국어의 유창성
- 경제적 상황과 지위
- 교육 수준

1) 가족 사정에서는 문화적 요소를 고려한 가계도를 활용할 수 있다. 문화적 가계도에 관한 설명은 가족 개입 부분을 참조하라.

- 한국 문화에 동화된 정도[2)]
- 계속 고수하고 있는 문화적 전통
- 한국의 생활 방식에 대해 익숙하거나 편안한 정도
- 종교적 소속
- 공동체 및 친구 관계 유형

이와 같은 기본적인 정보를 수집하고 이해할 때 다양성의 차원을 1차적인 것과 2차적인 것으로 구분한 Dixon과 Taylor(Lum, 2004: 7에서 재인용)의 견해를 참조하는 것은 도움이 된다. 가시적이며 변화가 어려운 1차적인 다양성에는 인종, 민족, 성, 연령, 장애, 성적 취향 등이 해당되며, 보이지 않지만 선택 가능한 2차적인 다양성에는 정치 이념, 결혼 상태, 경제적 지위, 종교, 경험, 교육 등이 포함된다. 사정 시에 이러한 두 가지 차원을 염두에 둔다면 다양성을 보다 민감하게 고려할 수 있다.

둘째 유형의 정보 목록은 Greiger와 Ponterotto(Diller, 2007: 164에서 재인용)가 클라이언트의 문화적 욕구와 관련하여 원조과정에서 고려해야 할 것으로 제시한 여섯 가지 사정 항목이다.

- 클라이언트의 심리적 정신 상태
- 가족의 심리적 정신 상태
- 원조에 대한 클라이언트와 가족의 태도
- 클라이언트의 동화 수준
- 가족의 동화 수준

2) 여기에서 동화 정도를 파악하는 것은 필요하지만 한국 문화에 동화된 정도가 높은 것이 반드시 바람직하다고 보는 것은 아니다. 오히려 고유의 생활 방식이나 전통을 모두 포기하고 주류 문화를 따라가려는 것보다는 자신의 문화적 근원에 대한 자부심과 정체성을 가지고 주어진 상황에 적응할 수 있는 것에 더 의미를 부여할 수도 있다.

• 동화에 대한 가족의 태도

이와 관련된 '문화적응유형척도' 및 '문화적응 스트레스 척도'는 부록에 제시하였다. Barry(2001)가 개발된 문화적응유형 척도는 양옥경(2007)에 의해 수정 · 번안된 것으로, 적응의 유형을 동화, 통합, 분리, 주변화로 분류하고 있다. 문화적응 스트레스 척도는 Sandhu와 Asrabadi(1994)가 개발한 것을 양옥경(2007)이 번안한 것이며, 하위 영역에는 지각된 차별감, 향수병, 지각된 증오심, 두려움, 문화 충격, 죄책감, 기타 등이 포함된다. 다문화 사회복지실천 과정에서 이와 같은 척도를 사용하면 보다 정확한 사정에 도움이 될 수 있다.

셋째 유형의 정보 목록은 Pinderhughes(Diller, 2007: 164-165에서 재인용)가 현재 문제와 관련된 문화적 측면을 보다 정확히 탐색하기 위하여 제시한 질문 사항이다.

• 문제가 이주와 같은 변화의 이슈와 얼마나 관련되어 있는가?
• 클라이언트 문제를 얼마나 문화적 요인에 기반을 두고 이해할 수 있는가?
• 문제가 되는 행동을 그 문화에서 정상적인 것으로 받아들이는가, 아니면 역기능적인 것으로 생각하는가?
• 문제가 자원이나 지지를 이용할 수 없는 환경 요인과 얼마나 관련되어 있는가?
• 문제가 정체성, 가치, 관계에서 문화적 갈등과 얼마나 관련되어 있는가?
• 문제가 개인의 심리적 갈등이나 성격적 요인과 얼마나 관련되어 있는가?
• 문화적 가치나 행동, 사회적 연결망, 지지체계 등과 같이 클라이언트가 활용 가능한 문화적 강점이나 자산에는 어떤 것이 있는가?

여기에서 파악되는 문화적 요소들이 긍정적 기능을 하기도 하지만 때로는 그렇지 않은 경우도 있을 수 있다. Lum(2004: 12)은 문화적 요소가 하나의 자원이 되기 위해서는 가족과 사회의 지지, 자기정체성, 자존감, 그리고 그에 대한 철학이 있어야 한다고 하였다. 사회가 그 문화적 요소를 수용하지 못할 때, 오히려 문화적 요소는 갈등과 낙인의 문제로 존재할 수 있으며, 이 때문에 자신의 문화적 요소를 적대시할 때는 문화적 자원과 단절될 수 있다. 따라서 사회복지사는 클라이언트에게서 문화적 요소가 유용한 기능을 하고 있는지, 아니면 삶의 장애물로 작용하고 있는지를 파악하는 것이 중요하다. 그리고 이와 관련된 개인, 가족, 지역사회의 신념과 지지체계 등을 사정할 필요가 있다. 또한 필요할 때 이와 관련하여 자문을 받을 수 있는 자원을 확보하고 있어야 한다.

특히 이 과정에서 클라이언트와 사회복지사가 가지고 있는 관점을 파악해야 한다. 이러한 정보를 수집하는 것이 중요한 만큼 클라이언트와 사회복지사가 이것을 어떻게 바라보느냐 하는 관점 역시 중요하기 때문이다. 우선 클라이언트와 그가 속한 문화에서 문제와 관련 상황을 어떻게 바라보고 개념화하고 있는가 하는 것은 중요하다. 따라서 클라이언트의 견해와 문제를 규정하는 방식에 관심을 기울여야 한다. 또한 사회복지사는 클라이언트의 강점에 초점을 맞추어야 한다. 〈표 10-1〉은 Cowger와 Snively(2002: 106-203)가 다섯 가지 측면으로 제시한 '다문화 사회복지실천에서 클라이언트의 강점을 사정하는 틀'이다.

〈표 10-1〉 클라이언트의 강점 사정 틀[3]

1. 인지
- 사고방식이 그 문화에 속한 대부분의 사람과 유사하다.
- 문화적 · 윤리적 관점에서 옳고 그른 것을 이해한다.
- 자신의 행동이 다른 사람에게 어떤 영향을 주며, 다른 사람들이 자신에게 어떤 영향을 미치는지를 이해한다. 즉, 통찰력이 있다.
- 다양한 사고방식에 개방적이다.
- 논리를 따라가기가 쉽다.

3) 이 사정 틀에서 제시하는 항목 중 미국 문화의 특성이 반영되었다고 사료되는 몇 가지 항목은 수정하여 제시하였다.

• 문제해결에서 대안을 생각하고 중시한다.

2. 정 서

• 다른 사람들과 공감하고, 필요하면 이를 표현할 수 있다.
• 친밀한 사람에게 사랑과 관심을 표현한다.
• 자기 자신을 조절할 수 있다.
• 힘든 상황을 합리적으로 처리할 수 있다.
• 삶에 대해 긍정적이고 희망적이다.
• 다양한 감정을 느낄 수 있다.
• 정서적 반응이 상황에 맞다.

3. 동 기

• 문제가 있을 때 숨기거나 피하거나 부인하지 않는다.
• 도움을 구하고 문제 상황을 믿을 만한 사람과 공유하려고 한다.
• 문제 상황에서 자신의 몫과 역할에 대한 책임을 받아들이려고 한다.
• 현재와 미래의 상황을 개선하고 싶어 한다.
• 타인에게 의존하려고만 하지 않는다.
• 더 알고 배우고 기술을 익힘으로써 발전하고자 한다.

4. 대 처

• 가족 위기를 지속적으로 다루어 간다.
• 잘 조직화되어 있다.
• 결심한 대로 따른다.
• 자원을 잘 활용하고 제한된 자원 속에서도 창조력을 발휘한다.
• 불의에 굴복하기보다 견디거나 저항한다.
• 재정적 어려움이 있어도 부채를 갚으려 노력한다.
• 새로운 상황을 준비하고 잘 다룬다.
• 과거에 관련된 문제를 성공적으로 잘 다루어 왔다.

5. 대인관계

• 친구들이 있다.
• 친구, 가족 및 다른 사람들을 이해하려고 한다.
• 친구, 가족 및 다른 사람들을 위해 양보한다.
• 사회적 역할(예를 들어, 부모, 배우자, 자녀, 공동체 구성원)을 제대로 수행한다.
• 다정하고 친절하다.
• 신뢰를 준다.

- 가족 및 친구들과의 관계에서 협력적이고 융통성이 있다.
- 다른 사람과의 관계에서 자신감이 있다.
- 다른 사람을 따뜻하게 수용할 줄 안다.
- 다른 사람의 사랑과 보살핌을 받아들일 수 있다.
- 교양이 있고 예의가 바르다.
- 다른 사람의 말에 귀를 기울인다.
- 필요한 경우 자신을 표현할 수 있다.
- 인내심이 있다.
- 다른 사람과의 관계에 현실적인 기대를 가지고 있다.
- 유머 감각이 있다.
- 다른 사람들과 역할을 수행하는 과정에서 만족감을 느낀다.
- 인간관계에서 자기 경계를 유지할 줄 안다.
- 성별에 따른 역할이나 정체성에 대해 편안함을 느낀다.
- 용서할 줄 안다.
- 시간과 돈에 인색하지 않다.
- 언어적으로 유창하다.
- 목표 의식이 있으며 성실하다.

출처: Cowger & Snively(2002).

이러한 맥락에서 클라이언트의 문제를 병리적인 관점에서 바라보기보다는 클라이언트의 삶을 가로막는 장애물에 의한 어려움으로 보는 시각이 필요하다. 그리고 미시적인 수준에서 개인 차원의 문제뿐 아니라 이와 관련된 제도적이고 거시적인 문제에도 관심을 기울여야 한다. Lum(2004: 143)은 클라이언트의 문제를 규정할 때는 다양한 측면에서 범주화하는 것이 유용하다고 하였다. 즉, 개인, 가족, 소집단 수준의 미시적(micro) 측면, 지역 공동체나 조직 수준의 중범위(mezzo) 측면, 그리고 복잡한 조직이나 인구지리학적 수준의 거시적(macro) 측면으로 문제를 규명하는 것이다. 이때 차별, 무기력, 착취, 동화, 유형화 등의 문제도 함께 고려해야 한다. 단, 이런 측면을 서로 분리된 것으로 바라보아서는 안 되며, 이들이 서로 어떻게 연관되어 있고 상호 영향을 미치는지를 파악해야 한다. 이를 통해 문화적 자원과 심리사회적 환경을 통합적으로 바라볼 수 있다.

이러한 문제를 파악한 후에는 이러한 문제의 우선순위를 정하는 것이 필요하다. 그중에서도 가장 접근하거나 다루기 용이한 부분이 무엇인지를 파악해야 한다. 이를 통해 문제의 핵심이 보다 구체화될 수 있으며, 클라이언트도 문제에 대한 통찰을 가질 수 있다. 이러한 우선순위에 따라서 단기 목표와 장기 목표를 설정하고, 그에 따른 개입 전략을 세우는 것 역시 사정 단계에서 해야 할 과업이다.

3. 개 입

여기에서는 개입과정에서 유용하게 활용할 수 있는 모델을 통해 구체적인 개입과정을 살펴본다.

1) 개별 개입

다문화 클라이언트, 특히 이민자에 대한 사회복지적 접근은 다중모델이 적합한 것으로 알려져 있다. 이들이 당면하는 문제로는 보건 및 정신건강 문제, 풍습 · 전통 · 신념 · 가치의 이슈, 가족구조 · 자녀 양육 · 가족 내 성역할 등 가족관계, 언어와 읽고 쓰는 능력, 정치적 이념과 차별 경험 등을 들 수 있다. 따라서 서비스는 생활 환경과 문화적 역량, 정신보건의 복잡성, 의료적 요소, 개인적 삶의 사회적 및 영적 측면이 고려되어야 하며 이민자에 대한 접근은 정형화된 것이 없기 때문에 한 가지 방법론만 고수할 것이 아니라 절충주의적인 방식을 취하는 것이 바람직하다고 할 수 있다(Michultka, 2009).

여기에서는 다문화 클라이언트를 개인 차원에서 돕기 위한 개입 방법으로 개인 심리적 측면의 도움과 구조적 측면을 포괄하는 옹호활동을 소개한다.

(1) 심리적 차원의 개입

Drachman과 Ryan(2001)은 다양한 스트레스에 노출되어 왔거나 지속적으로 스트레스 요인에 대응해 가야 하는 개인에게 중요하게 작용하는 심리적 요소로 통제감, 자존감, 사회적 성향, 성취동기, 인지방식 등을 들었다. 그리고 스트레스의 영향을 줄이고, 부정적인 연쇄 반응을 피하며, 자기효능감을 높이는 것, 새로운 기회를 찾는 것 등은 스트레스 대응을 위해 필요한 기제로 보았다. 특히 이민자의 경우에는 자신의 문화가 주류 문화에서 어떻게 인식되는지를 자각하는 것이 자존감에 상당히 영향을 주기 때문에 주류 집단과 자신의 인종집단에 대한 태도를 돌아보고 자기정체성을 재창조하는 작업이 필요하다고 하였다. 따라서 다문화 클라이언트의 심리 건강을 위해서 개입하고자 하는 사회복지사라면 이러한 요인을 강화하는 방향의 개입을 고려할 수 있을 것이다.

그러나 심리 상태는 이러한 정체감이나 상실의 경험 외에도 언어 사용, 빈곤, 고용, 물리적 이별, 인종주의나 편견 등에도 영향을 받기 때문에 사실상 총체적인 접근이 필요하다고 할 수 있다. 그런 측면에서 사회복지실천은 어떤 대인전문가보다도 개인에 대한 접근에서 기본적으로 환경 속의 인간이라는 구도를 중시한다. 따라서 사회복지실천에서는 이민자가 경험했을 가능성이 높은 빈곤, 차별, 착취, 폭력, 그리고 고향을 떠나 낯설고 비우호적인 환경을 이해해야 하고, 그와 관련하여 신체적 · 정서적 문제로 인해 외상(trauma)을 입은 대상자와 일할 수 있도록 준비되어 있어야 한다. 특히 이주 이전과 이주과정에서뿐 아니라 이주 이후의 삶 속에서 외상을 경험한 경우에 이를 효과적인 실천적 개입으로 통합시킬 수 있어야 한다(Hendricks, 2008).

다음은 이와 관련하여 Michultka(2009)가 문화적으로 유능한 정신보건 개입을 위해 고려해 보아야 할 사항으로 제시한 것이다.

명확한 목표 설정 다문화 클라이언트에 대한 개입을 진행할 때는 명확한 목표를 설정하는 것이 중요하다. 고통 완화, 긍정적 경험 확대, 바람직한 역할 수행,

여러 자원 확보 등은 대부분의 클라이언트가 공감할 수 있는 목표다. 보다 구체적인 목표 설정을 위해서는 클라이언트와 창의적으로 협력하며 클라이언트가 자신의 생각과 느낌을 자유롭게 표현할 수 있도록 해야 한다. 이를 위해서는 상호 존중과 존경을 바탕으로 클라이언트에게 관심을 갖고 위로하는 자세로 임해야 한다.

그러나 일반적으로 사회복지사들도 개발도상국의 삶이나 전쟁, 이주과정의 냉혹한 현실을 충분히 이해하기는 어렵다. 따라서 외상을 경험한 클라이언트는 자신의 고통이나 상실, 또는 고된 노력이 충분히 이해받고 있다고 느끼지 못하는 경우가 많다. 따라서 전문가들에게 어떤 질문을 받게 되면 클라이언트는 그것이 자기를 의심하거나 이해하지 못하는 것으로 받아들일 수도 있다. 또한 개인주의와 집단주의의 차이, 성별과 연령, 교육적 역할의 차이, 이해받지 못하고 있다는 느낌 등에 굉장히 큰 영향을 받는다. 그러므로 사회복지사는 존칭을 사용하고 약속 시간을 지키며 지속적으로 클라이언트의 권리와 권리 행사 방법 등을 상기시킴으로써 긍정적인 관계를 형성하기 위해 노력해야 한다.

언어적 배려 언어에 대한 배려는 문화 차이를 고려한 서비스의 필수적인 조건이다. 정서적 영향이 큰 사건은 그 사건이 일어났던 때 사용했던 언어로 기억된다. 따라서 낯선 외국어로 정신적 외상의 기억이나 갈등을 다루는 것은 훨씬 어렵고 비효과적일 수밖에 없다. 그러므로 이런 이슈를 다룰 때는 가능한 한 통역사를 활용하는 것이 좋다. 통역사는 언어적 의사소통뿐 아니라 역사적 맥락에서 문화적 이해를 돕고 클라이언트가 자신의 공동체 내에서는 정상적이라는 점을 확인해 줄 수도 있다.

만약 통역사가 클라이언트와 이미 안면이 있거나 같은 공동체 내에서 교류 가능성이 있을 경우에는 비밀보장 문제가 발생할 수 있으므로 비밀보장 의무를 주지시켜야 하고, 전문가적 경계의 문제도 분명히 하도록 해야 한다. 또한 클라이언트와 같은 언어를 사용한다 해도 거주지, 성별, 연령, 계층 등에서 차이가 많이

나는 통역사의 경우에는 비효율적일 수 있다. 그러므로 통역자의 특징이나 자격과 관련한 조건을 미리 클라이언트와 의논하는 것이 필요하다. 사회복지사는 이런 문제 역시 서비스 과정으로 인식하고 주의해야 한다. 설혹 언어가 통하지 않더라도 전문가는 주의 깊게 관찰하면 통역의 이용과정에서 관계적 · 언어적 문제를 파악할 수 있다. 이를 위해서는 무엇보다 클라이언트와 전문가 사이에 관계가 잘 형성되고 유지되어야 한다.

대안적 방법의 활용 이민자는 자신의 정신적 문제나 외상을 나름의 방식으로 인식하고 경험하기 때문에 우리 사회에서는 새롭고 창의적인 방식으로 접근하기를 원할 수 있다. 또 어떤 이민자의 경우에는 자기 고유의 문화에 근거한 전통적 치유 방법을 활용하기를 원할 수도 있다.

따라서 사회복지사는 충분한 논의를 통해 클라이언트의 이에 대한 개인적 신념은 무엇이고 어떤 방식의 접근을 원하는지를 확인해야 한다. 그리고 그 방법을 통해 어떤 결과를 기대하는지, 그 방법이 다른 개입 방법과 어떤 식으로 상호작용하며 영향을 미칠 것인지, 어떤 결과가 예상되는지, 부작용은 없는지 등도 파악해야 한다.

언어나 글로 자신의 의사를 표현하는 것이 힘들고 어색한 클라이언트에게는 미술치료나 음악치료, 오락치료 혹은 의례나 사진의 활용 같은 창의적이고 대안적인 형태의 정서 표현 방법도 효과적일 수 있다. 때로는 친숙한 음식과 음악, 춤 등을 경험할 수 있는 전통 축제에 참여하는 것이 치료 효과를 줄 수도 있다.

다양한 서비스와 참여 문화적으로 유능한 개입이 되기 위해서는 사회복지사 스스로가 문화적 유능감을 느끼는 것을 기준으로 하기보다 이를 이용하는 클라이언트가 편안하고 선택할 수 있는 다양한 서비스를 제공해야 한다. 신규 이민자에게 심리적 서비스를 제공하는 예방, 교육, 치료 등으로 다양하게 제공할 수 있다. 단, 이들이 보다 효과적으로 제공되기 위해서는 프로그램 설계, 실행, 평가의 모든 과정에 이민자와 같은 민족적 · 문화적 배경을 지닌 전문가나 공동체 대표를 포함시키는 것이다. 인종 및 민족 공동체 사이에서도 다양성은 존재하지만 이들의 도움을 받으면 의사소통의 장벽을 줄이고 개입 효과를 높일 수 있기 때문이다.

(2) 옹호활동

이민 등을 통해 사회 구성원이 된 다문화 클라이언트를 돕기 위해서는 권력과 그 권력이 어떻게 작용하는지를 이해해야 한다. 이를 위해서는 무엇보다도 사회복지사의 활동 중 '옹호'가 중심이 되어야 할 것이다. 따라서 여기에서는 Sidhu (2009: 331-333)가 제시한 세 가지 차원의 이민자 클라이언트 옹호를 살펴보고자 한다.

- 다문화인 스스로 자기 권리를 충분히 인식하도록 해야 한다. 다문화와 관련하여 다양한 제도와 서비스가 계속 변화하고 있고 새로운 절차가 만들어지고 있기 때문에 그 문화에 속한 일반인도 혼동을 일으킬 수 있다. 따라서 간단한 것이라도 이들에게 도움이 되는 정책 내용이나 자원이 무엇인지를 클라이언트에게 알리는 것은 분명히 도움이 되고 효과적일 수 있다.
- 일반인을 대상으로 한 옹호활동도 필요하다. 전 세계적으로 국가 간 이주민이 증가하고 있는 것과 마찬가지로 한국 사회에서도 이민자와 다문화인 숫자는 계속 증가하고 있다. 따라서 사회복지사의 서비스 대상 중 다문화인의 비율도 계속 증가할 전망이다. 우선은 현장에서 서비스를 제공하는 전문가부터 이민자 권리 이슈에 대해 더 많이 배우고 토의나 포럼 등에 적극적으로 참여해야 한다. 그리고 일반 시민과 지역사회 구성원을 상대로 지역의 이민자에게 영향을 미치는 새로운 제도나 정책이 무엇이 있는지부터 불시 단속, 증오 범죄, 인권 위반과 같은 사건에 어떻게 대응할 것인지까지 교육하고 훈련시킬 수 있다. 또한 일반 시민에게도 다문화인들과 함께하거나 이들의

권리를 옹호하는 비영리 조직에 자원봉사자로 참여할 수 있도록 장려할 수 있을 것이다.

• 입법 및 정책 형성 과정에도 적극적으로 참여해야 한다. 흔히 정책에서 개인과 집단의 차이를 만드는 가장 결정적인 순간은 규제가 만들어질 때다. 그렇기 때문에 사회복지사는 지역의 기관 및 행정 조직의 정책 형성 및 입법 과정이 어떠한지 이해해야 하고, 당사자의 의견이 반영될 수 있도록 해야 한다.

특히 다문화 영역의 사회복지사는 옹호활동을 하는 과정에서 반인종차별주의의 시각을 견지해야 한다. 서구의 경우 오랜 인종차별의 역사 속에서 반인종차별이 사회의 안정과 발전을 위해 반드시 필요한 전제조건이라는 합의가 이뤄져 있는 반면, 아직 우리 사회는 인종차별에 대한 진지한 각성이나 논의가 부족한 현실이다. 그러나 사회복지는 역사적으로 성차별, 동성애 혐오를 비롯한 모든 형태의 억압이나 차별에 반대하는 입장을 취해 왔으며, 여기에 인종차별을 근절하기 위한 노력이 포함되는 것은 물론이다. 따라서 사회복지사는 다문화 영역에서 옹호활동의 기반이 되는 것은 공평, 평등, 통합, 차이에 대한 이해와 평가, 그리고 우리 사회를 구축하고 있는 민주주의 등 반인종차별주의 원칙임을 기억해야 한다(Sue, 2006).

2) 가족 개입

Walsh(양옥경 외 역, 2006: 362-368)는 강점에 기반을 둔 가족 중심 서비스의 원리를 제시하였는데, 여기서는 이를 다문화가족에게 적용하여 구체적 개입 지침으로 재정리하였다.

• 가족의 역량을 강화할 수 있는 가족 강점과 자원을 규명하고 동원한다. 불충분한 서비스로 위기에 처한 가족을 역기능적 가족으로 오해하지 않는 것이 중요하다. 전문가의 편견은 이들에 대한 낙인을 조장하거나 가중시킬 수 있

다. 사회복지사는 자신이 가지고 있는 가정에 따라 질문하고 목표를 세우며 개입 방법을 결정한다. 따라서 다문화가족에 대한 개입이 문제 중심으로 될 경우, 그 문제에 함몰되어 가족이 가지고 있는 가능성과 자원을 놓칠 수 있다. 다문화 사회복지실천 현장의 사회복지사는 가족의 문제와 실패에 초점을 두기보다는 여러 한계에도 불구하고 이들이 발휘하고 있는 강점을 찾고, 하루하루 탄력적으로 대처하고 있는 모습을 발견하고자 노력해야 한다. 대부분의 다문화가족은 여러 어려움 속에서도 더 나은 삶을 위해 나아가고 있다. 그들은 어떤 것이 변화되어야 하는지에 대해서도 스스로 잘 알고 있는 경우가 많다. 그러므로 그들의 노력을 경청하고 가치를 부여하며 지원하는 것이 필요하다. 특히 자원에 기반을 둔 관점은 스트레스 환경을 조절해 가는 역량을 강화시키는 데 유용하다. 가족의 긍정적 상호작용을 강화하고 대응 능력을 지원하며 외적 자원을 모색하려는 개입은 가족의 스트레스를 감소시키고 이들의 자긍심을 높이며 가족 기능을 증진시킬 수 있다.

- 개인 중심 접근에서 가족 중심 접근으로 이동한다. 한국 사회에서 다문화가족에 대한 접근은 언어적으로는 '가족'이라는 단어를 사용하지만, 실천적으로는 여성 결혼이민자에게만 초점이 맞춰져 있는 경우가 많다. 이는 변화와 적응의 대상이 여성 결혼이민자라는 의식이 투영된 것일 뿐 아니라, 이런 의식을 나머지 가족 성원과 지역사회에 각인시켜 이들이 마땅히 함께 기울여야 할 노력의 필요성을 간과하는 결과를 가져올 수 있다. Walsh는 가족 성원 중 누가 도움을 구하고 기관에 찾아오느냐에 상관없이 실천의 초점을 가족 관계망에 둘 때 해결을 위한 잠재 능력을 계발할 수 있다고 하였다.
- 가족에게 초점을 둔다고 해서 언제나 모든 가족을 만나야 하는 것은 아니며, 그보다는 체계적 관점을 가지고 모든 가족 성원과 그들의 관계성을 고려하는 것이 중요하다는 것이다. 이때 사회복지사가 가지고 있는 가족에 대한 개념이 중요하게 작용하는데, 가족 구성원이나 가족 경계 등에 대한 사회복지사의 개념은 문화에 따라서 다르게 나타난다고 한다(Choi & Yang, 2006).

- 가족을 하나의 체계이자 자원이라고 볼 때 보다 포괄적이고 융통성 있는 개념 적용이 필요하다. 예를 들어, 다문화가족의 경우 여성 결혼이민자와 남편 및 자녀뿐 아니라 시부모, 형제들, 그리고 고국에 있는 여성 결혼이민자의 가족과 친척이 모두 포함될 수 있다. 특히 한국 가족에서 시부모가 차지하는 비중을 고려하여 이들을 포함한 가족 차원의 접근을 고려해야 한다. 만약 이들 가족 성원이 직접 올 수 없는 경우라면 전화나 전자메일, 편지와 같은 수단 등을 동원할 수도 있다. 단, 가족 중심의 접근이라고 하여 여성 결혼이민자를 가족의 테두리 안에만 두고 그 범주 안에서만 서비스를 제공해야 한다는 의미는 결코 아니다. 이들의 취업이나 경제적 자립과 같은 개인적 욕구도 중요하게 다루어져야 하는 것은 물론이다.
- 지역사회에 기초한 유연하고 총체적인 서비스를 제공한다. 서비스 체계나 전문가들의 작업이 분리되어 분절된 서비스로 제공될 때 가족의 욕구와 문제는 통합적으로 다루어지지 못한다. 따라서 기관 간의 의사소통과 협조는 필수적이다. 이를 위해서 우선 가족 성원과 그들의 욕구를 상호 연관된 것으로 보고 총괄적이고 조화로운 서비스를 지향하며 자원을 동원해야 한다. 이때 가족을 지역사회, 인종적 · 종교적 맥락에서 이해하고 서비스를 제공하는 것이 중요하다.

현재 우리 사회의 다문화가족 서비스는 '결혼이민자가족지원센터'로 일원화되어 있지만, 아직 지역 민간단체 차원에서 전개되어 온 활동과 연계하여 통합적인 서비스를 제공하는 데는 미흡한 것으로 평가되고 있다(이희숙, 2008: 57-58). 앞으로 자생적 다문화 관련 민간 조직뿐 아니라 이들 가족 성원과 관련된 지역사회의 교육, 종교, 법률 등 다양한 영역의 기관 및 자원을 파트너로 인정하고 협력해 가야 한다. 그리고 이들 간의 정보를 공유하고 연계할 수 있는 시스템 구축 또한 필요하다. 최근 여성 결혼이민자에 대한 한 조사에 의하면, 지역사회에 다문화가족을 위한 서비스가 존재하고 있는데도 당사자들은 여러 이유로 서비스를 이용하는 데 어려움을 겪고 있는 것으로 나타났다. 여기에는 서비스 제도와 서비스 제공기관 자체를 모르거나, 자신에게 맞는 서비스를 찾기 어렵거나, 서비스를 이용하는 방법을 모르거나, 또는 기관 직원들과 의사소통이 안 되는 등의 이유가 포함되었다(양옥경, 2007: 186-187). 이와 같은 조사 결과는 다문화가족에 대한 서비스의 접근성 및 이용 가능성이 확보되지 못하고 있으며, 지역사회 자원이 충분히 활용되지 못하고 있음을 보여 주고 있다. 어디에서나 일률적인 내용으로 구성된 다문화가족 서비스, 찾아오기를 기다리는 서비스, 지역사회 기관과 분리되어 서비스 기관의 독자적인 사업으로만 진행되는 서비스로는 다문화가족의 욕구에 다가갈 수 없다는 것이다. 그 대신 지역사회의 욕구 조사 및 이에 근거한 서비스 기획, 지역사회와 협력 관계 속에서 여러 경로 및 자원을 활용한 적극적인 서비스 홍보, 찾아오는 대상에게 제공하는 서비스뿐 아니라 찾아가는 서비스 제공, 그리고 서비스 이용자에 맞게 적합한 언어로 기관 안내서를 제작하는 등 통역 및 의사소통 체제의 확보 등이 필요하다. 특히 의사소통의 문제는 서비스 이용에 심각한 장애물로 작용할 수 있으므로 이에 대한 해결책을 창의적으로 강구해야 한다. 이를 위하여 다문화가족을 서비스 대상으로만 놓지 말고 언어가 자유로운 결혼이민자 및 그 가족을 자원봉사자, 관찰자, 유급 직원 등으로 활용하는 방안을 모색할 수 있다. 이러한 방법을 통해 다문화가족과 지역사회가 파트너십을 형성하며, 서로 긍정적이면서도 다양한 경험을 축적해 갈 수 있을 것이다.

- 초기 개입에 초점을 둔 지속적인 서비스를 제공한다. Walsh는 여러 가지 문제나 욕구를 가진 가족에 대한 접근에서 단기 개입이나 한 방으로 모든 것을 해결하려는 접근방식은 곤란하다고 하였다. 그보다는 예방과 조기 개입에 초점을 두고 미래를 대비하기 위해 지속적인 관심으로 접근하는 것이 필요하다는 것이다. 다문화가족의 경우 초기 가족형성 단계에서 다양한 측면의 문화 충격과 언어 문제 등으로 인해 여러 도전을 경험하게 된다. 특히 그 어려움은 이민자에게 집중되기 때문에 대부분의 프로그램이 이들의 적응과정

을 돕는 언어 및 풍습에 관한 교육 기회를 제공하는 데 초점이 맞춰져 있다. 그러나 다양한 도전에 직면하면서 취약한 상태에 처한 이들에게만 변화하고 적응하도록 강요하는 것은 불합리하다. 그럴수록 이들을 수용하는 주체 역시 상대를 이해하고 적응하며, 새로운 변화를 모색하기 위한 노력이 필요하다. 이 과정에서 이들이 당면하는 문제를 병리적으로 이해하기보다는 발달상의 도전으로 이해하고 이에 적절히 대응해 가도록 지원하는 서비스가 필요하다. 또한 장기적인 안목을 가지고 가족이 발달하는 과정에서 당면할 수 있는 도전을 예상하고 이에 대비할 수 있는 예방책과 자원을 모색하는 것 역시 중요하다. 몇몇 연구에 따르면 다문화가족의 남편과 시집 식구들은 초기에는 결혼이민자의 문화적 차이를 인정하려 하지만 이들이 우리 문화에 조속히 동화되기를 희망하며, 그 기간이 1년을 넘을 경우 문제시한다고 한다(성희자, 2008: 109에서 재인용). 이러한 조사는 다문화가족에 대한 초기 개입뿐 아니라 이후 삶의 과정에서도 지속적인 서비스가 활용 가능해야 함을 보여 준다.

다음은 McGoldrick(2003: 257)이 문화적 맥락에서 가족의 문제와 적응을 판단할 때 따라야 할 지침으로 제시한 것이다. 이 지침은 다문화가족에 대한 관점을 정립하는 데 도움이 될 것이다.

- 문화, 계층, 종교 및 정치적 배경은 가족이 그들의 문제를 어떻게 이해하는지에 영향을 미친다고 가정할 것
- 원가족과의 유대와 같은 문화적 유산을 긍정적으로 인식하는 것이 정신건강과 복지에 긍정적인 영향을 미친다고 인식할 것
- 자신의 문화적 유산에 대한 부정적 사고나 인식의 결여는 억압의 역사와 관련된 단절, 차별, 외상적 경험을 반영한 것으로 가정할 것
- 타인의 문화를 완전하게 이해할 수 없다는 것을 인정하되, 호기심과 겸손한

자세, 그리고 자신의 문화적 가치와 역사에 대한 인식이 면담에서의 민감성을 높인다고 생각할 것
- 문화적 경계에 서 있는 클라이언트는 그들에 대한 사회적 편견을 내재화하고, 지배적 집단 구성원은 우월성과 특권 의식을 가지고 있다고 가정할 것

3) 집단 개입

집단은 다문화 사회복지실천 현장에서 유용한 실천 방법이다. 자신의 가족이나 지역사회를 떠나서 지지체계가 부족하거나 취약한 사람에게 집단은 지지를 제공하고 고립의 위험을 감소시키는 효과적인 개입 방법이 될 수 있기 때문이다. Garvin(1997: 227)은 다른 사회복지서비스를 이용할 수 없는 경우에 집단이 임파워먼트를 촉진할 수 있는 기제라고 하였다.

그러나 모든 집단이 임파워먼트의 효과가 동일한 것은 아니다. 예를 들어, 외부의 집단 지도자에 의해 운영되는 상담 집단이나 치료 집단보다는 자조집단의 임파워먼트 효과가 더욱 크다. 자조집단의 참여자는 서비스의 대상자가 아니라 주체가 된다는 것이 중요한 의미를 갖는다. 이러한 자조집단은 다음과 같은 특성이 있다(Moeller, 1983: 69).

- 모든 성원의 지위가 동등하다.
- 스스로 자신의 문제를 결정한다.
- 자신이 내린 결정에 책임을 진다.
- 각 성원은 자신의 문제로 인해 집단에 합류한다.
- 집단과정의 비밀이 보장된다.
- 참석에 특별한 비용이 들지 않는다.

이러한 자조집단에서 사회복지사의 역할은 어떠해야 하는가? 자조집단이라

고 해서 사회복지사의 역할이 필요 없는 것은 아니다. Adams(최명민 역, 2007: 119-137)는 자조집단에서 전문가의 개입 수준을 다음과 같이 구분하였다. 즉, 전문가가 직접적인 리더십을 발휘하여 활동 내용을 개발하고 시행하며, 정기적으로 지지를 제공하는 '전문가 개입이 필수적인 수준', 집단 초반에는 전문가의 리더십이 발휘되다가 점차 간접적인 방식으로 자조활동을 도모하는 '전문가 개입이 촉진적인 수준', 그리고 전문가의 활동이 학습 기회를 연결하는 정도에 머무는 '전문가 개입으로부터 자율적인 수준'으로 분류하였다. 중요한 것은 집단이 형성, 유지, 발전하는 과정에서 필요로 할 때 적절한 지원과 도움을 제공해야 하지만, 전문가가 직접 나서기보다는 집단의 자생력을 믿고 최대한 집단 스스로 진행해 갈 수 있도록 물러설 줄도 알아야 한다는 것이다. 즉, 사회복지사에게는 자기 역할 설정에 대한 융통성이 필요하다.

이러한 자조집단은 치료적 기능, 사교적 기능, 교육적 기능을 수행할 수 있을 뿐 아니라 지역사회운동이나 연구조사활동까지도 수행할 수 있다(최명민 역, 2007: 123-125). 따라서 사회적 낙인을 경험하는 사람은 자조집단을 형성하여 이런 기능을 통해 의식화하고 자기옹호를 실현해 갈 수 있다.

다음 서술 내용은 실제로 다문화 공간에서 자조집단이 어떤 기능을 하고 있는지를 보여 준다.

> "우리는 중국 부부모임을 월별로 하고 있어요. 여섯 부부가 만났는데 다 중국이나 한국에서 연애해서 결혼한 부부예요. 그래서 서로 고민도 나누고 어려울 때 도와주고 있어요. 물론 처음에는 센터를 통해 만났고요……." (박신규, 2008: 72)

집단은 임파워먼트를 증진시키는 훌륭한 도구일 뿐 아니라 개인 임파워먼트의 효과로 얻는 결과물일 수도 있다. 다문화 사회복지실천에서 이러한 집단 수준의 임파워먼트 개입을 위해 사회복지사가 유의해야 할 요소로는 다음과 같은 것이 있다. 이는 그동안 여러 학자에 의해 제시된 임파워먼트 개입 지침 중 집단 수준에 해당되는 것들을 재구성한 것이다(Lacroix, 2003; Lum, 2004; O'Melia, 2002; Parsons, Gutiérrez, & Cox, 1998; Simmon, 1994).

- 집단 구성 시에 인종적 · 문화적 배경을 고려하여 심리적 · 숫자적 균형을 맞출 것
- 문제나 욕구와 관련된 집단의 공통적인 경험과 인식을 파악하고 가치를 부여할 것
- 어떤 한 문화적 배경을 가진 집단이라고 해서 동질적인 집단일 것이라고 가정하지 말고 개별성을 존중할 것
- 사회복지사와 집단 구성원 간 문화적 차이를 인식하고 자신의 인종적 · 문화적 태도와 가치를 점검할 것
- 집단 성원들이 선호하고 필요로 하는 바에 의거하여 프로그램을 계획할 것
- 프로그램은 집단 성원들이 최대한 편리하게 이용할 수 있도록 준비할 것
- 인종적 · 문화적 이슈를 다루며, 다양성에 기여하는 긍정적인 부분에 초점을 둘 것
- 클라이언트가 다른 사람들과 연대를 형성하여 인정, 지지, 의식화, 사회 행동을 해 나갈 수 있게 기회를 제공할 것
- 구성원들이 리더십을 키울 수 있도록 기회를 줄 것
- 임파워먼트에는 시간이 필요하다는 것을 염두에 두고 인내하며 기다릴 것
- 집단 성원 스스로 서비스를 평가하고 필요한 서비스를 계획할 수 있도록 할 것
- 차별적이고 부당한 상황에 적응하기보다는 그런 상황에 대처하고 개선하기 위한 능력을 개발할 것
- 스스로의 결정에 책임을 지고 신중히 행동하도록 하며, 이 과정을 통해 배우도록 할 것

여기에서 보듯이 집단 임파워먼트 과정에서는 특히 의식화가 중요하다. 개인이

자신을 옹호하고 사회운동에 참여하기 위해서는 비판의식이 필요한데, Gutiérrez (1996: 43-44)는 이것이 다음의 세 가지 심리적 과정과 관련이 있다고 하였다. 즉, 공통의 경험과 느낌을 통한 '집단동일화', 차별받는 집단의 기회 박탈이나 힘의 불균등에 대한 문제 인식을 통해 개인의 문제를 사회 구조와 연결시키게 되는 '집단의식화', 그리고 원하는 변화를 이끌어 낼 수 있다는 신념인 '자신 및 집단 효능감'의 상호작용이 그것이다. 다문화 사회복지실천 현장에서 만나는 차별과 불평등에 처한 사람에게 이러한 의식화 작업은 임파워먼트 효과를 가져올 수 있다. 이를 위하여 회의, 워크숍, 소집단 만남 등 다양한 형태의 교육 집단 및 프로그램이 활용될 수 있으며, 온라인을 활용한 모임이나 정보 공유 등도 현대사회에서 유용한 수단이 될 수 있다.

집단에서 프로그램을 활용할 경우에는 특히 문화적인 요소를 신중하게 고려해야 한다. Lacroix(2003: 41)는 집단 프로그램에서 낙인, 문화 규범, 관습과 규칙, 다양성에 대한 수용성, 경제적 어려움이나 가족 문제처럼 다루기 조심스러운 주제에 초점을 둘 수 있다고 하였다. 그리고 활동 내용을 선정할 때 문화에 따라 신체 접촉이나 노래하기 등은 부적절할 수도 있으므로 사전조사를 통해 이런 부분을 파악해야 한다고 하였다. 또한 사회복지사가 집단 참여자들이 사용하는 언어를 이해할 수 없는 경우에는 그 언어를 사용할 수 있는 사람을 공동 진행자나 보조 진행자로 활용할 것을 제안하였다. 그 외에 프로그램의 목적과 각 성원들에게 기대하는 바를 집단 성원들에게 분명히 알리는 등의 집단 실천 원칙은 다문화 사회복지실천 현장에서도 여전히 유효하다.

즉, 다문화 집단을 다루는 사회복지사는 문화적인 요소와 집단의 역동을 통합하여 적용해 나가야 한다. [그림 10-1]은 이러한 구조를 정리하여 보여 준다. 이 RAP 모형은 Davis, Galinsky, 그리고 Schopler(1996: 80-94)가 다문화 집단 운영자의 역할을 통합적으로 제시한 것이다. 여기에서 '집단 지도자의 행동 능력'은 인종적 또는 문화적 긴장 상황에 직면하였을 때 자신의 역량, 즉 지식, 기술, 민감성을 활용하여 편안함을 느낄 수 있는 능력을 의미한다. 이때 두려움이나 걱정이 지나치면 적절히 대응할 수 없으므로 현실적인 관심을 가지고 대처해 나가는 것이 필요하다. '다문화 집단의 인종 역동'은 인종적 긴장을 가져오는 이유와 이것이 집단 안에서 나타나는 방식 간의 상호작용을 통해 발전해 간다.

집단 지도자가 긴장의 원인을 인식하면 문제를 예방할 수 있으며, 설혹 문제가 발생하였다 하더라도 이를 해결하는 데 도움이 된다. 긴장은 인종과 관련된 경험이나 자기개념과 같이 개인 내부에 존재할 수도 있고, 인종이나 문화적 측면에 의해 집단이 분열되는 사건과 같은 집단의 속성에서 기인할 수도 있다. 또한 사회적 분위기나 지역사회에서 일어난 사건과 같이 크고 작은 환경에 영향을 받을 수도 있다. 이런 긴장 요인은 집단 구성원들과 집단 지도자 간의 관계(예: 구성원과 지도자의 인종적 · 문화적 배경이 다른 경우), 집단 구성원 간의 관계(예: 구성원

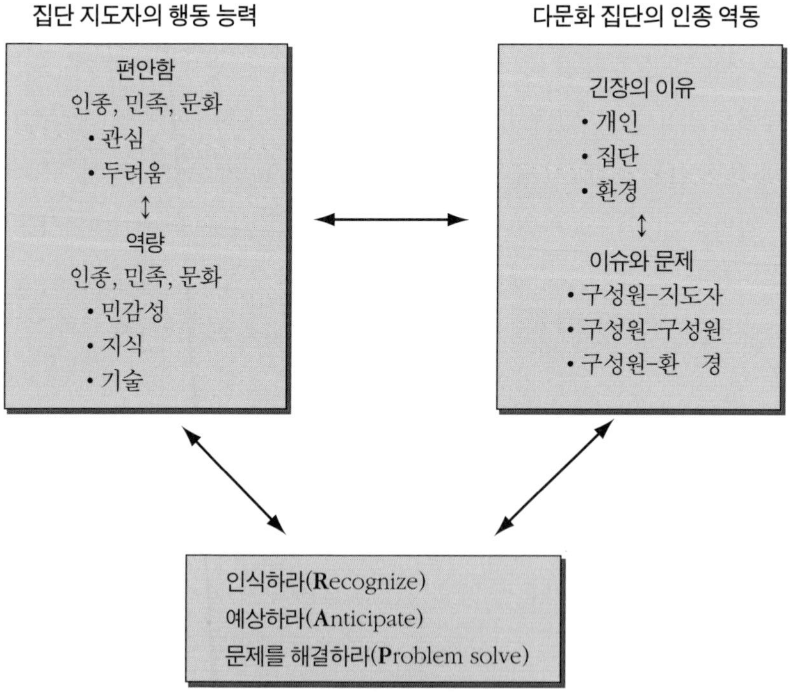

[그림 10-1] RAP 모형

출처: Davis, Galinsky, & Schopler(1996: 81).

간 인종적 견해나 태도가 다른 경우), 또는 집단 구성원과 환경 간의 관계(예: 구성원이 기관의 행정적 차별을 경험한 경우)에서 나타날 수 있다. 따라서 집단을 다루는 사회복지사는 이런 긴장 요인과 관계를 다차원적으로 고려하고 다루어 나가야 한다. 이를 위하여 사회복지사는 첫째, 집단 내 인종 역동의 중요성과 자신의 수행 능력을 인식하고, 둘째, 그와 같은 긴장 요인을 예견하여 구성원이 이를 다루어 나갈 수 있도록 도우며, 셋째, 이러한 이슈가 문제가 될 경우 문제해결에 힘써야 한다.

4) 조직 개입

차별받는 집단에 대해 보다 효과적이고 적절한 서비스를 제공하기 위해 발달되어 온 임파워먼트 실천은 다양한 수준의 변화를 요구한다. 그러나 그동안 임파워먼트의 개념, 방법, 결과를 다루는 연구는 많았지만, 이에 비해 사회 구조, 문화, 그리고 대인 서비스 조직의 운영이 임파워먼트에 어떤 영향을 미치는지에 대해서는 상대적으로 많은 관심을 기울이지 않았던 것이 사실이다(Gutiérrez, GlenMaye, & DeLois, 1996: 44-45).

국내외 연구에 의하면 임파워먼트가 제도화되어 지역사회나 조직의 일부로 실현되는 데는 여러 장애물이 존재한다고 한다(Gutiérrez, GlenMaye, & DeLois, 1996; 양옥경, 최명민, 2006). 클라이언트 차원에서는 클라이언트가 임파워먼트 실천에 부적합한 문제를 가지고 있거나 욕구가 없는 것과 같은 요소가, 사회복지사 차원에서는 관점 및 훈련 부족과 같은 요소가, 그리고 조직 차원에서는 임파워먼트 구현에 드는 시간과 비용의 문제, 기관이 추구하는 관점이나 선호하는 이론과의 모순, 제도 미비와 같은 요소가 제시되었다. 즉, 임파워먼트 실천은 사회복지사 개인의 의지뿐 아니라 행정적 지원과 격려, 질 높은 슈퍼비전과 감독, 보다 견고한 동료관계, 감당할 수 있는 정도의 업무량 등 조직적·환경적 뒷받침이 있을 때 가능하다는 것이다.

이와 관련하여 미국에서 문화적으로 유능한 조직의 조건으로 제시하는 내용을 살펴보면 다음과 같다(Hendricks, 2008).

- 기관은 직원들이 새로운 정책과 절차, 개정되는 주법과 연방법의 최근 정황을 잘 챙겨 알아 두도록 해야 한다.
- 기관은 직원들이 정신질환, 중독, 에이즈, 감금과 같은 이슈를 다루는 새로운 전략을 받아들이도록 해야 한다. 직원들은 이러한 문제를 규명하고 개입하며, 필요시에는 치료를 위해 적절히 의뢰할 수 있도록 준비되어야 한다. 그리고 이를 행할 때에는 이민자 지역사회를 강화할 수 있도록 문화적으로 유능한 방식으로 해야 한다.
- 기관은 이민자가 당면하고 있는 이슈와 이를 해결할 수 있는 방식을 조사하기 위하여 현장에 접근하여 연합체, 협회, 그 외에 협력할 수 있는 위원회를 비롯한 이민자 지역사회와 관계를 맺어야 한다.
- 기관은 이민자가 표출하는 다양한 서비스 욕구를 다룰 수 있는 공적 · 사적 기관 파트너십을 설정하고, 이민자가 새로운 삶의 방식으로 전환함에 따라 지원받을 수 있는 추가 자원을 발굴해야 한다.
- 기관들은 모든 수준의 직원들에게 지속적이고 잘 준비된 훈련 기회를 제공해야 한다. 사회복지사는 문화적 인식과 민감성에 대한 훈련을 원하고 또 받아야 하는데, 특히 이민자에 대한 직원들의 편견을 관찰하여 그런 점을 반영해야 한다. 때때로 사회복지사는 클라이언트의 인종이나 민족, 또는 사회경제적 배경에 기초하여 결정을 내리곤 한다. 만약 그 사회복지사도 이민자일 경우 이런 편견은 사례의 특정한 가치에 영향을 미치는 직업적 재해가 될 수도 있다. 따라서 특정 이민자 집단에 대한 경험의 문화적 · 사회적 · 심리적 요인에 초점을 둔 광범위한 훈련은 인종과 계급에 대한 편견과 같은 어렵고 복잡한 이슈를 다루기 위해 필수적이다.

사회복지사가 조직의 일원으로서 인종차별 없는 실천을 하기 위해서는 Twelvetrees가 제시한 다음과 같은 지침을 참고할 필요가 있다(최명민 역, 2007: 170-171에서 재인용).

- 인종차별이 사회 전반에 존재하는 현실이라는 점을 인식할 것
- 인종차별은 기득권자의 문제라는 것을 이해할 것
- 모두가 인종차별 없이 일하는 방법을 찾을 것
- 자신이 인종차별주의와 결부되어 있다는 것을 인식할 것
- 자신이 소속된 집단이나 조직이 인종차별적인 방식으로 활동하고 있지 않은지 점검할 것
- 자신의 일차적 역할을 인종차별에 도전하는 것으로 삼을 것(다른 인종의 자조를 지원하는 것은 이차적인 것이다.)
- 다른 인종과 관계를 형성하는 것과 반(反)인종차별을 혼동하지 말 것[4)]
- 동료 사회복지사도 함께 인종주의와 싸워 가도록 독려할 것
- 다른 인종 공동체에 관심을 갖는 이슈와 친밀해지도록 노력할 것

Gutiérrez, GlenMaye, 그리고 DeLois(1996: 56)는 서비스 조직이 임파워먼트를 지향한다면 기관 프로그램의 계획과 운영과정에 서비스 이용자를 보다 더 많이 참여시킬 수 있는 기술을 개발하고 이들과 협력관계에 기반을 둔 조직 문화를 창조해 나아가야 한다고 하였다. 다음은 서비스 이용자가 조직 서비스에 참여할 때 어떤 효과를 가져올 수 있는지를 보여 주는 여성 결혼이민자의 서술 내용이다.

솔직하게 전에는 (결혼이민자가족지원)센터가 학교라는 생각밖에 안 들었어요.

4) 자신이 다른 인종에 속한 사람과 관계를 맺고 있다고 하여 반차별주의자라고 위안을 삼아서는 안 된다는 의미다.

……정말로 결혼이민자를 위한 곳이라기보다는 정부에서 결혼에 대해 이민자 사업을 위임해 주었기 때문에 사업을 하는 곳이라는 생각이 들었어요. 결혼이민자의 애환을 정말 내 가슴처럼 살갑게 도와주려고 끌어안는 느낌은 못 받았어요. ……(그러다가) 애도 크고 일 다니려고 마음먹고 있는데 센터에서 제안이 들어와서 좋았어요. 일이 참 좋을 것 같았어요. (내가 다른) 결혼이민자를 돕는다는 것이 뭔가 보람을 느낄 수 있을 것 같아서 정말 좋았지요. 하고 싶었어요. 전 도우미가 아니고 단지 ○○에서 온 언니처럼 하고 싶어요. 센터에서는 결혼이민자들한테 저에 대한 호칭을 선생님이라고 하라고 하지만, 전 이모, 언니라고 부르라고 해요. 더 편해요. 저녁에도 전화 와서 잘 물어봐요. ○○ 친구들이 한국말이 안 되는데 남편이 출근하면 솔직히 도움을 받을 데가 없잖아요. 예를 들어, 아이가 아파 병원을 가야 하는데 한국 사람들은 도움이 안 되고…… 저는 한국말도 되고 ○○ 말도 되니 도움이 되지요. 이제 8개월 끝나 가는데 전에는 제가 운전을 못 하니까 버스 타고 다녀 이동 지원을 못했는데, 운전을 빨리 배워 도움을 줄 것을…… 하는 아쉬움이 있어요(박신규, 2008: 72-73).

이 내용은 서비스 이용자의 참여가 가지고 오는 효과와 더불어 지역사회의 서비스 조직에서 다문화 서비스의 방향이 어떠해야 하는지를 제시해 준다. 서비스 이용자를 수동적인 수혜자의 자리에 두지 말고 이들을 자원봉사자, 직원, 이사진으로 참여시키는 제도, 그리고 위에서 아래로 전달되는 서비스에 의존하기보다 수평적인 차원에서 서로를 돕는 자조의 역량을 지원하는 체제가 필요하다는 것이다. 또한 문화적 역량의 개념을 서비스 조직의 정책 및 규정과 공식적인 평가과정에 포함시키는 것, 다양한 클라이언트를 돕기 위한 정기적인 직원 훈련 및 교육 기회를 제공하는 것, CEO의 철학부터 정립하는 것 등 역시 조직의 문화적 역량을 향상시키기 위해 필수적인 요소들이다.

또한 앞의 사례에서 보듯이 자조의 개념은 집단 차원에서뿐만 아니라 조직 차원에서도 매우 중요한 임파워먼트의 핵심 요소다. 자조집단이 활성화될 경우 자조활동을 넘어서서 타인을 원조하는 기능을 수행하는 체제로 전환되거나 공식적인 자조 조직으로 발전하기도 한다. Adams(최명민 역, 2007: 181-182)는 자조공동체가 발전하면 내부로 향하였던 초점이 외부로 향하는 경우가 있다고 하였다. 즉, 구성원을 외부 교육에 참여시키거나 지역사회의 인식 개선을 모색하는 등의 활동을 하게 된다는 것이다. 이러한 변화는 구성원 간에 자조를 위한 헌신과 동기가 충분하고, 지역사회의 발전에 기여할 것을 추구하며, 소극적 참여자나 방관자를 격려하고 지원하는 것을 의미 있는 일로 인식하게 될 때 가능하다고 하였다. 실제 조사에서도 우리 사회의 여성 결혼이민자의 지역별 자조모임에 대한 지원을 바라는 욕구가 높게 나타나고 있다(양옥경, 2007: 188-189). 다문화 사회복지실천 현장에서 사회복지사는 이러한 자조의 과정을 촉진함으로써 조직 차원의 임파워먼트를 실현해 갈 수 있을 것이다.

5) 지역사회 개입

현재 우리나라의 다문화 정책은 여성 결혼이민자와 다문화가족 자녀를 중심으로 한 특정 이주민 집단이 입국과 한국 사회 적응에서 겪는 문제로 가시화된 부분에만 초점을 맞추고 있을 뿐, 다양성의 가치와 인정 범위와 방식, 이주민의 사회적 위상 등 다문화사회의 전개과정에서 제기되는 핵심 의제에 대한 종합적 접근은 시도되지 못하고 있다(김이선 외, 2007: ix). 그만큼 다문화 사회복지실천에서는 거시적 차원의 실천이 요구되고 있는 셈이다. Lum(2004)은 사회복지사는 주로 일대일 관계 속에서 온화함, 진정성, 감정이입에 기반을 두고 서비스를 제공하지만, 다문화 사회복지실천 현장의 사회복지사는 개인을 개별적으로 보기보다는 가족이나 지역사회 단위에서 어떤 관련성을 가지고 볼 필요가 있다고 하였다. 즉, 전체 다문화사회 속에서 그 집단이 가지고 있는 언어와 행동적 특성 등을 이해하고, 인종주의, 차별 또는 편견이 그들에게 더 복잡한 문제를 야기하고 있는 것은 아닌지를 살펴야 한다는 것이다. 여기서 더 나아가 McPhatter(1997)는 환경적 요소를 클라이언트를 이해하는 맥락으로 보는 것만으로는 부족하며, 차별적이고 왜곡된 환경을 적극적인 변화의 대상으로 삼아야 한다고 하였다. 클라이언트가 환경에 영향을 받는다는 것은 그 환경이 적대적이고 차별적일 때 그 공간에서 생활하는 클라이언트의 복지에 악영향을 미친다는 것을 의미한다. 따라서 이런 환경적이고 거시적인 이슈를 무시하는 전문가는 문화적 역량에 심각한 한계를 가질 수밖에 없다.

그런 측면에서 지역사회의 임파워먼트는 다문화 사회복지실천이 지향하는 궁극의 목적이라고 할 수 있다. 그러나 집단과 마찬가지로 다문화 지역사회와 전문가의 문화적·인종적 배경이 다른 경우, 필요로 하는 욕구나 추구하는 가치와 목표의 차이로 인한 갈등이 유발될 수 있다. 따라서 사회복지사는 이들과 협력하기 위해서 지역사회와 신뢰관계를 형성하는 것이 필요하다. 이를 위해서는 우선 그 지역사회를 이해하는 것이 필수적이다. 문화적 공동체를 이해한다는 것은 그 인구 집단의 특성과 역사, 필요한 자원에 대한 접근성, 나름대로의 특수한 자원, 그 지역사회에서 영향력 있는 인사 및 도움이 되는 이웃 간의 네트워크에 익숙하다는 것을 의미한다. 이들과 인종이나 문화에 대한 토론 기회를 마련하여 사회복지사가 가지고 있는 견해를 피력하는 것도 관계 형성에 도움이 된다. 이것은 자신의 적극적인 의지를 표현하고 인종차별을 허용하지 않는 분위기를 조성하는 기회가 될 수 있다(Weaver, 2005: 132-134).

이런 관계를 기반으로 하여 사회복지사는 서비스 제공자와 문화적 배경이 다른 사람들이 서로 제휴할 수 있는 도구가 되어야 한다. 이를 통해 서로 관계망을 형성하고, 서비스 간의 괴리 및 그들의 강점을 발견하며, 자기옹호의 노력을 조화롭게 발전시켜 갈 수 있다. 특히 사회복지사는 지역사회에 새로 유입된 사람에게 관심을 가져야 한다. 새로운 이주민은 지역사회의 서비스나 자원에 대한 정보를 얻기 어려우므로 이들이 기관을 찾아올 것을 기대하기보다는 직접 찾아가는 '아웃리치(outreach)' 서비스를 제공하는 것이 효과적이다. 또한 이들이 기존 성원들과 교류하며 보다 좋은 관계를 형성하도록 돕는 일도 중요하다. 이때 초점을 두어야 할 것은 기존 지역사회 주민이 다름에 대해 인내하고 존중하는 태도를 키우는 것이다. 새로운 이주민은 낯설고 위협적인 존재로 비치기 쉬운데, 이는 상호 교류를 저해하고 장벽을 형성하는 요소가 되기도 한다. 실제 조사에서도 기존 지역주민과 여성 결혼이민자는 접촉과 교류의 기회가 있어도 '그냥 알고 지내는 정도' 이상으로 발전하지 못하는 경향이 있다. 따라서 결혼이민자는 '외국인이라는 이유로' 한국 여성 간의 관계망에서 소외되고 있다고 느끼게 된다. 그러나 정작 지역주민은 그 이유를 언어 소통이라는 도구적 문제로만 돌릴 뿐 이러한 어려움 속에서도 관계를 맺을 수 있다는 가능성을 열어 두고 시도하지는 않는다고 한다(김이선 외, 2007: 106).

따라서 다문화 지역사회복지실천 현장에서 사회복지사는 기존 구성원과 새로운 이주민 간에 보다 적극적으로 상호 소통하고 관계를 형성할 수 있는 기회를 마련하는 것이 필요하다. 이는 단순히 당사자 간의 교류뿐 아니라 다양한 문화가 만나고 연결된다는 의미가 있다. 이때 지역의 사회복지기관뿐 아니라 공공기관이나 종교기관은 서로의 관점이나 생활 양식을 나눔으로써 문화 간 상호 이해를 높이는 장소로 활용될 수 있다. 사회복지사는 이 만남을 통하여 서로 이야기하고 긴장을 해소할 수 있도록 촉진자의 역할을 수행해야 한다. 이 과정에서 교육은 매우 중요한 도구가 될 수 있다. 다문화적 시민교육에 포함될 내용은 〈표 10-2〉와 같다. 그러나 만약 이미 이들 간에 어떤 문제나 갈등이 일어나고 있다면 좀 더 적극적인 문제해결자의 역할이 요구된다(Weaver, 2005: 283-284, 292-293).

이와 같은 거시적 임파워먼트 접근에서 병행할 수 있는 모델로서 인권 중심 실천을 알아 두는 것은 유용하다. 임파워먼트 실천에서는 개인, 가족, 지역사회를 여러 요인에 의해 '권력을 빼앗긴' 존재로 보고 이들의 권력을 효과적으로 증진하는 방법에 관심을 갖는 데 비해, 인권 중심 실천은 개인, 가족, 지역사회가 기본적으로 권리가 있음을 명료화하고 논의를 시작한다는 점에서 다소 차이가 있다. 인권 중심 접근은 권리가 보호되고 실현되기 위해 개인, 가족, 지역사회가 변하는 것보다 좀 더 넓은 상위체계에서 어떤 것이 행해져야 하는지에 더 강조점을

〈표 10-2〉 다문화적 시민교육의 내용 구성

다문화적 시티즌십(citizenship)			
영 역	문화적 능력	민주적인 상호 문화 능력	시민적 능력
교육 내용	• 인종, 지역, 지역문화 • 종교, 세대, 직업문화, 사회 영역 문화와 같은 다양한 하위집단 문화 • 문화의 특성과 문화 집변, 상호작용, 변화 과정 • 사회과학 개념과 이론(지원, 역할 구조, 변동) • 사회과학의 탐구양식	• 민주적인 과정을 통한 문화의 상호작용과 변화, 그리고 발전 • 지식의 구성 및 변형 과정, 그리고 결과	• 시민적 권리와 의무(자유권, 정치권, 사회권, 문화권) • 입헌민주주의의 이상과 가치, 정치 과정과 참여 • 담론민주주의의 이상과 가치, 합리적 담론형식과 절차 • 민주적인 정치 참여 및 활동 • 시민사회와 공론장의 의미, 참여 및 활동

출처: 박원순(2007): 김이선 외(2007)에서 재인용.

둔다. 그러나 실제로 어느 누구도 권리(right)에 따른 권력(power)에 대한 이해 없이 권리를 완전히 이해할 수 없으므로 두 접근방식은 상호 보완적이며 양립 가능하다. 따라서 사회복지사는 권리 중심 실천을 채택하더라도 임파워먼트 접근방식을 병행할 수 있으며, 역으로 임파워먼트 실천과정에서 인권 중심 실천을 활용할 수도 있다. 즉, 인권과 임파워먼트 실천은 상호작용을 통해 서로 강화될 수 있다.

마지막으로 다문화 사회복지실천 현장에서 임파워먼트가 거시적 차원에서 어떤 사회 변화를 도모할 수 있는지를 보여 주는 실제 사례를 소개한다.

〈사 례〉

국내 최대 결혼이민여성인 중국계 여성들은 지난 12월 17일 가리봉시장의 서울 중국인 교회에서 유권자 운동 출범식을 열었다. 이날은 중국계 결혼이민여성 60여 명이 참석한 조촐한 행사였지만, 한국 유권자 운동사에서 새로운 흐름으로 기록될 만한 날이다. 운동은 국내 결혼이민여성사 최초의 운동이자 참정권을 활용해 자신의 지위와 권리를 찾으려는 첫 운동이다. 이주여성들은 유권자 운동 선언문에서 이렇게 외쳤다. "그동안 우리는 온갖 편견과 멸시 속에서 숨죽이며 살아왔습니다. 그러나 이제는 선거권을 통해 우리의 정당한 권리를 찾고 권익을 향상시킬 수 있습니다. 결혼이민여성들과 가정 및 아이들의 문제에 특별한 관심을 가지고 정책을 만들어 실천하고자 하는 (대통령) 후보에게 우리의 표를 몰아 줄 것입니다." 이들이 '뭉치자!'며 같은 중국계 결혼이민여성들에게 던진 호소이기도 하지만, 우리 사회에 던진 호소이기도 하다. 정작 대선 후보나 정당 등 현실 정치 세력과 집단이 이들의 목소리에 얼마나 귀를 기울일지 알 수 없다. 하지만 중국계 결혼이민여성들은 의미 있는 소수가 되기 위한 운동을 대통령 선거가 있는 2007년 12월 19일까지 쭉 펴 나갈 계획이다.

출처: 한겨레 21(2006. 12. 28.).

이와 같은 노력은 이후 다음과 같은 결실을 맺고 있다.

"이주여성들이 정말 당당한 대한민국 국민이 되려면 투표권을 행사해야 한다고 생각합니다. 한국 사람과 똑같이 권리와 의무를 행사해야죠." 한국이주여성유권자연맹(이하 연맹)의 왕지연(39) 회장은 28일 오후 서울 대방동 이투데이빌딩에서 열린 이 단체 창립식에 앞서 기자와 만나 이주여성의 정치 참여 필요성을 이렇게 힘줘 말했다. 이 단체는 한국여성정치연구소가 2008~2009년에 걸쳐 진행한 '2010 지방선거, 제1호 국제결혼 이주여성 의원 만들기 프로젝트', 지난해 6~10월 진행한 '2014 지방선거 여성 결혼이민자 의원 만들기 프로젝트'에 참여해 선거와 관련한 교육을 받고 정치 의식을 키운 이주여성들이 주축이 됐다. 몽골, 베트남, 중국, 일본, 키르기스스탄 등 각국 이주여성들이 망라됐다. (중략) "다문화 관련 프로그램이 대부분 한국어 교육이나 요리 교실 같은 초기의 이주자들을 위한 것들이 많은데, 저처럼 정착해서 오래된 사람들은 사회에 대해 알고 싶은 게 많거든요." 이 사회의 한 시민으로서 어떻게 살아야 하는지 알려 주는 교육이라고 생각해 참여하게 됐고, 여기서 전혀 몰랐던 분야에 눈을 뜨게 됐다. 이자스민(새누리당) 의원도 당시 1기 교육생이었다. "다른 이주여성들도 한국의 사회와 정치에 대해 알게 해 줘야 한다고 생각해서 이번 지방선거를 앞두고 단체를 만들게 됐습니다." 연맹의 목표는 단기적으로는 유권자 교육을 통해 이주여성들의 시민의식을 높이는 것이다. "이주여성들은 선거권이 있다는 것조차 몰라서 투표를 못 하는 경우가 많습니다. 한국 국적을 취득하지 않아도 영주권이 있으면 된다는 걸 몰라요. 그리고 누구한테 표를 줘야 할지도 모르죠. 선거홍보물을 보고 얼굴이 착하게 생긴 사람을 찍는 경우도 많고요." (중략) 이런 부분을 교육을 통해 바꿔 나가려고 한다. "지금 임원이 20명, 회원은 150명 정도 되는데, 지역 지부를 통하면 인식의 지평을 빠르게 넓혀 갈 수 있을 거라고 봅니다."

출처: 연합뉴스(2014. 4. 28.).

4. 평가 및 종결

평가와 종결은 별도의 순차적 과정으로도 볼 수 있지만, 종결 시에 그동안의 과정과 그 결과물을 평가하는 것이 핵심 과업이라는 면에서 동시에 진행될 수도 있다. 따라서 평가를 종결과정에서 함께 살펴볼 것이다.

사회복지실천에서 관계를 형성하고 과업을 진행하는 것도 중요하지만, 그 과정을 마무리할 적절한 때를 파악하고 원만하게 종결과정을 진행하는 것 역시 매우 중요하다. 때로는 문제가 많고 복잡하였던 사례일수록 어디서 끝낼지를 정하는 것이 어려운 과업이 되곤 한다. 종결이 모든 문제나 스트레스에서 자유로운 상태를 말하는 것은 아니기 때문이다. Walsh(양옥경 외 역, 2006: 400)는 종결은 좀 더 효과적으로 대처할 수 있는 탄력성이 어느 정도냐에 따라서 결정되어야 한다고 하였다. 즉, 클라이언트가 지속적으로 직면하게 될 문제를 보다 성공적으로 다룰 수 있는 양질의 자원을 확보하였느냐 하는 것이 중요하다는 것이다. 또한 Pillari(2002)는 긍정적인 종결의 지표로 다음과 같은 것을 들었다.

- 클라이언트가 과거의 문제 상황에 새롭고 적응적인 방식으로 반응하며 더 좋게 느낄 때
- 클라이언트가 사회복지사에게 기존과는 다른 새로운 방식으로 대하며 방어와 저항, 기존 행동방식과 같은 낡은 행동방식으로 돌아가지 않을 때
- 중요한 사람들이 클라이언트에게 그의 행동과 태도에 대해 긍정적인 변화가 있다고 말할 때

무엇보다도 중요한 것은 종결에 대한 클라이언트의 결정이라는 점도 명심해야 한다. 또한 종결이 앞에서 언급된 것과 같이 항상 긍정적인 상황에서만 이루어지는 것이 아니라는 점도 기억해야 한다. 개별 클라이언트의 경우 여러 사정으로 도중에 중단할 수도 있고, 집단의 경우 중도 탈락하는 집단 성원의 수가 많아서 집단을 더 이상 유지할 수 없는 경우도 있고, 때로는 사회복지사의 사정에 의해 불가피하게 종결을 맞을 수도 있다. 특히 미국에서는 문화적 소수자에 속하는 클라이언트의 중도 탈락률이 높은 것으로 알려져 있는데, 아직까지 구체적인 이유는 파악되지 않았다(Lum, 2004: 148). 한국에서도 특히 도시 지역의 여성 결혼이민자나 외국인 근로자에 대한 개입은 잦은 이사나 직장의 이동에 의해 조기 종결되는 경우가 많다고 한다. 이때 종결은 그들만의 책임이 아니며, 이것이 관심을 철회하는 것이 아니라는 점을 확실히 할 필요가 있다. 혹시 다른 지역의 기관이나 다른 전문가에게 의뢰를 해야 하는 경우라면 의뢰가 원만하고 확실하게 이루어질 수 있도록 확인하는 것도 필요하다. 이렇게 원하는 종결이든 원치 않는

종결이든 간에, 종결의 방식은 이후 클라이언트의 삶에 영향을 준다. 따라서 종결은 클라이언트의 성장을 최대한 촉진하는 방식이어야 한다.

다문화 클라이언트와의 종결은 더 복잡할 수도 있다. 이미 모국을 떠나는 이별 경험을 가지고 있는 상태에서 어렵게 맺은 관계의 종결은 또 다른 상실의 감정을 일으킬 수 있기 때문이다. 따라서 Lum(2004: 320-322)은 다문화 사회복지실천에서 종결의 개념을 다음의 세 가지로 규정하며 종결 시 수행해야 할 과업을 설명하고 있다.

- 목적지(destination)로서의 종결: 종결이 목적지에 다다르는 것이라면, 그것은 '사회복지사-클라이언트 체제'를 지속하는 것이 아니라 지역사회의 지지망에 다시 통합되는 것을 의미한다. 여기에서는 클라이언트가 자신의 가족, 지역사회의 지지적 요소와 관습, 의식, 행동에 대한 신념체계를 재발견하는 것이 중요하다. 즉, 문화적 근원과 재통합되는 것을 종결의 중요한 측면으로 보는 것이다. 따라서 종결 시기에는 지역사회와 그에 속한 다른 사람들과 연계하고 그들에게 피드백을 확보하여 변화를 지속시킬 수 있도록 하는 것이 중요하다.
- 리사이틀(recital)로서의 종결: 여기에서 종결은 그동안 사회복지사의 지원과 클라이언트의 노력을 통해 성취한 성과를 평가하고 축하하는 리사이틀에 비유된다. 따라서 종결기의 주요 과업은 사회복지사와 클라이언트의 관계를 돌아보고 처음부터 끝까지 일어난 주요한 변화를 살펴보는 것이다. 클라이언트가 과정을 돌아보며 이야기할 때 사회복지사는 이를 청취하며 다양한 상황에 초점을 두고 자신의 의견을 피력한다. 그리고 다음 단계에서 더 배우고 발전해야 할 부분과 미리 예상되는 난관에 대해 살펴본다. 클라이언트는 이렇게 진전된 부분을 파악함으로써 성취감을 강화하고 변화를 공고히 할 수 있고, 앞날의 문제를 예상해 봄으로써 이에 대비할 수 있다.
- 수료(completion)로서의 종결: 여기에서는 개입 계획에 기초한 목표 달성이

중요하다. 따라서 수료로서의 종결에서 주요 관심사는 사정에 기반을 둔 개입 내용이 초기에 규명되었던 문제에 효과적으로 영향을 미쳤는가 하는 부분이다. 이에 관해서 '문제에 중요한 변화가 있었는가?' '이러한 변화가 개입 전후에 계획성 있게 조사되었는가?' '어떤 개입 전략이 변화에 기여하였는가?' '변화가 일어나는 과정에 시간이 얼마나 소요되었는가?' '클라이언트, 사회복지사, 클라이언트와 사회복지사, 제3자 중 누구의 행동이 변화를 가져왔는가?' 등의 질문을 해 보는 것이 도움이 된다. 한편 Munoz(Lum, 2004: 323에서 재인용)는 다문화 사회복지실천에서 종결의 효과성이 중도 탈락률, 개선율, 시간 효과성, 개선 유지율, 소비자 만족 등 다섯 가지 요소에 의해 규정된다고 하였다.

이렇듯 어떤 의미의 과업을 수행하든지 모든 종결에는 결과와 과정에 대한 평가가 중요하다. 다문화 사회복지실천이라고 해서 일반적인 평가 방법과 다를 바는 없다. 단, 다문화 사회복지실천에서 임파워먼트 실천이 중요한 만큼 평가도 임파워먼트 효과를 가져오는 방법을 활용할 수 있다. 다음의 글상자는 Adams(최명민 역, 2007: 195-225)가 제시한 임파워먼트 평가 내용을 요약·정리한 것이다.

임파워먼트 평가

임파워먼트 실천이 사회복지사가 지속적으로 자신의 실천을 평가하고 반성하며 나아가는 비판적 실천, 반영적 실천이라고 할 때, 평가는 바로 이 비판과 반영의 과정에 해당하며, 실천의 질에 대한 체계적인 피드백을 제공해 준다는 점에서 중요하다. 그러한 맥락에서 이루어지는 임파워먼트 평가는 사회복지사에 의해 한 방향으로 이루어지는 평가가 아닌 클라이언트가 주체가 되어 참여하는 평가다. 그 특징은 다음 네 가지로 설명된다.

- 평가에 사회복지사, 서비스 이용자, 보호자 및 관련자들이 공동으로 참여하여 스스로 평가를 관리 및 수행한다.
- 실천을 평가할 때는 서비스 이용자와 함께 협력하고, 이들의 임파워먼트를 위해 노력한다.
- 임파워먼트 평가방식은 전통적 실험방식보다 더 생산적일 수 있다.
- 실천가와 서비스 이용자가 스스로 평가하는 경우, 양적 · 통계적 평가보다 사례조사나 비판적 사정평가가 더 유용할 수 있다.

그 과정은 평가 과업을 정하는 단계, 평가를 준비하는 단계, 평가하는 단계, 이를 제시하고 활용하는 단계로 진행된다. 각 단계별 과업은 다음 표와 같다.

임파워먼트 평가의 과정

과업을 명료화하기	• 이 평가의 목적이 무엇인가? • 이 평가를 통한 임파워먼트의 대상은 누구인가? • 관련된 모든 사람이 평가를 통제하는가? • 어떤 종류의 사정평가를 추구하는가? • 비판적인 사정평가/사례조사 접근이 선호되는가?
사정평가(appraisal) 준비하기	• 정보 수집하기 • 정보의 출처 규명하기 • 어떤 정보를 수집할 것인지 구체화하기 • 정보 수집에서의 문제점 예견해 보기 • 언제 진행할 것인지 프로그래밍하기 • 평가를 위한 자원 공급의 스케줄 짜기
사정평가 수행하기	• 심사숙고하기 • 프로그래밍하기 • 과업 수행하기
사정평가 제시 및 활용하기	• 사정평가의 결과가 욕구에 맞는지 확인하기 • 사정평가(익명으로 의견을 제공하는 서비스 이용자들을 위한 통로) 검토하기

이 과정에서 중요한 것은 서비스 이용자의 입장이며, 이를 평가해 내기 위하여 기존의 양적인 접근 방법이 아닌 질적인 조사 방법을 활용한다는 점이다.

다문화 사회복지실천 평가에 이를 적용한다면, 기존의 서비스 평가 틀을 그대로 사용하는 대신, 지역사회의 다문화 서비스 이용자에게 맞는 새로운 평가기준을 마련하되 이 과정에서 클라이언트의 의견을 최대한 수렴하거나 직접 작성하도록 하기, 심층적인 평가를 위하여 질적 조사 방법 도입하기, 평가과정에서 그들이 사용하는 언어를 충분히 배려하기 등이 실현되어야 할 것이다.

마지막으로 종결 시에는 종결 이후의 사후 관리도 염두에 두어야 한다. 회기가 종료된 후에도 전화나 정기적인 모임 등을 통해 접촉을 유지하는 것은 사회적 지지망이 취약한 다문화 클라이언트를 위한 것이기도 하지만, 클라이언트의 진전을 확인함으로써 개입을 평가하는 기회가 될 수도 있다.

제11장

사회복지실천과 문화적 역량

1. 사회복지실천과 문화적 역량

다문화 사회복지실천을 위해 사회복지사에게 요구되는 가장 핵심적인 요소는 문화적 역량(cultural competency)이다. 그러나 문화적 역량을 하나의 개념으로 정의하기는 쉽지 않다. 또 문화적 역량이 어떤 완성된 상태를 설명하는 정태적인 개념도 아니다. 그럼에도 불구하고 문화적 역량을 갖춘 원조 전문가가 다양한 문화적 배경을 가진 사람들과 보다 적절히 일할 수 있다는 것은 분명하다. 즉, 문화적 역량은 클라이언트의 문화적 맥락에서 더 효과적인 서비스를 제공하려고 노력하는 지속적인 과정이라고 할 수 있다(Weaver, 2005: 63-64).

다문화 사회복지실천에서는 '배움'과 '겸손'이 중요한 덕목이다. Lacroix(2003: 42)는 문화적으로 유능한 사회복지실천을 위해서 사회복지사는 상황에서 배운다는 자세로 지속적으로 배우고자 노력해야 하며, 이러한 배움이 일직선상에서 순서에 따라 이루어지는 것이 아니므로 열린 마음과 융통성을 가지고 여유 있게 임하라고 조언하고 있다. 또한 다문화 사회복지실천의 과정은 곧 모든 것을 알고 통제할 수 없다는 사실을 받아들이게 되는 겸손의 체험이라고 하였다. 즉, 문화적 역량은 처음부터 클라이언트의 문화와 관련된 지식을 완벽하게 갖추고 있는 능력을 의미하는 것이 아니라, 관점과 개입 방법 등에 있어서 문화적 적절성을 갖추고자 의식하며 노력하는 것이 중요하다는 것이다.

일반적으로 문화적 역량을 상담 과정이나 미시적인 차원에서만 논의되는 것으로 오해하는 경우가 종종 있다. 그러나 Grant와 Haynes(1995)는 문화적 역량을 지식적 · 정서적 · 기술적 역량으로 구분하고, 이것이 미시적 차원에서 거시적 차원에 이르는 개념임을 설명하고 있다. 여기에서 '지식적 역량'은 자신의 입장에서 다른 사람의 문화적 유사성과 차이점을 인지적으로 이해할 수 있는 능력이고, 이러한 지식적 역량을 기반으로 한 '정서적 역량'은 자신의 문화와 문화적 배경이 다른 사람에게 적절히 감정이입하고 의사소통할 수 있는 능력이다. 그리고 '기술적 역량'은 문화적 편견이나 인종차별, 왜곡과 폭력과 같은 거시적 수준의 문제에 대해 지식적 역량과 정서적 역량을 활용하여 보다 적극적으로 도전할 수 있는 능력이다. 따라서 이런 요소들로 구성된 문화적 역량은 개인의 문화적 인식을 기반으로 다른 문화와의 감정이입적 상호작용을 통해 문화와 관련된 거시적인 문제의 변화에까지 도전할 수 있는 것을 의미한다고 하겠다. 한편 Poole(2004: 261-263)은 문화적 역량에 지식과 기술뿐만 아니라 정책, 조사연구, 가치 차원을 포함시켰다.

Diller(2007: 18-22) 역시 이와 유사하게 문화적 역량을 갖춘 실천가는 자신의 문화적 가치와 편견을 인식하고, 클라이언트의 세계관을 이해하며, 그에 따라 적절한 개입 계획을 활용할 수 있다고 하였다. 이를 위하여, 첫째, '자기인식' 측면에서는 자신의 문화적 배경과 태도 등을 살피고, 이런 것들이 실천 과정에 영향을 줄 수 있다는 사실을 인식하며, 관련 지도와 훈련을 지속적으로 받아야 한다고 하였다. 둘째, '클라이언트의 세계관을 이해' 하는 측면에서는 다른 문화적 배경을 가진 클라이언트에 대해 어떤 편견이나 선입견을 갖지 않도록 노력하고, 클라이언트가 속한 집단에 대한 정보와 지식을 습득하며, 소수집단을 위한 개입 전략을 익혀야 한다고 하였다. 셋째, '개입 전략' 측면에서는 클라이언트의 관점과 언어 및 이에 근거한 설명을 존중하고, 소수자가 서비스 과정에서 받는 차별이나 어려움에 민감하게 반응하며, 그들과의 소통과 제도적 변화에 힘써야 한다고 하였다.

이러한 문화적 역량을 갖춘 사회복지사는 '문화적으로 유능한 실천(culturally competent practice)'을 제공한다. Rounds, Weil 그리고 Bishop은 문화적으로 유능한 실천의 원리를 다음과 같이 제시하였다(Lum, 2004: 11에서 재인용).

- 인종과 문화가 어떻게 개인, 가족, 지역사회의 독특성에 영향을 주었는지를 이해하고, 그 집단 간의 차이점을 인식하고 존중한다.
- 문화적 자기 사정을 통해 실천가 자신의 문화를 인식하고, 그것이 어떻게 자신의 개인적 · 전문적 신념 및 행동을 형성해 왔는지를 이해한다.
- 클라이언트와 실천가의 기대, 상호작용, 자기노출의 정도, 클라이언트의 집합적 오리엔테이션(가족 및 지역사회), 인종주의 이슈, 관계, 신뢰 수준의 맥락에서 다양성의 역동을 인식하고 이해한다.
- 클라이언트의 배경(사회경제적 지위, 교육, 가족력, 민족 집단, 이민 등)과 지역사회(비공식적 사회 지지, 원조를 주고받는 기준, 기관에 대한 인식 등)에 대한 문화적 지식을 획득한다.
- 클라이언트 문화의 욕구와 유형(문제 사정 및 지체된 개입 등)에 대한 개입 기술을 적용한다.

더 나아가 문화적 역량이 거시적 차원에 적용되는 기제를 살펴보면 다음과 같다(Weaver, 2005: 290-294).

- 사회제도가 어떻게 클라이언트에게 영향을 미치는지를 인식하고, 그러한 정책에 영향을 미치기 위한 옹호활동에 참여하며, 뜻을 같이하는 다른 조직

과 힘을 합친다.

- 서비스 제공기관도 보다 문화적으로 유능한 조직이 될 수 있도록 서비스 제공법을 개선하고 직원들에게 문화적 훈련을 강화하며, 문화적 요소를 고려하여 기관 운영 전체를 점검한다.
- 사회복지사 교육에서 문화적 역량을 강화하기 위한 내용을 포함시킬 것을 요구하고, 그런 방향으로 개선하기 위해 노력한다.
- 사회 변화에 관심을 갖고 지역사회를 포함한 삶의 공간에서 다양한 사람이 존중받을 수 있는 문화를 만들어 가기 위해 지역사회 조직, 연구조사, 보고 활동 등을 활용한다.
- 사회복지사를 비롯하여 다양한 원조 전문직이 함께 문화적 역량을 갖추도록 노력하며, 이러한 맥락에서 전문직 간 공유와 나눔을 통해 상호 발전을 기한다.

2. 문화적 역량의 차원

문화적 역량은 다양한 민족 · 언어 · 문화적 배경을 지닌 다문화가족과 일하는 실무자의 개인적 차원과 기관의 조직적 차원으로 구분된다. Papadopoulos, Tilki, 그리고 Ayling(2008)은 이를 〈표 11-1〉에서 보듯이 클라이언트와 가족 차원, 실천/서비스 제공 차원, 조직 차원, 지역사회 참여 차원으로 구분하여 설명하고 있다. 전문가와 조직 차원의 문화적 역량을 갖추기 위하여 각 문화마다 가족에 대한 정의와 권리, 지역사회 내 구성원들의 적극적인 참여와 파트너십의 중요성을 강조하고 있다.

〈표 11-1〉 문화적 역량의 차원

각 차원	내 용
클라이언트와 가족 차원	• 가족은 문화마다 다르게 정의된다는 것을 인지하고 있음 • 각 문화가 정의하는 가족을 인정하고 개입의 기본 단위가 됨 • 가족과 구성원이 최종 결정권자가 되도록 함
실천/서비스 제공 차원	• 문화적 역량을 갖춘다는 것은 필수적임을 인지하고 있음 • 문화적 역량이란 개인과 가족의 욕구를 이해하는 데서 출발함 • 문화적 역량을 갖춘 기관은 개인, 아동, 가족, 조직의 고유한 욕구에 맞춘 개별 서비스를 디자인함 • 다문화가족의 선택에 따라 적합한 서비스가 제공되어야 함
조직 차원	• 문화적 지식이 정책 결정과 실천에 녹아 있어야 함 • 문화적 역량은 서비스 제공에서 모두가 동등한 접근권을 가진다는 원칙을 내포함
지역사회 참여 차원	• 자기결정이라는 개념이 지역사회로 확장되도록 비공식적 자원과 원조체계가 함께 일함 • 지역사회가 스스로 자기의 욕구를 결정하도록 함 • 지역사회 구성원들이 의사결정에 있어서 전폭적인 파트너가 됨 • 협력함으로써 지역사회에 경제적 이익이 되어야 함 • 지식 및 기술 차원에서도 호혜성이 유지되어야 함

출처: Papadopoulos, Tilki, & Ayling(2008).

1) 전문가 차원의 문화적 역량

다문화가족과 일하는 전문가의 역할을 살펴보면, 첫째, 문화가 지닌 구조와 가치가 얼마나 인간을 억압하거나, 주변화하거나 또는 소외시키는지, 이와 반대로 얼마나 특권과 권력을 생성해 내거나 향상시키는지 인지하고, 둘째, 다양한 집단들과 일하는 데 있어서 개인의 선입견이 가져올 수 있는 영향을 배제하기 위하여 자신에 대해 충분히 인지하고, 셋째, 다름(difference)이 가지는 중요성에 대해 이해하고 이를 다른 전문가들과 함께 나누며, 넷째, 새로운 것을 꾸준히 배워야 함을 인정하고, 다섯째, 정보를 제공해 주는 사람들과 관계를 유지하는 역할을 담당할 것을 제안하고 있다(NASW, 2008). 클라이언트와의 면접과 사정 및 개입 계획에서 서비스 제공자가 문화적으로 민감하다는 것은 클라이언트와 서비스 제공자 간의 차이를 인식하고 클라이언트의 문화를 존중하며 의사소통 스타일이나 태도, 기대 및 세계관의 복잡한 차이에 대해 대응하고 관리하는 법을 배우는 것을 의미한다.

전문가 개인의 문화적 역량 요소는 최근 국내에서 개발된 문화적 역량 척도를 통해 살펴볼 수 있다. 〈표 11-2〉에서 보듯이 개발된 척도마다 대상과 하위요소 간에 차이가 있다. 최소연(2010)의 '한국판 문화적 역량 척도'는 다문화가족과 일하는 원조 전문직을 대상으로 개발된 척도로 '문화적 인식' '문화적 태도' '문화적 지식 및 기술'로 구성되어 있다. 문화적 인식은 다문화 클라이언트에 대한 차이의 이해와 다양성의 수용을 의미하며, 문화적 태도는 다문화 클라이언트에 대한 사회복지사의 반차별적이고 공정한 태도를 의미한다. 문화적 지식 및 기술은 원조과정에서 요구되는 다문화실천과 관련된 의사소통능력과 서비스 계획과 실행 등의 개입 지식과 기술을 의미한다. 최소연의 문화적 역량 척도를 활용한 김은영(2012)의 연구에서도 다문화가족과 일하는 사회복지사의 문화적 역량 요소로 편견과 차별에 대한 인식 개선, 문화적 차이 인식, 타 문화에 대한 존중 태도, 다문화 실천과 관련된 전문 지식, 의사소통기술과 가족 중심 사례관리 접근, 네트워킹 기술 등이 언급되었다. 노충래와 김정화(2011)의 문화적 역량 척도

〈표 11-2〉 국내에서 개발된 문화적 역량 척도

개발자 (연도)	대상	척도의 하위요소
최소연 (2010)	다문화가족과 일하는 원조 전문직	'문화적 인식' '문화적 태도' '문화적 지식 및 기술'
노충래, 김정화 (2011)	다문화 사회복지 실무자	'다문화적 실천 기술' '문화적 인식 및 민감성' '다문화 지식' '문화 차이 극복노력'
최혜지 (2014)	사회복지사	'다문화적 가치와 자기인식' '다문화적 지식' '다문화적 기술' '다문화적 제도 및 환경에 대한 민감성' '다문화적 실행'

는 '다문화적 실천 기술' '문화적 인식 및 민감성' '다문화 지식' '문화 차이 극복 노력'으로 구성되었고, 최혜지(2014)의 연구에서는 문화적 역량 척도의 구성요소로 '다문화적 가치와 자기인식' '다문화적 지식' '다문화적 기술' '다문화적 제도 및 환경에 대한 민감성' '다문화적 실행'을 제안하였다.

이상의 국내에서 개발된 문화적 역량 척도에서 제시된 문화적 역량 요소를 살펴보면, 공통적으로 타 인종, 타 문화에 대한 편견과 차별을 인식하는 것, 다문화 집단과 이들이 처한 환경에 대한 이해와 전문 지식을 갖추는 것, 실천상에서 요구되는 의사소통이나 문화에 민감한 기술을 활용할 수 있는 능력으로 구성된 것을 알 수 있다.

문화적 역량은 문화적 다양성에 대한 지식을 요구하는데, 여기에는 신념, 관습, 영성에서의 차이에 대한 지식과 특정 민족 집단의 역사, 문화, 현실 상황에 대한 지식 등이 속한다.

- 다양성: 특정 집단이 공유하고 있는 문화적 특성 혹은 세계관에서의 차이를 말한다. 이러한 차이는 가치, 신념, 관습, 행동 등의 차이에 영향을 미치며, 언어, 의복, 음식, 사회적 조직 등의 차이를 표출한다. 이 다양성은 주로 사회 내 집단 간 차이로 인식되지만, 특정 집단 내부에서의 다양성도 발견할 수 있다.
- 역사: 특정 인구 집단의 경험적 역사, 입국 및 이주 관련 역사에 대한 지식을 말한다.
- 문화: 특정 인구 집단의 의사소통 유형, 세계관, 신념체계, 가치관 등에 관한 지식을 말한다.
- 현실 상황: 집단 내 단체 및 조직, 지역사회 내 정착 상황, 지원 법률 및 제도, 사회 적응 상황 및 과정, 정신건강 문제, 가족 상황, 강점 및 약점 등에 관한 지식을 말한다.

Ho(1987)는 소수자 집단과의 실천에서 고려해야 할 요소를 다음의 여섯 가지로 요약하였다.

- 빈곤, 인종차별, 정신건강 서비스 이용의 어려움을 경험하는 소수민족의 현실
- 문화 갈등과 문화 충돌 경험 등 소수문화에 영향을 주는 외부 체계
- 지배문화에 대한 이중성과 이중문화주의(biculturalism)
- 소수민족의 신분에 대한 인종차별
- 언어 장벽에 의한 오해와 오진의 위험, 2개 국어를 하는 자녀와 부모의 위계 관계상의 문제 등 인종과 언어의 복잡한 상관관계
- 인종에 따른 사회적 계층 형성과 권력의 불균형 등에 대한 지식

기술 차원에서는 일반 기술과 수용 기술 외에도 소수자 가족을 사정하는 데 유용한 문화적 가계도를 포함하여 다음과 같은 실천 기술을 효과적으로 활용할 수 있어야 한다.

- 세계관, 문제에 대한 관점과 해결 방법 등 문화적 가치의 사정
- 가계도 활용, 가정 방문, 민족 음악, 가족 사진, 그림 등을 통해 그 가족의 문화를 이해하고 사정하려는 노력
- 생태도 작성에 언어가 어려운 경우 좀 더 시각적인 활동 중심의 개입 제안
- 가족의 인식, 신념, 행동을 구성하는 기본 원리를 가지고 사정하며, 가족 기원에 대한 색깔 표시 및 색의 혼합에 따라 동질성과 이질성을 이해하는 데 유용한 방법으로서 뿌리를 찾아 가거나 의미를 찾아서 문화적 · 민족적 기원을 거슬러 올라가거나 더듬어 보는 민족학적인 면접 방법 등

이와 같은 전문가 개인 차원의 문화적 역량 향상 방안은 Sue(2006: 20-21)가 제안하는 '다문화 사회복지실천에서의 여섯 가지 전략'에 잘 나타나 있다.

- 다문화 사회복지실천은 사회복지사의 역할에 대한 인식과 확장을 담보한다. 그리고 유용하고 적절하다고 평가되는 문제해결 기술의 목록을 증가시킨다. 상담가나 임상가의 역할과는 달리, 다문화사회복지는 효과적인 사회복지실천의 클라이언트 편에서의 핵심적인 교육, 조언, 협의, 옹호 등의 활동을 한다. 그러므로 교육자의 역할, 옹호자 · 사례관리자 · 조직가 · 촉진자의 역할, 토착적 치료체계, 지역사회 중개인 등의 역할은 다문화사회복지에서 매우 중요한 것으로 고려된다.
- 효과적인 다문화 사회복지실천은 클라이언트의 인종적 · 민족적 · 문화적 · 성별 · 성적 취향의 배경에 충실한 개입 방법을 활용하고, 목표를 설정하는 것을 의미한다. 예를 들어, 체계 개입, 아웃리치 프로그램, 지역사회 옹호, 권력 차이의 최소화, 임파워먼트를 위한 사회 정책의 촉진 등이 다문화 사회복지실천의 내용이다.
- 다문화사회복지는 인간의 존재와 실체가 개인적 · 집단적 · 보편적 차원으로 구성되어 있다는 점을 인식한다. 이러한 차원들의 총합성을 인식하지 못하는 원조 과정은 클라이언트의 실체의 중요성을 부인하는 것을 의미한다.
- 다문화사회복지는 다양한 민족적 · 인종적 소수집단과 사회인구학적 집단이 문화적으로 특수한 전략을 구상하는 원조에 가장 잘 반응한다는 믿음을 가진다. 예를 들어, 아시안 미국인이 지시적 · 적극적 접근에 잘 반응하는가 하면, 아프리카계 미국인은 자신을 솔직하게 노출시키는 원조자에게 감사해한다는 사실을 발견할 수 있다. 또한 치료적인 접근은 민족 집단에 따라 다르게 효과적일 수 있다. 이와 같이 원조관계에서의 일반적인 사항이 어떤 문화와 어떤 사회에 적용되는가에 따라 그 효과가 다르게 나타날 수 있다.
- 클라이언트를 단순한 한 개인이라기보다 그의 문화적 · 사회적 맥락의 산물로 보는 것이 적절하다. 생태학적 관점은 여기서 매우 중요하다. 미국 문화에서 심리사회적 단위는 개인인 반면에 다양한 문화 집단에서는 보다 집단적인 지향성을 가지는데, 이러한 집단 지향성은 개인이 누구인지를 규정한

다. 즉, 어떤 가족, 어떤 집단, 어떤 지역사회의 구성원인가 하는 것이 더 중요한 것이다.

- 다문화사회복지는 원조관계에서 두 가지 초점을 가진다. 많은 경우에 클라이언트 개인에 초점을 맞추고 새로운 기능과 적응 행동을 배우고 깨닫게 하는 것이 중요하다. 그러나 문제가 편견과 차별을 당하는 여성, 동성애자, 인종적 소수자, 그 밖의 사회적 소수자들이 클라이언트가 될 경우, 전통적 치료의 역할은 비효과적이거나 부적합한 것이 될 수 있다. 이때는 변화의 초점이 클라이언트 개인이 되기보다는 클라이언트가 처한 체계나 상황으로 바뀌어야 한다.

2) 조직 차원의 문화적 역량

다문화가족과 일하는 전문가 개인 차원의 문화적 역량 증진을 위해서는 기관 차원의 효과적인 방안이 마련되고 문화적 역량 향상에 걸림돌이 되는 기관의 특성에 대해 인식하는 것이 중요하다. Diller(2007)는 기관의 문화적 역량을 향상시키기 위한 활동으로 다음과 같은 내용을 점검해야 한다고 하였다.

- 그 기관에 소수민족집단이 있는가? 그들이 어떠한 일을 하고 있는가?
- 그들이 어떻게 채용되었는가? 채용과정에 특이한 것이 있었는가?
- 그 기관은 문화적 다양성을 장려하는가? 사명감이나 계획을 가지고 노력을 경주하는가? 기관 내 어떠한 암묵적인 인종에 대한 감정이나 태도를 느끼는가?
- 그 기관의 조직문화는 어떠한가? 소수인종집단의 직원이 근무하게 된다면 어떻게 반응하겠는가?
- 그 기관의 결정권자는 누구인가? 소수민족자에게 접근 가능한가?
- 그 기관에서 일한다면 어떠한 느낌이겠는가? 독특하거나 보통과는 다른 어떠한 규칙, 정책, 스타일이 있는가?

• 그 기관의 클라이언트는 누구인가? 클라이언트의 인종과 출신 민족의 범위를 확대하려는 노력이 있었는가?

무엇보다도 기관 차원에서 다문화 집단을 수용하고 상생하려는 기본적인 철학과 원칙하에 기관을 운영하고 기관의 문화적 역량을 평가하는 시스템을 갖추고 있는가가 중요하다. 문화적 소수집단에 서비스를 제공하는 한국 서비스 조직의 다수가 문화적 문맹 수준에 있다고 보고 있다. 서비스기관의 문화적 역량을 증진시키는 방안으로 조직 지도층의 인식과 헌신, 조직 구성원의 동의, 인력과 재원의 분배 수준, 다문화 집단에 대한 정보 수집과 분석 능력, 재원동원능력, 문화적으로 적절한 프로그램 개발능력, 직원의 교육 및 훈련 전략에 대한 정보를 들고 있으며, 무엇보다도 조직의 의사결정과 지배구조에 다문화화가 반영되어야 하고 서비스 이용자의 사회문화적 배경과 특성에 맞는 매체 개발과 서비스 내용의 조정이 필요하다. 서비스기관은 다문화주의를 권장하고, 다문화가족의 서비스 접근성과 기회의 평등을 지지하는 기관의 철학과 정책을 분명하게 표명하여야 한다. 이중언어, 이중문화자의 채용, 이들과 동료로서 일할 수 있도록 심리적 · 문화적 장애를 극복하려는 의지, 기관 예산의 배분에 우선순위를 조정하는 것에 대처하고 이러한 기관의 문화적 역량을 평가할 수 있는 기준을 마련하여야 한다(김연희, 2007).

최소연과 이상철(2011)은 사회복지기관, 병원, 학교, 보육시설 등의 원조전문기관이 자체적으로 조직 차원의 문화적 역량 수준을 측정할 수 있는 척도를 개발하였다. 이 척도는 통역사 활용 등을 포함하는 기관의 의사소통 활성화(7문항), 서비스 이용에 있어서 차별 금지 등 이용자 권익 옹호(7문항), 좀 더 만족도 높은 서비스 제공을 위한 서비스품질지원(6문항)으로 구성된 총 20문항의 문화적 역량 척도다. 다문화가족 대상의 서비스기관에서는 이러한 척도를 활용하여 자체적으로 진단, 평가하고 개선하려는 노력이 요청된다.

또한 다문화가족과 일하는 서비스기관의 문화적 역량을 증진하기 위하여 최소한의 서비스 지침과 조직 차원에서의 체계적인 접근이 요청된다. 특히 관련 부서에서 다문화가족 지원 서비스 지침을 마련하고 지역 내에서 관련 기관 간 네트워킹할 수 있도록 실무자 교육과 해당 기관의 문화적 역량을 체크할 수 있어야 한다.

조직문화의 변화를 위해 클라이언트 중심의 서비스라든지 회복 모델의 수용, 외래환자를 위한 프로그램의 확장 등 패러다임의 전환이 요청되며, 집단 성원 모두가 변화의 필요성에 대해 인지하고 이를 준비하는 것이 필요하다. 또한 소속감과 구성원들이 공유하는 목표와 가치가 있어야 한다. Papadopoulos 등(2008)이 제안하는 문화적으로 유능한 기관의 특성은 〈표 11-3〉과 같다.

〈표 11-3〉 문화적으로 유능한 기관의 특성

지 침	내 용
문화적 역량	• 조직 강령에 문화적 · 언어적 역량에 대한 원칙, 이론적 근거, 가치를 포함 • 문화적 · 언어적 역량에 대한 증거 기반 실천 • 직원, 프로그램, 이사회의 문화적 · 언어적 역량 향상에 대한 인센티브, 재정적 지원 • 개인 및 조직 차원의 자가진단 실시 • 문화적 · 언어적 역량 개발을 위한 새로운 연구를 수행하고 새로운 치료법 개발 • 다른 기관들의 문화적 역량 수준을 따라서 각기 성장할 수 있도록 지원, 멘토링 • 지역사회 내 소외된 집단을 옹호하는 역할 수행 • 인종 간, 집단 간 서비스 차이를 없애기 위해 기존의 서비스 경계를 넘어서 다양한 집단과 파트너십 구축

출처: Papadopoulos et al. (2008: 138-139).

Cross 등(1989)이 주장하는 조직 차원의 문화적 역량은 첫째, 다양성에 가치를 두고, 둘째, 자체평가를 실시하며, 셋째, 차이의 역동성을 관리하고, 넷째, 문화적 지식을 획득 및 제도화하며, 다섯째, 서비스를 제공하는 지역사회의 문화적 맥락과 다양성에 적응하여 이를 정책 수립과 수행, 계획과 서비스 제공으로 통합하며 이를 위해 서비스 이용자와 가족, 지역사회 전체를 포괄해야 한다고 하였다. 이는 다문화가족을 복지정책의 수혜자로 간주하지 않고 이들이 자신의 언어적 · 문화적 역량을 개발하도록 지원한다는 가치와 운영지침을 정책에 반영하는 것을 의미하며, 다문화가족을 지원하는 관련 부처와 담당 공무원, 서비스기관과 직원들, 여성 결혼이민자를 맞는 가족과 지역사회, 일반 시민에 이르기까지 사회 구성원들의 시각의 전환과 조직 내의 패러다임의 변화를 필요로 한다.

조직 차원의 문화적 역량은 정책 차원의 문화적 역량이 뒷받침되어야 한다. 지방자치단체가 활성화되기 위해서는 각 지역의 특성과 개별화된 욕구에 맞는 사업이 구상되어야 하며, 이는 중앙정부의 일괄적인 지침이 미처 포괄하지 못하는 부분을 보완할 수 있다는 장점을 지닌다. 지방자치단체 공무원과 시의회 의원을 대상으로 문화적 역량의 중요성을 피력하고, 이를 위해 다문화 친화적인 조례가 제정될 수 있도록 지역사회 차원의 노력이 필요하다.

3. 문화적 역량 강화를 위한 교육과 훈련

문화적 배경이 다른 클라이언트나 그 가족과 함께 일하기 위해 우리의 문화적 역량을 어떻게 향상시킬 수 있을 것인가? 우선 자신의 문화적 역량 수준을 스스로 평가하고 문화적 역량의 장애 요인을 인식하는 것으로부터 시작할 수 있다. Diller(2007)는 전문가 개인의 문화적 역량을 향상시키기 위한 활동으로, 첫째, 자신의 편견과 인종차별이 실천과정에 어떠한 영향을 미치는지와 이러한 편견과 차별을 어떻게 변화시킬 수 있을지 생각하기, 둘째, 다문화 일기 쓰기, 셋째, 기관에서 구성원의 문화적 둔감성과 인종차별이 어떠한 결과로 나타나는지 조사하기 등을 제안하였다. Cross 등(1989)은 문화적으로 유능한 전문가의 자격 요건을 다음과 같이 제안하였다.

- 문화적 다양성에 대한 이해를 바탕으로 클라이언트와 실천가 간의 문화의 이질성에 대한 인식과 인정, 조직 내의 동료나 외부 실천가 간의 문화적 다양성에 대해 존중한다.
- 실천가 자신의 문화가 미치는 영향에 대한 자기인식이 필요하다.
- 문화적 차이가 빚어내는 역동성에 대한 이해가 요구된다.
- 클라이언트가 속한 문화에 대한 지식을 통해 클라이언트의 행동을 그의 문화적 맥락에서 제대로 이해할 수 있도록 한다.
- 일반적인 실천이론이나 원조 기술을 클라이언트의 문화적 배경을 고려하여 조정하여 활용하도록 한다.

미국의 경우 문화적 역량이 발달해 온 과정을 살펴보면, 다음의 여섯 가지 전략이 효과적이었다고 한다(Lum, 2008: 37-39). 첫째, 문화적 역량 관련 과목을 교과과정의 필수 교과목에 포함하여 그 개념에 대해 교육하였다. 우리의 경우에 '사회복지실천과 문화적 역량'이나, '문화적 다양성과 사회복지실천'과 '다문화 사회복지론' 등의 과목을 개설하여 문화적 역량 개념에 대해 교육하는 것을 의미한다. 둘째, 관련 서비스기관들이 문화적 역량을 갖춘 기관이나 조직으로 변화하도록 옹호하고 지원하였다. 대학의 연구자나 전문가들이 지역의 다문화 관련 기관의 서비스 전달 방법이 이용자의 문화 지향적인 성향을 갖도록 함께 노력하는 것을 의미한다. 셋째, 문화적 역량을 기반으로 하는 실천 모델을 개발하여 개념화하고 발전시켰다. 여러 학자와 전문가가 협력하여 문화적 역량의 구성요소를 기반으로 실천, 훈련 모델을 개발하는 것을 의미한다. 넷째, 조지타운 대학교의 전국문화적역량센터(National Center for Cultural Competence: NCCC)처럼 문화적 역량에 대한 정보센터를 건립하였다. 이러한 센터를 중심으로 다양한 인종집단과 지역사회에 관한 정보를 집대성하고 문화적 역량을 연구, 확산시킬 수 있는 발판이 되었다. 다섯째, 무엇보다도 건강과 정신건강 부문의 정부 차원의 사업계획에 문화적 역량을 주요 요소로 포함하고 문화적 역량 훈련을 전문자격요건으로 명시하였다. 여섯째, 사회복지교육 차원에서 문화적 역량을 전공 내 자신의 학문으로 통합하려고 노력하였고, 2001년에 미국사회복지사협회(NASW)에서도 문화적 역량 기준과 지침을 제정하였다.

전문가의 개인적인 노력은 물론 제도적 · 문화적으로 유능한 전문 인력 양성을 위한 노력이 필요하다. 다문화 서비스기관의 전문 인력 양성에 있어서 현재 우리가 안고 있는 문제점은, 첫째, 2012년 2월 1일의 「다문화가족지원법」 개정을 통하여 신설된 제12조의2 '보수교육의 실시' 규정으로 전문 인력의 자질과 능력을 향상시킬 수 있는 근거가 마련되었지만, 이는 다문화가족지원센터 인력 대상의 사후 교육에 국한되어 있다. 둘째, 다문화가족지원센터의 경우, 전문 인력의 자격이 되는 사회복지사와 건강가정사 자격증을 취득하기 위한 대학의 교과목 편제에는 다문화 관련 교육(다문화사회 이해, 이민정책 등) 및 다문화기관 실습 혹은 수련 시간 규정이 없다. 셋째, 현재 다문화 전문 인력 양성체계는 다문화가족의 적응이나 교육 등 인력의 역할에 따른 구분이 명확하지 않다(김유경 외, 2012). 부처별 다문화기관 및 인력 양성 정책에 문화적 역량 증진 방안이 반영되도록 제도 개선이 요구된다.

또한 사회복지실천 영역별로 문화적 역량을 증진할 수 있는 방안을 모색하여야 한다. 미국의 전국문화적역량센터(NCCC)에서 실시하는 정신건강 전문가 대상의 문화적 역량 교육에서 강조하는 요소는, 첫째, 대상 집단의 인구사회학적 특성에 대한 이해, 둘째, 지역사회의 다양성에 영향을 미치는 내적 요인(문화 정체성, 민족 결합력, 언어, 가계도, 문화 변용 등)과 외적 요인(인종차별 경험, 집단 간 관계, 지지망, 지역사회 적응 유연성)에 대한 이해, 셋째, 서비스 접근성을 높일 수 있는 방안에 대한 토의, 넷째, 건강에 관한 신념에 대한 이해, 다섯째, 문화와 관련된 특정 증상에 대한 이해 등으로 구성되어 있다. 최근 국내에서도 다문화가족의 정신건강상의 문제를 다루기 위하여 지역 내 다문화 전문가와 정신보건 전문가가 서로의 영역을 이해하기 위한 교육에 참여하고 상호 협력을 위한 네트워크 회의를 시도한 것은 매우 의미 있는 시작이라고 할 수 있다. 또한 외국의 아시안계 전문가들과 협력하여 아시안 문화에 대한 이해를 높이고 국내 다문화가족의 현황과 문제를 공유함으로써 바람직한 해결책을 모색하려는 시도도 우리의 문화적 역량 증진을 위해 의미 있다고 하겠다.

국내 전문가 대상의 문화적 역량 교육과 훈련 프로그램을 살펴본 결과, 지역적으로 서울과 경기도, 충청도 지역에서 주로 이루어져 온 것을 알 수 있었다. 교육을 진행한 기관은 종합사회복지관과 다문화가족을 지원하고 있는 사회복지 관련 센터가 대부분이었다. 특히 센터의 경우 '북한이탈주민'이나 '외국인 근로자'처럼 그들이 중점적으로 서비스를 제공하고 있는 대상에 대한 내용을 주로 다루고 있었다. 그 외에 한국사회복지사협회, 다문화 관련 단체에서도 문화적 역량과 관련된 실무자교육을 진행한 적이 있었다. 이 중 세미나 방식으로 진행된 경우도 있었지만, 대부분의 교육은 1회기나 2회기의 단기 프로그램으로 해당 분야의 전문가 특강과 사례발표가 대부분이었다. 짧은 교육 시간으로 한정된 교육방법에 의존하였으며, 교육 참여자들이 직접 생각하고 경험할 수 있는 시간을 마련하기에는 부족하여 실무자들이 일방적으로 지식을 받아들이는 형태가 많았다. 이와는 달리 8회기의 교육에서 참여자들이 기획한 프로그램을 발표하는 방식으로 참여가 이루어졌지만, 이를 제외하고는 특강 형태에 그쳤다. 교육 내용을 살펴보면, 다문화사회에 대한 이해와 현황, 다문화가족 대상별 이해 및 현황에 관한 기초 교육이 제공되고 있었다. 또한 다문화가족을 위한 제도, 정책 및 법 등에 대한 특강이 포함되었다. 다른 내용으로는 상담기법, 사례발표, 프로그램 기획과 같은 실천 기술에 해당하는 것이었다.

문화적 역량을 훈련하기 위해서는 강의 위주의 교육보다는 개인의 생각과 태도를 인식하고 변화시킬 수 있는 질문하기, 사례연구, 역할극, 시뮬레이션, 게임, 집단 토의 등 워크숍 형태의 다양한 훈련 방법이 요청된다(김연희, 2007). 최근 개발된 소그룹 형태의 집단 프로그램으로는 김은영(2012)의 '강점관점의 문화적 역량 프로그램'을 대표적으로 들 수 있다. 〈표 11-4〉에서 보듯이 문화적 역량 증진 프로그램은 총 10회기의 프로그램으로, 개인적 관점(문화적 인식), 전문적 관점(문화적 지식), 조직적 관점(문화적 태도 및 문화적 기술)으로 구분하였다. 이 프로그램은 경험적 학습기법을 활용하여 동영상과 대중매체 분석 등 다양한 인식 개선 활동과 집단 내 토의와 체험 등 상호작용 연습을 제안하고 있다.

〈표 11-4〉 문화적 역량 증진 프로그램의 예

단계	프로그램 내용	활동
사전 모임	• 프로그램 소개: 구체적인 일정 조정하기 • 동영상 관람: 자기소개, 참여 동기 및 개인 목표 소개	상호 이해, 관계 형성, 사전 설문지, 연구동의서 제출
개인적 관점: 문화적 인식		
1회	• 문화적 인식 관련 동영상 관람 • 문화와 문화적 역량에 대한 개요 • 문화적 영향에 대한 자기인식 • NASW 윤리강령과 한국의 윤리강령 비교분석 • 다양성 연습: 문화적 편견, 개인적 신념 등 자기인식	동영상 관람, 강의, 개별활동, 버즈토론 과제: 문화적 생태도, 문화적 가계도 작성
2회	• 자기인식 자료물 함께 읽기 • 문화적 생태도와 문화적 가계도 나누기	토론 및 발표
전문적 관점: 문화적 지식		
3회	• 강점관점의 렌즈 – 사회복지사: '자신의 강점 찾기' '실천현장에 강점을 적용한 경험 나누기' '강점을 확대시켜 나가기' – 다문화가족 접근: 자신이 경험한 여성 결혼이민자와 다문화가족의 강점 찾아보기	강의, 게임, 버즈토론 과제: 2008년 이후 대중매체 5개 이상 분석하기 국가별 문화지침서 시작
4회	• 다문화가족에 대한 이슈: 대중매체(신문, 온라인 자료 분석) • 여성 결혼이민자에 대한 이해: 이민과 적응(문화, 사회, 결혼 등), 문화적 배경(중국, 베트남, 필리핀, 일본 등) 이해	
5회	• 최신의 다문화가족 관련 법과 제도, 정책 • 사례토론 및 슈퍼비전 • 중간평가	강의, 버즈토론, 게임, 공동작업, 사례발표자 선정
조직적 관점: 문화적 태도 및 문화적 기술		
6회	• 중간평가 결과 나누기 • 다문화가족 관련 동영상 • 강점관점 다문화가족 사례관리: 문화적 사정, 계획, 개입 • 실천지혜 공유: '나만의 암묵지' • 사례토론: 실천 현장의 경험 나누기(보람 있었던 경험 중심)	동영상 관람, 강의, 버즈토론, 공동 작업 과제: 사례 보고서 준비

7회	• 동영상 관람: 그녀의 이야기 • 실천 기술 경험에 대해 나누기: 관계 기술, 상담 기술 • 사례토론: 실천 현장의 경험 나누기(힘들었던 경험 중심) • 사례발표 및 집단 슈퍼비전	버즈토론, 공동 작업 과제: 문화지침서 점검
8회	• 여성 결혼이민자의 국가별 문화의 특성 이해	소집단 발표 및 토론, 문화지침서 완료, 공동 작업
9회	• 사례회의 및 통합적인 사례관리모형 작업 • 지역사회 네트워크 구성 작업 • 조직적 · 국가적 차원 건의안 만들기	개별활동, 전체 토론
문화적 역량 총괄		
10회	• 문화적 인식 · 지식 · 기술 · 태도의 통합 • 프로그램 경험 나누기 • 목표 달성 점검, 집단의 피드백 • 프로그램 평가	강의, 개별 발표, 공동 작업 사후설문지 조사
	• 마무리: 사후모임에 대한 논의	

출처: 김은영(2012: 132).

이 프로그램은 개입연구 방법으로 사전 욕구 조사와 전문자 자문을 통한 프로그램 개발, 다양한 토의 방식과 학습 자료를 활용한 프로그램 실시, 프로그램 효과성 평가를 통한 수정 프로그램 제안 등 일련의 체계적인 연구를 통해 개발된 프로그램이다. 문화적 역량 훈련은 자기인식으로부터 시작하며, 문화적 역량에 대해 이제 관심을 갖기 시작한 우리로서는 이러한 형태의 소그룹 훈련 프로그램을 통해 전문가의 역할을 재조명하는 시간이 매우 중요할 것이다.

제12장

대상 및 영역별 다문화 사회복지실천

1. 아동 · 청소년과 다문화 사회복지실천

저출산 · 고령화 현상으로 인해 점차 신생 인구가 감소하고 있는 한국 상황에서 다문화 인구의 유입과 이에 따른 차세대 출산은 인적 자원의 확보라는 점에서 중요한 의미를 지닌다. 2012년에 국내에 거주하는 다문화 학생은 4만 6954명으로 집계되었는데, 이는 2011년 대비 21% 증가한 것이며 2015년에는 다문화 아동이 전체 취학아동의 13%가 넘을 것으로 예상되고 있다. 또한 2009년 12월에 병역법이 개정되어 다문화 출신 자녀의 군입대가 가능해지면서 그 수도 점차 증가 추세에 있다. 이들은 2012년에 200명 안팎이었지만 2013년에는 다문화가정 자녀 중 징병검사에 해당되는 인구가 1165명이며, 2020년에는 8000명 수준에 이를 것이라고 추정되고 있다(중앙일보, 2012. 7. 22.).

이와 같이 다문화가정 자녀들은 앞으로 한국 사회에서 어떤 역할을 통해서든지 우리 사회의 구성원으로서 기여할 수 있는 무궁한 가능성을 갖고 있다. 그러나 다양한 인종이 혼합된 아동과 청소년의 경우에는 독특한 욕구와 이슈에 당면할 수 있다는 점에서 이들에 대한 사회적 이해와 배려가 부족할 경우에는 오히려 당사자뿐 아니라 사회적으로도 어려움에 봉착할 수 있다는 우려가 있는 것도 사실이다. 결국 우리 사회가 이미 구성원이자 동반자가 된 차세대 다문화인을 어떻게 바라보고 함께 살아가고자 하는가에 우리의 미래가 달려 있다고 해도 과언이 아닐 것이다.

이러한 욕구와 이슈에는 가족 · 자녀양육 · 아동발달에 영향을 미치는 사회경제적 문제, 개인주의에 기반을 둔 독립적 가치와 가족주의에 기반을 둔 상호주의 간의 가치 갈등, 이중언어 사용과 낙인, 주류 문화에 적응하는 과정에서 겪는 문화적 갈등, 인종주의에 의한 자존감 부족 등이 포함된다(Yamamoto, Silva, Ferri, & Nukariya, 1997). 따라서 다문화가족의 자녀들과 일하는 사회복지사는 아동의 심리사회적 적응, 가족원과의 관계, 학교 적응과 학업 성적, 친구관계, 그리고 지역사회 적응 등 다양한 측면을 고려해야 한다(이화여자대학교 사회복지연구회 역, 2001: 355-361).

다음은 Huang(1997)이 결여된 체계 속에서 이들 아동 보호와 복지에 접근할 때 고려해야 할 체계로 제시한 것이다.

- 개인체계: 정확한 연령, 신체적 발달, 성징(性徵), 언어적 유창성, 감정 표현, 대인관계, 정서 상태, 수면, 학교 적응, 가족 역동 등
- 문화체계: 세대 내 위치 및 적응 정도, 이민 역사, 인종적 정체성 등
- 가족체계: 가족 유형, 역할관계, 의사소통 유형, 사회경제적 지위 등
- 학교체계: 학교의 인종적 구성, 학업성취도, 교사와의 소통 유형, 사회적 행동 등
- 친구체계: 또래집단 내 지위, 또래집단 구성원들의 성과 연령, 참여 정도와 유형, 가족과 학교에 대한 친구들의 가치 등

이 모든 측면이 중요하지만 그중에서도 다문화 아동 · 청소년의 발달과정에서

중요한 것은 '자존감'을 갖는 것이다. 특히 문화적 자부심은 문화적 · 인종적 유산에 대한 가치 부여로서 자존감에 영향을 미치는 중요한 요소다. 그러나 이들의 문화적 근원이 되는 국가가 개발도상국인 경우 이들은 사회적으로 제대로 대우를 받지 못하고 주변화되어 스스로를 소수자로 규정하는 경향이 있다고 한다. 이 경우 사회적 편견에 의해 자신과 관련된 문화를 제대로 이해하지 못하여 수치심을 느끼고, 일방적으로 주류 문화에 대한 동화를 추구하기도 한다(Delgado, Jones, & Rohani, 2005: 137).

따라서 다문화 아동 · 청소년의 경우에는 이들이 지향하는 바가 무엇인지를 파악하는 것이 중요하며, 자신과 관련된 문화를 바로 이해하고 이에 대한 강점과 자원에 대한 자부심을 갖고 자신의 문화적 · 인종적 정체감을 형성하도록 지원하는 것이 필요하다. 물론 이것은 다문화 아동 · 청소년의 책임이기 이전에 우리 사회가 지녀야 할 자세이자 다문화 사회복지실천의 목적 중 하나다.

아동 · 청소년기의 자존감은 학교생활의 영향을 많이 받는다. 특히 한국 사회에서 교육 측면은 매우 중요한 요소다. 교육적 성취를 중시하는 특성은 외국에서 한국뿐 아니라 아시아 이민자의 특성으로 꼽는 부분이기도 하다(Lum, 2004: 55). 실제로 한국에서도 다문화가족의 주요 관심사이자 걱정거리 중 하나가 자녀 양육 및 교육 문제로 나타나고 있다(양옥경, 2007: 191).

그러나 이들은 경제소득이 낮고 맞벌이 부부인 경우가 많아 안정적인 양육환경을 제공받지 못하는 경우가 많으며, 한국말이 서툰 어머니에게 교육을 받으면서 한국어 습득과 학습에서 부진을 경험하기 쉽고, 이로 인해 학교에서 집단 따돌림을 당하기도 하는 것으로 나타나고 있다(조영달, 2006; 이성미, 2012). 특히 학부모 간의 정보 교류 및 경제력이 요구되는 한국의 교육 현실에서 이들 가족이 경험하는 박탈감과 상실의 체험은 희망의 상실과 차세대의 문제로 이어질 수 있다.

따라서 이들에게 적합한 교육 자원을 개발하고 연결하며, 교육체계 안에서 이들이 차별받지 않고 학습할 수 있는 학습지원 서비스를 제공하는 것이 필요하다. 이를 위해서 교육과 복지체계의 연계, 다문화 학생과 일반 학생을 통합하는 학교사회복지 프로그램의 활성화, 교육지원 서비스의 기획 및 시행 등을 할 수 있다. 실제로 미국에서는 이민자 정책과 서비스에서 교육을 매우 중요한 영역으로 다루고 있으며, 이들이 기존 교육제도 안에서 불합리한 처우를 받지 않도록 사회복지사들이 옹호자로서 역할을 수행해야 함을 강조하고 있다(Rieser, 2009).

특히 학교생활은 곧 교우 관계의 장이기도 하다. 따라서 다문화가족 자녀만을 모아서 하는 프로그램보다는 일반 아동 · 청소년과 함께할 수 있는 프로그램을 통해 상호 이해와 교류의 기회를 제공하는 것이 보다 효과적일 수 있다. 문화나 인종의 차이에 대해 이질감을 갖거나 배척하는 것은 사회화되는 경우가 많기 때문에 어린 시절부터 고정관념과 편견을 내면화하지 않도록 교육하는 것이 필요하다. 다문화인이라고 해서 특별히 우대한다거나 시혜적인 시선으로 바라보도록 접근할 것이 아니라, 보편적인 인권 차원에서 접근하는 교육을 시행해야 한다. 다문화 아동 · 청소년이 가장 필요로 하는 것은 거창한 프로젝트나 예산 책정이 아니라 이방인이 아닌 동반자로서 받아들이는 마음 자세다. 따라서 일회적인 이벤트보다는 지속적이고 체계화된 교육 내용을 통해 전달되도록 해야 한다. 이때 교사 및 전문가의 태도가 다문화 아동 · 청소년뿐 아니라 일반 아동 · 청소년에게 많은 영향을 미친다. 그러나 최근까지도 교사들의 인식이 문화적 다양성을 수용하는 데 미치지 못하고 있다는 보고(김이선 외, 2007)는 교육현장에 있는 전문가의 인식 개선부터 이뤄져야 할 필요성을 제기한다. 또한 기존의 다문화 아동 · 청소년을 대상으로 한 프로그램들을 분석한 결과에 따르면(남성희, 전종설, 2013), 학교생활 중 또래관계에서는 일정한 효과가 있는 것으로 나타나지만 교사와의 관계나 학습성과에 대한 효과는 제한적이었던 것으로 드러나 이에 대한 적극적인 개선이 요구되고 있다. 이 외에도 여전히 다문화 영역의 서비스 수행 인력의 전문성이 부족한 점, 프로그램이 일회적인 접근에 그치고 있는 점, 다문화 프로그램이 아동에 집중되어 상대적으로 청소년을 위한 프로그램이 부족한 점 등이 문제점으로 분석되고 있다.

이런 방향을 개선하기 위해서는 우선 다문화가정의 아동 · 청소년의 권리를 정확히 인식하는 것이 도움이 될 것이다. 〈표 12-1〉은 혼혈인 스스로가 자신에 대한 권리를 선언하는 것으로서 우리 모두 이들의 권리를 이해하고 접근할 필요가 있겠다(Root, 2000: 121).

〈표 12-1〉 혼혈인의 권리장전

나에게는 다음과 같은 권리가 있다.
- 이 세상에 나의 존재를 정당화하지 않을 권리
- 나의 내부에서 인종을 분리하지 않을 권리
- 나의 신체적 모호성에 대해 불편해하는 사람들에 대해 책임지지 않을 권리
- 나의 민족적 적법성을 정당화하지 않을 권리

나에게는 다음과 같은 권리가 있다.
- 다른 사람들이 나에게 기대하는 것과 달리 나의 정체성을 가질 권리
- 나의 부모가 생각하는 것과 달리 나의 정체성을 가질 권리
- 나의 형제자매들과 다르게 나의 정체성을 가질 권리
- 다양한 상황에서 나의 정체성을 다르게 가질 권리

나에게는 다음과 같은 권리가 있다.
- 다인종적인 것에 대해 의사소통하기 위해 새로운 용어를 만들어 낼 권리
- 내가 살아가는 동안 나의 정체성을 바꿀 권리(한 번 이상)
- 여러 인종이나 국민에 대해서도 충성심과 정체성을 가질 수 있는 권리
- 내가 사귀고 사랑할 사람을 자유롭게 선택할 수 있는 권리

출처: Root(2000: 121).

다문화 아동 · 청소년은 특별한 존재가 아니며, 이들의 '다름'이 낙인이 되어서는 곤란하다. 기성세대뿐 아니라 자라나는 세대가 이들을 함께 성장해 가는 동반자로 인식할 수 있도록 접근하는 것이 요구된다. 다음은 이러한 접근의 차이를 여실히 보여 주는 사례다.

〈사 례〉

최근에 초등학생 자녀를 둔 다문화가정 어머니의 얘기를 듣고 충격을 받은 적이 있다. 하루는 학교에서 돌아온 아이가 몹시 짜증을 내면서 "엄마, 왜 내가 다문화야? 나는 ○○인데!" "왜 나한테 이름을 안 부르고 다문화라고 하는 거야! 아이들이 나를 이상하게 생각하잖아!" 라며 계속 울고 떼를 쓰더라는 것이다.

자초지종을 들어 보니, 선생님이 "오늘 수업 후에 조사할 것이 있으니 다문화 애들 잠깐 남아 있어." 라고 말한 것 때문이었다. 이 일이 있고 나서 그 아이는 친구들에게 가끔씩 다문화라는 호칭으로 놀림을 받았음은 두말할 필요도 없다.

물론 아이가 상처를 받지 않게 배려한 경우도 있다. 담임선생님이 다른 학생들과 똑같이 이름을 부르며 자연스럽게 쉬는 시간을 이용해 다문화가정 아이를 불러 관련 자료에 나와 있는 것을 상담한 사례다. 격려와 지지를 해 주면서 다른 친구들에게 왜 선생님이 그 아이를 불렀는지 눈치채지 못하게 했다.

출처: 중앙일보(2009. 8. 22.).

때로는 이민과정에서 강한 외상을 경험하게 되는 아동도 있다. Michultka (2009)는 아동은 정신적 외상이나 변화에 성인과 다른 방식으로 반응하기 때문에 특히 주의를 기울여야 한다고 하였다. 이민가정의 아동 중에는 겉으로는 무난히 적응하는 듯 보여도 내성적이거나 우울해지거나 또는 반대로 공격적이거나 적대적으로 변하는 경우가 있다. 그러나 대부분 이런 아동의 정신건강 문제는 학업이나 행동상에서 심각한 문제를 드러내기 전까지는 간과되곤 한다. 전문가들은 이들 아동에 대한 개입을 위해서는 반드시 보호자 및 가족 전체를 참여시켜야 한다고 조언한다. 보호자와 신뢰를 바탕으로 가족 전체의 통합과 행복을 위해서 협력관계를 구축할 때 성공적인 개입이 가능하기 때문이다.

2. 여성 이민자와 다문화 사회복지실천

문화에 따라서 여성에게 부여된 역할은 다양하다. 유교를 종교로 보는 시각도 있고 하나의 이념으로 보는 시각도 있지만, 어쨌든 한국은 유교권 문화로 분류되곤 한다. 2004년의 한국갤럽조사에 의하면, 가장의 주도권, 남편과 부인의 역할 구분, 부모에 대한 자녀의 절대 복종과 같은 전통적 유교 이념이 1984년의 동일 조사에 비해 20년이 지난 2004년에는 그 정도가 점차 약화되고 있는 것으로 나타났다. 그러나 역설적인 사실은 이제 보통 한국인 사이에서조차 약화되고 있는 이러한 유교적 전통 이념을 오히려 여성 결혼이민자에게는 강하게 요구하는 경우가 많다는 것이다. 이것은 한국의 여성 결혼이민자들이 경험하는 부인과 어머니 또는 며느리 등 가내 역할에 국한된 기대, 아들을 낳아야 한다는 부담, 특히 농촌 거주 여성의 경우 자신의 전공이나 경력에 상관없이 주로 농사일에 집중하는 것 외에 한 개인으로서 자기계발이 힘든 상황 등으로 이어지고 있다(경향신문, 2007. 10. 12.). 물론 여성 결혼이민자들은 한국 사회에 적응하기 위하여 주부로서의 역할 수행에 필요한 한국 음식 및 전통문화 배우기, 자녀 양육 지원 등에 대한 욕구가 있는 것은 사실이지만, 그와 동시에 사회 구성원이자 경제적 자립을 위한 직업 훈련 및 알선에 대한 욕구도 큰 것으로 나타나고 있다(양옥경, 2007: 189).

그러나 고정적인 성역할에 대한 개념은 대인 서비스 전문가에게서도 관찰된다. McGoldrick과 Rohrbaugh(1987)에 의하면, 일반적으로 가족을 원조하는 전문가들도 전통적인 여성 역할에 대한 고정관념에서 벗어나지 못하는 경우가 많다고 한다. 이렇듯 여성의 역할을 어떤 고정적 틀에 두고 그 안에서만 제공하는 서비스라면, 클라이언트의 욕구에 충분히 반응하거나 강점관점에서 접근하여 임파워먼트의 목표를 달성하기 어려울 것이다. 사회복지사는 여성 결혼이민자에 대한 실천에서 이들에게 소수문화에 더하여 여성에 대한 고정관념에 의한 차별까지 가중되어 있다는 사실을 고려해야 한다. 그리고 자신의 문화적 편견뿐 아니라 성별에 대한 인식을 점검해야 한다.

하지만 수많은 다문화 관련 연구와 문헌에서도 성별의 이슈나 차이를 고려한 결과물은 그다지 많지 않다. Lum(2004: 45-48)은 그 이유가 그동안 대부분의 인종적 · 문화적 연구가 성별을 고려하기보다는 개인, 가족, 지역사회 차원의 분류를 따랐기 때문이라고 하였다. 그러나 점차 성별에 따른 특수한 욕구가 표출되고 이를 발견하게 되면서, 여성주의 시각에서 다문화 이슈를 다루는 문헌이 증가하고 있다고 한다.

McGoldrick, Garcia-Preto, Hines, 그리고 Lee(1991: 171)에 따르면, 가족 전체가 외국으로 이주하는 경우, 여성은 다른 가족이 새로운 세계에 적응해 가는 동안 외부 세계와의 교류를 통해 새로운 언어를 배울 기회가 차단된 채 기존의 전통적 가사 역할에 매여 있는 경우가 많다고 한다. 그러나 최근 사회 변화에 따라서 오히려 남성에 비해 여성이 새로운 문화에 융통성 있게 잘 적응하고 있는 것으로 나타나고 있다고 한다. 즉, 남성에 비해 여성이 더 쉽게 직장을 구하고, 자녀와의 대화를 통해서 빨리 언어를 습득하며, 새로운 생활 방식에 유연하게 적응한다는 것이다. 한국의 여성 이민자 대부분은 부부가 같이 이주하는 것이 아니라 남편의 나라에 여성 혼자 이주해 온다는 점에서 앞의 사실을 그대로 적용할 수는 없을 것이다. 그러나 이러한 내용은 여성을 가정의 테두리 안에만 가두고 그 안에서 고정적인 역할만을 답습하게 할 경우 그만큼 새로운 문화에 적응하기 힘들다는 사실을 제시한다.

따라서 이주여성 및 다문화 부부에게 접근하는 전문가는 기존의 틀에 얽매이지 말고 여성의 역할 및 가족에 대해 좀 더 융통성 있게 사고해야 한다. 클라이언트와 그 가족도 새로운 가족 유형을 발전시켜 가도록 돕는 것이 중요하다. 그렇지 못할 경우 오히려 과거라는 덫에 걸려서 여러 세대를 거쳐 내려온 풍요로운 자산이 오히려 가족을 분리시키고 갈등을 유발하여 서로에게 상처를 주는 요소로 작용할 수 있다. 이러한 문제가 지속될 경우에는 문화적 단절로 이어질 수도 있다. 또한 너무 빨리 어떤 기준을 정하거나 적응상의 문제를 축소하려고 하는 것도 바람직하지 않다. 이는 문제의 근원을 도외시하거나 고립을 야기할 수 있기 때문이다(McGoldrick et al., 1991: 172).

그리고 이주여성에 대한 접근에서는 이들이 가지고 있는 자원과 숨겨진 능력에 초점을 두고 이를 끌어내어 활성화하는 강점 중심의 접근이 효과적이다. 이를 위해서는 여성에 대한 병리적인 고정관념에 도전해야 하며, 다양한 차원에서 강점과 자기 가치를 높여 줄 수 있는 자원을 규명하고 강화해야 한다. 이때 다양한 차원은 개인 차원뿐 아니라 가족과 지역사회, 문화적 차원을 일컫는다. 예를 들어, 클라이언트가 자신과 자신의 문화에 대해 자부심을 가지고 새로운 상황에 적응해 가도록 하는 과정에서 자신의 조상, 즉 선대의 여성이 살아온 역사와 이야기를 정리해 봄으로써 삶의 지혜와 정신을 도출하는 것은 도움이 될 수 있다. Aguilar와 Williams(1993: Lum, 2004: 49에서 재인용)는 라틴계와 아프리카계 미국 여성을 조사한 결과, 그들의 성공에 기여한 요인으로 다음과 같은 것을 도출하였다.

- 개인적 · 전문적 성취
- 성실한 노력
- 책임감 있는 자세
- 삶과 일에 대한 만족감
- 타인에게서 받는 인정
- 장애물을 극복하는 인내
- 좋은 역할 모델이 되는 것
- 노력하면 보상받는다는 깨달음
- 긍정적 사고
- 선택권
- 자녀 양육에서 느끼는 자부심
- 다른 사람들의 도움 없이 일을 해냈다는 자부심
- 현실적인 목표 설정 및 달성 도출

문화적 차이가 있기는 하겠지만, 이를 통해 다문화 상황에서 여성의 삶에 중요하게 작용하는 요소들을 알 수 있다. 그러나 보다 정확한 요소를 도출하기 위해서는 앞으로 한국에서도 여성 이민자가 어떤 삶을 지향하고, 이를 향해 나아가는 과정은 어떠한지, 그리고 그 과정에서 도움이 되거나 장애가 되는 요소는 무엇인지 등에 대해 파악하고 그들의 관점에서 실질적인 도움을 제공할 수 있는 실천 전략을 연구해야 한다. 당사자의 개념은 일반적으로 생각하는 또는 전문가들이 생각하는 것과는 또 다른 내용을 담고 있을 수 있기 때문이다. 예를 들어, 한국의 여성 결혼이민자는 자녀 양육에 있어서 적절한 양육 및 교육법을 모르고, 자녀 양육을 도와줄 사람을 찾기 어려우며, 자녀에게 한국말을 가르치는 어려움, 학습 지도와 관련된 어려움 등을 많이 느끼고 있지만, 결코 자녀를 '완전한 한국인'으로 키우는 것을 목표로 하지는 않는다. 그보다는 이러한 어려움 속에서도 자녀를 다문화에 익숙하도록 키우고자 하며, 자신의 모국 문화를 자녀에게 전수하고자 하는 의지를 가지고 있는 것으로 보고되고 있다(양옥경, 2007: 151-154). 이러한 여성 결혼이민자의 욕구를 제대로 파악할 때, 비로소 그들과 그 자녀 및 가족에 대한 효과적인 접근도 가능해진다.

다음은 한 연구를 통해 나타난 여성 이민자가 경험하는 실제적인 어려움의 전형적인 사례들이다(박충선, 배나래, 2011). 연구자들은 이러한 어려움이 개개의 다문화가족이 개별적으로 해소하기는 거의 불가능한 구조적인 문제이므로, 정책 차원에서 제공되는 정부와 지자체의 효율적이고도 통합적인 서비스 지원이 시급하다고 주장하고 있다. 사회복지사로서 이러한 어려움을 호소하는 여성 결혼이민자를 만난다면, 어떤 도움을 줄 수 있을까? 다음 사례를 참고하여 생각해 보자.

〈사 례〉

■ 제한된 언어로 인한 의사소통의 어려움

"말이 통하지 않아서, 남편하고도 그렇고요……. 서로 오해하는 부분이 있어요. 한국 사람들은 말이 빠르고 소리도 커요. 처음에 와서는 싸우는 줄 알았어요. 농담하는데, 농담이 제가 살던 나라하고는 달라요. 직접적이고 상대방의 특징을 가지고 말하는데……. 그렇게 웃고 그래요……. 제 행동 가지고, 모양 가지고 농담해요. 제가 이해를 못해서 그런지 속상해요."

■ 경제적인 어려움

"이곳에 처음 왔을 때 논하고 밭밖에 없고 아는 사람도 없는 생활이 힘들었어요. 남편도 농사짓고 살고, 여기 올 때는 잘산다고 했는데, 그렇지 않았어요. 살기가 힘들어요."

■ 가정폭력과 고부갈등

"한국에 와서 처음 왔을 때 어머니 아버지보다 늦게 일어나서 혼났어요. 남편 밥도 안 해 주고, 인사도 안 한다고 소리쳐요. 어머니가 무슨 말 하는지 알아들을 수도 없어서 어머니한테 또 혼나고, 내가 사는 나라 그렇게 못사는 나라 아닌데, 사람들은 내가 사는 나라 사람들은 들판(초원)에서 양 키우며 산다고 생각해요. 어머니는 내가 잘 못하면 '못 배운 나라에서 와서' 이렇게 이야기해요."

"어머니는 남편에게 무조건 복종해야 한다고 해요. 내가 살았던 곳에는 그렇지 않아요. 친구들도 만나고 싶은데, 친구들 만나면 못된 것만 배워 온다고 만나지 못하게 해요……. 도망갈 수 있다고요."

■ 사회적 지지망 부재

"친구도 없고, 집에만 있었어요. 밖에 나가는 것도 싫고, 집(캄보디아)에 가고 싶은데 갈 수 없다는 생각이 들어 매일 울었어요. 아는 사람도 없고, 정말 힘들었어요."

"한국말, 한국 글에 대해 배우고 싶었는데, 4년 동안 아무 정보를 얻지 못했어요. 어떻게 알아보는지도 모르고."

3. 건강 및 정신건강과 다문화 사회복지실천

이민자들이 보건 서비스를 이용하는 일은 하나의 도전이 될 수 있다. 의료 서비스에 접근하는 데에는 불법적 지위 발각과 질병 진단에 대한 두려움, 경제적 어려움이나 건강보험의 부재, 언어장벽, 문화적 이슈, 의료체계에 대한 이해 부족, 실질적인 이동수단의 부족 등이 작용하는 것으로 알려져 있다(Smith, 2009). 따라서 보건 서비스에 대한 접근을 저해하는 물리적인 조건을 해결할 수 있도록 돕는 옹호 및 자원 연결은 보건 서비스 이용을 위한 우선적인 전제조건이 될 것이다.

이러한 보건 서비스에 대한 접근과 그 이후의 이용 과정에서는 인종과 문화의 영향력이 세심하게 고려되어야 한다. 인종과 문화는 질병과 건강에 대한 신념체계에 많은 영향을 주기 때문이다. 즉, 인종이나 문화적 요소는 건강 문제에 당면하였을 때 도움을 구하는 방식과 치료를 받는 과정에서 보이는 양상으로서 환자의 역할, 질병에 대해 개방하여 의사소통하는 정도, 환자를 간호하고 보호하는 가족 체계 및 주 보호자 결정, 그리고 질병과 관련된 의식 등에 영향을 미친다(Rolland, 1994: 158). 따라서 문화적 요소는 보건 및 정신보건의 문제에 관한 사정에서부터 치료 단계까지 세심하게 고려되어야 한다.

Lu, Lim, 그리고 Mazzich(1995: Diller, 2007: 165에서 재인용)는 진단 및 치료 시 임상가들의 특별한 주의를 요하는 문화적 요소를 다음과 같이 제시하였다.

- 자기개념과 같은 개인의 문화적 정체성
- 자신의 질병에 대한 문화적 설명과 표현: 클라이언트의 문화에서 내리는 질병의 정의
- 심리사회적 환경 및 기능 수준과 관련된 문화적 요소: 스트레스와 지지
- 클라이언트와 전문가 사이의 관계에 대한 문화적 요소

• 진단에 대한 문화적 영향: 문화가 진단이나 치료 활동 및 해석에 어떻게 영향을 미치는가 하는 부분

한편 서비스 이용자의 입장에서 소수인종이 질병이나 장애를 갖게 될 경우에는 이중의 차별을 경험하게 된다는 점을 고려해야 한다. Ahmad(2000: 1-3)는 심지어 장애인의 인권을 주장하는 집단에서조차 인종차별이 존재한다고 하였다. 그만큼 다문화 사회복지실천 현장에서 보건 이슈는 인권에 기반을 두고 세심하게, 그러나 적극적으로 다루어져야 한다. 그리고 다문화 사회복지실천 현장의 전문가들은 클라이언트의 문화 및 종교 등에 따른 신념체계와 행동 양상을 잘 알고 있어야 하며, 자신과 클라이언트의 문화적 차이에 대해서도 인식하고 있어야 한다. 이렇게 문화적 가치, 규범, 환경적 맥락을 이해할 때 효과적인 의사소통을 통해 클라이언트의 만족도를 높일 수 있다. 이를 위한 전략은 다음과 같다(Auslander, Thompson, Dreitzer, & Santiago, 2004: 303).

• 환자와 그 가족에게 문화와 관련된 정보를 명확하고 구체적인 방식으로 제시한다.
• 환자뿐 아니라 그 가족에 대한 관심을 표명한다.
• 환자의 가족과 문화적 맥락을 사정하고 이해한다.
• 환자와 가족이 치료적 결정에 보다 적극적으로 참여하도록 격려하고 환자와 가족의 상호 기대를 발전시킨다.

의료와 관련된 문화적 요인은 연령이나 성별에 따라서 다른 양상이 나타나기도 한다. 예를 들어, 같은 이민자라 할지라도 노인기에 이민을 온 경우에는 새로운 문화에 적응하기 어렵고 언어적 어려움도 상대적으로 더 많이 느끼기 때문에 질병에 더 소극적으로 대처하는 경향이 있으며, 여성 질환의 경우 문화에 따라서는 이를 드러내고 적극적으로 치료하는 것에 대해 금기시하는 경우도 있다. 또한 부모가

아동기에 받아야 할 예방접종에 대한 정보를 충분히 알지 못하여 자녀에게 위험이 초래되는 경우도 있다. 따라서 보건체계 내의 서비스 제공자들이 이러한 문화적 민감성을 갖출 때 다문화인에 대한 적절한 양질의 의료 서비스가 제공될 수 있다. 특히 의료사회복지사는 환자들과 함께 일하면서 스스로 문화적 유능성을 잘 갖추고 있는지 계속 질문을 던지고, 환자의 문화적 · 종교적 신념을 더 잘 이해하기 위해 애써야 하며, 의료 서비스 체계가 이민자 지위가 아니라 모든 의료적 욕구에 기반해서 이용 가능하도록 옹호할 수 있어야 한다(Smith, 2009).

한편 이민은 그 자체로 여러 가지 도전을 가져오기 때문에 적응과정과 이에 따른 단계별 사회적 서비스를 필요로 한다. 〈표 12-2〉는 이민의 적응과정을 단계별로 정리한 것으로서, 미국 사회를 중심으로 기술된 것이지만 어느 사회로든지 이주하는 과정에서 경험하는 사건과 심리사회적 경험, 그리고 그에 따른 서비스 초점을 구체적으로 제시하고 있어서 다문화 영역의 실무에서 참고할 만하다(Michultka, 2009: 141-143).

〈표 12-2〉 이민의 적응단계

문화적 동화의 단계와 가능한 사회 서비스적인 함의		
물리적 사건	심리사회적 경험	서비스적 함의
도 착		
• 가족과 재결합 • 신규 주택 입주 • 자녀의 학교 등록 • 의료 검진 • 정착지원 기관의 사례관리자 배정 • ESL, 고용 및 기타 • 서비스 관련 의뢰 • 서류 작업, 관청 수속, • 기타 문서 관련 • 요구사항 처리	• 높은 기대감 • 안도 • 안전에 대한 감사 • 미래에 대한 희망 • 압도되는 느낌 • 혼란 • 방향 상실 • 복합적 감정 • 둔감/쇼크 상태 • 억울함 • 분노	• 학습에 대한 기대 • 도움과 지원에 대한 감사 • 지역사회 편입에 대한 기쁨 • 본토인과 접촉에 대한 기대 • 목적의식, 계획 수립 • 새로운 언어 습득에 대한 두려움과 불안 • 산만 • 무관심 • 분함 • 초조 • 안달

현 실		
• 문화 충격 • 부정적 경험 • 상실의 인식 • 가족 내 세대 간 갈등 • 다문화 간 가치 및 신념의 갈등 • 난민 지역사회 내 내부 갈등 • 꿈꾸는 삶을 위해 장애를 극복해야 할 필요 자각	• 문화 충격 • 도전과 어려움 인식 • 실망과 분노 • 압도되는 느낌 • 공포, 버려진 느낌 • 상실에 대한 집착 • 좌절 • 정신적 외상 사건의 기억 • 억울함과 분노	• 집중력 저하 • 무심한 태도 • 단기적 기억 상실 • 과제 불이행 혹은 망각 • 플래시백 • 피로 • 수업 중 수면 • 놀람 반응/과각성 상태 • 지각 혹은 잦은 결석 • 신체 증상 호소(두통, 복통 등)
타협(또는 주변화, 이하 참조)		
• 새로운 환경의 이해와 수용 시작 • 발전을 위한 시도 • 영어 능력 향상 • 일상의 안정과 질서 회복 • 민족 집단과 협력 • 지원 시스템 재구축 • 새로운 역할 및 정체성 규정	• 상실의 수용 시작 • 정신적 외상 회복 • 성공을 위한 노력 • 자기결정감 및 통제감 향상	• 수업에 집중 • 과제 완수 • 학급 친구와 교류 • 현실적 목표 설정 • 기억력 향상 • 집중력 향상 • 좌절감이나 압도되는 느낌 잔류: '내가 과연 이 언어를 배울 수 있을까?'
문화적 통합(또는 주변화, 이하 참조)		
• 기본적 욕구 충족 • 언어 유능성 발휘 • 취업 혹은 경제적 안정 • 가족관계 강화 • 지역사회 유대감 형성	• 능력감과 통제감 • 이중문화 정체성 형성 • 자신감 • 자급자족에 대한 자부심 • 미래의 안정과 성공 확신: '이 나라에는 내가 머물 자리가 있어.'	• 영어 능력 향상으로 ESL 수업 중단 • 수업이 필요 없을 만큼 클라이언트의 수준 향상 • 자기학습 증가 • 직장 내 ESL로 이동 • 대학이나 다른 성인교육기관에 집중
소 외		
• 교통수단 이용 능력(혹은 이용 방법) 부재 • 허약한 신체	• 외출 주저 • 외부 세계와 대결 주저 • 고립과 회피	• 출석률 저조 혹은 중퇴 • 전화 연락 두절 • 의지는 있으나 출석 불능

• 남성 보호 부재(남성의 보호 동행이 필요한 문화권의 경우) • 아동 양육 • 정신건강 문제 • 세대 간 갈등 • 가정 학대 가능 • 아동 방치 • 특별 위험 집단: 노인 망명자 및 집에 있는 여성 등	• 절망과 슬픔 • 자살 고려 • 과거 역할 상실에 대한 한탄 • 이주 사회에서 적응 실패에 대한 두려움	• 출석의 장애(교통수단 부재, 남성 보호자 동행 부재, 자녀 돌보기 등) • 특정 교사, 레벨, 프로그램에 대한 과도한 집착 • 시간 관리, 우선순위 설정 문제
주변화		
• 각종 기관, 법률, 아동복지, 경찰과 연루 증가 • 의존 • 실업 • 법적 문제 연루 • 부정적 역할 수용 • 임시 거처 및 잦은 이사 • 외출 회피 • 폭력 및 범죄 집단 연루 가능 • 약물 남용 혹은 가정 학대	• 문화적 적응 혹은 사회적 적응에 대한 희망 포기 • 분노/ 부정적 태도 • 절망 • 접근 곤란	• 출석 중단 • 소재 파악 및 연락 불가

출처: Michultka(2009).

이러한 이슈들을 인종과 관련된 정신보건 이슈로 정리해 보면 여기에는 인종적 정체성, 동화, 스트레스, 정신적 외상, 그리고 약물 및 알코올 남용 등이 포함된다. 이들에 대한 내용을 간략히 제시하면 다음과 같다(Diller, 2007: 113-133).

- 인종적 정체성: 인종적 정체성이란 어떤 인종 집단의 구성원으로서 자신의 이미지에 관한 개인 정체성의 일부분이라고 할 수 있는데, 이는 다양한 인종적 경험을 통합함으로써 형성된다. 자신의 인종 및 문화적 배경을 수용하고 관련된 경험을 통합하며 인종 집단과의 관계 및 독특한 방식을 유지할 수 있을 때 긍정적인 인종적 정체성을 형성할 수 있다. 반면, 자신의 인종과 관

련된 경험이 자신이 속한 인종에 대해 적대적이거나 차별적인 것일 때 내면의 갈등과 혼란이 야기되고, 이는 부정적 또는 양가적인 정체성으로 이어져 정신건강에 부정적인 영향을 미친다. 따라서 다문화 사회복지실천가는 인종 및 문화에 대한 자신의 태도를 점검하고, 이들이 긍정적인 인종적 정체성을 형성해 가도록 도와야 한다.

- 동화: 다양한 문화가 만나서 새로운 제3의 문화를 창출하게 될 것이라는 환상에도 불구하고 실제로는 주류 문화에 일방적으로 동화되는 현상이 관찰되곤 한다. 동화는 고유의 전통적인 문화나 규범의 붕괴를 가져올 수 있다. 따라서 문화적으로 상이한 사람들과 일할 때에는 그 개인과 가족 안에서 일어나고 있는 동화의 정도뿐 아니라 잘 유지되고 있는 전통적인 가치, 태도, 행동을 파악하는 것이 필수적이다. 또한 이주 초기에 두드러지는 동화에 따른 스트레스가 높게 나타나는 점에 유의하고 문화적 차이에서 기인된 표현이나 행동상의 차이를 병리적으로 판단하지 않도록 조심해야 한다.
- 스트레스: 인종차별, 동화, 빈곤 등과 같은 사회적인 부정적 요소는 인종적 소수자에게 물리적으로는 경제적 자원의 결핍을, 심리적으로는 자존감 저하, 문제해결능력 제한, 통제감 부족 등을 유발하여 부적응적인 영향을 미칠 수 있다. 단, 인종 및 문화적 정체성, 기술과 역량, 적절한 대응 전략, 지지체계, 저항할 수 있는 힘이 있다면 이러한 스트레스를 잘 극복할 수 있다고 하였다(Myers, 1982: Diller, 2007: 124-126에서 재인용).
- 정신적 외상: 스트레스에 대한 반응으로 정신적 자원이 고갈될 경우 기능 저하나 질병으로 이어질 수 있으며, 이 스트레스가 극단적일 경우 기본적인 적응체계가 차단될 수 있다. 이러한 스트레스가 집중될 때 안정감 상실, 극단적 두려움, 무력감, 통제력 상실, 위협감 등을 느끼는 외상후 스트레스 장애(PTSD)로 진단되기도 한다. 정신적 외상이 집합적일 때, 이러한 외상은 그 세대는 물론이고 그 이후 세대에 전수되면서 지속적으로 그들의 삶에 영향을 미친다. 그러나 이를 다루는 작업은 쉽지 않다. 전문가도 고통스러운 경

험을 경청하는 것이 힘들고, 클라이언트도 치료자를 가해자로 투사하기 쉬우며, 그 작업이 길고 복잡하기 때문이다. 따라서 이를 다루는 전문가는 외상이 인간의 모든 기능에 영향을 미친다는 사실을 기억하면서 생심리사회적 관점에서 포괄적이면서도 세심하게 접근해야 한다.

- 약물 및 알코올 남용: 음주나 약물 사용에 대한 의미는 문화에 따라 다르며, 그와 관련된 행위에 대해서도 문화에 따라 수용 정도가 다르다. 뿐만 아니라 약물 및 알코올 문제에서 '회복'되는 것에 대한 의미 부여도 문화의 영향을 받는다. 따라서 다문화 클라이언트의 약물 및 알코올 문제를 다룰 때에는 이와 관련하여 그 문화가 가지고 있는 의미와 태도를 고려하는 것이 매우 중요하다.

이 외에도 자살 또한 문화적 요인이 많이 작용하는 것으로 알려져 있다. 미국의 경우 인종에 따라 자살률에 차이가 있다. 특히 미국 원주민의 자살률이 다른 인종에 비해 매우 높게 나타나는 것이 그 예다(Diller, 2007: 154). 이것은 문화적 단절과 인종적 정체성의 혼란, 그리고 전통문화가 존중받지 못하는 사회상을 반영한 결과로 볼 수 있다.

따라서 Michultka(2009)는 문화적으로 유능한 정신보건 실천가는 자신의 정의와 신념, 방법론에 대해서 중립적인 균형을 유지하는 한편, 클라이언트가 주장하는 신념체계를 존중하고 그것을 통해 치료를 진행하는 전문가라고 하였다. 그리고 정신보건 개입이라고 해서 클라이언트의 삶과 분리되어서는 안 되며, 합법적인 이민자 지위와 더불어 의식주, 직장, 의료, 교통수단 등의 적절성이 뒷받침되어야 한다고 하였다. 또한 정신보건 치료에 보다 초점을 맞춰야 하는 경우에는 정신보건 및 사회 서비스에 대한 충분한 정보를 제공하고 이를 제대로 이용할 수 있도록 돕는 것이 중요하다고 하였다.

그러나 미국에서도 기존의 보건 및 정신보건 서비스 체계들이 이러한 이슈를 반영하여 민감하게 대처하기보다는 편견과 차별이 그대로 존속되고 있는 것으로 비판받아 왔다. 즉, 보건정책이나 서비스가 소수인종에게 차별적이고, 공평하지 못하다는 것이다(Lawlor, 2006: 183-185). 여기에는 전문가가 가지고 있는 어떤 인종에 대한 편견이나 전형성이 치료적 가치와 결정에 영향을 미친다는 점, 대부분의 서비스 공급자가 사회적 주류인 백인이기 때문에 유색인종의 특수한 문화와 언어를 이해하지 못하고, 따라서 유색인종의 클라이언트도 이런 서비스에 편하게 접근하지 못한다는 점, 측정 도구나 면담 도구 같은 것들이 그 사회의 주류에 맞춰져 있기 때문에 문화적 차이가 병리적인 것으로 이해되기 쉽다는점, 또는 언어의 문제가 보건 서비스 이용을 저해하는 요인으로 작용한다는 점 등이 포함된다(Diller, 2007: 156-157; Piedra, 2006: 81-82).

한국에서는 다문화와 관련된 건강 및 정신건강 이슈가 논의되기 시작하는 단계다. 따라서 아직 건강 및 정신건강에 대해 가지고 있는 그들의 신념이나 태도 등이 정교하게 파악되거나 그들의 욕구에 맞는 서비스 모형이 제시되고 있지는 않다. 그러나 몇몇 연구를 통해 이들의 보건 서비스 욕구가 규명되고 있다. 북한이탈주민을 대상으로 한 정신건강 연구에서는 이들이 우리 사회에서 외로움, 죄책감, 열등감, 불안감 등을 느끼고 있는 것으로 보고되었다. 따라서 이에 접근하기 위해서는 이러한 스트레스에 대한 대응 기술 및 자부심을 증가시키고 지지 지원망을 개발하는 것이 필요하다(이기영, 1999b). 그리고 여성 결혼이민자의 사회적 서비스 욕구에 대한 한 조사에 따르면, 건강보험 및 의료비 지원에 대한 욕구는 자녀 양육 및 교육 지원 서비스에 대한 욕구보다도 더 높은 수준으로 나타나고 있다. 의료 서비스에 대한 욕구는 삶의 질을 유지하는 데 필요한 기본 욕구 중 하나로 여성 결혼이민자의 치료권을 보장해 줄 수 있는 제도적 지원이 필요하다는 것이다(양옥경, 2007: 189). 또한 서울 지역 여성 결혼이민자를 대상으로 한 연구에서는 연구 대상의 26.9%가 우울집단에 속하며, 여기에는 문화 변용 스트레스, 가족생활 스트레스, 가정폭력 경험, 자존감, 가족관계 등이 영향을 미치는 것으로 나타났다(양옥경, 김연수, 2007).

그러나 또 다른 연구에서는 다문화 여성이나 아동이 일반인과 비교했을 때 정신건강 수준이 비슷한 것으로 조사되고 있다. 다문화가정 학령기 아동의 정신건강은 일반적인 학령기 아동의 정신건강과 비슷한 수준이었고, 다문화가정 어머니의 정신건강과 문화 적응, 사회적 지지 정도도 양호한 것으로 나타났다(염미정, 양수, 2014). 다만 이들 조사 대상들은 다문화 자원센터에 등록되어 관리를 받고 있는 아동과 어머니라는 점에서 그만큼 사회적 지지가 중요하게 작용함을 알 수 있다. 즉, 여성 이민자나 다문화 아동이 경험할 수 있는 심리적·물리적 장벽이나 그로 인한 스트레스를 이해하는 것을 필요하지만, 그렇다고 해서 외부적 환경 조건을 고려하지 않은 채 이들이 정신건강에 취약하다거나 정신건강에 문제가 있을 것이라는 편견을 섣불리 갖지 않도록 유의해야 할 것이다.

마지막으로 소개하는 사례는 앞에서 제시한 요인들이 간과되면서 다문화 요인과 정신보건 요인이 만날 때 일어날 수 있는 극단적인 실수에 관한 것이다. 이 사례는 다문화와 정신보건 영역의 인력들이 서로의 영역에 대한 기본적인 이해와 상호 간 협력이 필요하다는 것을 여실히 보여 주고 있다.

〈사 례〉

영화 〈여섯 개의 시선〉 중 박찬욱 감독의 '믿거나 말거나, 찬드라의 경우'는 실화를 소재로 한 영화로, 그 줄거리는 다음과 같다. 1992년 36살의 나이로 네팔에서 온 찬드라 꾸마리 구룽은 섬유회사에서 일하던 중 기숙사 친구와 말다툼을 하고 외출했다가 지갑을 잃어버린다. 이 사실을 몰랐던 찬드라는 분식점에서 저녁을 시켜 먹었다가 무전취식 혐의로 연행된다. 사람들은 한국인처럼 생긴 그녀가 외국인이라는 사실을 눈치채지 못하고 한국말을 잘 못하는 것을 정신질환으로 오인한다. 경찰에 의해 '행려병자'로 분류되어 정신병원에 넘겨진 그녀는 정신병원에서 '정신분열증' 환자로 판정받고 강제 입원되어 6년 4개월 동안 감금된다. 많은 시간이 흐른 뒤 그녀의 호소에 귀를 기울인 치료진의 노력으로 통역을 만나게 되고, 결국 고향으로 돌아간 찬드라. 그러나 젊은 날 6년 4개월 동안 갇힌 채로 원치 않는 투약을 받으며 보낸 시간과 그로 인한 상처는 어떤 것으로도 보상하기 힘들 것이다.

그녀는 처음부터 자신이 네팔 사람이라고 호소했지만 그 누구도 그녀의 말에 관심을 기울이지 않았다. 한국인과 같은 외모를 가졌다면 당연히 한국인일 것이라는 고정관념이 사람들의 귀와 마음을 닫게 한 것이다. 문화적 민감성이 부족한 사회에서 언어가 통하지 않는 이방인으로 살아간다는 것이 어떤 결과를 가져오는지를 보여 주는 사례다.

제5부
다문화사회복지의 전망과 과제

제13장

향후 전망과 과제

다문화의 개념은 이주민 집단에 국한하여 설명되는 개념은 아니다. 사회를 구성하는 개인이나 집단들이 어떠한 문화적 특성과 제도를 향유하는가 하는 것으로서 문화적 다양성 개념은 바로 이러한 집단, 특히 소수자 집단(minorities)의 인권과 욕구(needs)를 반영하는 사회적 목적을 담보해야 한다. 여성과 장애인, 성적 소수자, 심지어 노인, 아동에 이르는 사회적 약자의 시각과 그들의 생활은 사회 내 그 상대편으로 존재하는 다수집단 혹은 기득집단이 배려하고 존중해야 할 대상이 되는 것이다. 한국의 사회복지가 일찍이 미국의 사회사업교육을 받아들이고서도, 이미 발달되었던 이민국가 내에서의 소수자 개념과 문화적 다양성(cultural diversity) 개념을 사회사업 전공 학생들에게 제대로 소개하지 않은 이유는 한국 사회가 인종과 민족 측면에서 단일하다는 배경만으로 충분히 설명될 수 없다. 오히려 사회사업교육이 사회통합에 기여하는 것이 되어야 한다는 국가적 목적이 강하였고, 최소한의 사회적 배려로서 의식주를 해결하는 문제에 집착한 소극적 복지 추구였기 때문에, 취약 계층의 시민들과 소수자 집단들의 목소리와 인권을 대변하고 이들의 욕구를 실천하는 데 기반이 될 문화적 다양성 개념은 사회복지교육 초기에는 주창되기 어려웠다고 보는 것이 타당할 것이다.

한국 사회 내부 소수자 집단의 이익 대변은 오히려 외부로부터의 이주자인 '이주노동자' 집단의 존재로부터 촉발되었다고 볼 수 있다. 1980년대 후반과 1990년대가 정치적 변혁기였다는 이유도 존재했지만, 한국 사회에서 전무했던 외국인 근로자의 존재는 사회 내 민족적 특성을 배경으로 하는 문화적 차별성을 부각시켰으며, 한국 사회의 다문화 논의는 상대적으로 취약한 민족으로서 노동시장에서 비인간적으로 대우받는 동남아시아 근로자에 대한 인권 문제에 기반을 두며 출발되었다고 볼 수 있다. 그만큼 우리 사회에서의 다문화 논의에서 국제이주는 매우 중요하고 주효한 기반 논리다. 대부분의 관련 서적이 다문화 논의를 이주자(migrants)와 연결 지어 설명하는 이유가 그것이다.

이 책에서도 문화적 다양성을 주로 이주자(migrants), 특히 국제적 이주자와 관련하여 다루었다. 지구상의 국제 이주민 규모는 2000년의 약 1억 5000만 명에서 최근 2008년에는 2억 1400만 명으로 증가하였다(UN DESA, 2008). 이러한 규모는 세계 인구의 33명 중 1명이 이주자임을 의미하고, 세계 인구의 약 3.1%에 해당하며, 이들 가운데 49%는 여성 이주자다. 여기에는 노동, 결혼과 정주, 교육 및 생활상의 더 나은 환경, 정치적 구원과 생존을 목적으로 하는 다양한 유형과 체류 기간의 이주자가 포함된다. 또한 이들 국제이주자의 15~20%에 해당하는 3000~4000만 명은 불법이주자에 해당된다(International Organization of Migration, 2007, 2008). 국제연합난민고등판무관실의 난민 규모의 대략적인 추정에 따르면, 2010년 현재 지구상에는 1540만 명 정도(전체 국제이주자의 7.6%에 해당)로 추정되는 난민이 존재하고 있다. 앞으로 다양한 배경이나 목적과 관련된 국가 간 이주는 특별한 제한 변수가 출몰하지 않는 한 더욱 세계적인 추세로 강화될 것이며, 그 규모 또한 지속적으로 증가할 것으로 보인다.

앞에서 언급하였듯이 이러한 이주의 국제적 추세는 한국을 예외적인 사례로 남겨 두지 않았다. 우리나라에서도 이미 2007년 8월에 체류외국인이 100만 명이 넘었고, 저출산·고령화의 인구 동향은 노동시장에서의 외국인 근로자의 수요를 지속적으로 증가시키고 있다. 2013년 1월 현재 한국에서 취업하고 있는 외국인 근로자(취업자격 사증입국자)의 숫자는 52만 명을 초과하고 있는데, 유네스코(United Nations Educational, Scientific and Cultural Organization: UNESCO)는 우리나라 노동시장에서 2050년까지 약 200만 명의 외국 인력이 필요할 것이라고 전망하고 있다. 또한 결혼이민자의 증가는 부모 중 한 명이 외국 출신인 이민자 2세의 규모를 확대시키며 가족, 친족, 지역사회에서의 문화적 다양성을 직접적으로 경험하는 사례를 급속히 증가시키고 있다. 국제결혼은 현재 한국 사회의 인구 구조 및 성별 구성, 농촌 사회의 구조적 문제점에서 비롯된 현상을 넘어, 점진적으로 증가하는 개인의 국가 간 물리적 이동과 접촉의 용이함과 빈번함에 의해 미래지향적으로 증가한다고 전망할 수 있다. 북한이탈주민의 이주 규모와 미래의 상황에 대하여 장기적 전망은 불투명하지만, 독일의 통일 직전 상황과 비슷한 대량의 북한탈출현상이 일어나지 않는다고 아무도 장담할 수 없으며, 더욱이 통일이 가능해지는 시점 전후로 비록 부분적이겠지만 남북 인구의 지리적 이동이 한국 사회 내 이주 관련 사회 상황을 극도로 복잡하게 만들 것으로 보인다.

한국 사회의 이주와 문화적 다양성에 관련된 상황은 그야말로 다양하다. 산업연수생으로 입국한 외국인 근로자는 노동 현장과 생활 공간, 그리고 지역사회에서 인권과 노동권에 심각한 타격을 받아 왔다. 고용주의 임금 체불, 폭행, 성폭행, 열악한 생활 및 거주 환경을 경험하였고, 한국 사회 구성원들로부터 차별과 분리를 경험하였다. 또한 이들은 체류 중에 동거, 결혼 등으로 정주를 의도하면서 사회권에서 배제되는 경험을 하는데, 여기에는 가족 재결합 금지, 아동 양육권 박탈, 아동의 피양육권 박탈, 기본적인 의료 서비스와 사회보장으로부터의 배제가 포함된다. 이러한 배제는 체류자격상 법의 테두리를 벗어난 미등록 혹은 불법체류 노동자의 경우에는 더욱 심각하다. 이들의 불법체류는 외국인 범죄와 연루되어 사회 안전의 부정적 요소로 인식되기도 한다.

결혼이민자의 상황은 주로 한국 남성과 결혼한 외국 여성의 한국 사회 적응의 문제로서 가족과 지역사회 내의 문화 적응과 사회통합의 문제, 결혼이민자 가족의 빈곤 문제, 자녀의 차별 경험, 한국 문화 적응 및 문화 충격의 문제 등으로 대표될 수 있다. 한편 이러한 문화 적응 차원 이전에 결혼이민자 가운데는 결혼이민의 구조적 문제에서 비롯되는 사회문제를 겪는 경우도 있다. 예를 들어, 사기결혼으로 한국의 남편과 시집에 대한 거짓 정보에 속아서 시집 온 외국 신부가 열악한 환경과 학대 등으로 인하여 자살하는 사건[1] 등은 한국 사회의 다문화 현상의 기반을 이루는 구조적 문제의 단면을 보여 주기도 한다. 한 민족이고 동포이면서도 이주민의 정체성을 띠고 한국에 정착하는 소위 '탈북자'들은 장기적 의존과 실업, 문화적 격차, '2등 국민'이라는 인식에 대한 번민과 스트레스를 경험하고 있고, 이 밖에도 결혼이민자 쇄도 이전 시기의 혼혈인이 이주자가 아니면서도 인종과 민족 개념과 간접적으로 관련된 차별을 경험하고 있다.

한국 사회 내 다문화적 상황과 관련된 부정적 현상은 이주자 당사자에게서만 고유하게 파생된 문제가 아니고, 이들의 이주 목적국인 한국 사회 구성원의 인식과 가치관, 그리고 그 가치관이 내재된 정책적 구조에 더 근본적으로 기초하고 있다. 그러므로 다문화 현상의 이해와 대응에서 '우리'는 2차적 당사자가 아니고 1차적인 당사자가 되어야 한다. 지난 2007년에 폐지되었던 산업연수제도는 한국 사회(독일, 일본 등의 경험도 같은 차원이지만)의 노동력 필요에 의한 외국 노동수입에 대한 이중적인 태도, 즉 노동자의 역할을 실질적으로 인정하면서도 법률적으로 인정하지 않는 이중적 태도, 외국인 근로자를 노동의 단위로 보는 시각을 유지하여 이들을 한 명의 인간 혹은 생활인으로 보지 않는 태도의 산물로 이해할 수 있다.

외국인 신부에게 모국의 문화를 감안하지 않고 무조건 한국 사회의 문화와 가치관을 수용하고 답습하기를 강요하는 사회적 태도는 문화적 둔감성을 넘어서 이들의 결혼생활과 지역사회에서의 통합에 매우 커다란 장애로 존재한다. 여성

1) 연합뉴스의 2008년 5월 15일 기사 "스무 살 베트남 새댁의 무너진 '코리안드림'"에는 정신질환을 앓고 있는 한국의 무직 남성과 속아서 결혼한 결혼 8개월 차의 20세 베트남 신부의 음독 사건을 보도하고 있는데, 이 사건은 이주와 관련된 한 개인과 가족의 파멸을 초래하는 허술한 국제결혼 중개 관리의 문제점을 시사한다.

결혼이민자가 농촌 사회의 사회적 · 경제적 결손을 충당하기 위한 요소로 인식되는 것이나, 전통사회에서의 여성에 대한 억압의 요소로 인식되어 한국 여성에게 이미 폐기되다시피 한 며느리의 정체성 혹은 역할—예를 들어, 시가에 대한 절대적 예속과 복종, 가사와 경제적 부양의 이중적 부담 감내 등—을 기대하는 것은 여성의 전통적 역할과 고통을 여성 이민자에 지속시키려는 차별적인 시각을 보여 주는 것이다. 한편 북한이탈주민에 대한 우리의 상대적 우월의식, 중국동포(조선족)를 경제적 후진 사회에서 온 사람들로 경원시하는 것이 한국 사회 구성원의 가식 없는 자연스러운 대응이라고 치부하더라도, 이러한 인식과 태도가 북한이탈주민을 포함하여 다양한 배경의 이주민과 현재와 미래를 동거해야 하는 한국인의 바람직한 표상이라고 주장할 수는 없는 것이다. 더욱더 우려되는 바는 외국인과 이주민에 대하여 출신 국가의 부(富)와 피부색에 근거하여 표출하는 이중적 태도다. 이것이 현재의 우리의 모습이고, 아직도 쉽게 변화되지 않고 있는 우리 사회의 잣대이자 가치관이다. 오늘의 외국인정책과 외국인 지원 구조가 이러한 가치관 위에서 형성되고 있는 것이다.

지금까지 사회복지계는 한국 사회의 이주민 동향과 다문화 현상에 대하여 뚜렷한 담론이나 실천적 대안을 형성한 적이 없다. 아직은 한국 사회 내 외국인, 이주민, 다문화의 존재에 대한 사회적 인식과 여론이 제대로 형성되지 못한 배경적 기반 탓도 있겠지만, 어쩌면 다문화 현상의 실체와 문제 제기를 사회학, 문화인류학 등과 같은 타 학문 분야에서 해 주기를 기다리고 있었기 때문인지도 모른다. 그러나 다문화 현상과 사회 내에서 그것이 파생시키는 인간과 공동체의 문제에 대하여 사회복지는 다른 사회문제보다 더 적극적으로 접근할 필요성이 있다. 이미 앞에서 충분히 피력한 바와 같이, 문화적 다양성을 고려하는 사회복지실천은 이미 제시된 현상의 해석과 문제의 성격 규명 위에서 요구되는 대응기법과 기술을 찾아 제공하는 해결 방안 차원에 머물러서는 안 되기 때문이다. 또한 사회 내 이주민 집단, 타 문화 집단, 소수민족 집단에 대한 존재의 의미와 그들의 정체성을 사회복지사 스스로 규명하고 이해하며 수용할 필요성이 기존의 다른 문제에 대한 실천에서보다 훨씬 더 강하게 요구된다. 우리가 아닌 '다른' 사람, 다른 인종 및 민족 집단 혹은 다른 문화적 배경을 '우리 의식' 안에 있는 실천가들이 접근할 때, 단순히 문제해결 방안과 기술을 모색하는 차원을 넘어서 철학적 관점, 윤리적 관점, 정서적 대응, 세계관을 요구하기 때문이다. 그러므로 한국 사회에서 이주민의 존재와 정체성, 다문화 현상의 실체에 대한 사회복지학계의 자체적이고 자발적인 분석과 그에 따른 사회복지의 관점 형성이 절실히 요구된다. 이러한 사회복지학 자체의 분석과 담론 형성의 토대 없이 사회복지사들에게 이주민 문제의 효과적인 문제해결 방안(개인이든 가족이든 지역공동체든 간에)을 요구하는 것은 분명 근본적인 해결을 위한 실천에서의 한계를 누적시키는 일이 될 것이다.

문화적 다양성에 대응하는 사회복지실천은 '우리'를 되돌아보고 성찰하게 함으로써 매우 중요한 계기를 제공한다. 앞에서 언급하였듯이 다문화 사회복지실천은 기존의 문제론(정신보건복지, 교정복지 등)이나 대상론(노인복지, 아동복지 등) 차원으로 구분되기 어렵다. 왜냐하면 문화적 다양성에 대응하는 사회복지실천은 이주해 온 대상만을 표적으로 하는 것도 아니고, 한국 사회의 기존 구성원이자 토착민인 '우리'를 실천에 연계시켜야 하며, 이주민의 정착과 적응, 통합의 과제는 상호 교류 속에서 달성되는 과제이기 때문이다. 문화적 다양성에 대응하는 사회복지실천은 실천가의 문화적 유능성을 요구한다. 문화적 유능성은 다른 문화에 대한 이해를 도모해야 함과 동시에 우리 문화와 우리 것, 우리 정체성에 대한 성찰을 요구하는 것이다. 이것은 개인으로서의 나의 인식, 관점, 정서, 세계관을 확인하게 하고, 이것을 바탕으로 수정, 변화, 융화를 도모하게 한다.

다문화를 인식하는 사회복지실천은 우리 문화를 되돌아보게 함으로써 지금까지 외국 이론과 실천 지식의 토대(특히 미시적 접근으로 지칭되는 개인적 문제에 대한 개입과 서비스에 대한 외국 이론 및 방법론) 위에 한국 문화와 한국인을 대상으로 하는 사회복지실천의 토착화를 고민해 온 우리에게 완전히 반대의 시각에서 그 문제를 재고하고 해답을 찾아 갈 실마리를 제공할지도 모른다. 이미 한국인과 한국 사회를 위해 적용해 온 외국으로부터의 수입 이론과 방법론을 한국에 이주해 온 인구를 대상으로 다시 활용하면서 적용성과 효과성을 검토할 수 있다. 이러한 검토는 지금까지 수입한 사회복지의 실천 지식에 대하여 한국 사회에서의 토착적이고 긍정적인 변용을 확신하지 못한 불안에서 조금이나마 탈출할 수 있는 자료를 제공할 수 있지 않을까 하는 희망을 품게 한다. 즉, 한 가지 이론 혹은 개입방법을 적용한 결과를 한국인(한국 문화적 토대)과 이주민(중국, 동남아 국가들, 동유럽과 러시아에서 온 이주민과 심지어 북한이탈주민의 문화적 토대) 사이에서 비교하게 하여 한국인 사례에서의 결과를 보다 선명하게 드러나게 할 것으로 기대한다. 사회복지 지식의 수입과 관련하여 문화적 배경에서의 차이와 문제점의 가능성을 인정하면서도 지금까지 동서양의 문화 혹은 한국과 미국의 문화 등 비교문화적 검토와 같은 실증적이고 구체적인 분석을 구체적으로 수행하지 못한 상황에서, 한국 사회 내 다양한 문화 집단을 대상으로 한 사회복지실천의 경험은 사회복지 방법론적 지식의 비교문화적 검토를 시작으로 한국 사회복지의 토착화를 실질적으로 이루어 갈 계기를 제공할 것이다.

이주민을 수용하고 정착시킨 역사가 오래된 선진 외국의 경우, 그만큼 다문화에 대한 풍부한 경험과 인식을 공유하고 있다. 시민사회가 이에 대하여 민감하고 사회복지 영역 역시 해당 이슈에 대하여 민감하다. 사회복지계에서는 감각적으로 민감할 뿐만 아니라 지식과 기술로써 대응한다. 또한 사회복지사를 위한 준비와 교육, 훈련에 체계적이다. 이에 비하여 우리의 사회복지사는 이제 막 문화적 유능성과 민감성 문제에 노출되기 시작하였다고 볼 수 있다.

이 책은 문화적 이슈에 대한 한국의 사회복지사를 준비시키기 위한 초기 작업 중 하나가 될 수 있다. 한국 사회의 이주 현상과 이주민 문제, 다문화에 관련된 이론과 개념, 그리고 구체적인 사회복지 개입을 소개하기 위한 것이었다. 또한 실무자와 학생을 위한 갈증 해소용으로 적합할 수 있다. 비슷한 저술 작업이 이미 완성되었거나 현재 진행되고 있을 것이나, 이러한 책의 저술과 함께 이주와 다문화사회 현상에 대한 사회복지학계의 진지하고 심도 있는 연구 분석 작업이

하루속히 집중되어야 할 것이다. 앞으로 한국 사회 내의 다문화 현상과 문제를 인식하고 이에 대해 선도적으로 대응하기 위한 사회복지 영역의 실천가, 학자, 교육자들의 진지한 성찰과 노력이 요구된다.

부 록

부록 1[1)]

이주노동자 권리 협약

1. 협약의 구성

이 협약은 다음과 같이 전문, 9부, 총 93개 조항으로 구성되어 있다.

제1부 범위와 정의(제1조~제6조)
제2부 권리에 관한 비차별(제7조)
제3부 모든 이주노동자와 그 가족의 인권: 등록 이주노동자와 미등록 이주노동자 모두에게 적용되는 권리(제8조~제35조)
제4부 신고된 또는 정규적 상황의 이주노동자와 그 가족의 기타 권리: 등록 이주노동자에게만 적용되는 권리(제36조~제56조)
제5부 특별한 유형의 이주노동자와 그 가족에 관한 규정들(제57조~제63조)
제6부 노동자와 그 가족의 국제이주에 관한 건전하고 공평하며 인도적이며 합법적인 조건의 증진(제64조~제71조)
제7부 협약의 적용(제72조~제78조)
제8부 일반 조항(제79조~제84조)
제9부 최종 조항(제85조~제93조)

1) http://ijunodong.prok.org

2. 협약의 내용

제1부: 범위와 정의(제1조~제6조)

제1부는 이주노동자(migrant workers)에 대해 다른 어떤 관련 국제조약보다 포괄적으로 정의하고 있다. 제2조는 '이주노동자'란 '그 사람이 국적국이 아닌 나라에서 유급활동에 종사할 예정이거나, 이에 종사하고 있거나, 또는 종사하여 온 사람'이라고 정의하고 있다. 제4조에서는 협약상 적용되는 '가족'을 '이주노동자와 혼인한 자 또는 해당 법률에 따르면 혼인과 같은 효력을 갖는 관계에 있는 자는 물론 피부양 자녀 및 해당 법률 또는 관계국 간의 양자 또는 다자 협정에 의하여 가족으로 인정되는 여타의 피부양자'로 정의하고 있다. 이 협약은 신고되거나 정규적 상황에 있는 이주노동자와 비정규적 상황에 있는 이주노동자의 권리를 분리하여 규정하고 있는데, 전자를 '취업국의 법률 및 그 국가가 당사국인 국제협정에 따라 그 국가로의 입국, 체류, 유급활동에의 종사가 허용되면, 신고되거나 정규적 상황에 있는 것으로 간주'하고, 그렇지 않은 경우는 후자로 간주한다(제5조).

제2부: 권리에 관한 비차별(제7조)

제7조는 "당사국은 자국의 영토 내에 있거나 관할권하에 있는 모든 이주노동자와 그 가족에 대하여 성별, 인종, 피부색, 언어, 종교 또는 신념, 정치적 또는 기타의 의견, 민족적·종족적 또는 사회적 출신, 국적, 연령, 경제적 지위, 재산, 혼인상의 지위, 출생 또는 기타의 신분 등에 의한 어떠한 구별도 없이 인권에 관한 국제문서에 따라 이 협약에서 인정되는 권리를 존중하고 보장할 것을 약속한다."라고 규정하고 있다.

제3부: 모든 이주노동자와 그 가족의 인권(제8조~제35조)

제3부에는 이주 상태와 상관없이 모든 이주노동자와 그들의 가족에 대해 넓은

범위의 권리를 수여하고 있다. 이 중 많은 부분은 「시민적 · 정치적 권리에 관한 국제규약」 「경제적 · 사회적 · 문화적 권리에 관한 국제규약」 「모든 형태의 인종차별 철폐에 관한 협약」 「여성에 대한 모든 형태의 차별 철폐 조약」 「고문 및 기타 잔인하고 비인도적이거나 비하적인 대우나 처벌에 반대하는 협약」 「어린이 권리조약」 등 핵심적 국제인권협약의 내용을 반영하고 있다. 이에 덧붙여 이협약은 취약한 이주노동자와 가족에 대한 추가적인 보호 의무를 당사국에 부여하고 있다.

제4부: 신고된 또는 정규적 상황의 이주노동자와 그 가족의 기타 권리 (제36조~제56조)

취업국에서 충족시켜야 할 요건과 체류와 종사할 유급활동에 관한 모든 조건에 관하여 출신국 또는 취업국으로부터 충분하게 고지받을 권리, 취업국 영역 내에서 이전의 자유와 거주지 선택의 자유에 대한 권리, 단체와 노동조합을 결성할 권리, 선거권과 피선거권을 포함한 자국의 공무에 참여할 권리를 규정하고 있다. 또한 다양한 경제적 · 문화적 서비스와 관련하여 합법적인 이주노동자와 그 가족은 취업국의 국민과 동일한 대우를 향유한다고 규정하며, 합법적인 이주노동자는 유급활동의 수행에 있어 유급활동을 선택할 권리(몇 가지 제한과 조건 하에서)와 해고로부터의 보호, 실업수당을 향유할 권리를 갖는다고 규정하고 있다. 이주노동자는 수입과 저축, 특히 가족 부양에 필요한 금액을 취업국으로부터 출신국 또는 기타 국가로 송금할 권리를 가진다.

당사국은 노동자와 그 가족의 국제이주에 관한 문제에 대처하기 위하여 이주에 관한 정책의 수립과 집행, 관련 다른 당사국과 정보 교환, 고용주와 노동자에게 정책, 법률, 규정에 대한 정보를 제공하고, 이주노동자와 그 가족에게 적절한 정보와 지원을 제공하여야 한다. 이주과정에서 발생하는 각종 권리 침해를 예방하기 위한 조항으로 구성되어 있다.

第5부: 특별한 유형의 노동자와 그 가족에 관한 규정들(제57조~제63조)

제5부에서는 월경노동자, 계절노동자, 순회노동자, 특정사업 노동자, 자영노동자 등 특별한 유형의 이주노동자에 대해서도 이 협약의 범위에 포함시키고 있다. 이 협약은 입국이나 체류 또는 유급활동에 대해 취업국의 허가를 받지 않은 미등록 이주노동자와 그 가족에 대해서도 폭넓은 인권을 보장하고 있다. 다만, 등록 이주노동자와 미등록 이주노동자를 구분하여 미등록 이주노동자는 제3부의 규정은 적용받을 수 있으나 제4부에 대해서는 그러하지 않다.

제6부: 노동자와 그 가족의 국제이주에 관한 건전하고 공평하며 인도적이며 합법적인 조건의 증진(제64조~제71조)

이주노동자와 관련 가족의 사회적 · 경제적 · 문화적 및 기타 필요는 물론 관련 공동체에 대한 이주의 영향에 대해서도 적절히 고려하고, 가족의 이주에 대해서 적절한 영사업무로 다른 용역의 제공을 촉진하도록 하고 있다. 이 협약은 이주노동자를 경제적 실체뿐 아니라 사회적 실체로도 간주하여 이주노동자의 가족 결합에 긍정적이다. 하지만 가족 구성원에 대한 정의 적용은 취업국의 몫으로 남겨 두고 있다.

3. 협약의 해설

이경숙(2008)은 이 협약의 주요 의의와 한국에서의 적용 과제를 다음과 같이 정리하고 있다.

1) 주요 의의

- 이주노동자를 노동자나 경제적 실체 이상의 사회적 실체로 인식하고, 가족 재회를 포함한 권리의 주체임을 인정한다.
- 이주노동자와 그 가족은 취업국에서 비국적인로서 보호받지 못하고 있으

며, 그들의 보호를 취업국이나 출신국에서 제기할 수 없다. 그러므로 UN과 같은 국제기구를 통한 보호 수단을 제공한다.

- 이 협약은 최초로 이주노동자에 대한 개념과 이주노동자의 범주, 그리고 그 가족에 대한 국제적 개념을 밝혔다. 규약은 또한 이주노동자와 그 가족의 특정 인권에 대한 국제적 기준을 세웠다. 이러한 기준은 다른 취약한 위치에 있는 이주민과 이주노동자의 기본 인권을 향상시키는 데 도움을 줄 것이다.
- 등록 노동자는 물론 미등록 노동자에게까지 기본 인권 개념을 확장시켰다. 등록 노동자와 가족 구성원의 기본 인권으로 인식되는 부가적인 권리, 특히 고용국에서 그곳 시민들과 같이 법적 · 정치적 · 경제적 · 사회적 · 문화적 영역에서 동등 대우를 보장하도록 하고 있다.
- 이 국제협약은 이주노동자 및 그 가족의 불법 및 은밀한 이동과 비정상적이고 불법적인 상황을 포함한 착취 방지와 근절을 위한 역할을 할 수 있다.
- 이 국제협약은 이주노동자와 그 가족의 보호를 위해 보편적으로 인정되고 있는 최소한의 기준을 제시한다. 이 기준은 국내법상 이러한 기준이 없는 국가들을 위한 수단이 될 것이며, 국제적으로 인식되는 기준과 조화를 이룰 수 있도록 기능할 수 있다.

2) 적용 과제

우리나라는 아직 동 협약에 비준을 하고 있지는 않은데, 관련 국내법에 비추어 보면 몇 가지 상충점은 있으나 극복과 보완이 가능하다. 「헌법」 「재한외국인 처우 기본법」 「외국인 근로자의 고용 등에 관한 법률」 「출입국관리법」 등 관련 국내법과 연결하여 살펴보면 다음과 같다.

우리 「헌법」은 제6조 2항에서 국제법과 조약에 따라 외국인의 법적 지위를 보장하고 있다. 비국적자에 대한 세부적인 권리와 의무는 「출입국관리법」에서 다루고 있다. 또한 최근 국회를 통과한 「재한외국인 처우 기본법」은 대한민국의 국적을 가지지 아니한 자로서 대한민국에 거주할 목적을 가지고 합법적으로 체류하고 있는 자의 처우를 정하고 있다. 이러한 국내법적 근거에 따라 이주노동자에 대한 기본적인 인권(자유권, 생명권 등)은 보장하고 있으나, 정치적 자유, 사회권 등은 일정 정도의 제한이 따르고 있다.

한편 한국 정부가 시행하고 있는 고용허가제 관련 법률과 이주노동자 권리 협약의 내용을 비교 검토할 때 비준의 어려움이 될 상충적인 내용은 없다. 고용허가제 시행의 법률적 근거인 「외국인 근로자의 고용 등에 관한 법률」은 이주노동자의 노동권을 내국인과 동일하게 보장하는 것을 원칙으로 하고 있고, 상호주의라는 제한적 요소가 있기는 하지만, 이주노동자의 사회보장에 대한 입법적 장치 역시 마련되어 있다. 이주노동자 권리 협약 적용 시, 미등록 이주노동자와 관련하여 상충될 수 있는 지점은 미등록 이주노동자에 대한 보호와 강제 추방이다. 그러나 이 역시 관련 내용을 다루고 있는 「출입국관리법」 관련 조항에 대한 입법상의 상충보다는 집행과정에서 상충 문제가 예상된다. 예를 들어, 보호 전 단속과정에서 적법 절차 위반 및 인권침해가 발생하고 있는 상황 또는 보호에 있어 그 성격이 사실상의 인식 구속 처분임에도 영장주의를 적용하고 있지 않는 점이다.

한편 현 고용허가제하에서의 등록 이주노동자에게 주어지는 대부분의 권리는 국내법에 의해 보장된다. 다만, 이주노동자와 그 가족의 재결합 관련 규정(제44조) 적용에 있어 현 고용허가제는 이주노동자 가족의 동반 입국을 원칙적으로 허용하고 있지 않아 협약과 상충된다. 그러나 이 협약의 가족 재결합과 관련 조항을 검토해 보면, 제44조 본문은 동 조항이 당사국에게 가족 재결합을 촉진할 것을 장려할 뿐, 가족 재결합에 대한 권리를 명백히 말하고 있다고 보기 어려우며, 지침으로서 권고의 의미를 갖는 것으로 해석된다. 같은 맥락에서 협약은 가족 재결합 시 허용하는 가족의 범위에 대한 결정권을 당사국에 맡기고 있고, 이러한 당사국의 포괄적인 재량권은 가족을 유지하는 데 적절한 주택과 자원 등을 포함한 여러 재결합 조건을 부과하는 문제에도 반영되고 있다.

부록 2[2)]

문화적응유형 척도

다음은 귀하의 한국에서의 문화 적응과 관련된 질문입니다. 각 문항을 잘 읽으시고 해당란에 ✓표해 주십시오.

번호	문항 내용	전혀 그렇지 않다	대체로 그렇지 않다	반반 이다	대체로 그렇다	매우 그렇다
1	나는 모국어보다 한국어로 글쓰기를 더 잘한다.					
2	내가 듣는 대부분의 음악은 모국 음악이다.					
3	나는 농담할 때 한국어와 모국어를 둘 다 사용한다.					
4	일반적으로 나는 한국 사람이든 모국 사람이든 누구와도 사귀기 어렵다.					
5	나는 집에 있을 때 대개 한국말을 사용한다.					
6	나의 가장 친한 친구들은 모국 사람이다.					
7	나는 모국어로 생각하는 만큼 한국어로도 잘 생각할 수 있다.					
8	나는 때때로 한국 사람이나 모국 사람이나 모두 나를 좋아하지 않는다고 느낀다.					

2) Barry(2001)가 개발하였으며, 양옥경이 「다문화가족 지역정착을 위한 사회적 지원방안 연구」(2007)에서 수정 · 번안하여 제시한 것이다.

9	만약 내게 시를 쓰라고 한다면, 나는 한국어로 쓰는 것을 더 좋아할 것이다.					
10	나는 모이는 대부분의 사람이 모국 사람인 모임에 가는 것을 더 좋아한다.					
11	나는 한국인 친구와 모국인 친구가 모두 있다.					
12	나는 한국인이나 모국인 누구도 나를 이해하지 못한다고 생각할 때가 있다.					
13	나는 모국 사람들보다 한국 사람들과 더 잘 어울린다.					
14	나는 한국 사람들보다 모국 사람들이 나를 더 동등하게 대해 준다고 느낀다.					
15	나는 한국 사람들과 모국 사람들 모두 나를 귀중히 여긴다고 느낀다.					
16	나는 때때로 사람들과 의사소통하는 것이 어렵다고 느낀다.					
17	나는 한국 사람들이 모국 사람들보다 나를 더 잘 이해한다고 느낀다.					
18	나는 한국 사람이든 모국 사람이든 누구와 함께 있어도 매우 편안하다.					
19	나는 때때로 친구 사귀는 것이 어렵다고 느낀다.					
20	나는 모국 사람들보다 한국 사람들에게 나의 감정을 이야기하는 것이 더 쉽다.					
21	나는 한국 사람들과 함께 있을 때보다 모국 사람들과 함께 있을 때 더 편하다.					
22	나는 때때로 한국 사람이나 모국 사람이나 모두 나를 받아들이지 않는다고 느낀다.					
23	나는 모국 사람들보다 한국 사람들과 사귀는 것이 더 편안하다.					
24	연애는 동일 인종끼리 해야 한다.					
25	나는 때때로 한국 사람이나 모국 사람 모두 신뢰하기 어렵다고 느낀다.					
26	학교나 직장에 있는 나의 친구들은 대부분 한국인이다.					
27	나는 종종 한국 사람들이나 모국 사람들 모두 나를 이해하는 데 어려움을 느낀다고 생각한다.					
28	나는 다른 사람들과 함께 있을 때 편안하지 않다.					

부록 3[3)]

문화적응 스트레스 척도

다음은 귀하가 한국에서 생활하는 가운데 경험하는 문화적응 스트레스에 관한 질문입니다. 각 문항을 잘 읽으시고 귀하가 느끼는 것과 가장 일치하는 해당란에 ✓표해 주십시오.

번호	문항 내용	전혀 그렇지 않다	대체로 그렇지 않다	반반 이다	대체로 그렇다	매우 그렇다
1	고향에 대한 그리움이 나를 괴롭힌다 .					
2	나는 새로운 음식에 적응하는 것이 불편하다.					
3	나는 사회적 상황에서 다르게 취급받는다.					
4	다른 사람들은 내 문화의 가치에 대해 비웃는다.					
5	나는 한국말로 의사소통하려면 긴장된다.					
6	나는 친숙하지 않은 환경에서 사는 것이 슬프다.					
7	나는 내 문화적 배경이 다르기 때문에 나의 개인적 안전에 두려움을 느낀다.					
8	나는 사회적 활동에 참여하는 데 주저함을 느낀다.					
9	다른 사람들은 나에 대해 편견을 가지고 있다.					
10	나는 가족과 친구들을 남겨 두고 떠나온 데 죄책감을 느낀다.					

3) Saudhu와 Asrabadi(1994)가 개발하였으며, 양옥경이 「다문화가족 지역정착을 위한 사회적 지원방안 연구」(2007)에서 수정 · 번안하여 제시한 것이다.

11	이곳에서 나에게 많은 기회가 주어지지 않는다.					
12	나는 나의 조국 사람들이 이곳에서 열등하게 취급받는 데 분노를 느낀다.					
13	이곳으로 이주해 온 후 나는 많은 압박을 느낀다.					
14	나는 이곳에서 불공평한 대우를 받고 있다고 느낀다.					
15	이곳 사람들은 나에 대한 미움을 비언어적으로 표현한다.					
16	이곳 사람들이 내 문화의 가치를 이해하지 못할 때 마음이 상한다.					
17	나는 이곳에서 대접받을 만큼 받고 있지 못하다.					
18	나는 사람들에 대한 두려움 때문에 자주 이사를 다닌다.					
19	나는 나의 문화적 배경 때문에 열등하게 느낀다.					
20	이곳 사람들은 내 문화의 가치를 높이 평가하지 않는다.					
21	나는 나의 조국과 그곳 사람들이 그립다.					
22	나는 새로운 문화의 가치에 적응하느라 불편하다.					
23	이곳에서 나의 조국 사람들이 차별받는다.					
24	이곳 사람들은 나에 대한 미움을 행동으로 표현한다.					
25	나는 나의 문화적 배경 때문에 이 사회에서의 나의 지위가 낮다고 느낀다.					
26	나는 나의 인종 때문에 다르게 취급받는다.					
27	나는 이곳에서 안전하지 못하다고 느낀다.					
28	나는 이곳에서 사회에 대한 소속감을 느끼지 못한다.					
29	나는 나의 피부색 때문에 다르게 취급받는다.					
30	나는 내 조국 사람들의 문제를 생각할 때 슬픔을 느낀다.					
31	나는 두려움 때문에 외부 활동을 대개 피한다.					
32	나는 내가 다른 출신국이기 때문에 사람들이 나와 사귀려 하지 않는다고 느낀다.					
33	사람들은 나에 대한 미움을 말로 표현한다.					
34	나는 내가 다른 생활 방식으로 여기에서 살아가고 있는 것에 대해 죄책감을 느낀다.					
35	나는 친척들을 남겨 두고 떠나온 것이 슬프다.					
36	나는 이곳에 남아야 할지 고국으로 돌아가야 할지 결정할 수 없어서 나의 미래가 걱정된다.					

부록 4[4)]

문화적 역량 척도(실무자용)

* 각 문항의 ________에 환자, 클라이언트, 학생, 아동, 대상자 등 적합한 단어 사용.
* 5점 척도: 1점-전혀 그렇지 않다, 2점-대체로 그렇지 않다, 3점-보통이다, 4점-대체로 그렇다, 5점-매우 그렇다.

영 역	문 항
문화적 인식	① 내가 서비스를 제공하는 다문화 ____는 한국 사람과 같은 사회의 구성원이다. ② 다문화 ____가 한국 사회에 적응하기 위해서는 우리나라 사람들이 먼저 그 차이를 이해하고 수용해야 한다. ③ 나는 내가 만나는 ____의 출신 국가, 피부색, 종교에 따라 차별을 하지 않는다. ④ 나는 다문화 ____를 대할 때 한국의 서비스 이용자와 똑같은 태도로 대한다. ⑤ 나는 내가 만나는 다문화 ____의 다양한 문화가 강점임을 인정한다.
문화적 태도	⑥ 나는 나와 다른 문화의 사람들을 대할 때 나의 가치와 신념을 주입하려 하지 않는다. ⑦ 나는 도움을 제공하는 과정에서 내가 선호하는 것과 내가 만나는 다문화 ____가 선호하는 것이 다를 수 있음을 인식하고 있다. ⑧ 나는 돕는 전문가로서 나의 문화적 배경과 정체성을 알고 있다. ⑨ 나는 돕는 관계에서 다문화 ____와 신뢰를 형성하고 있다. ⑩ 나는 돕는 과정에서 다문화 ____에게 정확한 정보를 제공하기 위해 최대한 노력한다. ⑪ 나는 다문화 ____가 내가 제공하는 정보를 이해하지 못하여 반복적으로 정보를 제공해야 할 때에도 최대한 친절하게 대한다.

4) 최소연이 「원조 전문직을 위한 문화적 역량 척도 개발 연구」(2010)에서 개발, 제시한 것이다.

지식 및 기술	⑫ 나는 다문화 ____와의 관계에서 공감적인 태도로 경청한다. ⑬ 나는 다문화 ____와 의사소통이 어려운 상황에서도 일관된 태도로 대한다. ⑭ 나는 내가 만나는 다문화 ____의 문화적 배경을 이해하기 위해 다양한 자료들을 찾아 학습한다. ⑮ 나는 다문화 ____의 욕구에 맞는 적절한 서비스를 개발하고 있다. ⑯ 나는 다문화 ____의 비언어적 의사소통의 의미를 알고 있다. ⑰ 나는 다문화 ____가 직면하고 있는 욕구를 해결하기 위해 필요한 서비스를 제공하고 있다. ⑱ 나는 다문화 ____가 어떤 도움이 필요한지를 정확하게 파악하고 있다. ⑲ 나는 다문화 ____를 위한 우리나라의 정책과 서비스를 알고 있다. ⑳ 나는 내가 만나는 다문화 ____의 강점을 활용하여 도움을 제공하고 있다. ㉑ 나는 내가 만나는 다문화 ____가 문제를 이해하고 해석하는 방식을 안다. ㉒ 나는 전문가로서 내가 전달하고자 하는 의미를 다문화 ____에게 정확하게 전달하고 있다. ㉓ 나는 나와 문화적 배경이 다른 ____에 대해 내가 어떻게 반응하고 있는지를 알고 다문화에 대한 나의 가치와 정체성을 항상 점검한다. ㉔ 나는 다문화 ____의 인종, 민족, 피부색 등에 대한 지식을 갖고 있다. ㉕ 나는 다문화 ____들의 종교, 사회 계층, 성적 취향과 관련된 지식을 갖고 있다. ㉖ 나는 내가 만나는 다문화 ____가 한국 사회의 구성원으로 생활할 수 있도록 돕고 있다. ㉗ 나는 다문화 ____를 만나면서 문화적 다양성에 대한 지식을 축적하고 있다. ㉘ 나는 다문화 ____와의 관계에서 어떻게 반응하고 대응해야 하는지를 알고 있다. ㉙ 나는 다문화 ____와 관계 형성을 위해 그 대상자가 속한 문화의 요소를 활용한다. ㉚ 나는 다문화 ____를 대할 때 어떤 상황에서 가치가 충돌하는지를 알고 있다. ㉛ 나는 다문화 ____에 대한 편견을 없애기 위해 지역사회의 여러 체계(기관)와 협력하고 있다. ㉜ 나는 다문화 ____의 권리 향상과 옹호를 위한 노력을 실행에 옮긴다. ㉝ 나는 제공된 서비스에 대해 다문화 ____의 평가(만족, 성과)를 정확하게 파악하고 있다.

문화적 역량 척도(기관용)[5)]

다음은 귀하가 속한 기관의 문화적 역량을 알아보기 위한 것으로, 각 문항은 1~4점으로 되어 있습니다. 부족하여 수정이 매우 필요한 경우(1점)에서 현재 상태로 만족할 경우(4점) 사이에 귀하의 기관의 상황에 표시해 주시기 바랍니다. 다음의 문항에서 다문화 대상자는 전문적 관계에서 만나는 다문화 클라이언트, 학생, 민원인, 환자 등을 말합니다.

- 매우 부족(1점): 다문화 대상자에 대한 실천에 있어 조치 및 수정이 매우 필요한 상태
- 부족(2점): 다문화 대상자에 대한 실천에 문제가 있어 일부 수정이 필요한 상태
- 적절(3점): 현재의 실천은 적절하지만 발전적 방향을 위해 약간의 수정이 필요한 상태
- 매우 적절(4점): 현재의 실천이 적절하여 수정이 필요하지 않은 상태

요인	문항 번호 및 문항 내용	매우 부족	부족	적절	매우 적절
의사 소통 활성화 (5문항)	기관은 필요시 통역가를 활용하여 다문화 클라이언트에게 도움을 제공하고 있다.	①	②	③	④
	기관은 다문화 클라이언트를 위해 통역가를 활용할 경우 비밀보장을 위한 방안을 마련하고 있다.	①	②	③	④
	기관은 다문화 클라이언트를 효과적으로 돕기 위해 의사소통이 가능한 직원이나 봉사자를 활용하고 있다.	①	②	③	④
	기관은 다문화 이용자에게 정보를 제공하기 위해 클라이언트가 이해할 수 있는 의사소통방법을 활용하고 있다.	①	②	③	④
	기관은 다문화 클라이언트에게 도움을 제공할 때 그 이용자의 문화에 가장 적합한 직원을 연결하고 있다.	①	②	③	④
이용자 권익 옹호 (7문항)	기관은 다문화 클라이언트의 욕구를 해결하기 위해 적절한 서비스를 제공하고 있다.	①	②	③	④
	기관은 다문화 클라이언트를 위한 정책과 서비스의 개선 및 확충을 위해 노력하고 있다.	①	②	③	④

5) 최소연과 이상철이 「원조 전문기관 문화적 역량 척도 개발 연구」(2011)에서 개발, 제시한 것이다.

이용자 권익 옹호 (7문항)	기관은 서비스 이용자의 국적, 인종, 신념, 종교 등의 이유로 서비스 제공에 차등을 두지 않고 있다.	①	②	③	④
	기관은 필요시 다른(지역) 자원을 연결하여 다문화 클라이언트가 도움을 받을 수 있도록 하고 있다.	①	②	③	④
	기관은 서비스 과정상에서 알게 된 다문화 클라이언트의 개인적 정보에 대해 비밀보장의 방안을 마련하고 있다.	①	②	③	④
	기관은 다문화 클라이언트에 대한 지역사회의 인식 개선을 위해 노력하고 있다.	①	②	③	④
	기관은 다문화 클라이언트의 욕구를 정기적으로 파악하고 있다.	①	②	③	④
서비스 품질 제고 지원 (6문항)	기관은 다문화 클라이언트가 서비스 과정에서 겪는 불평을 호소할 수 있는 창구를 마련하고 있다.	①	②	③	④
	기관은 다문화 클라이언트에게 제공된 서비스에 대한 만족도 조사를 실시하고 있다.	①	②	③	④
	기관은 질적인 다문화 사업을 제공하기 위해 외부 자문과 슈퍼비전(지도감독)을 활용하고 있다.	①	②	③	④
	기관은 다문화 사업을 수행하는 직원들의 교육과 발전을 지원하고 있다.	①	②	③	④
	기관은 서비스를 제공하기 전에 다문화 클라이언트에게 충분한 정보를 제공하고 고지된 동의(잘 설명하고 동의)를 얻도록 절차를 마련하고 있다.	①	②	③	④
	기관은 다문화 클라이언트가 겪는 서비스 과정의 불만족을 개선하기 위해 노력하고 있다.	①	②	③	④

참고문헌

강수돌(2007. 11.). 독일의 이주노동자 정책과 시사점. 국가인권위원회 주최 이주인권포럼 발표자료.

강순화(2005). 중국 조선족 문화와 여성문제 연구. 경기: 한국학술정보.

경기도 가족여성연구원(2012). 북한이탈주민 지역적응센터 운영실태 및 발전방안 연구.

고상두, 하명신(2012). 독일거주 이주민의 사회통합유형. 국제정치논총, 52(2), 233-256.

고토우 미키(2008). 일본의 다문화 프로그램과 다문화 사회복지사의 역할. 다문화사회의 전문성 강화와 국제협력 네트워크 구축. 평택대학교 다문화가족센터 국제심포지엄 자료집, 77-105.

곽준혁(2007). 미국에서의 다문화주의. 민족연구, 통권 30호, 126-143.

광주여성발전센터(2003). 외국인 주부 실태조사.

구춘권(2012). 이주의 증가와 독일 이주민 정책의 변화. 국제지역연구, 21(1), 119-154.

국가인권위원회(2002). 국내거주 외국인 노동자 인권실태조사. 2002년도 인권상황실태조사연구보고서.

국회민생정치연구회(2006). 이주민가족의 보호와 지원에 관한 법률(안) 공청회자료집.

국회사무처(2013). 미국의 포괄적 이민법 개혁추진. http://dl.nanet.go.kr

권미경(2006). 다문화사회의 교육문화 과제탐색: 결혼이민자의 체험에 관한 질적 연구. 동아대학교 대학원 박사학위논문.

권선진(2008). 다문화 가족복지 전문인력 양성을 위한 산관학 협력방안 조사 결과. 평택대학교 다문화가족센터 워크숍 자료집.
김강일, 허명철 편(2001). 중국 조선족 사회의 문화우세와 발전전략. 연변: 연변인민출판사.
김경호, 김현옥, 장남서, 류방, 박일현 역(2012). 사회복지와 비판적 우수실천. 경기: 공동체.
김광억(1998). 문화의 다학문적 접근. 서울: 서울대학교 출판부.
김기덕(2009). 구성주의 인식론의 사회복지 실천적 함의: 주체의 구성력에 대한 경험적 탐색. (미간행)
김기덕(2011). 문화적 역량 비판담론에 관한 사회철학적 분석. 한국사회복지학, 63(3), 239-260.
김기덕, 최명민, 이현정, 조성우 역(2012). 사회복지학의 새로운 접근: 철학적 토대와 대안적 연구방법, 서울: 시그마프레스.
김만두, 김융일, 박종삼(1997). 이주노동자의 문제(Migrant Workers). 사회복지대백과사전. 서울: 나눔의 집.
김범수, 서은주, 손병돈, 정재훈, 조석연, 최현미, 신승연, 최승희(2007). 다문화사회복지론. 경기: 양서원.
김상균, 오정수, 유채영(2002). 사회복지윤리와 철학. 경기: 나남출판.
김선화(2004). 지역사회복지관의 북한이탈주민지원 사업평가. 지역사회중심의 북한이탈주민 정착지원사업의 전망, 북한이탈주민지원 민간단체협의회 워크숍 자료집. 17-37.
김선화(2005). 지역사회복지관의 북한이탈주민지원사업 현황과 과제. 북한이탈주민지원 실무자 전문성 증진을 위한 교육 워크숍. 북한이탈주민지원 민간단체협의회 지역복지분과 실무자 워크숍 자료집, 35-50.
김선화(2007). 새터민 정착지원을 위한 사회복지 프로그램의 현황과 평가. 북한이탈주민연구학회, 한국사회복지사협회, 한국노동교육원 공동 학술대회 자료집, 19-46.
김성희(2002). 중국의 교육제도와 조선족 초등음악 교육현황. 교육논집, vol. 19, 449-474.
김세아(2009). 국제결혼 이주여성의 출신국가별 가족관계스트레스에 관한 연구: 남양주시 거주 국제결혼 이주여성을 중심으로. 연세대학교 보건대학원 석사학위논문.
김연수(2007). 서울지역 여성결혼이민자의 결혼행복감에 관한 연구. 한국가족복지학, 제21호.
김연희(2007). 사회복지분야에서 문화적 역량 교육. 한국가족사회복지학회 춘계워크숍 자료집.
김영우, 한홍렬, 김연각(1999). 전환기 베트남의 문화적 정체성. 지리학연구, 33(4), 243-263.
김오남(2006). 여성 결혼이민자의 부부갈등 및 학대에 관한 연구: 사회문화적 요인을 중심으로. 한국가족복지학, 제18호.
김유경, 최현미, 김가희, 성수미(2012). 다문화가족의 변화와 사회적 대응방안 연구. 한국보건사회연구원.

김은영(2012). 문화적 역량 증진 프로그램 개발: 다문화가족과 일하는 사회복지사를 중심으로. 이화여자대학교 대학원 박사학위논문.
김이선, 민무숙(2010). 다문화가족 지원사업 추진체계 개선방안 연구. 서울: 여성가족부.
김이선, 김민정, 한건수(2006). 여성 결혼이민자의 문화적 갈등 경험과 소통증진을 위한 정책과제. 한국여성정책연구원.
김이선, 황정미, 이진영(2007). 다민족 · 다문화사회로의 이행을 위한 정책 패러다임 구축(Ⅰ): 한국사회의 수용현실과 정책과제. 한국여성정책연구원.
김정진(2008). "문화적 역량훈련과 수퍼비전." 다문화 사회복지실천 메뉴얼. 평택대학교 다문화가족센터.
김정진(2010). 다양성의 발현과 사회통합 그리고 사회복지의 과제. 한국사회복지학회 춘계학술대회자료집.
김진수(2007). 외국인 근로자에 대한 정책적 대응방안. 보건사회논집, 제14권, 137-139. 한국보건사회연구원.
김혜순(2006). 한국의 다문화사회 담론과 결혼이주여성: 적응과 통합의 정책 마련을 위한 기본전제들. 김혜순 외, 동북아 다문화시대 한국사회의 변화와 통합, 동북아시대위원회 용역과제.
김혜순, 김형균, 박경태, 설동훈, 심보선, 엄한진, 윤인진, 전광희(2006). 동북아 다문화시대 한국사회의 변화와 통합. 동북아시대위원회 용역과제 최종보고서.
남성희, 전종설(2013). 아동 다문화 프로그램 연구에 대한 경향분석. 청소년학연구, 20(3), 129-158.
노동부(2007. 8.). 월간노동, 17.
노동정책연구소 역(1995). 독일에서의 외국인 노동. 독일노동조합연맹. 아시아-유럽의 외국인노동자 정책과 보호대책 국제 세미나 자료집, 18-20.
노충래, 김정화(2011). 다문화 사회복지 실무자의 문화적 역량 척도 개발 및 타당화. 한국사회복지학, 63(2), 207-231.
대통령자문 빈부격차차별시정위원회(2006). 결혼이민자가족의 사회통합지원정책, 청와대보고서자료. 2006. 4. 26.
마경희, 정해숙, 이순미, 김효선(2011). 범부처 다문화사회 정책 예산 분석. 한국여성정책연구원 2011 연구보고서, 15-1.
문광훈(2007). 교감. 서울: 생각의 나무.
박민자(2000). 조선족 현상태분석 및 전망연구. 연변: 연변대학 출판사.
박선희(2007). 이주노동자 이동에 관한 국내법의 규제, 한국법제연구원, 외국인근로자 고용제도의 바람직한 모색, 제2주제 토론문.
박신규(2008). 국제결혼 이주여성의 국적취득, 정체성, 그리고 주체성에 관한 논의: 구미 지역의 국제결혼 이주여성의 생애사 분석을 중심으로. 외국인 이주자의 이주배경과 지역사회 적응과정에 관한 특별 심포지엄 및 2008년 한국지역지리학회동계학술대회 자료집, 59-75.
박신규, 조아영(2014). 전라북도 외국인 근로자 실태조사 및 지원방안 연구. 전북발전연구원 2014-BR-01.
박영수(2010). 북한이탈주민 취업현황과 과제. 북한이탈주민의 취업지원정책 및 발전방안모색 심포지엄. 열매나눔재단사회적기업지원센터, 국회인권포럼, 서울대학교 통일평화연구소, 이화여자대학교 통일학연구원.
박윤숙(2012). 북한이탈주민 지원정책의 성과와 전략, 북한이탈주민학회 학술대회발표자료집.
박은미 역(2012). 마이너리티란 무엇인가?: 개념과 정책의 비교사회학(유호종, 이와마 아키코 편). 경기: 한울.
박은정(2007). 외국인 노동자의 사회적 문제, 미국 어디까지 수용? 국제지역정보. 서울: 한국외국어대학교.
박재규(2012). 국제결혼이민자가족 변화추이(2007～2012). 경기도가족여성연구원.
박지영(2008). 다문화가족의 사회지원체계. 다문화 사회복지 실천 매뉴얼. 평택대학교 다문화가족센터.
박진희(1995). 독일의 외국인근로자 정책과 현황. KLI노동연구속보, 제41호, 1.
박충선, 배나래(2011). 다문화가족의 갈등양상 사례분석을 통한 지역사회통합방안 연구: 아시아 결혼이주여성을 중심으로. 아시아연구, 14(3), 127-149.
박현선, 이채원, 노연희, 이상균(2012). 다문화 가정의 이중언어 · 이중문화적 양육 환경이 자녀발달에 미치는 영향: 어머니 양육참여의 매개효과를 중심으로, 사회복지연구, 43(1), 365-388.
박화서(2005). 법무부 연구용역과제 최종결과 보고서, 세계화 시대의 국적, 시민권, 외국인 행정.
방기연, 김만지 역(2007). 상담 수퍼비전의 주요 사건. 서울: 시그마프레스.
배태순, 최명민, 김영미 역(2007). 전문사회복지실천기술. 서울: 시그마프레스.
백종인, 설재영(2007). 외국인근로자 정책 및 법제개선에 관한 연구: 독일의 외국인근로자 법제를 중심으로. 고려법학, 49, 837-878.
법무부(2008). 이민자 사회통합정책 총괄 분석. 2008년도 인수위 보고자료.

법무부(2008). 출입국 다문화 사회통합프로그램 구축방안 마련을 위한 공청회.
법무부 출입국 · 외국인정책본부(2014). 출입국 외국인정책 통계월보(2014. 8.).
보건복지가족부 다문화가족과(2008). 다문화 가족 생애주기별 맞춤형 서비스 지원 강화 계획.
보건사회연구원(2010). 북한이탈주민의 정책수요진단 및 전달체계 효율화 방안, p. 31.
북한이탈주민지원재단(2013). 북한이탈주민 경제활동 실태조사 2013-1.
북한인권정보센터(2005). 새터민정착실태연구. 통일부 조사용역보고서.
설동훈, 김윤태, 김현미, 윤홍식, 이혜경, 임경택, 정기성, 주영수, 한건수(2005). 국제결혼 이주여성 실태조사 및 보건 · 복지 지원 정책방안. 보건복지부.
설동훈 외(2006). 결혼이민자 가족실태조사 및 중장기 지원정책방안 연구. 여성가족부.
설동훈(2005). 국내불법 체류외국인의 적정규모추정. 2005년도 출입국관리국 정책연구보고서.
설동훈(2006). 노동력의 국제이동. 서울: 서울대학교 출판부.
설동훈(2006). 이민과 다문화사회의 도래. 김영기 편, 한국사회론. 전북: 전북대학교 출판부.
설동훈, 이란주(2006). 외국인근로자지원사업 제도개선 및 중장기계획수립을 위한 연구. 근로복지공단연구용역보고서.
설동훈, 이혜경, 조성남(2006). 결혼이민자 가족실태조사 및 중장기 지원정책방안 연구, 262-263, 여성가족부.
성정숙(2012). 불완전한 몸의 질곡을 넘어: 50대 레즈비언의 생애 이야기. 한국사회복지학, 64(2), 85-109.
성희자(2008). 다문화가족의 지역사회 적응을 위한 역량강화 프로그램. 2008년 한국지역지리학회 동계학술대회 자료집, 108-118. (미간행)
손병돈(2007). 다문화 가족복지 관련 외부 환경분석. 다문화가족복지 전문인력 양성을 위한 장기발전 전략 연구보고서, 8-35. 평택대학교 특성화사업단.
송성자(1974). 국제결혼에서 부부갈등: 미8군 정신위생과에 의뢰해 온 미국 군인 배우자를 가진 한국 여성을 중심으로 한 조사. 이화여자대학교 대학원 석사학위논문.
송성자, 김유순, 최중진, 양소남, 김연수, 김희영, 심우찬 역(2012). 해결지향 사회복지실천: 강점기반 통합적 접근. 서울: 학지사.
송의광(2002). 우즈베키스탄 선교의 중요성과 가능성연구. 장로회신학대학교 세계선교대학원 석사학위논문.
신은주(2007). 다문화가족복지 외국사례 연구: 미국을 중심으로. 평택대학교 특성화사업단 연구보고서.

신지원(2011). 이주민 통합의 개념과 정책방향에 대한 고찰. 한국정책학회, 169-185.
안혜영(2007). 새터민 정착지원을 위한 전달체계 개선방안. 북한이탈주민연구학회, 한국사회복지사협회, 한국노동교육원 공동 학술대회 자료집, 75-97.
양승윤, 김태명, 박광섭, 권오신, 박사영, 서경교, 이효은, 권오성, 유석춘, 정영국(2003). 필리핀. 서울: 한국외국어대학교 출판부.
양옥경(2007). 다문화가족 지역정착을 위한 사회적 지원방안 연구. 서울시정개발연구원.
양옥경, 김미옥, 최명민 역(2006). 가족과 레질리언스. 경기: 나남출판.
양옥경, 김연수(2007). 서울거주 여성결혼이민자의 우울에 영향을 미치는 요인 연구. 정신보건과 사회사업, 26, 79-110.
양옥경, 최명민(2006). 한국 사회복지에서 임파워먼트 접근의 현황 및 과제. 한국사회복지교육, 2(2), 39-84.
엄예선, 박인선, 박혜영, 백연옥, 이채원 역(1995). 빵과 영혼: 빈곤가족을 위한 생태구조적 가족치료 모델. 서울: 하나의학사.
엄태완, 이기영(2004). 북한이탈주민의 우울과 사회적 문제해결능력 및 사회적 지지와의 관계. 정신보건과 사회사업, 18, 5-32.
엄한진(2006). 전 지구적 맥락에서 본 다문화주의 이민논의. 김혜순 외, 동북아 다문화시대 한국사회의 변화와 통합, 동북아시대위원회 용역과제 최종보고서, 45-75.
여성가족부(2007). 다양성과 차이 존중 전략 목표를 위한 추진 계획.
여성가족부(2010). 다문화가족지원사업 안내.
여성가족부(2010). 2010년 전국 가정폭력 실태조사.
여성가족부(2011). 다문화가족 지원정책의 중장기 발전방향 및 실행계획 연구: 기본계획안 수립 연구를 중심으로.
여성가족부(2013). 생애주기별 맞춤형 서비스.
여성가족부 · 관계부처합동(2012.12). 제2차 다문화가족정책기본계획(2013~2017).
염미정, 양수(2014). 다문화가정 학령기 아동의 정신건강과 어머니의 정서 · 문화적 영향요인. 정신간호학회지, 23(1), 1-11.
염철현(2006). 미국 고등교육기관에서 적극적 차별수정정책의 적용에 따른 연방법원의 판결 및 시사점. 비교교육연구, 16(1).
오경석, 이선옥, 이민우, 정진헌, 허창수, 오재림(2007). 서울, 경기 지역 이주민들의 공동체 활동에 대한 조사연구. 지역사회학회발표자료집.
오경석, 정건화(2006). 안산시 원곡동 '국경없는 마을' 프로젝트: 몇 가지 쟁점들. 한국지역지리학회지, 12(1), 72-93.

외국인정책위원회(2012). 제2차 외국인정책 기본계획 2013-2017.
우성호(2012). 경기도북한이탈주민지원정책 토론회 자료집.
우수명(2007). 새터민 지원인력양성을 위한 사회복지사의 인식조사. 북한이탈주민연구학회, 한국사회복지사협회, 49-72.
원서진, 송인욱(2011). 결혼이주여성의 개인적, 문화적, 사회적 특성이 결혼생활만족도에 미치는 영향. 한국가족복지학, 16(2), 95-113.
유길상, 설동훈, 이규용, 김석호(2012). 외국인력 도입 관리시스템 개편방안 연구. 고용노동부 연구용역보고서.
유명기(2002). 외국인 노동자, 아직 미완성인 우리의 미래. 당대비평, 18, 12-35.
유의정(2014). 다문화정책의 역사적 변천과정과 다문화법제-한국과 서구의 정책 · 법 사례비교를 중심으로. 서양사학연구, 제30집, 217-244.
윤선영(2008). 독일의 청소년 이주정책, 무지개청소년센터(http://www.rainbowyouth.or.kr).
윤수종(2005). 소수자운동의 특성과 사회운동의 방향. 경제와 사회, 67, 12-38.
윤여상(2001a). 북한이탈주민의 적응과 부적응. 대구: 세명.
윤여상(2001b). 국내북한이탈주민의 사회적응 프로그램. 영남대학교 대학원 박사학위논문.
윤여상(2005). 해외탈북자 실태와 향후 입국전망. 북한이탈주민지원 실무자 전문성증진을 위한 교육 워크숍, 북한이탈주민지원 민간단체협의회 지역복지분과 실무자 워크숍 자료집, 98-106.
윤여상(2012). 북한이탈주민연구와 정책의 새로운 패러다임과 아젠다-인간안보, 공존, 통합의 원리와 실천을 중심으로. 북한이탈주민연구학회 발표자료집.
윤인진(2000). 탈북자 문제의 실태와 분석: 탈북과 사회적응의 통합모델. 통일논총, 18. 서울: 숙명여자대학교 통일문제연구소.
윤인진(2003). 북한이탈주민에 대한 사회적 인식과 거리감: 장애인, 외국인노동자, 동성애자와의 비교. 북한이탈주민지원 민간단체협의회, 북한이탈주민의 지역사회내 통합과 융화. 연세대학교 사회복지연구소 학술대회 자료집, 60-90.
윤진 역(2002). 현대사회와 다문화주의: 다르게, 평등하게 살기. 서울: 한울.
윤진기(2007). 한국의 외국인근로자 유입의 법적 문제점과 극복방안. 외국인근로자 고용제도의 바람직한 모색. 한국법제연구원.
윤찬영(2005). 사회적 소수자의 인권과 복지. 비판과 대안을 위한 사회복지학회 학술대회 발표논문집, 89-107.
윤형숙(2004). 국제결혼 배우자의 갈등과 적응. 최협, 김성국, 정근식, 유명기(편), 한국의 소수자, 실태와 전망, 321-349. 서울: 한울.
이경숙(2008). 이주노동자 권리 보호를 위한 국제인권규범 수용에 관한 연구: 유엔 국제인권조약 및 이주노동자권리협약을 중심으로. 인하대학교 석사학위논문.
이기영(1998). 탈북자 지원 민간단체의 정부와의 파트너십 연구, '98 북한 및 통일문제 신진연구자 연구지원 최종보고서. 통일부.
이기영(1999a). NGO와 정부의 연결관계의 모색: 탈북자 정착지원의 경우. 한국사회복지학, 37.
이기영(1999b). 탈북자의 정신건강을 위한 사회복지서비스의 모색. 정신보건과사회사업, 8, 161-176.
이기영(2002). 탈북청소년의 남한사회적응에 관한 질적분석. 한국청소년연구, 13(1), 175-224.
이기영(2005a). 북한이주민의 사회적응문제와 대응, 2005 한국사회복지학회 추계학술대회 발표 자료집. 한국사회복지학회. 대구가톨릭대학.
이기영(2005b). 소수자로서의 북한이주민의 문제와 사회복지의 과제. 통일연구, 9(2).
이기영(2006). 북한이탈주민의 사회통합을 위한 지역복지실천의 모색. 서울: 집문당.
이기영(2007). 클라이언트와 원조자의 갭(gap): 새터민 지원사례를 중심으로. 사회복지사의 문화적 역량, 그리고 새터민 가족에 대한 개입. 한국가족사회복지학회 제17회 워크숍.
이기영(2007). 클라이언트와 원조자의 갭: 새터민 지원사례를 중심으로. 한국가족 사회복지학회 춘계워크숍 자료집, 19-36.
이기영, 엄태완(2003). 북한이탈주민의 무망감이 우울증에 미치는 영향. 정신보건과 사회사업, 제16집, 5-28.
이기영, 윤경애(2003). 북한이탈주민의 지방정착지원을 위한 지역사회자원동원전략: 부산지역의 사례를 중심으로. 한국사회복지학, 55(겨울), 103-130.
이동운(2006). 네팔외국인선교전략연구. 목원대학교 신학대학원 석사학위논문.
이민영(2005). 남북한 이문화 부부의 가족과정 경험에 관한 질적 연구: 내러티브 탐구방법을 활용하여. 이화여자대학교 대학원 박사학위논문. (미간행)
이성미(2012). 다문화정책론. 서울: 박영사.
이은주(2007). 결혼이민여성 부부집단 프로그램의 개발과 평가에 관한 시론적 연구: 필리핀 여성부부를 중심으로. 가족과 문화, 제19집, 1호.
이정언(2007). 독일외국인근로자고용정책. 국제노동브리프, 5(8), 11.
이종열, 정준호, 주동범, 주효진, 한승준(2013). 한국 다문화사회의 이슈와 정책. 서울: 조명문화사.

이지영(2012). 일본의 이주자정책이 여성이주에 미치는 영향, 국제정치논총, 52(2), 257-287.
이태정(2012). 한국이주노동자의 이주과정과 아이덴티티. 한양대학교 대학원 박사학위논문, 91
이혜경(2007). 6장 이민정책과 다문화주의: 정부의 다문화정책 평가. 한국사회학회 동북아시대위원회 용역과제 07-7(2007. 8.), 219-250.
이화여자대학교 사회복지연구회 역(2001). 가족복지실천론. 서울: 나눔의 집.
이희숙(2008). 지역사회의 다문화와 사회통합정책. 2008년 한국지역지리학회 동계학술대회 자료집, 56-58.(미간행)
임경택, 김윤태, 설동훈(2005). 국제결혼이주여성 실태조사 및 보건복지지원 정책방향 발표회 자료집, 미래인력연구원.
임채완, 최영관, 김재기, 김강일(2001). 한국통일과 중국동북3성 조선족에 관한 연구. 한국동북아논총, 18(3), 87-114.
장원창(2006). 우즈베키스탄의 교육제도와 교과서 제도. 교과서연구, 47, 60-63.
장익진(1999). 이것이 필리핀이다! 서울: 청조사.
장훈태(1999). 베트남 이해와 선교. 진리논단, 3, 131-176.
전기택, 김이선, 이택면, 주재선, 최재혁(2013). 2012 전국다문화가족실태조사 연구. 한국여성정책연구원.
전영평(2008). 다문화시대의 소수자운동과 소수자행정: 담론과 과제. 한국행정학보, 42(3), 9-27.
전우택, 민성길(1996). 탈북자들의 심리와 적응상의 문제. 탈북자의 삶: 문제와 대책. 연세대학교 통일연구원 연구총서, 16-60.
전우택, 민성길, 이만홍, 이은설(1997). 북한 탈북자들의 남한사회 적응에 관한 연구. 신경정신의학, 36(1).
정기선, 이선미, 황필규, 이민경, 이규용, 김혜순, 이진영, 이혜경, 임준태, 신지원, 한태희, 정정훈(2011). 한국 이민정책의 이해. 서울: 백산서당.
정병호(2003). 탈북청소년을 위한 특성화학교 설립방안. 교육의 통일준비: 탈북청소년 적응실태와 학교설립방안, 교육인적자원부 정책과제 심포지엄 자료집, 32-41. (2003. 12. 3).
정영화(1995). 북한주민의 대량이주에 대비한 법 정책론. 통일연구논문집, 4(2).
정현민(2006). 국내 외국인근로자를 위한 효과적인 선교방법연구. 총신대학교 선교대학원 석사학위논문.
조영달(2006). 다문화과정의 자녀교육 실태조사. 서울: 교육인적자원부.

조옥라, 박재묵, 설동훈, 신광영, 이송희, 이은주, 정민자, 조은, 조희금, 최병두(2006). 다문화개방사회를 위한 사회정책연구. 빈부격차차별시정위원회 연구과제보고서.

조정아, 임순희, 정진경(2006). 새터민 문화갈등과 문화적 통합방안. 한국여성개발원, 통일연구원 연구보고서.

채정민(2004). 북한이탈주민 이미지 관리방안. 북한이탈주민정착지원 발전방향, 하나원 개원 기념세미나.

채형복(2007). 외국인노동자의 자유이동에 관한 EU의 규제-이주노동자를 중심으로-한국법제연구원, 외국인근로자 고용제도의 바람직한 모색, 제2주제 발표문.

최경석, 김양희, 김성천, 김진희, 박정윤, 윤정향(2003). 한국 가족복지의 이해. 서울: 인간과 복지.

최명민 역(2007). 임파워먼트와 사회복지실천. 경기: 나남출판.

최명민(2008). 한국인의 정(情)을 고려한 정신보건사회복지 실천방법 모색. 정신보건과사회사업, 30, 356-384.

최명민, 김기덕(2013). 기든스의 성찰성 이론을 통한 임파워먼트의 재해석: 통합적 사회복지실천 패러다임에 대한 탐색. 한국사회복지학, 65(1), 103-130.

최병두(2008). 지구-지방화와 다문화 지역사회의 형성, 2008년 한국지역지리학회 동계학술대회 자료집, 3-23.(미간행)

최석현(2012). 이주노동자의 실태와 고용정책, 미래전략연구원, 1-3.

최소연(2010). 원조전문직을 위한 문화적 역량 척도개발 연구. 한국지역사회복지학, 35, 23-53.

최소연(2013). 다문화가족지원센터 사회복지사의 문화적 역량 선행요인에 관한 연구. 한국가족복지학, 39, 113-141.

최소연, 이상철(2011). 원조전문기관 문화적 역량 척도개발 연구. 한국사회복지조사연구, 28, 147-168.

최현미, 김정진, 최명민, 박지영(2008). 다문화 사회복지 실천 매뉴얼. 평택대학교 다문화가족센터.

최현미, 박영희, 석말숙(2006). 아동복지실천현장의 다양화: 장애아동, 이주아동, 새터민 아동을 위한 아동복지 전문인력 개발. 한국사회복지학회 추계학술대회 자료집.

최현미, 손병돈, 권선진, 이장현(2007). 다문화 가족복지전문인력 양성을 위한 장기발전 전략 연구. 교육인적자원부, 평택대학교 특성화사업단.

최협 외 편(2004). 한국의 소수자, 실태와 전망. 서울: 한울아카데미.

최혜지(2014). 사회복지사의 문화적 역량 척도. 한국사회복지행정학, 16(2), 55-91.

타무라 타로(2007. 7. 24.). 다문화공생사회의 형성과 지역사회전개에 있어서 일본의 현상과 과제. 충남여성정책개발원, 충남여성포럼 주최, 다문화사회의 도래와 지역사회 과제.

통계청(2008). 인구 동태.

통계청(2012). 한국고용정보원 EPS(외국인고용관리 전산시스템).

통일부(1998). 북한이탈주민 생활실태조사 분석결과 보고서.

통일부(2001). 북한이탈주민 실태조사 용역보고서. 북한이탈주민소식지 통권 4호, 10-13.

통일부(2003). 북한이탈주민 정착지원업무 실무편람.

통일부(2012). 2012 통일백서.

통계청(2014). 2014 북한이탈주민 거주지 정착지원 매뉴얼.

팜 프응마잉, 이진희, 신인숙(2007). 베트남과 한국부모의 양육태도에 대한 비교문화연구. 아동양육, 16(2), 235-252.

한건수(2003). 타자만들기: 한국사회와 이주노동자의 재현. 비교문화연구, 9(2), 157-193.

한건수(2006). 한국사회의 다민족다문화 사회이행과 사회문화적 통합의 과제와 현실. 2006년 한국가족상담학회 & 한국가족치료학회 추계공동학술대회 자료집, 16-26.

한국수출보험공사(2007). 세계국가편람.

한국수출입은행(2006). 인도네시아 국가현황 및 진출방안.

한국염(2004). 이주의 여성화와 국제결혼, 이주여성인권센터 창립 3주년 심포지엄 자료집.

한동우(1996). 국내 외국인 노동자 문제에 대한 인식과 대응방안. 연세사회복지연구, 3, 459-488.

한승미(2003). 일본의 '내향적 국제화'와 다문화주의의 실험: 가와사키 시 및 가나가와 현의 외국인 대표자 회의를 중심으로. 한국문화인류학, 36(1), 119-147

한인영, 김유정(2006). 사회복지교육 국제기준에 비추어 본 한국의 다양성 교육. 한국사회복지교육, 2(1), 105-120.

허선행, 윤여상(2008). 2007 북한이탈주민 경제활동 동향: 취업 · 실업 · 소득. 북한인권정보센터.

홍석준, 성정현(2003). 여성 장애인의 정체성과 인권: 공동체로서의 집단정체성 구축과 인권문제를 중심으로. 아시아여성연구, 42, 47-83

황귀연(1998). 베트남의 개방정책과 대외관계변화. 외대논집, 18(2), 149-172.

황미경(2010). 국내 외국인 이주민 지원제도와 복지권 고찰. 사회과학연구, 36(3), 233-255.

Adorno, T. S., Frenkel-Brunswick, E., Levison, D. J., & Sanforo, R. N. (1950). *The*

Authoritarian Personality. Harper & Row.

Ahmad, W. I. U. (2000). *Ethnicity, Diability and Chronic Illness*. Philadelpia, PA: Open University Press.

Alaggia, R., & Marziali, E. (2003). Social work with Canadian of Italian background: Applying cultural concepts to bicultural and intergenerational issues in clinical practice (pp. 150-173). In A. Al-Krenawi, & J. R. Graham (Eds.), *Multicultural Social Work in Canada*. Ontario, Canada: Oxford University Press.

Auslander, W. F., Thompson, J. S., Dreitzer, D., & Santiago, V. J. (2004). Mother's satisfaction with medical care: Perceptions of racism, family stress, and medical outcomes in children with diabetos. In L. P. Ewalt et al. (Eds.). *Multicultural Issues in Social Work*. Washington, DC: NASW.

Baker, N. G. (1981). Social Work through an Interpretater. *Social Work, 26*, 391-397.

Barber, J. G. (1991). *Beyond Case Work*. London: BASW/Palgrave Macmillan.

Barry, D. T. (2001). Development of a New Scale for Measuring Acculturation: The East Asian Acculturation Measure(EAAM), *Journal of Immigrant Health, 3*(4), 194-197.

Berry, J. W. (1980). Acculturation as varieties of adaptation. In A. Padilla (Ed.), *Acculturation: Theory, Models and Findings* (pp. 9-25). Boulder, CO: Westview.

Berry, J. W. (1990). Psychology of acculturation. In J. Berman (Ed.), *Cross-cultural Perspectives: Nebraska Symposium on Motivation* (pp. 201-234). Lincoln: University of Nebraska Press.

Berry, J. W. (1997). Immigration, acculturation, and adaptation. *Applied psychology: An International Review, 46*.

Berry, J. W., & Sam, D. L. (1997). Acculturation and Adaptation. In J. W. Berry, M. H. Segal, & C. Kagitcibasi (Eds.), *Handbook of Cross-cultural Psychology. Volum 3: Social Behavior and Applications* (2nd ed., 291-326). Needham Heights, MA: Allyn and Bacon.

Berry, J. W., Kim, U., Power, S., Young, M., & Bujaki, M. (1989). Acculturation attitudes in plural societies. *Applied Psychology, 38*, 185-206.

Burchum, J. (2002). Cultural competence: An evolutionary perspective. *Nursing Forum, 37*(4), 5-15.

Carter, R. T. (1995). *The Influence of Race and Racial Identity in Psychotherapy*. New York: Wiley.

Carter, R. T., & Jones, J. M. (1996). Racism and white racial identity merging realities. In B. P. Bowser, & R. G. Hunt (Eds.), *Impacts of Racism on White Americans*. Thousand Oaks, CA: Sage.

Cashmore, E. (1996). *Dictionary of Race and Ethnic Relations*. New York: Routledge.

Choi, H. M., & Choi, M. M. (2007). The Development of a Multicultural Curriculum for Korean Social Work Education, presented at the 19th APASWE International Conference.

Choi, M. M., & Yang, O. K. (2006). Comparison on the concepts of various family types between Korean and American graduate students in social work. *Asian Pacific Journal of Intercultural Studies 2*(1), pp. 136-163.

Cowger, C. D., & Snively, C. A. (2002). Assessing client strengths: Individual, family, and community empowerment. In D. Saleebey (Ed.), *The Strength Perspective in Social Work Practice* (pp. 106-203). Boston: Allyn & Bacon.

Croft, S., & Beresford, P. (2000). Empowerment. In M. Davies (Ed.), *The Blackwell Encyclopedia of Social Work* (pp. 116-118). Oxford: Blackwell.

Cross, T. L., Bazron, B. J., Dennis, K. W., & Issacs, M. R. (1989). *Towards a Culturally Competent System of Care*. Washington, DC: Georgetown University Child Development Center.

Davis, L. E., Galinsky, M. J., & Schopler, J. H. (1996). RAP: A framework for leadership of multiracial groups (pp. 77-96). In P. L. Ewalt et al. (Eds.), *Multicultural Issues 1*. Washington, DC: NASW.

Delgado, M., Jones, K., & Rohani, M. (2005). *Social Work Practice with Refugee and Immigrant Youth in the United States*. New York: Pearson.

Dieppa, I. (1984). Trend in social work education for minorities. In W. B. White (Ed.), *Color in a White Society* (pp. 10-21). Silver Spring, MD: NASW.

Diller, J. V. (2007). *Cultural Diversity: A Primer for the Human Services*. Belmont, CA: Brooks/Cole.

Drachman, D., & Ryan, A. S. (2001). Immigrants and Refugees (pp. 651-686). In A. Gitterman (Ed.), *Handbook of Social Work Practice with Vulnerable and*

Resilient Populations. New York: Colombia University Press.

Dworkin, A. G., & Dworkin, R. J. (1999). *The Minority Report: An Introduction to Racial, Ethnic, and Gender Relations*. Harcourt Brace College Publishers.

Elder, D. (2007). Becoming culturally competent. *International Symposium of Multicultural Family Center at Pyeongtaek University,* 167-182.

Fong, R., Spicard, P. R., & Ewalt, P. L. (1999). A multiracial reality: Issues for social work (pp. 21-28). In P. L. Ewalt et al. (Eds.), *Multicultural Issues 1*. Washington, DC: NASW Press.

Ford, C. W. (2000). Develop cross-cultural communication skills (pp. 130-132). In M. Adams et al. (Eds.), *Readings for Diversity and Social Justice*. New York: Routledge.

Garvin, C. P. (1997). *Contemporary Group work Needham Heights*. Boston: Allyn and Bacon.

Glazer, N. (1997). *We are all Multiculturalists now*. Cambridge: Harvard University Press.

Gorden, M. M. (1964). *Assimilation in American Life*. Ontario, CA: Oxford Press.

Grant, D., & Haynes, D. (1995). A developmental frame work for cultural comptetence training with children. *Social Work in Education, 17,* 171-182.

Graves, T. (1967). Psychological acculturation in a tri-ethnic community. *South-Western Journal of Anthropology, 23,* 337-350.

Greeley, A. M. (2006). Introductory essay: What can' t they be more like us? (pp. 3-8). In W. D. Engstrom, & M. L. Piedra (Eds.), *Our Diverse Society: Race and Ethnicity-Implication's for 21st Century American Society*. Washington, DC: NASW.

Green, G. J., Jensen, C., & Jones, D. H. (2004). A constructive perspective on clinical social work practice with ethnically diverse clients (pp. 3-16). In P. L. Ewalt et al. (Eds.), *Multicultural Issues 2*. Washington, DC: NASW.

Gutiérrez, L. M. (1996). Understanding the empowerment process: Does consciousness make a difference? (pp. 43-59). In P. L. Ewalt et al. (Eds.), *Multicultural Issues 1*. Washington, DC: NASW Press.

Gutiérrez, L. M., GlenMaye, L., & DeLois, K. (1996). The organizational context of empowerment practice: Implication for Social work administration (pp. 60-76).

In P. L. Ewalt et al. (Eds.), *Multicultural Issues 1*. Washington, DC: NASW Press.

Hansen, R. (2005). Push-pull factors. In M. J. Gibney, & R. Hansen (Eds.), *Immigration and Asylum from 1900 to the Present, Volume II*, 488-489.

Hardy, K. V., & Laszloffy, T. A. (1995). The cultural genogram: Key to training culturally competent family therapists. *Journal of Marital and Family Therapy, 21*(3), 227-237.

Heisler, B. S. (2008), The sociology of immigration: From assimilation to segmented assimilation, from American experience to the global arena. In C. B. Brettell, & J. F. Hollifield (Eds.), Migration Theory: Talking Across Disciplines. *Routeledge*, 83-111.

Hendricks, C. O. (2005). The multicultural triangle of the child, the family, and the school. In E. P. Congress & M. J. Gonzalez, *Multicultural Perspectives in Working with Families* (2nd ed.). New York: Springer Publishing Company.

Hendricks, C. O. (2008). Culturally competeme social work practice (pp. 65-78). In E. P. Congress & F. Chang-Muy (Eds.), *Social Work with Immigrants and Refugees: Legal Issues, Clinical Skills, and Advocacy.*

Ho, M. K. (1987). *Family Therapy with Ethnic Minorities*. Newbury Park, CA: Sage Publications.

Huang, L. M. (1997). Asian American adolescents (pp. 175-195). In E. Lee (Ed.), *Working with Asian-Americans: A Guide for Clinicians*. New York: Guilford.

Husbands, C. T. (1988). The dynamics of racial exclusion and expulsion: Racist politics in Western Europe. *European Journal of Political Research, 16*(6), 701-720.

Ife, J. (2007). 인권과 사회복지서비스: 기회와 도전. 한국인권위원회 초청 특강 자료집.

Kline, F., Acosta, F., Austin, W., & Johnson, R. (1980). The Misunderstood Spanish-speaking Patient. *American Journal of Psychiatry, 137*, 1530-1633.

Krentzman, A. & Townsend, A. (2008). Review of multidisciplinary measures of cultural competence for use in social work education. *Journal of Social Work Education, 44*(2), 7-31.

Krishan, A., & Berry, J. W. (1992). Acculturative stress and acculturation attitudes among Indian immigrants to the United States. *Psychology and Developing Societies, 4*, 187-212.

Lacroix, M. (2003). Culturally appropriate knowledge and skills required for effective multicultural practice with individuals, families, and small groups (pp. 23-46). In A. Al-Krenawi, & J. R. Graham (Eds.), *Multicultural Social Work on Canada*. Ontario, Canada: Oxford University Press.

LaFromboise, T., Coleman, H. L. K., & Gerton, J. (1993). Psychological impact of biculturalism: Evidence and theory. *Psychological Bulletin, 114*, 395-412.

Lawlor, E. F. (2006). Diversity or disparity in helath service (pp. 183-200). In W. D. Engstrom, & M. L. Piedra (Eds.), *Our Diverse Society: Race and Ethnicity-Implication's for 21st Century American Society*. Washington, DC: NASW.

Lee, E., & Mock, M. R. (2005). Asian families: An overview. In M. McGoldrick, J. Giodano, & N. Garcia-Preto, *Ethnicity & Family Therapy*. New York: Guilford Press.

Lee, K. (2007). The Second Phase of Migrant Workers' Lives in South Korea: Matters of Family and Social Work Implications, 16th International Symposium at Japan College of Social Work, 2007. 11. 4-5.

Lippy, C. H. (2006). Religious pluralism and the transformation of American culture (pp. 89-106). In W. D. Engstrom, & M. L. Piedra (Eds.), *Our Diverse Society: Race and Ethnicity-Implication's for 21st Century American Society*. Washington, DC: NASW.

Lum, D. (2003). Culturally competent practice: A framework for understanding diverse groups and justice issues. Belmont, CA: Brooks/Cole Thomson Learning.

Lum, D. (2004). *Social Work Practice and People of Color: A Process-stage Approach*. Belmont, CA: Brooks/Cole.

Macky, R. A., & O'Brien, B. A. (1999). Marital conflict management: Gender and ethnic differences (pp. 33-49). In P. L. Ewalt et al. (Eds.), *Multicultural Issues 2*. Washington, DC: NASW.

McCrea, K. T. (2006). Social work practice diversities: Clients, social workers, and theories about their partnerships for constructive change (pp. 201-226). In W. D. Engstrom, & M. L. Piedra (Eds.), *Our Diverse Society: Race and Ethnicity-*

Implication's for 21st Century American Society. Washington, DC: NASW.

McGoldrick, M. (2003). Culture: A challenge to concepts of normality (pp. 235-259). In F. Walsh (Ed.), *Normal Family Process: Growing Diversity and Complexity*. New York: Guilford.

McGoldrick, M., & Rohrbaugh, M. (1987). Researching ethnic family streotypes. *Family Process, 26*(1), 89-99.

McGoldrick, M., Garcia-Preto, N., Hines, P. M., & Lee, E. (1991). Ethnicity and woman (pp. 169-199). In M. McGoldrick et al. (Eds.), *Women in Families: A Framework for Family Therapy*. New York: Norton.

McPhatter, A. R. (1997). Cultural competence in child welfare: What is it? How do we achieve it? What happens without it?. *Child Welfare, 76*(1), 255-279.

Meyers, E. (2004). *International Immigration Policy: A Theoretical and comparative analysis*. London: Palgrave.

Michultka, D. (2009). Mental health issues in new immigrant communities (pp. 135-172). In E. P. Congress, & F. Chang-Muy (Eds.), *Social Work with Immigrants and Refugees: Legal Issues, Clinical Skills, and Advocacy*.

Moeller, M. L. (1983). *The New Group Therapy*. Prinston: Van Nostrand.

Mullender, A., & Ward. D. (1991). *Self-directed Groupwork: Users Take Action for Empowerment*. London: Whiting & Birch.

National Association of Social Workers(NASW). (2001). *NASW Standards for Cultural Competence in Social Work Practice*. Washington, DC: NASW Press.

National Association of Social Workers(NASW). (2008). *NASW Standards for Cultural Competence in Social Work Practice*. Washington, DC: NASW Press.

Nystrom, N. M. (2005). Social work practice with lesbian, gay, bisexual, and transgender people. In D. Lum (Ed.), *Cultural Competence, Practice Stages, and Client Systems* (pp. 203-225). Belmont, CA: Brooks Cole.

O' Melia, M. (2002). From person to context: The evolution of an empowering practice (pp. 1-14). In M. O' Milia, & K. K. Miley (Eds.), *Pathways to Power: Readings in Contextual Social Work Practice*. Boston: Allyn & Bacon.

Orlandi, M. A. (1992). The challenge of evaluating community-based prevention programs: A cross-cultural prespective. In M. A. Orlandi, R. Weston, & L. G. Epstein (Eds.), *Cultural Competence for Evalutors: A guide for Alcohol and*

Other Drug Abuse Prevention Practioners Working with Racial/Ethnic Communities (pp. 1-22). Rockvill, MD: U.S. Department of Health and Human Services, Office for Substance Abuse Prevention.

Papadopoulos, I., Tilki, M. & Ayling, S. (2008). Cultural competence in action for CAMHS: Development of a cultural competence assessment tool and training programme. *Contemporary Nurse: A Journal for the Australian Nursing Profession, 28*, 129-140.

Park, R. (1928). Human migration and the marginal man. *American Journal of Sociology, 33*, 881-893.

Parsons, R. J., Gutiérrez, L. M., & Cox, E. O. (1998). A model for empowerment practice (pp. 3-23). In R. J. Parsons, L. M. Gutiérrez, & E. O. Cox (Eds.), *Empowerment in Social Work Practoce: A Sourcebook*. Pacific Grove, CA: Brooks/Cole.

Piedra, L. M. (2006). Revisiting the language question (pp. 67-87). In W. D. Engstrom, & M. L. Piedra (Eds.), *Our Diverse Society: Race and Ethnicity - Implication's for 21st Century American Society*. Washington, DC: NASW.

Pillari, V. (2002). *Social Work Practice: Theories and Skills*. Boston: Allyn & Bacon.

Pinderhughes, E. (1989). *Understanding Race, Ethnicity, and Power: The Key to Efficacy in Clinical Practice, 29*, 255-272.

Poole, D. L. (2004). Politically correct or culturally competent? (pp. 259-264). In P. L. Ewalt et al. (Eds.), *Multicultural Issues 2*. Washington, DC: NASW.

Proctor, E. K., & Davis, L. E. (1996). The challenge of racial difference: Skills for clinical practice (pp. 97-114). In P. L. Ewalt, E. M. Freeman, S. Kirk, & D.L. Poole (Eds.), *Multicultural Issues in Social Work*. Washington, DC: NASW.

Reamer, F. G. (2006). *Ethical Standards in Social Work: A Review of The NASW Code of Ethics*. Washington, DC: NASW.

Redfield, R., Linton, R., & Herskovits, M. (1936). Memorandum on the study of acculturation. *American Anthropologist, 38*, 149-152.

Ridley, C. R. (1995). *Overcoming Unintentional Racism in Counseling and Therapy: A Practitioner's Guide to Intentional Intervention*. Thousand Oaks, CA: Sage.

Rieser, L. (2009). Immigrant children and education. In F. Chang-Muy, & E. P. Congress (Eds.), *Social Work with Immigrants and Refugees: Legal Issues,*

Clinical Skills, and Advocacy. (pp. 209–234) New York: Springer Publishing Company.

Rolland, J. S. (1994). *Families, Illness, and Disability: An Integrative Treatment Model*. New York: Basic Books.

Root, M. P. (2000). A bill of rights for racially mixed people (pp. 120–126). In M. Adams et al. (Eds.), *Readings for Diversity and Social Justice*. New York: Routledge.

Ryan, A. S., & Epstein, I. (1987). Mental health training for Southeast Asian refugee resettlement workers. *International Social Work, 30,* 185–198.

Sam, D. L. (1995). Acculturation attitudes among young immigrants as a function of perceived parental attitudes to cultural changes. *Journal of Early Adolescence, 15,* 238–258.

Sandhu, D. S., & Asrabadi, B. R. (1994). Development of acculturative stress scale for international students: Preliminary findings. *Psychological Report, 75,* 435–448.

Seol, D., & Skrentny, J. D. (2004). South Korea: Importing undocumented workers, (2nd eds.). In W. A. Comelius, Takeyuki Tsuda, P. L. Martin, & F. James, *Controling Immigration: A Global Perspective Hollifield* (pp. 481–513) Stanford, CA: Stanford University Press.

Sidhu, J. K. (2009). Social workers and immigrant advocacy (pp. 329–366). In F. Chang-Muy, & E. P. Congress (Eds.), *Social Work with Immigrants and Refugees: Legal Issues, Clinical Skills, and Advocacy*. New York: Springer Publishing Company.

Simmon, B. L. (1994). *The Empowerment Tradition in American Social Work: A History*. New York: Columbia University Press.

Smith, S. B. (2009). Social work and physical health issues of immigrants (pp. 103–134). In F. Chang-May, & E. P. congress (Eds.), *Social Work with Immigrants and Refugees: Legal Issues, Clinical Skills, and Advocacy*. New York: Springer Publishing Company.

Sowell, T. (2004). *Affirmative Action around the World: An Empirical Study*. New Haven, Conn: Yale University Press.

Stone, J. H. (2005). *Culture and Disability*. Thousand Oaks, CA: Sage.

Sue, D. W. (2004). Whiteness and ethnocentric monoculturism: Making the invisible

visible. *American Psychologist, 59,* 759-769.

Sue, D. W. (2006). *Multicultural Social Work Practice.* Hoboken, NJ: Willey.

Sue, S. W., & Sue, D. (1990). *Counseling the Culturally Different.* John Wiley & Sons, Inc.

Taylor, C. (1994). *Examination the Politics of Recognition.* Princeton, NJ: Princeton University Press.

Thomas, M., & Pierson, J. (1995). *Dictionary of Social Work.* London: Collins Educational.

United Nations Department of Economic and Social Affairs (UN DESA), Trends in International Migrant Stock: The 2008 Revision, (http://esa.un.org/migration/index.asp?panel=1)

Ward, C., & Kennedy, A. (1993). Psychological and sociocultural adjustment during cross cultural transitions: A comparison of secondary students overseas and at home. *International Journal of Psychology, 28,* 129-147.

Weaver, H. N. (1999). Indegenous people and the social work profession: Defining culturally competent services. *Social Work, 44*(3), 217-225.

Weaver, H. N. (2005). *Explorations in Cultural competence.* Belmont, CA: Brooks/Cole.

Wood, J. (1994). Fade to black: Once upon a time in multiracial America. *Village Voice,* 25-34.

Wright, L. (1994, July 25). One Drop of Blood. *New Yorker.*

Yamamoto, J., Silva, J. A., Ferri, M., & Nukariya, K. (1997). Culture and psychopathology (pp. 34-57). In G. Johnson-Powell et al. (Eds.), *Transcultural Child Development: Psychological Assessment and Treatment.* New York: Wiley.

경향신문(2007. 10. 12.). 결혼이주여성이 바라본 한국 사회.

경향신문(2007. 11. 26.). 2007 한국인의 자화상-우리는 무엇을 고민하고 소망하나.

경향신문(2008. 1. 14.). 이주민 그들의 모국을 인정하자.

경향신문(2008. 1. 14.). 이천화재, 진정 타 버렸어야 할 것.

경향신문(2008. 1. 29.). 고립의 다문화 넘어 함께 가는 상호 문화로.

국민일보 연재기사(2007). 김명호, 송세영, 유병석, 권기석(2007). 한국 속 난민. 국민일보

2007. 3. 5-10.
국민일보(2014. 9. 22.). 다문화가정 학생수, 올 처음 전체 학생의 1% 돌파.
동아일보(2011. 9. 10.). 달라도 다함께—그 꿈을 이룰 다리를 놓아주자.
연합뉴스(2008. 5. 15.) 스무 살 베트남 새댁의 무너진 '코리안드림'.
연합뉴스(2013. 2. 14.). 탈북자 경제활동 다소개선…… 일반국민과 격차 여전.
연합뉴스(2014. 4. 28.). 이주여성도 정치 참여…… 유권자로 당당히 나설 것.
조선일보(2006. 4. 4.). 사랑에는 색깔이 없다.
중앙일보(2009. 8. 22.). "다문화 학생 남으세요" 상처 주는 말들.
중앙일보(2012. 7. 22.). 필리핀母 둔 장병 "한국 남자, 군대 가야만……": 다문화시대, 달라지는 병영
프레시안(2006. 4. 4.). 단군 자손들의 학교에 하인스 워드는 없다.
한겨레 21(2006. 12. 28.). 이주여성의 표를 무서워하라.
한겨레신문(2005. 10. 21.) 이민정책은 국제적 기준과 규범을 준수해야 한다는 압력을 받고 있으며, 유네스코가 채택한 '문화다양성협약' 도 존중해야 한다.
한겨레신문(2013. 10. 7.). 한국에서 난민으로 살아간다는 것.

다음 아고라토론 http://agora.media.daum.net/petition/donation/view?id=39891
지식스닷컴 http://jisiks.com/220071789477
5주년 기념세미나 자료집, 65-88. 통일부 북한이탈주민정착지원사무소(비간행물).
http://www.naswdc.org/pubs/standards/cultural.html
가와사키 현 http://www.city.kawasaki.jp/index3.html
국가정보원 http://www.nis.go.kr
국가통계포털(KOSIS) http://kosis.kr
국제연합난민고등판무관실(UNHCR) http://www.unhcr.org/statisics
다문화가족지원포털 다누리 http://www.liveinkorea.kr
두산백과 http://artdic.naver.com
마닐라신문 http://manilaseoul.com
몽골문화원 http://www.mongolcenter.org
미래전략연구원 http://www.kifs.org
베트남 정보 http://www.vietinfo.co.kr/society/education.htm
스리랑카 한인회 http://www.lankakorean.or.kr

우즈베키스탄 한국교민회(우즈베크 정보/언어) http://www.uzkyomin.co.kr
인도네시아 대사관 http://idn.mofat.go.kr/index.jsp
통일부 http://www.unikorea.go.kr
프레시안 http://www.pressian.com
한국비폭력대화센터 http://www.krnvc.org
한국어 위키백과 http://enc.daum.net/dic100/contents.do?query1=10XXX48115

Amnesty International http://web.amnesty.org/library/Index/ENGASA250072006?open&of=ENG-KOR
International Organization of Migration http://www.iom.int/jahia/Jahia/pid/254
Iom-Emergence of Transtional Migration http://www.iom.int
Iom-Global Estimate & Trends http://www.iom.int

찾아보기

저자 소개

■ **최명민**(Choi, Myungmin)

이화여자대학교 사회사업학과 학사

이화여자대학교 사회사업학과 석사

이화여자대학교 사회복지학과 박사

현 백석대학교 사회복지학부 교수

■ **이기영**(Lee, Kiyoung)

연세대학교 사회사업학과 학사

연세대학교 사회사업학과 석사

미국 Ohio State University 사회복지학과 박사

현 부산대학교 사회복지학과 교수

■ **김정진**(Kim, Jungjin)

이화여자대학교 사회사업학과 학사

이화여자대학교 사회사업학과 석사

이화여자대학교 사회복지학과 박사

현 나사렛대학교 사회복지학부 교수

■ **최현미**(Choi, Hyunmi)

이화여자대학교 영어영문학과 학사

미국 Western Virginia University 사회사업학과 석사

이화여자대학교 사회복지학과 박사

현 평택대학교 사회복지학과 교수

다문화사회복지론

Multicultural Social Work

2015년 6월 10일 1판 1쇄 발행
2020년 9월 10일 1판 5쇄 발행

지은이 • 최명민 · 이기영 · 김정진 · 최현미
펴낸이 • 김 진 환
펴낸곳 • (주) 학지사
04031 서울특별시 마포구 양화로 15길 20 마인드월드빌딩 5층
대표전화 • 02) 330-5114 팩스 • 02) 324-2345
등록번호 • 제313-2006-000265호
홈페이지 • http://www.hakjisa.co.kr
페이스북 • https://www.facebook.com/hakjisabook

ISBN 978-89-997-0717-9 93330

정가 **19,000**원

이 도서의 국립중앙도서관 출판시도서목록(CIP)은 서지정보유통지원시스템 홈페이지(http://seoji.nl.go.kr)와 국가자료공동목록시스템(http://www.nl.go.kr/kolisnet)에서 이용하실 수 있습니다.
(CIP제어번호: CIP2015012896)